D1858189

Über dieses Buch

Richard Löwenthal – seit langem bekannt als einer der originellen theoretischen Köpfe der Sozialdemokratie und als kritischer Analytiker der Weltpolitik, speziell der kommunistischen – hat sich in den letzten Jahren vor allem mit der kulturellen Krise der industriell entwickelten Demokratien und den Problemen des Wertwandels in der westlichen Zivilisation beschäftigt.
Dieses Buch vereinigt seine neuesten Beiträge zu diesem Themenbereich mit seinen (1974 im S. Fischer Verlag erschienenen) Essays zu den praktischen Lebensfragen demokratisch organisierter Industriegesellschaften, zu den besonderen Voraussetzungen von Demokratie und Sozialismus in Deutschland.
Der Verfasser sieht einen doppelten Zusammenhang zwischen beiden Themen: Einmal sieht er die Ursachen unserer kulturellen Krise darin, daß der Prozeß der Erneuerung der grundlegenden Werte des Westens nicht mit der ständig beschleunigten Veränderung unserer Lebensbedingungen Schritt gehalten hat, und ist davon überzeugt, daß diese Erneuerung der Werte durch Anpassung der Verhaltensnormen und Institutionen an die neuen Lebensbedingungen in einer Richtung liegen muß, die durch die Ideen des demokratischen Sozialismus gewiesen wird. Zum anderen sind diese Ideen selbst und die internationale Bewegung, die von ihnen getragen wird, unzweifelhaft ein Produkt der westlichen Zivilisation und könnten nach Löwenthals Überzeugung deren Zusammenbruch nicht überleben.

Der Autor

Richard Löwenthal, geboren 1908 in Berlin, studierte in Berlin und Heidelberg Nationalökonomie und Soziologie. Er promovierte 1931 zum Dr. phil. Nach der Machtergreifung Hitlers arbeitete er in einer illegalen sozialistischen Widerstandsgruppe. 1935 Emigration über Prag nach London, wo er als Publizist wirkte. Nach dem Kriege war er als Auslandskorrespondent, später als außenpolitischer Kommentator des Londoner *Observer* tätig. 1947 veröffentlichte er unter dem Pseudonym Paul Sering *Jenseits des Kapitalismus*. Von 1961 bis zu seiner Emeritierung im Jahre 1974 war er ordentlicher Professor für die Wissenschaft von der Politik am Otto-Suhr-Institut und zugleich verantwortlich für die Sektion Osteuropäische Zeitgeschichte am Osteuropa-Institut der Freien Universität Berlin. Während dieser Zeit und danach wiederholte Gastprofessuren und Forschungsjahre an der Columbia University in New York, am Stanford Center for Advanced Studies, an der Universität Tel Aviv, am All-Souls-College in Oxford und an der University of California in Berkeley.

Löwenthal ist u. a. Autor von *Chruschtchow und der Weltkommunismus* (1963) und Mitherausgeber von *Die Zweite Republik. 25 Jahre Bundesrepublik Deutschland* (1974).

Richard Löwenthal

Gesellschaftswandel und Kulturkrise

Zukunftsprobleme der westlichen Demokratien

Fischer Taschenbuch Verlag

Lektorat: Walter H. Pehle

Originalausgabe
Fischer Taschenbuch Verlag
November 1979
Umschlaggestaltung: Jan Buchholz/Reni Hinsch
Fischer Taschenbuch Verlag GmbH, Frankfurt am Main
Die im Teil II dieses Bandes veröffentlichten Aufsätze
erschienen 1974 im S. Fischer Verlag, Frankfurt am Main
unter dem Titel: *Sozialismus und aktive Demokratie.*
Der Abdruck erfolgt mit freundlicher Genehmigung
des S. Fischer Verlages GmbH, Frankfurt am Main
Für die übrigen Aufsätze und die Zusammenstellung in diesem Bande:
Copyright © 1979 by Fischer Taschenbuch Verlag GmbH,
Frankfurt am Main
Gesamtherstellung: Hanseatische Druckanstalt GmbH, Hamburg
Printed in Germany
980-ISBN-3-596-23424-7

Inhalt

Vorwort

Diese Schrift vereinigt zwei Gruppen von Arbeiten. Die erste Gruppe, die in den Jahren seit 1974 entstanden ist und hier zum ersten Mal gesammelt erscheint, beschäftigt sich mit der kulturellen Krise der industriell entwickelten Demokratien und der ihrer Mehrzahl gemeinsamen »westlichen Zivilisation«, mit den geschichtlichen und gesellschaftlichen Ursprüngen dieser Krise und mit den möglichen Richtungen ihrer Überwindung. Ihr Thema hat dem vorliegenden Band auch den Namen gegeben. Die zweite Gruppe, die aus den Jahren 1971–73 stammt, wurde schon 1974 in einer gebundenen Ausgabe unter dem Titel *Sozialismus und aktive Demokratie – Essays zu ihren Voraussetzungen in Deutschland* zusammengefaßt. Sie handeln von der Bedeutung sozialistischer Lösungen für die praktischen Lebensfragen demokratisch organisierter Industriegesellschaften im allgemeinen und den besonderen geschichtlichen Voraussetzungen von Demokratie und Sozialismus in Deutschland. Ich habe die Essays in dieses Taschenbuch wieder aufgenommen, weil zwischen dem darin vertretenen politischen Standpunkt und meiner Auffassung von der Kulturkrise der westlichen Welt ein innerer Zusammenhang besteht und weil ich es auch heute noch für wichtig halte, sie einem größeren Leserkreis zugänglich zu machen. Als Schlußstück habe ich meinen jüngsten Aufsatz zum 30. Jahrestag der Bundesrepublik Deutschland angefügt.

Der Zusammenhang zwischen beiden Themenkomplexen ergibt sich aus meiner Sicht in doppelter Weise. Einmal sehe ich die Ursache unserer kulturellen Krise darin, daß der Prozeß der Erneuerung der grundlegenden Werte des Westens durch immer neue Deutung im Lichte veränderter Lebensbedingungen, und damit der zeitgemäßen Umformung unserer Verhaltensnormen und Institutionen, nicht mit dem sich ständig beschleunigenden Tempo dieser Veränderung der Lebensbedingungen Schritt gehalten hat; und ich bin überzeugt, daß die zur Erhaltung der grundlegenden westlichen Werte durch Erneuerung erforderliche Anpassung der Verhaltensnormen und Institutionen in einer Richtung liegen muß, die durch die Ideen des

demokratischen Sozialismus gewiesen wird.
Zum anderen sind diese Ideen selbst und die internationale Bewegung, die von ihnen getragen wird, unzweifelhaft ein Produkt der westlichen Zivilisation und könnten nach meiner Überzeugung deren Untergang nicht überleben. Die Chancen, den Zusammenhalt unserer westlichen Zivilisation durch Erneuerung ihrer grundlegenden Werte zu erhalten und die Chancen, gemäß der demokratisch-sozialistischen Idee zu handeln, fallen in diesem Sinne zusammen.
Ich bin mir freilich darüber klar, daß vielen meiner Zeitgenossen die Annahme keineswegs selbstverständlich ist, die Erhaltung der westlichen Zivilisation durch Erneuerung sei wünschenswert. Nicht wenigen erscheint ihr Untergang nicht nur als unvermeidlich, sondern geradezu als willkommen – und zwar nicht nur außerhalb, sondern zunehmend auch innerhalb der westlichen Welt: Auch darin zeigt sich ihre Krise. Darum habe ich dieser Sammlung einige einleitende Bemerkungen darüber vorangestellt, worin ich die Einzigartigkeit der westlichen Zivilisation sehe und warum ich ihre Erhaltung durch Erneuerung als ein zentrales humanes Anliegen von universeller Bedeutung betrachte.

Zur Einführung

Von der Einzigartigkeit des Westens

> »Universalgeschichtliche Probleme wird der Sohn der modernen europäischen Kulturwelt unvermeidlicher- und berechtigterweise unter der Fragestellung behandeln: Welche Verkettung von Umständen hat dazu geführt, daß gerade auf dem Boden des Okzidents, und nur hier, Kulturerscheinungen auftraten, welche doch – wie wenigstens wir uns gern vorstellen – in einer Entwicklungsrichtung von *universeller* Bedeutung und Gültigkeit lagen?«

Mit diesem Satz eröffnete MAX WEBER die Vorbemerkung zu seinen *Gesammelten Aufsätzen zur Religionssoziologie.* Er drückte damit eine Auffassung aus, die zu seiner Zeit originell war und heute umstrittener ist denn je: Die Auffassung von der Einzigartigkeit *und* universellen Bedeutung einer besonderen »westlichen« Kultur oder Zivilisation.
Auf der einen Seite setzt diese These die Existenz einer Mehrzahl von Hochkulturen voraus, die in der Geschichte der Menschheit nicht nur nacheinander, sondern auch nebeneinander existiert haben, und steht damit im Gegensatz zu der im modernen Westen lange Zeit dominierenden Vorstellung von einem einlinigen Fortschritt der Geschichte. Tatsächlich war diese Grunderkenntnis von der Pluralität der Kulturen noch unter den Denkern des 18. Jahrhunderts weitverbreitet, die oft eine idealisierte Darstellung exotischer Lebensformen und Institutionen als kritisches Gegenbild den zeitgenössischen Zuständen der eigenen Gesellschaft vorhielten. Sie findet sich, gleichzeitig mit dem Fortschrittsgedanken und mit ihm kontrastierend, auch noch in der HEGELschen Geschichtsphilosophie. Erst mit der zunehmenden Verflachung des siegreichen Fortschrittsglaubens zu der Auffassung, daß der »gesetzmäßige« wissenschaftliche, technische und materielle Fortschritt das Ganze des menschlichen Fortschritts sei, ist dann die Vorstel-

lung vom einlinigen Geschichtsverlauf, in dem alle fremden Kulturen nur noch als »rückständige« Stufen der eigenen Entwicklung begriffen werden können, für große Teile der westlichen Öffentlichkeit zeitweise bestimmend geworden – und zwar sowohl in der Form eines bourgeoisen Vulgärmaterialismus wie des Vulgärmarxismus.

Auf der anderen Seite ist die zitierte Fragestellung von MAX WEBER auch unvereinbar mit dem Ansatz seines Zeitgenossen OSWALD SPENGLER, nach dem die Pluralität der Hochkulturen eben das ausschließen würde, was WEBER eine »Entwicklungsrichtung von *universeller* Bedeutung« nennt. WEBER fragte ja gerade, welche »Verkettung« von strukturellen und kulturellen Zügen die *besondere* westliche Zivilisation dazu befähigt hat, auf die moderne Entwicklung der Menschheit *im Ganzen* in einzigartiger Weise prägend einzuwirken. Dabei sah er in der weltweiten technisch-ökonomischen und militärisch-politischen Machtentfaltung des Westens und in dem weltweiten Siegeszug der im Westen entsprungenen Wissenschaft nicht etwa eine hinreichende Antwort auf seine Frage, sondern nur eine andere Formulierung des Problems: Ihm ging es ja gerade um die Aufdeckung der geschichtlich-gesellschaftlichen Wurzeln jener einzigartigen Dynamik immer neuer Veränderung, die Wissenschaft und Technik, moderne Wirtschaftsorganisation und die ihnen entsprechenden Formen der Machtentfaltung erstmalig im Westen hervorgebracht hat.

Mit andern Worten: WEBER erkannte, daß die vormoderne, »traditionelle« westliche Gesellschaft – die Gesellschaft des europäischen Mittelalters – Antriebskräfte und Spielräume für eine endogene Veränderung enthielt, die den vormodernen traditionellen Gesellschaften anderer Kulturen fehlten, und daß eben darum sie – und nur sie – den Anstoß zur Herausbildung der modernen Welt gegeben und damit eine »Entwicklungsrichtung von universeller Bedeutung *und Gültigkeit*« bestimmt hat. Dabei drückt das Wort »Gültigkeit« doch wohl aus, daß WEBER diese Entwicklungsrichtung bei allem kritischen Bewußtsein der auf ihrem Wege liegenden Zerstörungen grundsätzlich bejahte.

Diese bejahende Haltung zur Dynamik und Modernisierungsleistung des Westens ist heute natürlich in hohem Maße umstritten – und zwar auch und gerade im Westen selbst. Doch bevor wir uns mit ihren grundsätzlichen Kritikern auseinandersetzen, soll hier kurz der Versuch gemacht werden, WEBERS

Teilantworten auf seine Frage nach den Wurzeln dieser Dynamik, die sich in seinem ganzen Werk verstreut finden, in Erinnerung zu rufen und zu generalisieren.

Einige Wurzeln der westlichen Dynamik

Was wir die westliche Zivilisation oder Kultur nennen, ist im Europa des frühen Mittelalters vor allem aus der Verschmelzung von Kulturelementen der griechisch-römischen Antike und des Christentums mit Einschluß seines jüdischen Hintergrundes, aber auch aus Beiträgen der germanischen und keltischen Stämme Nordwesteuropas entstanden. Die Struktur der nachrömischen Gesellschaft, die damals allmählich Form annahm, unterschied sich in einigen wichtigen Punkten von den traditionellen Gesellschaften anderer Hochkulturen. Die Macht ihrer Herrscher war beschränkt durch den Dualismus von weltlicher und geistlicher Gewalt. Die ständische Ordnung, die sich im Westen herausbildete, trennte wie in anderen traditionellen Gesellschaften Gruppen mit *verschiedenem* rechtlichen Status; doch es gab nicht mehr, wie in der Antike, eine große Schicht von Sklaven ohne *jede* persönlichen Rechte. Der Übergang aus einem niederen in einen höheren Stand war zwar schwer, aber nicht durch eine starre Kastenordnung ausgeschlossen – man denke an die Chance des leibeigenen Bauern, durch gelungene Flucht in die Stadt zum freien Bürger zu werden. Schließlich waren die Stände nicht nur Ausdruck einer Rangordnung in der Arbeitsteilung, sondern bildeten im Laufe der Zeit Vertretungskörperschaften, mit denen die Herrscher ihre Macht zu teilen hatten. Vor allem aber setzte sich das Prinzip der Selbstverwaltung und Selbstverteidigung der Bürger in den europäischen Städten bis hin zum Westrande des russischen Reiches durch.

Unter diesen strukturellen Faktoren der Flexibilität und Entwicklungsfähigkeit des Westens hat MAX WEBER die Rolle der autonomen Stadt besonders hervorgehoben, die zum Teil an antike Traditionen anknüpfte, aber die Bürgerstädte des Westens von den Residenz-, Verwaltungs-, Garnison- und Klientelstädten des Orients radikal unterschied. (Bedeutsamerweise hat es dort nur in Japan Fälle städtischer Autonomie gegeben). Es waren die Städte, in denen alle Bürger als frei galten und in denen die Teilnahme an der Selbstverwaltung sich auf dieser

Grundlage in langen Kämpfen verbreiterte. Es waren die Städte, in denen zuerst – wie vorher nur in der christlichen Gemeinde – eine verschworene Gemeinschaft entstand, die nicht auf »naturwüchsigen« Blutsbanden beruhte. Es waren auch die Städte, in denen der überlokale Handel sich zuerst als Faktor der langsamen Veränderung der Lebensbedingungen auszuwirken begann. Und es waren vor allem die Städte, in denen neben der Oberschicht von reichen Kaufleuten jene nur dem Westen eigene breite Mittelschicht von unabhängigen, Handwerk und Handel treibenden Bürgern sich entwickelte, die später zu Trägern der frühindustriellen Entwicklung wurden.

An einigen der genannten Punkte ist schon ein Zusammenhang zwischen den besonderen strukturellen Zügen der frühen westlichen Gesellschaften und ihren besonderen kulturellen Werthaltungen erkennbar geworden. Ich möchte deren Liste mit der hohen Bewertung der Vernunft als Schlüssel zum Verständnis der Welt beginnen, die nicht nur auf das Erbe der antiken philosophischen Spekulation, sondern auch auf die frühe Zurückdrängung magischen Denkens *innerhalb* der Religion im Christentum und schon im prophetischen Judentum zurückgeht: Sie ist der Ausgangspunkt für die Rolle der mittelalterlichen Scholastik, aber auch für deren Erschütterung in der Renaissance, für wichtige Impulse der Reformation, für die Aufklärung und schließlich für die moderne Wissenschaft geworden. Ich nenne weiter die Vorstellung von der Einzigartigkeit jeder menschlichen Person als Träger einer unsterblichen Seele, aus der im Westen die Folgerung gezogen wurde, daß jeder Mensch mit unveräußerlichen Rechten und unverzichtbarer moralischer Verantwortung geboren wird – eine Haltung, die an sich noch nicht die Forderung nach *gleichen* Rechten begründet, wohl aber mit Sklaverei unvereinbar ist. Den Rechten des Individuums steht die Bindung an die Gemeinschaft gegenüber, und zwar seit der christlichen Gemeinde und zunehmend in der Stadt an eine freiwillig eingegangene, nicht durch Blutsbande vorgegebene Gemeinschaft, die darum nicht weniger verpflichtend ist. Die Notwendigkeit, die Rechte der einzelnen gegeneinander und gegen die der Gemeinschaft abzugrenzen, begründete die Notwendigkeit einer Rechtsordnung, die an römische Überlieferung, aber auch an germanische Stammestraditionen anknüpfen konnte, und eines Kanons der Alltagsmoral. Schließlich findet sich im Westen schon seit der Ordensregel der Benediktiner die Vorstellung von der Arbeit, einschließlich der körperlichen Arbeit, nicht nur als bitterer Notwendigkeit und Fluch des irdischen Daseins, sondern als dessen verdienstvolle Sinnerfüllung – eine Vorstellung, die ein völlig anderes Verhältnis zumal der westlichen Oberschichten zur Leistung und zum Produktionsprozeß begründet hat als bei den traditionellen Oberschichten anderer Kulturen.

Zusammen haben die angeführten besonderen strukturellen Züge und kulturellen Werthaltungen der traditionellen westlichen Gesellschaft einen Spielraum und zugleich einen Antrieb für Veränderungen gegeben, wie er in keiner anderen traditionellen Gesellschaft existiert hat. Das gleichzeitige Streben so vieler Individuen nach Verbesserung ihrer Kenntnisse oder ihres moralischen Charakters, ihres sozialen Status oder ihres Besitzstandes haben hier einen fortschreitenden Prozeß ungeplanter gesellschaftlicher Veränderung in Gang gesetzt. MAX WEBER hat, über seine Hinweise auf die hierfür relevanten Züge der traditionellen westlichen Gesellschaft hinaus, auch wesentlich zu unserem Verständnis der Vorgänge beigetragen, die diesen dynamischen Prozeß der Überwindung der traditionellen Ordnung direkt einleiteten. Neben dem Erstarken des städtischen Bürgertums und seines Selbstbewußtseins, neben dem Beitrag des Überseehandels und des Zeitalters der Entdeckungen zur beginnenden Kapitalanhäufung durch eine Minderheit, neben den Anfängen einer nicht mehr dogmengebundenen Philosophie und einer mathematischen Naturwissenschaft hat er vor allem auf die Herausbildung der protestantischen Ethik, zumal in ihrer calvinischen Form, auf der einen, die Herausbildung des modernen bürokratischen Territorialstaates auf der anderen Seite hingewiesen, die in den Jahrhunderten seit der Renaissance die Alltagsethik des mittelalterlichen Katholizismus und die politische Ordnung des Feudalsystems mit seiner Fülle autonomer Gewalten ablösten.

WEBER hat einmal gezeigt, daß die Ersetzung der katholischen »Werkheiligkeit« durch die calvinische Interpretation des diesseitigen Arbeitserfolgs als eines Anzeichens göttlicher Gnade in hohem Maße bisher anderweitig gebundene Energien auf den Bereich der erwerbsorientierten Arbeit konzentrierte und damit jenen Prozeß der Durchrationalisierung des Alltags unter dem Primat wirtschaftlicher Antriebe einleitete, der seither zuerst den Westen und später immer weitere Teile der Welt transformiert hat. Zum andern hat er deutlich gemacht, wie die

Herstellung eines wirksamen Gewaltmonopols in immer größeren territorialen Gebieten, kombiniert mit einer kalkulierbaren bürokratischen Verwaltung und mit der Bindung des Gewaltträgers an eine Rechtsordnung, die seine Untertanen bei Einhaltung feststehender Regeln vor Willkür schützte, den Rahmen schuf, in dem moderne kapitalistische Produktionsformen sich in Sicherheit entfalten konnten. Der Durchrationalisierung des Alltags und der zunehmenden Rationalität der kapitalistischen Produktion entsprach so die zunehmende Rationalität des bürokratischen Rechtsstaats.

Leistungen, Zerstörungen, Krisen

Dieser dreifache Prozeß der Rationalisierung hat nun die in der Eigenart der ursprünglichen Institutionen und Grundwerte des Westens angelegte Dynamik der Veränderung ungeheuer gesteigert. Er hat das, was wir die moderne Welt nennen – eine Welt erstaunlicher wissenschaftlicher, technischer, ökonomischer und organisatorischer Leistungen, eine Welt auch sich beschleunigender Veränderungen der politischen und sozialen Institutionen und der menschlichen Werthaltungen –, zuerst im Westen und dann unter dem Einfluß von dessen Vorbild und dessen ökonomischer und politischer Expansion in immer weiteren Teilen des Erdballs geschaffen. Der westliche Vorsprung in der Modernisierung war die Grundlage der beispiellosen Machtausdehnung der westlichen Großmächte in den Jahrhunderten des Imperialismus. Die Ausbreitung des westlichen Systems wurde ihrerseits nicht nur die Ursache der Zersetzung der meisten nichtwestlichen, traditionellen Kulturen, damit einer Zerstörung vertrauter Lebensformen der nichtwestlichen Völker und eines oft verzweifelten, aber vergeblichen Anfangswiderstandes, sondern auch, mit der mindestens teilweise nachgeholten Modernisierung dieser Völker, des erfolgreichen antiimperialistischen Gegenschlages unseres Jahrhunderts.
Doch die Zerstörung nichtwestlicher, traditioneller Gesellschaftsordungen und Kulturen war nicht die einzige der großen Zerstörungen, die von der Dynamik des Westens herbeigeführt wurden. Wir sind uns erst im letzten Jahrzehnt des Ausmaßes der von der beschleunigten Industrialisierung bewirkten und noch drohenden Zerstörungen der natürlichen Umwelt bewußt geworden, von der Vergiftung von Wasser und Luft über die

drohende Erschöpfung der Bodenschätze an Rohstoffen und Energiequellen bis zur tendenziellen Veränderung des Klimas. Und neben diesen beiden erfahren wir eine dritte Richtung der Zerstörung – die Zerstörung des Lebenssinns für wichtige Teile der jungen Generation des Westens, denen wir auf Grund des rasanten Tempos der Veränderung der Lebensbedingungen nicht mehr vermocht haben, die grundlegenden Werte unserer Kultur glaubhaft zu vermitteln, und die darum in der durchorganisierten Rationalität unserer Lebensformen und unserer ökonomischen und politischen Apparatur nur noch eine leerlaufende »formale Rationalität« ohne erkennbaren humanen Zweck sehen, dem die Perfektionierung der Mittel dienen würde. So kann die Kulturkrise des Westens, von der in diesem Band die Rede ist, neben der Krise der Weltstellung des Westens und der ökologischen Krise als die dritte der großen historischen Krisen aufgefaßt werden, die aus den zerstörenden Wirkungen der westlichen Dynamik hervorgegangen sind.

Es ist unter diesen Umständen nur natürlich, daß wir heute in einem Zeitalter des westlichen Selbstzweifels leben. Zugegeben, daß die westliche Dynamik sich als »eine Entwicklungsrichtung von universeller Bedeutung« erwiesen hat, so scheint doch die »Gültigkeit« dieser Richtung überaus fragwürdig zu sein. Hat die westliche Dynamik nicht primär, oder doch letzten Endes, Zerstörung über die Menschheit gebracht? Hat sie nicht viele alte Hochkulturen zerstört und selbst im Leerlauf ihrer Rationalität geendet? Droht sie nicht, die uns umgebende Natur aufzufressen? »Die Welt hat Krebs, und der Krebs ist der Mensch«, klagen die radikalen Ökologen. Wenn das wahr ist – ist dann nicht der westliche, der »faustische« Mensch mit seinem grenzenlosen Streben der eigentliche Krebserreger gewesen?

Ich vertrete hier den Standpunkt, daß man diese Fragen ernst nehmen muß, aber daß die darin ausgedrückte Auffassung insofern einseitig ist und letzten Endes in die Irre führt, als sie auf einer voreiligen Gleichsetzung bestimmter, zeitweise sehr wichtiger Tendenzen der westlichen Dynamik mit dem Ganzen der westlichen Entwicklung und ihrer tragenden Werte beruht. Ich bin überzeugt, daß eine Abkehr von diesen westlichen Werten, wie sie heute vielerorts explizit oder implizit vorgeschlagen wird, die Krise nicht überwinden, sondern nur die Zerstörungen vervielfachen würde. Ich glaube im Gegenteil, daß es zur Überwindung der Krise darauf ankommt, bestimmte

Fehlentwicklungen des Westens zu korrigieren, aber die grundlegenden humanen Triebkräfte dieser Zivilisation zu bewahren.

Lernfähigkeit zwischen Hybris und Selbstaufgabe

Um diese Auffassung zu begründen, möchte ich von ADOLF PORTMANNS Erkenntnis ausgehen, daß das spezifische Unterscheidungsmerkmal des Menschen gegenüber den Tieren das Ausmaß seiner Lernfähigkeit ist. Es gibt auch Lernfähigkeit bei Tieren. Aber das Besondere am Menschen ist, wie gering vergleichsweise der Anteil seiner durch vererbte Instinkte gesteuerten Handlungen und wie breit der Anteil derjenigen Handlungen ist, die auf Grund von Lernvorgängen bewußt neugestaltet werden können. Der Mensch ist dasjenige Tier, das in einzigartigem Maße sein Verhalten auf Grund von Lernvorgängen verändern kann.
Nun scheint es mir außer Zweifel zu stehen, daß keine Form der gesellschaftlichen Organisation der Menschheit jemals in solchem Ausmaß Lernvorgänge begünstigt hat, wie die Gesellschaften der westlichen Zivilisation. Was wir vorher als die spezifische Dynamik der westlichen Zivilisation bezeichnet haben, ist nur ein anderer Ausdruck derselben Sache. Aber eine Zivilisation, welche die Lernfähigkeit des Menschen in einzigartiger Weise durch ihre strukturellen und kulturellen Eigenarten begünstigt, bietet offenkundig einzigartige Chancen für das Überleben der Menschheit.
Hier ist es notwendig, sofort das Gegenargument einzuführen. Der Mensch ist nicht nur lernfähig; er ist auch fehlbar. Im Prozeß des Lernens aus Erfahrungen kann er auch auf Irrwege geraten. Je erfolgreicher sein Lernen auf einer Stufe, je größer die Gefahr seiner Hybris, seiner Selbstüberhebung auf der nächsten – je größer also die Gefahr, daß er das nächste Mal »falsch« lernt. Lernen vollzieht sich tastend, experimentell – durch Fehlschläge ebenso wie durch Erfolge. Wer durch Erfolge auf einer Stufe unfähig wird, Fehlschläge auf der nächsten Stufe zur Kenntnis zu nehmen, der büßt seine Lernfähigkeit ein.
Hier ist die spezifische Gefahr der westlichen Zivilisation: auf Grund von spektakulären Lernerfolgen die Lernfähigkeit zu verlieren. Die Krisen der westlichen Zivilisation in der Gegen-

wart sind Anzeichen von Fehlentwicklungen, aus denen neu gelernt werden muß. Doch das Umlernen muß da ansetzen, wo die Entwicklung tatsächlich fehlgelaufen ist. Es darf nicht zum Verzicht auf jene westlichen Grundwerte führen, die überhaupt erst die besondere Lernfähigkeit westlicher Gesellschaften – im Gegensatz zu den statischen, traditionellen Gesellschaften anderer Hochkulturen – begründet haben.

Was damit verlorenginge, kann heute auf zwei Arten einsichtig gemacht werden. Die eine ist die Betrachtung der Versuche in einigen nichtwestlichen Ländern, von der notwendigen Erringung der Unabhängigkeit vom Westen zur irrationalen Verwerfung seiner rationalen Errungenschaften überzugehen. Der bisher größte solche Versuch war die chinesische »Kulturrevolution«, die zeitweise auch bei unseren heimischen Rebellen gegen die westliche Rationalität so viel Begeisterung auslöste. Heute ist kaum noch bestritten, daß dieses Experiment nicht nur Chinas Modernisierung durch die Verwerfung der Leistungsanreize, durch die Desorganisation der Erziehung und durch die Lähmung der wissenschaftlichen Forschung und Lehre um ein Jahrzehnt zurückgeworfen, sondern auch durch die Entfesselung zielloser Gewalt, durch die Erniedrigung der Intellektuellen und durch die Zwangsverschickung einer Generation von Jugendlichen aufs Land ein gewaltiges Ausmaß sinnlosen menschlichen Leides verursacht hat. Ein anderer Versuch dieser Art, wenn auch mit verschiedener Ideologie, hat jüngst mit der »islamischen Revolution« in Iran begonnen, in der sich eine in vieler Hinsicht begründete Erhebung gegen die gewaltsame »Modernisierung von oben« durch den Schah mit Zügen einer primitiv-nativistischen Revolte gegen alle modernen, »westlichen« Lebensformen vermengte: Solche Unternehmungen haben keine andere Zukunft als die einer Verschärfung des Massenelends bis zu ihrer schließlichen Korrektur.

Der Lernwert solcher tragischen Experimente liegt für uns darin, daß er hilft, uns die im Selbstzweifel allzuoft vergessenen gewaltigen Errungenschaften unserer westlichen Zivilisation in Erinnerung zu rufen, auf die heute weder wir noch andere ohne katastrophale Folgen verzichten können. Ich denke an die im Laufe der Jahrhunderte erweiterten Vorstellungen davon, was unveräußerliche Menschenrechte sind und was die Menschenwürde ausmacht; an die auf der Grundlage des westlichen Glaubens an die menschliche Vernunft möglich gewordene einzigartige Entfaltung der Wissenschaft; an die erstaunliche

Zurückdrängung von Sterblichkeit, Krankheit und Not nicht nur für die privilegierte Minderheit, sondern für die gewaltige Mehrheit der Völker westlicher Zivilisation – eine früher unvorstellbare Erleichterung der *condition humaine* dank der Entwicklung von Wissenschaft, Leistungswillen sowie Technik und Organisation der Produktion.

Diese Errungenschaften sind bisher weit davon entfernt, der ganzen Menschheit gleichmäßig zugute zu kommen; doch es ist nicht wahr, daß sie zu einem wesentlichen Teil *auf Kosten* der notleidenden Mehrheit der Menschheit erreicht worden wären. Im Gegenteil haben sie begonnen, sich auf nichtwestliche Teile der Welt auszudehnen, in denen das westliche Vorbild die Ansprüche der Menschen gesteigert und teilweise schon Wege zu ihrer Befriedigung gewiesen hat: Die Errungenschaften des westlichen Rechts- und Freiheitsbewußtseins, der westlichen Wissenschaft und Technik sind heute noch bei weitem nicht universell, aber sie sind grundsätzlich unversalisierbar, allen zerstörenden Konflikten und allen zeitweisen ideologischen Gegenbewegungen zum Trotz – und im Westen selbst ist, ungeachtet allen Selbstzweifels und zum Teil gerade bei seinen Trägern, das Bewußtsein der Verpflichtung zu ihrer Universalisierung nicht durch Machtexpansion, sondern durch Zusammenarbeit auf der Grundlage der Gleichberechtigung gewachsen. Der Imperialismus war nicht das letzte Stadium des Westens und seiner Rolle in der Welt.

Was gültig bleibt

Was hier über die schöpferischen Leistungen des Westens gesagt worden ist, hebt nicht das auf, was von den Anklägern und Selbstanklägern über seine zerstörerischen Fehlentwicklungen vorgebracht wird: Beides enthält Wahrheit. Aber es begründet den Schluß, daß diese Fehlentwicklungen ohne Abkehr von den Grundlagen der westlichen Zivilisation korrigiert werden müssen und können. Wir kennen heute aus bitterer Erfahrung die Risiken einer unkontrollierten Anwendung der Ergebnisse der Wissenschaft auf vielen Gebieten, eines ständig beschleunigten Wachstums der Produktion ohne Kontrolle seiner Richtungen, eines Tempos der Veränderung der Lebensbedingungen, mit dem die Übermittlung unserer grundlegenden Werte in der Erziehung nicht Schritt halten kann. Aber wir wissen auch, daß

die rapid anwachsenden nichtwestlichen Bevölkerungen *ohne* die Mittel der Wissenschaft und Technik, ohne Anwachsen der Produktion in den *notwendigen* Richtungen nicht ernährt und mit dem Nötigsten versorgt werden können.
Darum müssen wir aus den Fehlentwicklungen lernen, den Weg des Westens zugleich zu korrigieren und weiterzugehen – ohne Hybris, die sich der Kritik gegenüber taub stellt, aber auch ohne Verleugnung der Werte, von denen wir ausgegangen sind. Doch diese These ruft heute notwendig einen letzten Einwand wach: Hat der Westen angesichts der Tiefe seiner kulturellen Krise denn noch die Möglichkeit, den schöpferischen Ausweg allein auf der Basis seiner eigenen Werte zu finden? Hat er nicht von den alten, undynamischen Zivilisationen vor allem Asiens, deren Trümmer ihn umgeben, ebensoviel oder mehr zu lernen als diese von ihm? Ist nicht das vielfältige Eindringen nichtwestlicher Lebensformen in die westliche Welt, von meditativen Sekten und Drogenkulten bis hin zur Propaganda alternativer Ernährungsweisen und alternativer Technologien, ein Anzeichen dafür, daß der hoffnungsvollste Weg der Erneuerung der Weg zu einer ganz neuen *Synthese* verschiedener Zivilisationen ist und daß wir uns schon auf diesem Wege befinden?
Ich glaube, daß man diese Fragen nur ernsthaft beantworten kann, wenn man zwischen drei verschiedenen möglichen Prozessen unterscheidet: Dem kulturellen *Synkretismus* als Symptom einer andauernden Kulturkrise, der schöpferischen neuen *Synthese* aus den Elementen von bereits zusammengebrochenen Zivilisationen und dem konstruktiven *Lernprozeß* einer zwar in die Krise geratenen, doch noch lebensfähigen Zivilisation.
Den Synkretismus haben wir bereits, und er ist in der Tat nicht mehr als ein Krisensymptom. Das Einströmen von Elementen alter asiatischer Kulturen, von fremden Religionen und Meditationsschulen, von Sektengurus und Drogenkulten ist zweifellos ein Ausdruck des Ungenügens vieler westlicher Menschen sowohl an den christlichen Traditionen wie an den säkularisierten Lebensformen, aber es bleibt auf Randerscheinungen beschränkt: Die fremden Elemente bleiben exotisch, gleich unfähig, von der westlichen Lebensform, die weiterbesteht, assimiliert zu werden oder diese zu ersetzen. Assimilierbar und in der Tat potentiell wichtig als Instrument der internationalen Wirtschaftspolitik sind wahrscheinlich die alternativen Technologien, die auf Länder mit strukturellem Mangel an Kapital und

Überschuß an Arbeitskraft zugeschnitten sind – aber nicht als Instrumente eines Wandels des Westens, sondern eines im westlichen Sinne rationalen Zusammenlebens von Ländern mit verschiedener wirtschaftlicher Struktur.

Eine neue kulturelle Synthese setzt demgegenüber voraus, daß die alten Zivilisationen, deren Erbe sie antritt, nicht nur von einer Krise betroffen sind, sondern daß ihr Zusammenbruch ihre verschiedenen Elemente für eine neue Gestaltung freigesetzt hat, wie der Zusammenbruch der römischen Zivilisation deren Elemente für eine Synthese mit dem aus dem Nahen Osten sich ausbreitenden christlichen Glauben freisetzte, aus der das »Abendland« entstand. Das Vorbild scheint zu lehren, daß solche Synthesen nicht durch bewußten Willensakt geschaffen werden können, sondern sich in Jahrhunderten des formlosen Chaos vorbereiten, wie Europa sie im Zeitalter der Völkerwanderung gekannt hat – »*dark ages*« nach dem Ausdruck der englischen Historiker, wie sie uns wohl bevorstehen mögen, wenn die Überwindung unserer Kulturkrise endgültig mißlingt, wie aber niemand sie wünschen kann, solange ein solches Schicksal nicht offenbar unvermeidlich ist.

Doch so gewiß unsere westliche Zivilisation sich in einer ernsten Krise befindet, so gewiß ist sie noch nicht zusammengebrochen. Ihre grundlegenden Werte und Triebkräfte sind, obwohl gefährdet, noch wirksam, ihre institutionellen und normativen Gestalten noch der Umformung fähig. Sie sollte daher imstande sein, neben anderen Lehren auch brauchbare Elemente aus anderen Zivilisationen konstruktiv sich einzuverleiben – unter Korrektur ihrer Fehlentwicklungen, aber ohne Preisgabe ihrer Werte und ihrer Kernstruktur. Denn nicht nur unsere geschichtlichen Leistungen, auch unsere Lernfähigkeit beruht auf dieser Struktur und diesen Werten.

Der »faustische« Mensch mit seinem unendlichen Streben ist dennoch kein Krebserreger. Denn ein Krebsgeschwür ist nicht lernfähig – wir aber sind es.

Teil I: Gesellschaftswandel und Kulturkrise

Die Intellektuellen zwischen Gesellschaftswandel und Kulturkrise

Als Intellektuelle bezeichnen sich diejenigen, die sich bemühen, dem Leben und der gesellschaftlichen Entwicklung als Ganzem eine Deutung zu geben – sei es durch wissenschaftliche Analyse, wertenden Kommentar oder künstlerischen Ausdruck – und insbesondere die Gesellschaft an ihren eigenen Werten zu messen. Darin liegt schon, daß der Anspruch des Intellektuellen seiner Natur nach ein kritischer ist und daß sein Träger vor allem für die Krisenelemente empfindlich ist, die aus Widersprüchen zwischen den tragenden Werten einer Kultur und der gesellschaftlichen Wirklichkeit entspringen. Solange solche Widersprüche als ein graduelles Zurückbleiben der Entwicklung hinter ihren Möglichkeiten erscheinen, wird der kritische Intellektuelle auf seinem jeweiligen Gebiet zum Motor einer vorwärtstreibenden Reform: Auf dem Boden der grundlegenden Werte seiner Kultur sucht er aus diesen Werten neue normative und institutionelle Konsequenzen entsprechend den veränderten gesellschaftlichen Bedingungen zu ziehen, was in der Tat in einer dynamischen Gesellschaft wie der unseren wieder und wieder unvermeidlich wird. Wenn er aber den Widerspruch zwischen Werten und Wirklichkeit als total und entsprechend seine gesellschaftliche Umwelt als sinnlos empfindet, so sucht er den Ausweg in einer vorgestellten totalen Umwälzung: Er flieht aus dem unerträglichen moralischen Konflikt in die Utopie einer konfliktlosen Ordnung, zu deren Verwirklichung alle Mittel erlaubt erscheinen; und dabei geschieht es nicht selten, daß der Intellektuelle um seiner neugefundenen, diesseitigen Heilslehre willen gerade die Werte preisgibt oder »verrät«, von denen er bei der Kritik der Wirklichkeit ausgegangen war. So ist nicht zufällig allen modernen Revolutionen – demokratischen und antikolonialen, kommunistischen und auch faschistischen – ein Abfall der Intellektuellen vom alten »System« vorausgegangen; und in diesen Revolutionen sind Intellektuelle die typischen Träger des spezifisch utopischen Elements, die im Zuge der Konsolidierung des neuen Regimes entmachtet werden.

Der geschichtliche Hintergrund, vor dem wir diese Fragen diskutieren, ist die Tatsache, daß wir in der zweiten Hälfte der sechziger Jahre einen solchen massenhaften Abfall von Intellektuellen in den demokratisch organisierten Industrieländern des Westens vom demokratischen System, eine massenhafte Hinwendung zu im strengen Sinne utopischen Heilsvorstellungen und zu Phantasien – und in viel geringerem Ausmaß zu tatsächlichen Versuchen – ihrer gewaltsamen Verwirklichung erlebt haben.[1]* So war es naheliegend, daß ein führender Ideologe der Studentenrevolte, HERBERT MARCUSE, die jungen Intellektuellen zusammen mit den gesellschaftlichen Randgruppen und mit den Völkern der armen und unterentwickelten Länder als die neuen Träger der von der Industriearbeiterschaft preisgegebenen revolutionären Mission ansprach; und noch Jahre später hat HELMUT SCHELSKY die intellektuellen »Sinnvermittler« nicht nur als Träger einer neuen »Diesseitsreligion« beschrieben, sondern ihre Durchsetzung als herrschende Priesterkaste einer neuen Ordnung vorausgesagt.[2]

Die seitherige Entwicklung hat diese Hoffnungen und Befürchtungen nicht bestätigt, obwohl die frühen siebziger Jahre die Krise des Weltwährungssystems, den Höhepunkt der Weltinflation, den Erdölschock und die bisher schwerste internationale Rezession seit dem Zweiten Weltkrieg – und in der Tat seit der Weltwirtschaftskrise von 1929–1932 – gebracht haben. Die westlichen Demokratien haben nicht nur diese Krisenjahre ohne ernste Gefährdung überstanden; gerade in diesen Jahren hat die Abwendung der kommunistischen Massenparteien in den demokratischen Industrieländern – vor allem in Italien, Frankreich und Japan – von revolutionären Traditionen und leninistischen Dogmen und ihre Hinwendung zur nicht nur faktischen, sondern zunehmend expliziten Integration in die demokratischen Systeme entscheidende Fortschritte gemacht. Mit anderen Worten: Der Abfall der jungen Intelligenz vom demokratischen System ist *nicht* der Ausdruck einer akuten Entwicklungsunfähigkeit dieses Systems und daher auch *nicht* der Vorläufer einer revolutionären Krise gewesen: Er war – und ist in veränderter Form auch heute noch – der Ausdruck

* Die hochgestellten Ziffern verweisen auf die Anmerkungen (Seite 280 ff).

einer langfristigen *kulturellen* Krise, die trotz andauernden Funktionierens des gesellschaftlichen und politischen Systems eingetreten ist. Das ist die Paradoxie, die ich im folgenden zum Thema machen möchte.

Bevor wir versuchen, die Paradoxie zu erklären, müssen wir uns vergewissern, daß sie besteht. Nicht jeder – insbesondere nicht jeder Intellektuelle – wird mir zustimmen, daß das gesellschaftliche und politische System des Westens in der Krise der letzten Jahre seine Flexibilität und Funktionsfähigkeit erwiesen hat. Haben wir nicht von allen Seiten Klagen über die »Unregierbarkeit« der westlichen Demokratien gehört? War nicht die amerikanische Demokratie durch den Vietnamkrieg tief gespalten, von Rassenunruhen geplagt und schließlich durch den Machtmißbrauch, für den »Watergate« die Kurzformel ist, im Vertrauen auf ihre Institutionen tief erschüttert? Waren nicht englische Regierungen beider Parteien jahrelang unfähig, einen wirtschaftspolitischen Kurs gegen die Gewerkschaften durchzuhalten, und dadurch im Kampf gegen die Inflation gelähmt? Befindet sich das von Streiks und Inflation geschüttelte Italien nicht im Zustand der nahezu permanenten Regierungskrise, in der es unmöglich geworden ist, gegen die Kommunisten zu regieren? Haben wir nicht eine bittere Polarisierung der politischen Auseinandersetzung auch in Frankreich und in der Bundesrepublik Deutschland, die der Handlungsfähigkeit der Regierungen höchst abträglich ist?

All das ist wahr, und es konstituiert das Gesamtbild einer nicht nur wirtschaftlichen, sondern politischen Krise. Aber dies Bild ist nur eine Seite der Wirklichkeit dieser Jahre, und nicht die entscheidende. Auf der anderen Seite steht die Tatsache, daß der politische Extremismus aller Arten in den Jahren der Wirtschaftskrise nirgends zugenommen hat. In den Vereinigten Staaten haben die Rassenunruhen nach ihrem Höhepunkt von 1968 rasch an Bedeutung verloren, während die Integration der schwarzen Bevölkerung ohne große Fanfaren enorme Fortschritte gemacht hat. In Westeuropa hat sich das Netz der sozialstaatlichen Maßnahmen als stark genug erwiesen, um ein gefährliches Absinken des Lebensstandards auf dem Höhepunkt der Arbeitslosigkeit zu verhindern – und mit ihm den sekundären wirtschaftlichen Schrumpfungsprozeß, zu dem dieser Faktor in den großen Wirtschaftskrisen der Vergangenheit führte. In der Weltwirtschaft hat sich die Tradition der Zusammenarbeit der kapitalistischen Länder als stärker erwiesen als

die währungspolitischen Konflikte und die Versuchung, nationale Lösungen wie 1931/32 durch eine Einschränkung der Einfuhren auf Kosten des Nachbarn und schließlich durch Zerreißen der Kreditverflechtung zu suchen. Auf die Erkenntnis der relativen Ohnmacht von Parlamenten und Regierungen gegenüber den großen organisierten Interessen der Monopole und Gewerkschaften in Krisenzeiten ist in einem Land nach dem anderen die Entwicklung erfolgreicher Techniken der Interessenabstimmung in Konsultation und Verhandlungen mit diesen Gruppen seitens der demokratischen Regierungen gefolgt, zuletzt auch in England[3] und zunehmend auch mit den kommunistisch geführten Gewerkschaften Italiens – Verhandlungstechniken, die eine Zurückdrängung der Inflation bei gleichzeitiger schrittweiser Überwindung der Rezession ermöglicht haben. Und schließlich hat die amerikanische Demokratie im Zuge des Vorwahl- und Wahlkampfes von 1976 die Tendenz zur Selbstzerfleischung, die Enthüllungssucht und die außenpolitische Lähmung, die sich als Erbe von Vietnam und Watergate entwickelt hatten, weitgehend überwunden und ein neues Selbstvertrauen gewonnen.
Eines der eindrucksvollsten Indizien für die Lebensfähigkeit der pluralistischen Demokratie in den industriell fortgeschrittenen Ländern ist die Entwicklung der wichtigen kommunistischen Parteien dieser Länder. Von manchen Gegnern der Kommunisten wird diese Entwicklung in erster Linie als Gefahr einer kommunistischen »Machtergreifung« auf kaltem Wege gesehen; doch haben in Europa in den letzten Jahren nur die italienischen (und die erst seit kurzem »legalisierten« spanischen) Kommunisten zugenommen, und nur für die ersten ist die Möglichkeit einer Regierungsbeteiligung aktuell. Allgemein dagegen ist die zunehmend eindeutige und bindende Festlegung der wichtigen kommunistischen Parteien – in Italien, Spanien, Frankreich und Japan – auf die Grundsätze der pluralistischen Demokratie, mit allen Freiheitsrechten, einschließlich des Rechts auf Freiheit der Oppositionsparteien und auf Regierungswechsel im Fall ihres Wahlsieges – das heißt ihre offene Abkehr von den Grundsätzen des Leninismus. Die Verläßlichkeit dieses Wandels im heutigen Stadium ist in Italien auf Grund einer zwanzigjährigen Entwicklung als sehr hoch, in Spanien und Japan ebenfalls schon als erheblich, in Frankreich auf Grund seiner relativen Plötzlichkeit einstweilen noch als zweifelhaft einzuschätzen. Doch in unserem Zusammenhang ist

wesentlich, daß er eine bemerkenswerte Integrationskraft der pluralistischen Demokratie für die Arbeitermassen der fortgeschrittenen Industrieländer widerspiegelt, der diese Parteien sich trotz sowjetischen Widerstandes und unter Erkämpfung zunehmender Autonomie haben anpassen müssen: Eine solche Entwicklung wäre undenkbar in Ländern, deren Massen ihre Hoffnung auf einen revolutionären Umsturz setzen.

Und schließlich haben auch die linken Intellektuellen in diesen Krisenjahren zunehmend aufgehört, von einer vorrevolutionären Situation zu träumen. Soweit sie nach dem Zurückfluten der scheinrevolutionären Welle von 1968 politisch interessiert geblieben sind, haben sie gewiß ihre Kritik an der kapitalistischen Wirtschafts- und Gesellschaftsordnung nicht aufgegeben, und ihre Vorstellungen von der Alternative enthalten in den meisten Fällen mehr oder weniger starke utopische Elemente. Mehr noch, diese Vorstellungen spielen nach wie vor eine wichtige Rolle in der öffentlichen Diskussion auf vielen Gebieten, von der Politik, Ökonomie und Soziologie bis zur Pädagogik und Theologie. Aber die ganz überwiegende Mehrheit dieser »Radikalen« hat sich nicht nur von dem neobakunistischen Gewaltkult jener Sturmjahre, von den Vorbildern MAO TSE-TUNGS und GUEVARAS abgewandt, sondern von der Grundvorstellung eines revolutionären Sturzes der demokratischen Ordnung: Was als »langer Marsch durch die Institutionen« begann, ist längst zu einem Prozeß der Integrierung der ehemaligen Revolutionäre durch diese Institutionen geworden – in den USA, in Frankreich, in der Bundesrepublik Deutschland. Die Anarcho-Terroristen, die heute noch in den Industrieländern von sich reden machen, sind nicht die Repräsentanten einer neuen Welle destruktiver Gewalt – sie sind das menschliche Strandgut, das eine längst zurückgeflutete Welle hinterlassen hat.

Unser demokratisches System hat also nicht nur seine Anpassungs- und Überlebensfähigkeit in einer ernsten Wirtschaftskrise, sondern seine anhaltende Integrationsfähigkeit erwiesen. Damit aber erhebt sich verstärkt unsere anfängliche Paradoxie – die Frage nach Natur und Wurzeln einer Kulturkrise in einer immerhin funktionierenden Gesellschaft.

Versuchen wir zuerst zu klären, was mit dem Begriff der Kulturkrise hier gemeint ist. Jede historische Zivilisation oder Kultur – ich gebrauche die beiden Worte als austauschbar, etwa im Sinne der modernen Kulturanthropologie oder von TOYNBEES vergleichender Theorie der Zivilisationen – wird durch ein System von tragenden Werten zusammengehalten, die das Sozialverhalten ihrer Mitglieder letztlich motivieren. Auf historisch frühen Stufen sind diese Werte implizit in den tragenden Mythen oder Religionen einer Kultur. Auf späteren Stufen werden sie in philosophischen, ethischen, auch politischen Denksystemen explizit formuliert. Auf allen Stufen finden sie ihren Ausdruck in der kulturspezifischen Kunst. Die tragenden Verhaltensnormen und Institutionen einer Zivilisation beruhen nicht nur auf den materiellen Existenzbedingungen, deren Anforderungen den Bereich der möglichen Institutionen begrenzen, aber in der Regel mehr als eine Lösung zulassen, sondern auf der Gestaltung dieser Bedingungen im Sinne jener Werte.
Unsere westliche Zivilisation ist gekennzeichnet durch eine Synthese von Werten, die einerseits der jüdisch-christlichen Prophetie, andrerseits der griechisch-römischen Antike entstammen. Ohne Anspruch auf Vollständigkeit zu erheben, nenne ich den Glauben an die Autonomie der *Vernunft* als Schlüssel zum Verständnis der Welt: den Glauben an die Einzigartigkeit des *Individuums*, das mit unveräußerlichen Rechten geboren wird; den Glauben an den bindenden Charakter *freiwillig eingegangener* (und nicht nur blutsmäßig gewachsener) *Gemeinschaften*; den Glauben an die Grenzziehung zwischen individuellem Wollen und gemeinschaftlicher Notwendigkeit durch *rechtliche Satzung*; die Wertschätzung der *Arbeit*, auch der körperlichen Arbeit in dieser Welt als Verdienst und Sinnerfüllung des Lebens und nicht nur als notwendiges Übel.
Zusammen haben diese Werte, die *in dieser Kombination* in anderen Hochkulturen nicht vorhanden waren, unter den Angehörigen der westlichen Zivilisation ein einzigartiges *Streben nach Selbstverbesserung* – im Sinne von Streben nach mehr materiellem Besitz und höherem sozialen Rang, aber auch nach mehr Wissen und nach moralischer Vervollkommnung – motiviert; und die frühe Pluralität der westlichen Institutionen – der Dualismus von geistlicher und weltlicher Autorität, die Autonomie der Städte, der Stände und schließlich der Universitäten im Mittelalter – haben für dieses Streben einen einzigartigen *Spielraum* geschaffen. Motivierung und Spielraum zusammen

erklären die einzigartige *Dynamik* immer neuen Wandels in der westlichen Zivilisation, die der Entstehung des modernen Kapitalismus und der modernen Wissenschaft und Technik vorausging, diese ermöglicht hat und von ihnen ungeheuer beschleunigt worden ist; und diese Dynamik hat die Grundbedingungen der modernen Welt zuerst im Westen und dann auch auf nichtwestlichem Boden geschaffen.

Eine derart dynamische Zivilisation, die ihre eigenen Existenzbedingungen immer neu verändert, schafft damit aber für sich immer neue kulturelle, moralische und institutionelle Probleme. Die von den tragenden Werten abgeleiteten Verhaltensnormen und Institutionen müssen den neuen Existenzbedingungen angepaßt werden, und um das zu ermöglichen, müssen die Werte selbst immer neu interpretiert werden, wenn sie nicht ihre Glaubwürdigkeit und bindende Kraft verlieren sollen. So hat das Suchen nach einer rational verständlichen Ordnung der Welt nicht mehr in der Vorstellung einer statischen, gottgegebenen Ordnung sein Genügen gefunden, sondern sich der wissenschaftlichen Interpretation der Naturgesetze und schließlich auch dem Versuch einer rationalen Deutung des geschichtlichen Wandels selbst zugewandt. Die unveräußerlichen Rechte des Individuums, die einst als Rechte eines jeden nach seinem Stande aufgefaßt wurden, wandelten sich seit der Französischen Revolution zum Prinzip der bürgerlichen und politischen Rechtsgleichheit und in der modernen Demokratie des allgemeinen Wahlrechts mehr und mehr zur Forderung nach gleicher sozialer Sicherheit und gleichen sozialen Chancen für alle. Die freiwillige, aber bindende Gemeinschaft hat sich von ihren Wurzeln in der christlichen Gemeinde und der Schwurgemeinschaft der mittelalterlichen Stadtbürger zur Bindung des Bürgers an den Nationalstaat erweitert, und Ansätze einer übernationalen, ja universalen Moralbindung sind zu erkennen. Jeder dieser Neudeutungen der Werte aber entsprechen veränderte Verhaltensnormen und Institutionen, die den veränderten Existenzbedingungen angepaßt sind.

Nun ist es in unserem Zusammenhang entscheidend, daß solche Anpassung nicht automatisch erfolgt und ihr Ausgang niemals im voraus gesichert ist: Sie gelingt oder mißlingt als Resultat von Kämpfen – politischen, sozialen und religiösen oder doch weltanschaulichen Kämpfen. Wenn aber die Anpassung längere Zeit mißlingt, werden die Normen unanwendbar, die Institutionen verlieren ihre Autorität, und die Werte selbst erscheinen schließlich als bloße Heuchelei. Das ist die Situation, die vom Standpunkt des einzelnen als Anomie, vom Standpunkt des Ganzen der Zivilisation als Kulturkrise bezeichnet werden kann. So hat in der Renaissance die zunehmende Unanwendbarkeit der Verhaltensnormen des mittelalterlichen Katholizismus in den fortgeschrittensten Teilen Europas zu einer schweren Kulturkrise, gekennzeichnet unter anderem durch den Einbruch massenhaften Aberglaubens, die Unsicherheit aller Moralnormen und den Legitimitätsverlust der politischen Ordnungen geführt, bis Reformation und Gegenreformation eine Neudeutung der Moralnormen und die Konsolidierung des modernen Staates ein neues politisches Gehäuse lieferten.

Es scheint mir nun deutlich, daß eine vergleichbare Kulturkrise des modernen Westens nach erkennbaren früheren Ansätzen zuerst in dem zerstörerischen Ausbruch des Nationalsozialismus geschichtsmächtig geworden ist: Hier handelte es sich offensichtlich um einen Aufstand gegen solche grundlegenden Werte der westlichen Zivilisation wie die Ratio, die Unersetzlichkeit des Individuums, die Überlegenheit freiwilliger Bindungen über Blutsbande und die von Willkür unabhängige Rechtsordnung. Der Aufstand wurde möglich, weil die Wertvorstellung einer übernationalen Ordnung im Deutschland der Zwischenkriegszeit viel von ihrer Glaubwürdigkeit verloren hatte und weil die Weltwirtschaftskrise mit dem Zerfall des internationalen Währungs- und Kreditgefüges diese Glaubwürdigkeit in diesem besonders schwer betroffenen Lande vollends zerstörte, während gleichzeitig der Glaube an die Funktionsfähigkeit einer Wirtschaftsordnung auf der Grundlage individueller Autonomie und Initiative erschüttert wurde. So war der nationalsozialistische Kult der Gewalt, des Irrationalen und der totalen Unterordnung des Individuums unter die völkische Blutsgemeinschaft nicht nur im geographischen Sinne eine Revolte gegen den Westen. Doch der Ausbruch dieser Kulturkrise war eng mit einer tiefen Gesellschaftskrise verbunden; und nach der zunächst rein militärischen Zerschlagung des Hitlerregimes im Zweiten Weltkrieg hat die konstruktive Leistung des Westens in der Nachkriegszeit – der erfolgreiche Aufbau eines demokratisch gesteuerten, auf hohes Beschäftigungsniveau und stetiges Wachstum ausgerichteten Wirtschaftssystems und einer auf zunehmend gleichberechtigter Kooperation beruhenden Ordnung der internationalen Beziehungen zwischen den demokratischen Industriestaaten – diese akute Gesellschafts-

krise überwunden und damit auch die Kulturkrise eine Generation lang zurückgedrängt.
Um so erschreckender ist für diejenigen, die einen geschichtlichen Sinn für solche Erscheinungen haben, die erneute Abwendung großer Teile der Intellektuellen der zweiten Nachkriegsgeneration seit Mitte der sechziger Jahre von grundlegenden westlichen Werten gewesen. Denn so gewiß die politische Aktivierung der intellektuellen Jugend zunächst von einer durchaus konstruktiv-reformerischen Kritik der gesellschaftlichen und politischen Wirklichkeit auf der Grundlage westlicher Werte ihren Ausgang nahm – man denke an die gewaltlose Bürgerrechtsbewegung unter den amerikanischen Studenten zu Beginn der sechziger Jahre, an die gleichzeitige Protestbewegung gegen den Algerienkrieg unter den französischen Studenten und noch an die Anfänge der amerikanischen und westeuropäischen Protestbewegung gegen Amerikas Eingreifen im Vietnamkrieg –, so gewiß ist diese Kritik auf dem Höhepunkt der Jugendrevolte in eine totale Verurteilung der westlichen Gesellschaften und mindestens einiger ihrer zentralen Werte umgeschlagen. Eine sich rasch ausbreitende Überzeugung von der Unreformierbarkeit und Unerträglichkeit des westlichen Gesellschaftssystems, aufgefaßt als totale Herrschaft des Kapitals, für die demokratische Institutionen nur als Verschleierung dienten, rechtfertigte die Wendung zur Utopie der totalen Revolution, die Abwendung von rationaler Diskussion zugunsten eines irrationalen Gewaltkults und die gleichzeitige Schwärmerei für totale, das heißt anarchische, Selbstbestimmung des Individuums und für totale Unterordnung unter das Kollektiv bei Verwerfung jeder rechtlichen Grenzziehung zwischen beiden. Zugleich wurde die produktive Leistung in der bestehenden Gesellschaft als sinnlos verteufelt, und der antiwestliche Aktivismus der Anhänger eines gewaltsamen Umsturzes fand sein Gegenstück in dem passiven Rückzug der »Hippies« und »drop-outs« aus den Institutionen und Produktionsstätten der Gesellschaft, wie der anarchische Ultra-Individualismus sein Gegenstück in der Flucht aus Individualität und bewußter Selbstkontrolle in die Drogenkulte. Die explosive Zerstörung der Formen und damit der kathartischen Funktion in der Kunst zugunsten eines anarchischen »Auslebens« aller, auch der destruktivsten Triebe vollendete das Bild.
Ich habe vorhin schon erwähnt, daß die explosive und gewaltsame Phase der intellektuellen Revolte inzwischen im wesent-

lichen überwunden ist und daß viele ihrer ehemaligen Träger sich erneut dem Weg der konstruktiven Reform der Verhaltensnormen und Institutionen zugewandt haben. Doch es wäre leichtfertig, daraus schon auf ein Abklingen der zugrunde liegenden Kulturkrise zu schließen. Denn diese Krise, die von den Intellektuellen bewußt artikuliert wird, ist in ihrer Wirkung – der Erschütterung der Tragfähigkeit der Verhaltensnormen – keineswegs auf die Intellektuellen beschränkt: Sie äußert sich vielmehr in solchen West-weiten Phänomenen wie dem Niedergang der Arbeitsethik, insbesondere des Verantwortungsgefühls in der Arbeit, der Zunahme von Gewaltverbrechen und Vandalismus, zumal unter Jugendlichen, und der allgemeinen Lockerung der sozialen Bindungen, sei es an Familie oder Nation – kurz, dem zunehmend mangelhaften Funktionieren von Sozialisierung und Identitätsbildung. Dauerhafter als die von den Intellektuellen proklamierte »große Verweigerung«, die letzten Endes auf dem Papier blieb, sind die vielen kleinen, schäbigen Verweigerungen, die das negative Wesen der Krise ohne ideologische Beschönigung ausdrücken. Intellektuelle Revolte und »bewußtlose« Verfallserscheinungen sind zwei Seiten des Syndroms, dessen Ganzes wir als Kulturkrise bezeichnen. Beide konvergieren in der Erschütterung der institutionellen Autorität.

Die »unideologische« Schwächung in der Wirksamkeit der Verhaltensnormen und der Autorität der Institutionen, von der wir zuletzt gesprochen haben, zeigt besonders deutlich, daß die Kulturkrise von den Intellektuellen nicht geschaffen, sondern nur artikuliert wird. Sie zeigt zugleich, daß sie auf Veränderungen beruht, die nicht an akute Gesellschaftskrisen gebunden sind, sondern sich langfristig durchsetzen.

Ich sehe im wesentlichen zwei Typen solcher langfristigen Prozesse des Sinnverlusts, die ich kurz mit den Stichworten »Weltbildverlust« und »Bindungsverlust« bezeichnen möchte. Beide sind im tatsächlichen Verlauf eng miteinander verschlungen, lassen sich aber getrennt analysieren.

Unter »Weltbildverlust« verstehe ich die Erschütterung des Glaubens an einen erkennbaren Sinn des menschlichen Lebens und der gesellschaftlichen Entwicklung im ganzen. Es ist ein Gemeinplatz der kulturkritischen Diskussion, daß diese Erschütterung von der Säkularisierung der modernen Gesellschaft, vom Verlust des wirksamen Glaubens an einen offenbarten, transzendenten Sinn, ihren Ausgang genommen hat. Demgegenüber habe ich schon in einer Auseinandersetzung mit HELMUT SCHELSKY darauf hingewiesen, daß die Säkularisierung nicht unmittelbar dies Erlebnis des Sinnverlustes hervorgerufen hat, weil der transzendente Glaube in seiner dem Alltag sinngebenden Wirkung zunächst durch einen zunehmend massenwirksamen, diesseitsimmanenten Fortschrittsglauben ersetzt worden ist.[4] Der neue Fortschrittsglaube, der sich seit der Aufklärung und der industriellen Revolution zuerst im Westen und später in der nichtwestlichen Welt ausbreitete, beruhte einmal auf der Erfahrung des sich beschleunigenden wissenschaftlichen, technischen und ökonomischen Fortschritts, zum andern auf der Erwartung, solcher Fortschritt werde – ob geradlinig oder dialektisch, ob automatisch oder revolutionär – mit innerer Notwendigkeit auch zu einem Fortschritt in der Verwirklichung der grundlegenden westlichen Werte, zu zunehmender Rationalität, erweiterten Rechten des Individuums, umfassenderer und schließlich universeller Gemeinschaftssolidarität führen.

Dieser Glaube hat im großen das 19. Jahrhundert, das auch das Jahrhundert der weltweiten Ausbreitung des Westens war, beherrscht, obwohl einzelne Denker und Gruppen ihm immer die Gefolgschaft versagten. Seine Massenwirksamkeit ist aber erst in unserem Jahrhundert durch eine Reihe von geschichtlichen Schocks erschüttert worden, die mit dem Ersten Weltkrieg begann. Es folgte die Weltwirtschaftskrise und die Entstehung und Ausbreitung der nationalsozialistischen Schreckensherrschaft, die schon auf der Erschütterung des Fortschrittsglaubens beruhte und ihrerseits weiter dazu beitrug; es folgte auch die stalinistische Entartung der von großen Teilen der westlichen Intelligenz mit humanistischen Hoffnungen begrüßten Russischen Revolution. Die Zerstörungen und Leiden des Zweiten Weltkrieges und der Abwurf der ersten Atombombe bildeten einen Höhepunkt in der Kette von Erfahrungen, die den Fortschrittsglauben entwurzelten. Die Erfolge der demokratisch regierten Industriestaaten im Aufbau eines gesteuerten Wirtschaftssystems mit stetigem Wachstum und in der Organisierung ihrer internationalen Zusammenarbeit, in der Eindämmung der STALINschen Diktatur ohne neuen Weltkrieg und teilweise auch in der friedlichen Durchführung der Entkolonisierung haben dann noch einmal mindestens die »Möglichkeit« einer im Wertsinne »fortschrittlichen« Lösung der dringendsten Menschheitsprobleme gezeigt; doch sie waren mit dem atomaren »Gleichgewicht des Schreckens« erkauft und von sinnlosen, blutigen Kolonialkriegen in einigen wichtigen Fällen begleitet. Der Vietnamkrieg hat dann einen neuen, weltweiten Schock ausgelöst; und ihm ist das neue Bewußtsein der Gefahren weltweiten Hungers, bedrohlicher Umweltzerstörung und unkontrollierter Annäherung an die »Grenzen des Wachstums« gefolgt, die zunehmend auch den Prozeß des technisch-wissenschaftlichen Fortschritts und des wirtschaftlichen Wachstums selbst als mindestens potentiell zerstörerisch entlarvt haben.

Die Zerstörung der Gewißheit eines wertorientierten, geschichtlichen Fortschritts bedeutet aber mehr als nur den Fortfall einer Hoffnung: Sie konfrontiert den einzelnen ohne weltanschauliche Stütze mit einer in ihrer Komplexität zunehmend undurchschaubaren und zugleich zunehmend bedrohlichen Welt. Es war jene Gewißheit, die das Ausgesetztsein des einzelnen in der unübersehbaren Fülle der gesellschaftlichen Verflechtungen und politischen Konflikte erträglich gemacht hatte. Darum erzeugt ihr Fortfall nicht etwa nur skeptischen Zweifel, sondern Angst – Angst vor der Atombombe, Angst vor der Arbeitslosigkeit, Angst vor dem Verlust der Freiheits- und Sozialrechte, Angst vor der Ungewißheit in all ihren Formen. Diese Angst ist die unmittelbare Wurzel der verzweifelten Bereitschaft, die fehlende Gewißheit in einem theoretischen Dogma zu suchen, das eine diesseitige Erlösungsreligion in rational verschleierter Form ausdrückt – oder auch im Rückzug in eine Privatwelt der durch Drogen stimulierten Visionen: In beiden Fällen führt der Verlust des Glaubens an die notwendige geschichtliche Verwirklichung der humanistischen Werte zur verzweifelten Abkehr von ihnen.

Neben dem »Weltbildverlust« steht als Ursache angsterzeugenden Sinnverlustes aber jener »Bindungsverlust«, der aus der zunehmenden Erschwerung von Sozialisierung und Identitätsbildung der Heranwachsenden durch die stetig beschleunigte Veränderung der Lebensformen entspringt. Die Lockerung der Familienbindungen hat gewiß schon mit der grundsätzlichen Trennung von Heim und Arbeitsstätte in der Industriegesellschaft und mit der allgemeinen Schulpflicht begonnen, und sie ist durch die Zunahme der Frauenarbeit und die

Ausdehnung der Schulerziehung bis weit in die Adoleszenz hinein verstärkt worden. Die Folgen dieser Lockerung für die Sozialisierung der Heranwachsenden waren aber nicht entscheidend, solange in Heim und Schule im großen ganzen die gleichen Verhaltensnormen vorgelebt und eingeübt wurden und solange sie sich von einer Generation zur anderen nur geringfügig änderten. Erst als sich in der Gesellschaft des Massenkonsums die Formen des Alltagslebens in der Freizeitsphäre, außerhalb von Schule und Betrieb, rapid zu verändern begannen, als neue Generationen mit ganz neuen formativen Erfahrungen aufwuchsen – erst mit dem Auto und der Phantasiewelt des Films, dann mit dem Fernseher, der Fernreise und der Pille –, wurde die Überlieferung von Verhaltensnormen von einer Generation zur nächsten grundsätzlich problematisch. Es war im Amerika der frühen Nachkriegsjahre, daß DAVID RIESMAN seine Beobachtung der Ablösung des »inner-directed character«, der sich an einem introjizierten Vater- oder Lehrervorbild orientierte, durch den »other-directed character«, der sich tastend an seiner »peer group« von Altersgenossen ausrichtet, klassisch formulierte. Doch das bedeutet, daß die ältere Generation der jüngeren bei der Entwicklung von Verhaltensnormen, die den neuen Lebensproblemen entsprechen, nur wenig helfen kann. Der Erzieher steht vor dem Dilemma, starr an seinen konkreten Verhaltensnormen festzuhalten, die auf die Situation der Erzogenen nicht mehr passen, oder auf die Überlieferung von Normen ganz zu verzichten und den Heranwachsenden moralisch sich selbst zu überlassen: In beiden Fällen verliert er seine Autorität, und die Erfahrung hat gezeigt, daß die antiautoritäre Jugendrevolte ebensooft von der moralischen Kapitulation wie von der Starrheit der Älteren hervorgerufen worden ist. Natürlich ist ein Mittelweg denkbar, auf dem überzeugte Festigkeit in der Übermittlung der grundlegenden Werte mit Flexibilität in den konkreten Verhaltensnormen kombiniert würde; doch ihn zu gehen ist schwer, und er erfordert vom Erzieher eine Festigkeit und Klarheit der Überzeugung, die *der* nicht wird aufbringen können, der selbst schon als »other-directed character« aufgewachsen ist.

Schwache Identitätsentwicklung auf Grund nur äußerlich angenommener Verhaltensregeln und fehlender Auseinandersetzung mit überzeugten und überzeugenden Vorbildern – Ich-Schwäche im Sinne von FREUD und ERIKSON – erzeugt aber wiederum Angst, weil sie das schwache Ich dem inneren Druck der eigenen Triebe und dem äußeren Druck der gesellschaftlichen Abhängigkeit ohne hinreichende Reserven ausliefert. Zu den Folgen gehören vor allem die nicht-ideologischen Erscheinungen der Kulturkrise, wie jugendliche Bandenkriminalität, aber auch konformistisches Anpassertum ohne Überzeugung und ohne Leistungs- und Einsatzwillen. Politisch eignen sich die Opfer solcher Fehlsozialisierung zu Stimmungsrebellen oder zu karrieristischen Untertanen ohne echte Loyalität, wie die modernen Diktaturen sie massenhaft hervorbringen, aber nicht zu demokratischen Bürgern.

Denn der »Bindungsverlust«, von dem hier die Rede ist, hat noch eine andere Seite: die Schwäche der Bindung an die nationale oder staatliche Gemeinschaft, die aus dem Fehlen einer geschichtlichen Identifizierung mit dieser Gemeinschaft entspringt. Die Schnelle des geschichtlichen Wandels in unserer Zeit wirkt als Faktor beschleunigter Auflösung nationaler Mythen und Geschichtslegenden und der darauf gegründeten Loyalitäten (wie übrigens auch der Mythen und Loyalitäten anderer Weltanschauungsgemeinschaften, wie der älteren marxistischen oder syndikalistischen Arbeiterbewegung). Das ist in der Bundesrepublik nach der Katastrophe, die dem nationalistischen Paroxysmus der Hitlerzeit folgte, oft bis zum völligen Geschichtsverlust gediehen, aber als Tendenz auch in der jüngeren Generation anderer westlicher Länder zu beobachten. Der Niedergang des Nationalismus in diesen Ländern – im Gegensatz zur Entwicklung in den neuen, exkolonialen Staaten – macht diese junge Generation grundsätzlich verfügbar für umfassendere, europäische oder universale Bindungen, aber er *schafft* diese Bindungen noch nicht. So läßt der Verlust der traditionellen Bindungen zunächst eine Lücke in der Identität, auf die das entwurzelte Individuum wiederum mit der Anfälligkeit für fiktive Bindungen – an das nicht-existierende revolutionäre Weltproletariat oder an die »Befreiungsbewegungen« der ehemaligen Kolonialvölker – reagiert, wenn vom Westen abtrünnige Intellektuelle sie ihm anbieten.

Ich habe versucht zu zeigen, daß die Kulturkrise des Westens in ihrem Ursprung nicht an akute gesellschaftliche Krisen gebunden ist und nicht mit deren Überwindung notwendig verschwindet – daß sie vielmehr aus langfristigen gesellschaftlichen

Wandlungen entspringt, mit deren Beschleunigung und umwälzendem Charakter die schöpferische Neuinterpretation unserer grundlegenden Werte und die Anpassung der Verhaltensnormen und Institutionen nicht Schritt gehalten haben. So ist die kulturelle Krise nicht ein Vorläufer revolutionären Umsturzes oder ein Vorzeichen für die Verwirklichung der totalen Utopie, wie viele Intellektuelle noch gestern meinten. Wohl aber ist sie ein Anzeichen für die Gefahr zunehmenden Verfalls, zunehmender Verzweiflung und zunehmender Anomie aus Mangel an erkennbarem Sinn und einsehbaren Normen.

Können wir eine Möglichkeit erkennen, diesen Verfallsprozeß aufzuhalten? Wenn die hier vorgetragene Analyse richtig ist, so hängt das von der erfolgreichen Lösung zweier Gruppen von Problemen ab: Von wesentlich institutionellen Lösungen für die politischen und wirtschaftlichen Probleme der heutigen Welt, um neue zerstörerische Schocks abzuwenden und wertorientierten Fortschritt, nach dem Verlust der Illusion seiner gesetzmäßigen *Notwendigkeit*, immerhin wieder *möglich* zu machen; und von wesentlich normativen Lösungen für die Probleme der Erziehung in den von der Kulturkrise betroffenen westlichen Ländern.

Es kann nicht die Aufgabe dieses Essays sein – und in der Tat nicht die Aufgabe eines einzelnen, hätte er auch weit universaleren Überblick als ich –, hier ein System solcher Lösungen vorzuschlagen. Aber ich möchte doch wenigstens die Richtung andeuten, in der sie sich nach meiner Überzeugung bewegen müssen. Wir können die explosiven, weltweiten Probleme von Hunger und Bevölkerungswachstum, Umweltgefahren und Grenzen des Wachstums, Rohstoff- und Energiewirtschaft und das von ihnen allen unmittelbar betroffene Problem des Zusammenlebens der entwickelten Industrieländer und der unterentwickelten armen Länder nicht lösen, und also neue Weltkatastrophen nicht vermeiden, ohne die Bereitschaft des Westens zu umfassenden, systematischen, ernsthaften Verhandlungen mit den armen Ländern; und das setzt die Schaffung gemeinsamer Verhandlungsorgane des Westens voraus, nicht um eine kartellähnliche Position der Stärke zu schaffen, sondern umgekehrt, weil ein einzelnes Industrieland es sich nicht leisten kann, die erforderlichen materiellen Konzessionen zu machen, ohne daß seine Konkurrenten mitziehen. Und wir können die Probleme der Kontrolle des Wachstums in unseren eigenen Ländern nicht lösen, ohne den Organen des demokratischen Staates mehr Einfluß auf die Richtung dieses Wachstums, also auf die Richtung der Investitionen, zu geben und ohne wiederum internationale Organe für die Koordinierung dieser Maßnahmen zu schaffen und sie auch international demokratisch verantwortlich zu machen.

Gleichzeitig stehen wir vor der Notwendigkeit, unsere Erziehungssysteme und Methoden wirksamer als bisher an den Erfordernissen der Sozialisierung und Identitätsbildung in einer rasch sich verändernden Gesellschaft auszurichten. Das Bewußtsein der zentralen Rolle der Erziehung in unserer Kulturkrise hat im letzten Jahrzehnt in vielen Ländern zu Experimenten geführt, die teilweise auf Grund ihrer einseitig ideologischen Ausrichtung selbst zu Faktoren der Verschärfung dieser Krise geworden sind. Ich nenne die Illusion, Erziehung zum kritischen Denken sei ohne die Vermittlung eines faktischen Grundwissens möglich, das anfänglich die zur Urteilsbildung unentbehrliche, aber dem Schüler fehlende Erfahrung ersetzen und später die unvollkommene Erfahrung ergänzen kann. Ich nenne auch die Illusion, Identität und Gemeinschaftsbindung ließen sich ohne eine Vorstellung von der geschichtlichen Herkunft der konkreten Gemeinschaft, und unter heutigen Bedingungen auch von der gemeinsamen Herkunft und den gemeinsamen Werten des Westens ausbilden. Das freilich, und insbesondere das Bewußtmachen der westlichen Werte im Unterschied von den sich notwendig wandelnden konkreten Verhaltensnormen, setzt voraus, »daß der Erzieher selbst erzogen werden muß« – und das heißt, daß ein solches Bewußtsein in der öffentlichen Diskussion wiederhergestellt wird.

Damit kehre ich abschließend zur Frage nach der gesellschaftlichen Rolle der Intellektuellen zurück. Ich habe schon darauf hingewiesen, daß die meisten von ihnen sich in den letzten Jahren vom zerstörerischen Gewaltkult abgewandt und den demokratischen Institutionen zugewandt haben. Damit haben sie nicht notwendig »Abschied von der Utopie« genommen, auch nicht notwendig in dem Sinne von Utopie, den ich für gefährlich halte; doch die meisten von ihnen sind Demokraten geworden und zugleich kritische, wertorientierte Menschen mit einem Gefühl der Verantwortung für die Zukunft geblieben. Ich möchte wünschen und hoffen, daß mehr und mehr von ihnen zu der Erkenntnis gelangen, daß die grundlegenden Werte des Westens der Erhaltung durch Erneuerung wert sind, und daß sie sich bewußt in den Dienst dieser Aufgabe stellen.

Neues Mittelalter oder anomische Kulturkrise?

Zu Helmut Schelskys ›Priesterherrschaft der Intellektuellen‹

Gegenstand der folgenden Überlegungen ist die Sinn- oder Glaubenskrise in den demokratisch organisierten, hoch entwickelten Gesellschaften des Westens und die Rolle bestimmter Sektoren der westlichen Intelligenzschicht als »Heilskünder« einer neuen Diesseitsreligion. Ihr Anlaß ist HELMUT SCHELSKYS jüngstes Buch über *Klassenkampf und Priesterherrschaft der Intellektuellen*, dem das Verdienst zukommt, diesen Problemkreis in den Mittelpunkt der Diskussion gestellt zu haben.[1] Es ist jedoch nur der Anlaß, da ich die angesprochenen Probleme für zentral wichtig, SCHELSKYS Art ihrer Behandlung jedoch für schief, irreführend und letzten Endes unfruchtbar halte. Dabei kommt es mir nicht in erster Linie darauf an, SCHELSKY zu kritisieren – obwohl das nach seinem Buch bei diesem Thema unvermeidlich geworden ist – sondern die Grundlinien eines anderen Zugangs zu den Problemen zu skizzieren.

Gleich SCHELSKY gehe ich von einigen bedeutsamen Phänomenen in der Entwicklung unserer westlichen Gesellschaft aus, die nach meiner Überzeugung unbestreitbar sind. Das erste ist die tiefgehende Krise der allgemeinen Auffassungen vom Sinn des Lebens und des gesellschaftlichen Handelns im Westen – die gleiche Krise, die JÜRGEN HABERMAS von seinem ganz anderen Standpunkt als die »Verknappung der Ressource Sinn« bezeichnet[2] oder die empirisch in den neuesten Untersuchungen von ELISABETH NOELLE-NEUMANN als Wandel der lebensbestimmenden Werte in allen sozialen Schichten[3] zum Ausdruck kommt. – Das zweite ist das Auftreten einer bedeutsamen geistigen Strömung, zumal in der jungen Generation der westlichen Welt, die auf die Sinnkrise mit der totalen Verwerfung des bestehenden gesellschaftlichen Systems und der Hoffnung auf Lösung aller Probleme durch eine totale gesellschaftliche Umwälzung reagiert – einer Hoffnung, die unverkennbare Züge eines innerweltlichen Erlösungsglaubens, einer Heilserwartung im Diesseits trägt. – Das dritte ist die rasche Zunahme von Zahl und Einfluß der Angehörigen eines »quartären« Sektors der hochentwickelten Gesellschaften – der Lehrer, Informatoren, Sozialbetreuer und wissenschaftlichen Planer, die von der materiellen Produktion relativ weit entfernt und von Berufs wegen mit der »Vermittlung von Sinn« befaßt sind. – Das vierte ist die aus dieser Lage entspringende besonders starke Neigung der Angehörigen dieses Sektors der Intelligenz, die neue »Sozialreligion« anzunehmen und als ihre Heilsverkünder aufzutreten.

Auf diesen unbestreitbaren Phänomenen hat SCHELSKY nun eine höchst bestreitbare soziologische Deutung aufgebaut, in der sich originelle und anregende Gedanken und Beobachtungen sonderbar mit Ausbrüchen persönlicher Verbitterung vermengen. Danach entspricht die Propaganda der neuen Diesseitsreligion dem »Klasseninteresse« der funktionswichtigen, aber unproduktiven Angehörigen des quartären Sektors an der Aufwertung ihrer Position als »Sinnproduzenten« und an der Ausbeutung der unmittelbar oder mittelbar mit der Produktion verbundenen Klassen. Die gleiche Entwicklung, die sozial zur »Klassenherrschaft« dieser Gruppe führe, tendiere auch politisch zur Errichtung einer »Priesterherrschaft« – im strengen MAX WEBERschen Sinn einer auf dem Monopol *psychischen* Zwanges beruhenden Hierokratie. Der Konflikt zwischen dieser neuen Priestermacht und den Trägern der politischen Gewalt, die bisher noch das Instrumentarium legitimen *physischen* Zwanges beherrschen, werde die kommenden Jahrhunderte bestimmen: »*Das neue Mittelalter beginnt im Westen.*«

Diese Deutung SCHELSKYS beruht nach meiner Auffassung auf drei falschen Gleichsetzungen; zugleich enthält sie eine entscheidende Lücke. Die erste falsche Gleichsetzung ist die zwischen einem gesellschaftlichen Sektor und einer Klasse. Die zweite falsche Gleichsetzung ist die zwischen Einfluß und Macht. Die dritte falsche Gleichsetzung ist die zwischen einem von Endzeithoffnungen getragenen und deshalb notwendig kurzfristigen chiliastischen Glaubensausbruch und einer langfristig zur kulturellen Formung des gesellschaftlichen Alltags befähigten Religion. Diesen drei Kurzschlüssen steht als entscheidende Lücke gegenüber, daß SCHELSKY sich nur ganz ungenügend mit dem Kernproblem auseinandersetzt – daß er keine zureichende Analyse von Wurzeln und Natur der Sinnkrise, und damit der in ihr durchbrechenden Heilsbedürfnisse, in Geschichte und Gegenwart unserer Gesellschaft und Kultur gibt.

Auf den folgenden Seiten will ich zunächst in der gebotenen Kürze die drei Hauptpunkte aufzeigen, an denen SCHELSKY in die Irre gegangen ist, und dann den Versuch machen, die Richtung anzudeuten, in der ein historisches Verständnis der Krise und damit auch eine Grundlage für eine realistische Prognose gesucht werden muß.

Keine neue Ausbeuterklasse

Schelsky stützt seine Konstruktion von der neuen Ausbeuterklasse der »Sinnproduzenten« auf die Analogie mit zwei anderen Theorien einer Zweiteilung der modernen Gesellschaft: Auf MARX' Analyse einer Spaltung der Gesellschaft in Kapitaleigentümer und besitzlose Proletarier, und auf THORSTEN VEBLENS Unterscheidung zwischen einer »leisure class« von unproduktiven Finanziers und Couponschneidern, deren Luxus die herrschenden Werte des Lebensstils bestimmt, und den produktiven Klassen der Arbeiter und Techniker. Doch in beiden Theorien ist die »herrschende Klasse« nicht nur eine in der Verteilung privilegierte und ideologisch maßgebende Minderheit – ihr ausbeuterischer, unproduktiver Charakter wird durch die Überlegung begründet, daß ihre Funktion in einer anderen Gesellschaftsordnung überflüssig würde.
Dagegen erfüllt SCHELSKYS neue »Ausbeuterklasse« der »Sinnvermittler« – die Lehrer und Publizisten aller Art, die Sozialbetreuer und wissenschaftlichen Planer – nach seiner eigenen Darstellung eine gesellschaftliche Funktion von zunehmender Wichtigkeit und Unentbehrlichkeit. Das gilt zwar nicht für jeden einzelnen – es läßt sich leicht argumentieren, daß etwa der Erziehungs- und Ausbildungsapparat unter dem Einfluß seiner Angehörigen in vielen Fällen unrational aufgebläht ist –, doch es gilt unzweifelhaft für die zunehmende Bedeutung von Ausbildung, Information etc. im ganzen auf der heutigen Stufe der Gesellschaftsentwicklung. Aber eine für das Funktionieren der Gesamtgesellschaft auf dem erreichten Niveau unentbehrliche Sozialgruppe ist »unproduktiv« nur im scholastischen Sinne der MARXschen Werttheorie, nach der auch der gesamte Verteilungs- und Verwaltungsapparat unproduktiv ist – was SCHELSKY mit Recht nicht akzeptiert. Die Unterscheidung, daß ein Verwaltungsbeamter oder Politiker »mittelbar« für die Produktion tätig sei, ein Lehrer oder Sozialfürsorger aber nicht, ist offenkundig unhaltbar. SCHELSKY mag einwenden, die »Sinnvermittler« seien in ihrem eignen Ausbildungsgang und Welt-

bild von der Produktionserfahrung wesentlich entfernter als Politiker oder Administratoren; und diese Tatsache, die auch für die tatsächlich noch unproduktiven Schüler und Studenten gilt, mag in der Tat ein wichtiger Faktor ihrer Anfälligkeit für utopisches Denken sein. Aber Wirklichkeitsfremdheit allein konstituiert noch keine herrschende Klasse. Zugegeben, daß Schüler und Studenten für die Zeit ihrer Ausbildung (die oft zu lange dauert) von den »andern, die die Arbeit tun« leben, wie übrigens die Sozialrentner auch; aber das reicht weder aus, um den ganzen quartären Sektor für parasitär, noch um Schüler, Studenten und Sozialrentner zur herrschenden Klasse unserer Gesellschaft zu erklären!

Nun ist der Sektor, den wir diskutieren, nicht nur keine herrschende oder ausbeutende Klasse: Er ist natürlich überhaupt keine Klasse. Nach keiner ernst zu nehmenden soziologischen Einteilung gehört ein Dorfschullehrer zur gleichen Klasse wie ein Klinikdirektor, ein Lokalreporter zur gleichen Klasse wie der Leiter eines Verlagskonzerns, ein Krankenkassenschreiber zur gleichen Klasse wie ein Landesbischof. MARX konnte zwar auf Grund seines Begriffs von »Unproduktivität« ein ähnlich heterogenes Gemisch – »König, Pfaff, Professor, Hure, Kriegsknecht« – als Beispiel derer zusammenfassen, die sekundär vom Verbrauch des Mehrwerts leben; doch er hat sich gehütet, sie zu einer Klasse erklären zu wollen!

Gewiß können auch die Angehörigen eines beruflichen Sektors der Gesellschaft gemeinsame Interessen haben. Der Gedanke, auf den es SCHELSKY hier wirklich ankommt, ist, daß die neue Heilslehre oder Sozialreligion Einfluß und Sozialprestige der Angehörigen des quartären Sektors fördert – in seiner Sprache: ihrem Klassenkampf dient. In ihrem Abwerten der Leistung, ihrem Überbetonen der Bildung sieht er die Tendenz zur Abwertung der Produktionssphäre zugunsten einer Freizeitsphäre, die gleichzeitig durch Abwertung des individuellen Konsums zugunsten der kollektiv kontrollierten Bildung einer monopolistischen Kontrolle der Sinnvermittler unterworfen werden soll: Die Freizeit werde so auf Kosten der Arbeitswelt als »Reich der Freiheit« dargesellt, in dem allein der Sinn des Lebens dank den Vermittlern erfahren werden kann. Daß die Ideologen der Sozialreligion sich gegen »Leistungszwang« und »Konsumdruck« wenden, ist in der Tat offenkundig; doch zugleich wenden sie sich gegen die Verlagerung des Lebenssinns in die Freizeit und stellen ihr die Verheißung gegenüber, die

Entfremdung im Arbeitsprozeß aufzuheben – wie immer sie sich das vorstellen mögen. So bleibt das Beweismaterial für den »Klassenkampf der Sinnproduzenten« auch in dieser Frage eher dünn.

Keine neue Priesterherrschaft

SCHELSKYS These von der Herausbildung einer neuen Priesterherrschaft im Westen beruht auf der Beobachtung des zunehmenden Einflusses der Verkünder der neuen Diesseitsreligion. Man würde daher erwarten, daß er die Bedingungen untersucht, unter denen Einfluß sich in Macht umsetzen kann. Doch er erspart sich diese Untersuchung, indem er beide grundsätzlich gleichsetzt.

»Macht«, so zitiert er die klassische Definition MAX WEBERS, »bedeutet jede Chance, innerhalb einer sozialen Beziehung den eigenen Willen *auch gegen Widerstreben* durchzusetzen, gleichviel worauf diese Chance beruht.«[4] »Macht«, so folgert SCHELSKY auf der nächsten Seite, »ist also in der allgemeinen Bedeutung dieses Begriffes nur der Tatbestand, daß eine Person, eine Gruppe oder Institution, *Einfluß* auf andere Menschen dahin ausüben kann, daß diese den Willenserklärungen oder Ansprüchen dieser eine Führung beanspruchenden Personen in ihrem Verhalten folgen, aus welchen Gründen auch immer dies geschieht.«[5] Der Fehlschluß ist offenkundig. Zur Definition der Macht gehört die Möglichkeit, den eignen Willen andern auch »gegen Widerstreben« *aufzuzwingen.* Einfluß wirkt nur, soweit kein solches Widerstreben vorhanden und daher kein Zwang notwendig ist. Macht setzt immer auch Einfluß, mindestens auf die ausführenden Organe der Macht, voraus – aber sie muß nur eingesetzt werden, wo Einfluß nicht mehr ausreicht. Denn Einfluß allein garantiert keine Macht: Einfluß hat auch der Berater des Herrschers, der jederzeit entlassen werden, oder der Journalist im Polizeistaat, der jederzeit mundtot gemacht werden kann.

Für die These von der kommenden Priesterherrschaft der Sinnproduzenten ist der Unterschied von entscheidender Bedeutung. Daß Lehrer, Publizisten, Sozialbetreuer, Planer großen Einfluß haben, ist unbestritten. Aber können sie ihn ihren Schülern, Lesern, ihren Betreuten oder politischen Auftraggebern auch »gegen Widerstreben« aufzwingen? »Wer lehrt, herrscht«, schreibt SCHELSKY apodiktisch. Muß ich ihn daran erinnern, daß dies seiner wie meiner Erfahrung offenkundig widerspricht – und übrigens auch der von ADORNO und HABERMAS?

Die Macht, die zur Priesterherrschaft gehört, beruht auf einem Monopol psychischen Zwanges – dem Spenden oder Versagen von Heilsgütern. Ein solches hierokratisches Monopol hat eine innere Voraussetzung im Glaubensinhalt und eine äußere Voraussetzung in der Organisation der Hierarchie. Die innere Voraussetzung ist die Überzeugung der Gläubigen, daß ihr Heil vom Gewähren oder Versagen durch den Vermittler abhängt: Daher gab es Hierokratie im katholischen Mittelalter oder im alten Ägypten, aber nicht auf der Grundlage des Protestantismus, nach dessen Lehre der Vermittler keine solche Macht besitzt. Die äußere Voraussetzung ist die Zusammenfassung der Vermittler in einer geschlossenen, »hierarchischen« Organisation. Die Abhängigkeit vom Vermittler schafft den psychischen Zwang; die hierarchische Organisation schafft das Monopol. Beide sind zur Priesterherrschaft notwendig. Eine dritte, zusätzliche Voraussetzung ist in aller Regel die Anerkennung der Hierarchie durch die weltliche Macht, die über die physischen Zwangsmittel verfügt, und ein Mindestmaß an Kooperation zwischen beiden – etwa die Übergabe exkommunizierter Ketzer an den »weltlichen Arm«.

SCHELSKY hat sich nirgends die Frage gestellt, ob bei der neuen »Sozialreligion« diese inneren und äußeren Voraussetzungen einer Priesterschaft bestehen. Er hätte die Frage für den offiziellen Kommunismus wohl bejahen können, aber er schließt diesen als »politische Pseudoreligion« aus seiner Betrachtung aus und scheint nicht zu befürchten, daß er sich in seiner durch die osteuropäische Wirklichkeit kompromittierten Form im Westen durchsetzen wird. Für ihn wird die neue, aufsteigende Sozialreligion durch die diffusen, aber alle Zweige unseres geistigen Lebens durchdringenden Strömungen der »neuen Linken« verkörpert, die auf ihre Unabhängigkeit von den kommunistischen Diktaturen Wert legen. Aber die zentrale Rolle des autonomen, »mündigen« Individuums und seiner »Emanzipation« in den von ihm behandelten Heilsvorstellungen, von der neuen »Aufklärung« der Frankfurter Schule bis hin zur neuen Pädagogik, läßt die Heilsabhängigkeit vom Vermittler nicht zu: Die Gläubigen der neuen Lehre lassen sich von ihren Predigern den Weg zum Heil zeigen, aber sie glauben nicht, daß es von der

Billigung ihres Verhaltens durch einen ideologischen Guru abhängt, ob sie das Heil erlangen. Erst recht gibt es keine Tendenz zu einer hierarchischen Organisation, in der, sagen wir, HABERMAS und V. HENTIG, MITSCHERLICH und BÖLL nach einer gemeinsamen Machtstrategie den psychischen Zwang monopolistisch administrieren!

Schließlich fehlt auch die Kooperation mit den Trägern der weltlichen, politischen Macht. SCHELSKY selbst bemerkt, daß der diesseitige Charakter der neuen Heilslehre eine Arbeitsteilung mit den Inhabern der physischen Zwangsgewalt verhindert. Die Heilskünder könnten sich dieser äußeren Gewalt nur bedienen, wenn sie selbst die politische Macht eroberten. Nun hat es Ansätze zu einem derartigen Versuch in den letzten Jahren in der Tat gegeben, nicht nur durch Eindringen in die Schaltstellen spezifischer Institutionen der »Sinnvermittlung«, etwa im Erziehungswesen und in den Medien, sondern durch Bemühungen um die Eroberung großer politischer Parteien für die neue Lehre, mit zeitweisen Teilerfolgen in der deutschen Sozialdemokratie und einer vorübergehenden weiterreichenden Durchsetzung in der – damals nicht regierenden – Demokratischen Partei der USA. Daß solche Vorgänge möglich waren, ist gewiß bedeutsam; doch nicht minder bedeutsam ist, daß sie durch die Ablehnung der Wählermassen alsbald korrigiert wurden – und daß sich auch in diesen Fällen die Träger der neuen Heilslehre durch die ihnen eigene Richtungsvielfalt und Konfusion als zur Eroberung und Behauptung der Macht schlecht equipiert erwiesen. Die Chancen zur Durchsetzung der »neuen Priesterherrschaft« auf politischem Wege scheinen wenig eindrucksvoll.

Grenzen der Diesseitsreligion

Zentral für SCHELSKYS Erwartung, daß wir mitten in einer »säkularen Wende« zur langfristigen Beherrschung unseres gesellschaftlichen Lebens durch einen diesseitigen Erlösungsglauben stehen, ist aber die ungeprüfte Annahme, eine dauerhafte gesellschaftliche Ordnung lasse sich auf eine diesseitige Heilserwartung ebensogut gründen wie auf eine jenseitige. Diese Annahme ist falsch – und zwar aus dem einfachen Grunde, daß diesseitige Erlösungshoffnungen binnen kurzer Frist durch Erfahrung widerlegt werden. Das ist der Grund für das Scheitern aller chiliastischen Bewegungen – sowohl derer, die sich auf christlicher Grundlage entwickelt haben, wie ihrer weltimmanenten Varianten.

Nun ist es freilich wahr, daß das gegenwärtige Bedürfnis nach diesseitigen Heilsverheißungen den Zusammenbruch der quasi-revolutionären Welle der späten 60er Jahre – Studentenrevolte mit ihren Gewaltausbrüchen, GUEVARA-Kult, Begeisterung für MAOS »Kulturrevolution« und MARCUSES »totale Verweigerung«, jene »Machtergreifung der Phantasie«, die nur eine phantasierte Machtergreifung war – überlebt hat. In weniger spektakulären Formen wird die öffentliche Diskussion auf vielen Gebieten nach wie vor von diesseitsreligiösen Vorstellungen beherrscht. SCHELSKY hat recht, darauf hinzuweisen, daß Zielsetzungen wie die totale Überwindung der Entfremdung des arbeitenden Menschen durch Aufhebung der spezialisierten Arbeitsteilung, die Überwindung aller Herrschaft und »Fremdbestimmung« durch universelle Mitbestimmung, die Schaffung einer solidarischen Gemeinschaft durch totale Überwindung von Eigeninteresse und Leistungsdruck im Wirtschaftsleben, die Überwindung aller Wert- und Interessenkonflikte durch rationale Diskussion in herrschaftsfreier Kommunikation, die Überwindung aller Autorität durch Erziehung zur Kritik vor aller Urteilsfähigkeit – daß diese Zielsetzungen in das Reich der diesseitsreligiösen Erlösungshoffnungen gehören und daß sie einem großen Teil der gegenwärtigen philosophisch-soziologischen, pädagogischen und theologischen Diskussion zugrunde liegen. Aber daraus folgt nicht, daß derartige »außeralltägliche« Zielsetzungen auf die Dauer für unseren gesellschaftlichen Alltag in der Weise bestimmend werden könnten, wie einst die an der Erlösung im Jenseits orientierten christlichen Vorstellungen für den Alltag des Mittelalters und der früheren Neuzeit bestimmend wurden.

SCHELSKYS Annahme, daß dies möglich sei, beruht auf einer falschen Gleichsetzung zweier Begriffe MAX WEBERS – der Hierokratie und der auf ein außeralltägliches Charisma gegründeten Herrschaft eines Propheten oder Führers. Wohl kann man sich die Entstehung einer Hierokratie aus der Durchsetzung eines charismatischen Propheten vorstellen; doch institutionelle Stabilität und gesellschaftsgestaltende Wirkung gewinnt sie nur im Maße, wie sich das Charisma »veralltäglicht« und die Anerkennung ihrer Legitimität von jeder wunderwirkenden Gnadengabe der hierarchischen Amtsträger unabhängig wird.

Zugleich setzt diese Veralltäglichung und Institutionalisierung den Verzicht auf konkrete Endzeiterwartungen voraus, die mit keiner dauerhaften politischen und gesellschaftlichen Ordnung vereinbar sind. Das Christentum ist zur gestaltenden Kraft des Übergangs von der antiken zur westlichen und zur byzantinisch-östlichen Zivilisation erst erwachsen, als seine Träger den Glauben an die unmittelbar bevorstehende Wiederkunft Christi aufgaben und sich darauf einrichteten, dem Alltag der unvollkommenen Welt einen transzendenten Sinn zu geben. Am Übergang vom Mittelalter zur Neuzeit hat sich die Erfahrung der Unvereinbarkeit einer zivilisationsgestaltenden Rolle mit chiliastischen Endzeiterwartungen wiederholt: Taboriten und Wiedertäufer sind gescheitert – Luthertum, Calvinismus und Gegenreformation haben die Lebensform der modernen Welt geschaffen.

Gewiß kann eine Bewegung mit diesseitsreligiöser Ideologie ihre Lebenskraft jahrzehntelang bewahren, solange sie nicht zur Macht kommt; das zeigt die Geschichte der älteren marxistischen und revolutionär-syndikalistischen Arbeiterbewegung. Aber auch hier ist mit der zunehmenden politischen Durchsetzung dieser Bewegungen und ihrem zunehmenden Einfluß auf die Entwicklung der Gesellschaft an die Stelle der revolutionären Heilsverheißung allmählich ein pragmatischer, »veralltäglichter« Fortschrittsglaube getreten, ohne Erlösungsversprechen und ohne Hierokratie. Nur in den kommunistisch regierten Staaten ist die Heilsverheißung der klassenlosen Gesellschaft auch nach der Machtergreifung festgehalten worden und hat – unter mehr oder minder »charismatischer« Führung – eine jahrzehntelange Periode revolutionärer Gesellschaftsumwälzungen inspiriert; nur hier könnte man – mit mehr Recht, als SCHELSKY selbst in diesem Fall glaubt – von der Errichtung einer Priesterherrschaft durch die Hierarchie der Kommunistischen Partei sprechen, die ja tatsächlich den psychischen Zwang der Drohung des Ausschlusses aus der Parteigemeinschaft mit einem überreichen Arsenal von Mitteln physischen – politischen und wirtschaftlichen – Zwanges kombiniert. Die Tatsache, daß auch hier schließlich die »Veralltäglichung« und der Verlust des Endzeitglaubens erfolgt ist, die SCHELSKY veranlaßt, von einer bloßen »politischen Pseudoreligion« zu sprechen, erscheint von unserem Standpunkt gerade als die erfolgreiche institutionelle Stabilisierung der sowjetischen Hierokratie. Aber sie bestätigt unsere These, daß eine Priesterherrschaft auf

Grundlage einer Diesseitsreligion nur durch die Machtergreifung einer straff disziplinierten Partei entstehen kann und daß eben diese Machtergreifung mit der Zeit notwendig die diesseitigen Erlösungshoffnungen aushöhlt. Der Sieg der Heilskünder einer Sozialreligion, den SCHELSKY auf schleichendem Wege und mit dauerhafter Wirkung fürchtet, ist nur durch eine totalitäre Revolution und um den Preis der nachfolgenden Zersetzung der Heilserwartung möglich.

Der historische Ort der Sinnkrise

So wenig ich SCHELSKYS Vorhersage einer »Priesterherrschaft der Sinnproduzenten« auf Grundlage einer neuen »Sozialreligion« teilen kann, so ernst nehme ich die Sinnkrise unserer westlichen Gesellschaft, die dem Auftreten der neuen diesseitigen Heilskünder zugrunde liegt. So gewiß die diffuse geistige Bewegung, die eine diesseitige Erlösung von den Konflikten und Sinnproblemen unserer entwickelten westlichen Gesellschaften verheißt, nicht die Herrscher von morgen und die Träger einer Umgestaltung unserer Gesellschaft auf neuen kulturellen Grundlagen repräsentiert, so gewiß sind die Heilsbedürfnisse, die sie anspricht, ein Ausdruck der tiefen Krise der alten kulturellen Grundlagen, auf denen sich die bisherige Entwicklung unserer Gesellschaft vollzogen hat. Weil der Ausweg, den die Heilskünder weisen, utopisch im Sinne von irreal ist, darum sind sie nicht der Anfang einer neuen Kultur, sondern ein Symptom und ein Faktor der Zersetzung der alten gesellschaftsformenden Glaubensinhalte. Zum Verständnis ihres Auftretens muß man sich bemühen, die Ursachen dieser Krise zu verstehen.

SCHELSKY hat in seinem Buch mehrfach zu einer Erklärung angesetzt – dort wo er von den gesellschaftlichen Leistungen von Heilssystemen im allgemeinen, und dort, wo er von den Bedürfnissen der Glaubensgefolgschaft der Diesseitsreligionen spricht. An der ersten Stelle[6] weist er vor allem auf die von der Säkularisierung gerissenen Lücken im Welt- und Selbstverständnis des modernen Menschen hin; an der zweiten[7] stehen der Kontrast zwischen der emotionalen Geborgenheit des Heranwachsenden in der Gemeinschaft der Familie und dem harten Existenzkampf in der rationalen Gesellschaft der Erwachsenen, sowie die zunehmende Abhängigkeit des einzelnen von

komplexen, rational nicht durchschaubaren gesellschaftlichen Zusammenhängen, im Mittelpunkt. Verwandte Überlegungen finden wir auch bei HABERMAS, wenn er die »Motivationskrise im Spätkapitalismus« vor allem von der fortschreitenden Zersetzung vorbürgerlicher Traditionen durch die ökonomische Entwicklung und dem Fortschritt der rationalen Kritik ableitet[8]; oder bei dem bedeutenden amerikanischen Soziologen DANIEL BELL, wenn er auf den zentralen Widerspruch zwischen den strukturellen Bedürfnissen funktionaler Rationalität in jeder modernen Gesellschaft und der kulturellen Betonung der Autonomie und Selbstverwirklichung des Individuums in der westlichen Tradition hinweist.[9]
Alle diese Erklärungsansätze sind zweifellos relevant, doch sie scheinen mir zum Verständnis einer wachsenden Krise des »Sinnverlusts« und des entsprechenden Durchbruchs von diesseitigen Heilsverheißungen *gerade in unserer Zeit* nicht auszureichen. Insbesondere geben sie keine hinreichende Antwort auf die Frage, warum Säkularisierung, Rationalisierung und Gemeinschaftsverlust eine derart durchschlagende Wirkung annähernd 200 Jahre *nach* der französischen Aufklärung und der englischen industriellen Revolution entfalten. Auch die folgenden Bemerkungen können nicht mehr als ein tastender und unfertiger Beitrag zu dieser Antwort sein; doch die Fortführung der Diskussion erscheint mir notwendig.

Ich gehe von der Frage aus, worin eigentlich die sinngebende Funktion des Christentums für das Leben in unserer Gesellschaft bestanden hat. SCHELSKY zitiert ARNOLD GEHLEN über die dreifache Funktion der Weltorientierung im Sinne des Naturverständnisses, der Handlungsformierung im Sinne einer Grundlage für Verhaltensnormen und der sinnhaften Überwindung der Erfahrung menschlicher Ohnmacht, also von Tod, Leid und Scheitern; und er sagt zutreffend, daß im Zuge der Säkularisierung die Naturdeutung weitgehend erfolgreich von religiösen Zusammenhängen gelöst und die Grunderlebnisse der menschlichen Ohnmacht in erstaunlichem Maße aus dem allgemeinen Bewußtsein verdrängt worden sind. Aber für die gesellschaftliche Sinngebung ist offenbar die Funktion der »Handlungsformierung« entscheidend gewesen; und von ihr meint SCHELSKY, daß sie im Zuge der Säkularisierung weitgehend durch politische und wirtschaftliche »Sachgesetzlichkeiten« ersetzt worden sei. Hier setzt mein Zweifel ein.

Um ihn zu begründen, möchte ich die These aufstellen, daß die Funktion des Christentums – und zwar sowohl des mittelalterlichen wie des protestantischen – für die Sinngebung des sozialen Alltags in der Orientierung des Handelns an bestimmten Grundwerten bestand, die unsere Zivilisation charakterisieren. Zu diesen Grundwerten, die neben christlichen auch auf antike Wurzeln zurückgehen, gehören die Befreiung der *Ratio* von magischen Fesseln, die Bejahung der Einzigartigkeit des *Individuums* und zugleich der *freiwilligen,* nicht notwendig auf naturwüchsigen Blutsbanden beruhenden und dennoch bindenden *Gemeinschaft* sowie die positive Bewertung der das Diesseits umgestaltenden *Arbeit,* einschließlich der körperlichen Arbeit, als Verdienst und nicht nur als notwendiges Übel. Vielleicht sollte man hinzunehmen die Bejahung *rechtlicher Satzungen* als des Mittels, die unvermeidlichen Spannungen zwischen Individuum und Gemeinschaft zu regeln. Gemeinsam haben diese Werte einen weltgeschichtlich einzigartigen *Antrieb* für die »Selbstverbesserung« der einzelnen – in moralischer und intellektueller ebenso wie in sozialer und ökonomischer Hinsicht – geschaffen, der zusammen mit dem durch die frühe, pluralistische Vielfalt der westlichen Institutionen ermöglichten *Spielraum* für solches Streben die einzigartige Dynamik unserer Zivilisation erklärt. Die Entwicklung der westlichen Gesellschaften läßt sich von diesem Standpunkt als ein Wandel der Verhaltensnormen und Institutionen in Anpassung an wechselnde Lebensbedingungen und Produktionsverhältnisse, aber in Kontinuität dieser immer neu gedeuteten Grundwerte darstellen; eine Kulturkrise tritt ein, wenn die Anpassung der Verhaltensnormen und Institutionen über längere Zeit mißlingt und dadurch die Glaubwürdigkeit der Werte selbst und mit ihr der sinnhafte Zusammenhang der Gesellschaft in Frage gestellt wird, wie etwa in der Renaissance.
Wenn das zutrifft, dann konnte das Problem der »Handlungsformierung« im Zuge der Säkularisierung keineswegs durch bloße Hinnahme von »Sachgesetzlichkeiten« gelöst werden, und es ist in der Tat nicht so gelöst worden. Vielmehr bestand das Problem in der Bewahrung der grundlegenden Werte unserer Zivilisation unabhängig von ihrer christlichen Begründung aus der Transzendenz, im Zusammenhang eines immanenten, diesseitigen Weltbildes ohne Erlösungsverheißung. Was der Glaube an ein jenseitiges Heil vorher geleistet hatte, um Katholiken oder Puritanern die »Heiligung des Alltags« durch die

Einhaltung wertorientierter Moralnormen vorzuschreiben, das mußte nun ein »aufgeklärtes« Weltbild ohne Heilsverheißung leisten, weil ja – wie wir gesehen haben – ein diesseitiger Heilsglaube mit der Aufgabe der kulturellen Formgebung des Alltags nicht vereinbar ist.

Leistung und Versagen der Fortschrittsidee

Diese Leistung der Integration grundlegender Werte des Westens in ein diesseitiges, einer Gesellschaft in beschleunigter Veränderung angepaßtes und alltagswirksames Weltbild ist für mehr als ein Jahrhundert von der Idee des *Fortschritts* in allen ihren nicht-chiliastischen Varianten – es gibt liberale, sozialistische und auch konservative – vollbracht worden. Was sich im Zuge der Säkularisierung in all diesen Varianten durchsetzte, war der Glaube, daß der entfesselte wissenschaftliche, technische und ökonomische Fortschritt *auch* einen Fortschritt im Sinne der grundlegenden Werte des Westens – im Sinne der zunehmenden Rationalität der Menschen, der zunehmenden Freiheit des Individuums, der zunehmenden Solidariät immer umfassenderer Gemeinschaften, der zunehmenden Sicherheit der Rechte aller – bringen werde. Damit behielten diese Werte ihre sinngebende Wirkung für den Alltag in »humanistischer«, vom Bezug auf die Transzendenz unabhängiger Form. Gewiß war es unter diesen Umständen unvermeidlich, daß der Fortschrittsglaube in vielen Fällen doch mit versteckten Vorstellungen einer Vollkommenheit im Diesseits als Endziel der Entwicklung aufgeladen wurde; doch begriffsnotwendig für die Fortschrittsidee war nur die unbegrenzte Verbesserungsfähigkeit, nicht die Vollkommenheitsfähigkeit des Diesseits – und auch jene Fortschrittsgläubigen, die den Unterschied nicht machten, verlegten das vollkommene Traumziel in eine hinreichend ferne Zukunft, daß ihre Wertorientierung »alltagsfähig« blieb.

Die Tatsache, daß die bewußtseinsformenden Schichten derart die beschleunigte Veränderung der Gesellschaft zunehmend als geschichtlichen Fortschritt im Sinne der westlichen Grundwerte erfuhren, hat sie lange Zeit befähigt, den Kulturschock der Entwurzelung durch Säkularisierung und der Entfremdung durch Gemeinschaftsverlust und rationalisierte gesellschaftliche Arbeitsteilung zu überwinden und die Gefahr des Sinnverlusts zu kompensieren. Neben dem französischen und angelsächsischen Fortschrittsdenken ist auch die von SCHELSKY betonte deutsche bürokratische Aufklärung und die Hauptströmung des deutschen Idealismus eine Form dieser Kompensation gewesen. Das gilt bis hin zu der Überwindung des romantischen Protests durch die rationale Geschichtsdeutung bei HEGEL sowie der Entwicklung bei KARL MARX von der Präokkupation mit dem Entfremdungsproblem zur Konzentration auf die Gesetzmäßigkeit des Geschichtsprozesses, auch wenn diese bei ihm mit diesseitigen Heilserwartungen vermengt blieb. Doch während die Sinngebung durch den Fortschrittsglauben das 19. Jahrhundert beherrschte, ist dieser Glaube durch die Ereignisse und Entwicklungen unseres Jahrhunderts seit dem Ersten Weltkrieg für immer weitere Schichten erschüttert worden – und mit ihm die alltagswirksame Sinngewißheit.

Die Ereignisse, die vor allem die Etappen dieses Prozesses bezeichnen, sind die sinnlosen Hekatomben des Ersten Weltkrieges; die Weltwirtschaftskrise von 1929–32, der Aufstieg der nationalsozialistischen Diktatur als ihr deutsches Produkt, ihre Greuel und ihre Entwicklung zur Weltgefahr; die Verwandlung des kommunistischen Regimes in der Sowjetunion in die persönliche Tyrannei STALINS und deren Ausbreitung in Osteuropa nach dem Zweiten Weltkrieg; zuletzt der Verlust des »humanistischen« guten Gewissens der westlichen Welt in Verbindung mit dem Vietnamkrieg. Doch die Wirkung dieser Ereignisse muß im Zusammenhang der stetigen Faktoren der Zersetzung jenes Fortschrittsglaubens gesehen werden: Schon vorher war der eigentliche Wertinhalt des Glaubens in den Köpfen vieler seiner Träger ausgehöhlt und durch die platte Auffassung ersetzt worden, daß materieller, technisch-ökonomischer Fortschritt unabhängig von allem Wertbezug das Ganze des Fortschritts sei. Zugleich zeigte sich immer deutlicher, daß zunehmende technische und bürokratische Rationalität nicht notwendig den individuellen Freiheitsraum begünstige, sondern zu wachsender Abhängigkeit von einer »technokratischen« Oberschicht führen könne. Vor diesem Hintergrund beginnenden Zweifels erschienen der Erste Weltkrieg und die Weltwirtschaftskrise als dramatische Beweise anhaltender Unfähigkeit der hochentwickelten Gesellschaften zu »rationaler« und humaner Regelung ihrer Probleme; und die zerstörerische Rebellion des Nationalsozialismus gegen die Grundwerte des Westens war zugleich eine Folge der bereits

eingetretenen Diskreditierung des Fortschrittsglaubens und ein neuer Faktor seiner Erschütterung für alle, die einen derartigen Ausbruch im 20. Jahrhundert für unmöglich gehalten hatten. Für jene Marxisten, die sich vor dem Schock durch die Auslegung zu bewahren suchten, es handle sich nur um Symptome des Niedergangs der kapitalistischen Ordnung, brachte die Schreckensherrschaft STALINS alsbald einen entsprechenden Schock, soweit sie nicht bereit waren, Produktionsziffern allein als hinreichenden Maßstab des Fortschritts zu betrachten.
Die Niederschlagung HITLERS im Zweiten Weltkrieg, gefolgt von der erfolgreichen Eindämmung STALINS in der formativen Phase des Kalten Krieges und von der großen konstruktiven Leistung des nationalen und internationalen Wiederaufbaus der westlichen Wirtschaft auf neuen Grundlagen hat dann in der nächsten Generation den Schock über die Möglichkeit technisch hochmoderner Tyrannei abklingen und selbst die Furcht vor der Atombombe mindestens in den Hintergrund treten lassen; der Glaube wenigstens an die grundsätzliche Veränderbarkeit von technisch-materiellem Fortschritt mit sinnvollem Fortschritt in der Richtung der westlichen Grundwerte wurde noch einmal neu belebt. Aber das Vertrauen, daß die westlichen Demokratien die verläßlichen Träger eines solchen Prozesses seien, ist für die nächste Generation durch mehrere Kolonialkriege untergraben und durch die Rolle der Vereinigten Staaten in Vietnam tief erschüttert worden. Und fast gleichzeitig mehrten sich die Anzeichen, daß der technische Fortschritt, wenn er keiner wertorientierten Kontrolle unterworfen, sondern seiner Eigengesetzlichkeit überlassen wird, zugleich mit den Produktivkräften ungeahnte Destruktivkräfte entfesselt – zunächst in Gestalt der modernen Waffen der Massenvernichtung, dann der Umweltzerstörung und der Annäherung an Grenzen des Wachstums durch schrankenlose Rohstoff- und Energieverschwendung.
Am Ende eines zweihundertjährigen Prozesses beschleunigter technischer Umgestaltung der Welt steht so eine Generation, in der viele von einer Fortsetzung solchen Fortschritts eher den Untergang als eine Sinnerfüllung erwarten, so daß sie schon allein aus diesem Grunde geneigt sind, das Heil in einer radikalen Umkehr zu suchen. Hinzu kommt, daß Wertideen sich in erlebten Gemeinschaften verkörpern und daß die Entwicklung der letzten sechs Jahrzehnte auch jene Gemeinschaften weitgehend ausgehöhlt hat, die im Zeichen der Säkularisierung teil-

weise den Platz der früher wirksamen Glaubensgemeinschaften eingenommen hatten: der nationalen Gemeinschaften, deren Sinnentleerung freilich in anderen Ländern nicht so weit gediehen ist wie in Deutschland nach dem nationalen Paroxysmus des Dritten Reiches, und der Gemeinschaften der älteren, auf Weltanschauung gegründeten Formen der Arbeiterbewegung. Es ist mit eine Folge dieser Entwicklungen, daß der einzelne seine Ausgesetztheit in einer primär von Konkurrenz und Eigeninteresse beherrschten Gesellschaft ohne solidarische Bindungen heute stärker zu empfinden scheint als jemals seit der Frühzeit der industriellen Revolution und des Zerfalls der ständischen Ordnung – und daß er seine Zuflucht in neuen Glaubensgemeinschaften sucht, die an einer die gegenwärtige Gesellschaft verwerfenden diesseitigen Heilsidee orientiert sind.

Unsere These, daß die Sinnkrise unserer Zeit unmittelbar nicht auf den Verlust des christlichen Jenseitsglaubens, sondern auf die Krise des an den Werten der westlichen Zivilisation orientierten Fortschrittsglaubens zurückgeht, läßt nun alle Aspekte dieser Sinnkrise in etwas anderem Licht erscheinen. So trifft es zweifellos zu, daß die Krise des Leistungsprinzips zum Teil aus den einengenden und die Eigenverantwortung verringernden Veränderungen des Arbeitsprozesses in der Produktion – Fließband, Automation – und neuerdings besonders im Verteilungs- und Finanzwesen entspringt, wo die Einführung des Computers einen deutlichen Rückgang des Leistungswillens bei vielen Angestellten hervorgerufen zu haben scheint. Aber es ist nicht minder wichtig, daß der Wille zur Leistung auch von der Überzeugung vom allgemeinen Sinn *jeder* Arbeit abhängt und daß diese Überzeugung nach dem Zurücktreten ihrer puritanischen Motivierung großenteils auf dem Zusammenhang zwischen der Leistung des einzelnen und dem allgemeinen Fortschritt der Produktion beruhte. Wird dieser Zusammenhang belanglos, so wird auch die Leistung – und mit ihr die auf Leistung gegründete Sach- und Fachautorität – abgewertet. Der Beruf wird zum in sich sinnlosen, nur noch durch Konkurrenz um sein Entgelt und den davon abhängigen Konsumzuwachs motivierten *rat race*, oder in HABERMAS' Worten: Der Mangel an Sinn muß durch (ökonomischen) Wert kompensiert werden. Das sinnentleerte Streben des einzelnen nach Selbstverbesserung wird rein materiell.
Was für die Abwertung der Leistung gilt, gilt für die Unüber-

sehbarkeit der komplexen gesellschaftlichen Zusammenhänge und die aus ihr entspringende Furcht vor Vereinzelung und Verantwortung, die sich bis zur Flucht aus der Individualität steigern kann. Das Entscheidende ist nicht, daß die Welt komplexer geworden ist – vom Standpunkt des einzelnen ist sie seit langem komplex und unübersehbar genug –, sondern daß das Vertrauen geschwunden ist, der komplexe Zusammenhang bewege sich in sinnvoller, wertpositiver Richtung, und daß an seine Stelle die Furcht getreten ist, er rolle in unkontrollierbarer Weise auf den Untergang zu. Der Fortschrittsglaube war eine überaus wirksame »Reduktion von Komplexität« (im Sinne NIKLAS LUHMANNS). Fällt er weg, so muß die Neigung erwachsen, ihn auch in dieser Funktion durch eine neue Heilslehre zu ersetzen.

Nicht anders steht es mit der bei den Heilssuchern beliebten Entgegenstellung von »formaler« und »inhaltlicher« Rationalität. Die instrumentale Rationalität des Modernisierungsprozesses in Produktion und Verwaltung wurde so lange nicht als »bloß formal« empfunden, wie die Tendenz dieses Prozesses zum Fortschritt auch im Sinne der westlichen Grundwerte vorausgesetzt wurde. Fällt diese Voraussetzung einmal weg, so sagt die Rede von der »inhaltlichen« oder »substantiellen« Rationalität *weniger* aus als diese Grundwerte – denn ihre Prätention, daß sich inhaltliche Entscheidungen zwischen verschiedenen Werten und Interessen aus dem Prinzip der Vernunft allein ableiten ließen, ist leer. Darum führt der Versuch, alle Wertentscheidungen durch die Berufung auf die Vernunft allein zu ersetzen, notwendig zur diesseitsreligiösen Utopie der konfliktlosen Gesellschaft – und in der Praxis zur Vernachlässigung von Freiheitswerten, die uns unverzichtbar sind.

Die Träger der Sinnkrise

Es bleibt ein Wort darüber zu sagen, warum die Erscheinungen der Sinnkrise zuerst und am stärksten in der heranwachsenden Generation und im »quartären Sektor« aufgetreten sind. Für den Generationsunterschied ist *ein* Grund, wie stets, der verschiedene Erfahrungshorizont: Die Generation, die nach 1945 heranwuchs, erlebte in ihren formativen Jahren den Zusammenbruch der nationalsozialistischen und die beginnende Transformation der STALINschen Tyrannei, und parallel dazu

eine erfolgreiche, solidarische Abwehr- und Aufbauleistung des Westens. Die Übernahme der westlichen Grundwerte war ihr sehr viel natürlicher als einer Generation, die 20 Jahre später im Zeichen der erstarrten Fronten des Kalten Krieges und der sinnlosen Blutopfer des Vietnamkriegs heranwuchs und im Zeichen des neuen Umweltbewußtseins und der »Grenzen des Wachstums« zur Reife kam.
Daneben aber spielen zweifellos die wachsenden Schwierigkeiten der Wertübermittlung von einer Generation zur andern eine Rolle. Sie entspringen teils der beschleunigten Veränderung der Lebensbedingungen, teils der Strukturkrise der Familie und der Verlängerung der Adoleszenz durch verlängerte Formalerziehung. Mit Recht hat SCHELSKY auf DAVID RIESMANS vor einem Vierteljahrhundert gemachte Beobachtungen über den Übergang vom »inner-directed character«, der sein Über-Ich am väterlichen Vorbild formte, zum »other-directed character« hingewiesen, der sich an der »peer group« der Gleichaltrigen orientiert. Je schneller die Lebensbedingungen sich verändern, je stärker jede neue Generation in neue Alltagsprobleme hineinwächst – man denke an Aufwachsen vor dem Fernsehen, auf weiten Autoreisen, mit der Pille –, desto weniger kann die vorige Generation ihr als Vorbild dienen; und dieser Effekt wird verstärkt, wenn der Familienzusammenhang ohnehin gelockert ist. Doch wer seinen Kindern keine glaubwürdigen Verhaltensnormen mit auf den Weg geben kann, weil er über das rechte Verhalten unter den veränderten Bedingungen selbst unsicher ist, der wird ihnen auch schwer die Werte einsichtig machen können, auf denen solche Normen aufbauen sollten. Die Folge ist beim Heranwachsenden häufig ein Gefühl der Desorientierung und Sinnlosigkeit, zusammen mit einer aus Mangel an glaubwürdigen Vorbildern resultierenden Ich-Schwäche – beide zusammen erzeugen sowohl Angst wie Rebellion gegen jede Autorität, die in Wirklichkeit gegen das Fehlen echter Autorität gerichtet ist. Schließlich trägt auch die Verlängerung der Schulbildung und die weit größere Häufigkeit eines Studiums dazu bei, die Adoleszenz mit ihrer Neigung zur Bildung von Gruppen Gleichaltriger zu verlängern und die Anpassung an die Welt der Erwachsenen mit ihrem harten Existenzkampf hinauszuschieben und zu erschweren.

Was endlich die neuen Sozialgruppen des »quartären Sektors« betrifft, so ergibt sich ihre besondere Empfindlichkeit für die

Sinnkrise und *darum* ihre besondere Empfänglichkeit für neue Heilslehren aus ihrer beruflichen Lage – als von der Alltagserfahrung zum Teil (im Falle der Lehrer, Studenten und Schüler) abgeschnittene »Sinnvermittler« – sowie aus der raschen Zunahme ihrer Zahl und Bedeutung. Die Tatsache, daß sie es beruflich nicht mit Produkten, schon gar nicht mit marktgängigen Waren, sondern ausschließlich mit Menschen zu tun haben, macht sie in neuer Weise für gesellschaftliche Probleme empfänglich. Wer von Berufs wegen als Lehrer, Publizist oder Seelsorger anderen sinnhafte Orientierung vermitteln soll, der wird seine Unsicherheit in einer Sinnkrise viel bewußter empfinden als andere, und er wird um so intensiver nach neuen Antworten suchen; und wer wie die Angehörigen unseres Schul- und Hochschulsystems unter einer Art von intellektueller Glasglocke lebt, der wird, auch wenn er noch so intelligent ist, in besonderem Maße für realitätsferne, utopische Heilslehren anfällig sein. Hinzu kommt, daß die Situation dieser Gruppen als Gruppen in wichtigen Punkten neu ist und daß viele ihrer Angehörigen in ihnen neu sind. Daraus ergibt sich eine Labilität der Vorstellung von der eigenen Rolle und eine größere Versuchung zum ideologischen Missionartum als bei Gruppen mit alter und weniger erschütterter Berufstradition. Auch wer SCHELSKYS Vorstellungen vom Kampf der Sinnproduzenten um Klassen- und Priesterherrschaft nicht teilt, wird diese besondere Anfälligkeit der Gruppe für gesellschaftlich fragwürdige Vorstellungen von der eignen Rolle erkennen und seiner Warnung vor einer Autonomie der Sinnvermittler von öffentlicher demokratischer Kontrolle zustimmen müssen. Doch diese Gefahr ist nur ein Epiphänomen der Sinnkrise selbst, die von den professionellen Sinnsuchern nicht verursacht, sondern nur ausgedrückt und damit allenfalls verstärkt wird.

Von diesem Standpunkt aus erscheint die Sinnkrise der westlichen Gesellschaften in unserem Jahrhundert mit ihren verschiedenen Etappen als vergleichbar mit der großen Kulturkrise der Renaissance, die wir als einen Ausdruck der Schwierigkeit und des zeitweisen Mißlingens einer Transformation der Verhaltensnormen und Institutionen unter Erhaltung der zugrundeliegenden Werte am Übergang vom Mittelalter zur Neuzeit gedeutet haben. Entsprechend erscheint die totale Kritik unserer Werte, wie sie heute etwa von bestimmten Schulen der Soziologie formuliert wird, nicht als Ursache, sondern primär

als Ausdruck der verminderten Glaubwürdigkeit dieser Werte.
Jene Kulturkrise der Renaissance ist schließlich dadurch überwunden worden, daß Reformation und Gegenreformation die Normen eines neuen, »modernen« Lebensstils auf der Grundlage einer Wert- und Glaubenskontinuität bereitstellten, während die Entstehung des modernen Staates das Gehäuse der gesellschaftlichen Weiterentwicklung schuf. Die Probleme, die heute von uns gelöst werden müssen, um die Glaubwürdigkeit unserer Werte wiederherzustellen, sind ungleich umfassender und erscheinen entsprechend schwerer. Es geht bei ihnen um nicht weniger als um die Kontrolle der weltweiten Dynamik der Wirtschafts- und Bevölkerungsentwicklung, und das heißt: um die Schaffung weltweiter wirksamer Institutionen zur Sicherung des Überlebens der Menschheit bei gleichzeitiger Behauptung der Gestaltungskraft unserer Werte inmitten eines Chaos von Kulturtrümmern, das als Synkretismus zu beschreiben noch optimistisch scheint.
Niemand kann heute sagen, ob eine Bewältigung dieser Probleme auf der Grundlage westlicher Werte noch gelingen kann. Gewiß scheint mir nur, daß der Verzicht auf einen Teil dieser Werte, wie ihn einige der neuen Heilslehren predigen, keine echte Lösungsmöglichkeit ist, sondern ein Weg in die immer weitere kulturelle und damit auch gesellschaftliche Auflösung der gemeinsamen Grundvorstellungen, die den Aufbau einer hochkomplexen arbeitsteiligen Gesellschaft ermöglicht haben und sie zusammenhalten. Die ideologischen Heilslehren sind selbst ein Symptom dieser Zerfallstendenz, wie die anomischen Erscheinungen des passiven Rückzugs von Teilen der Jugend aus der Gesellschaft, des Drogenkults oder des zunehmenden Geltungsverlustes alltäglicher Verhaltensnormen andere Symptome sind.
So führt auch für den, der überzeugt ist, daß es für die heutige Menschheit keine Alternative zu den Grundwerten des Westens gibt, kein Weg zurück zu jener Gewißheit ihrer Durchsetzung, die einst der Glaube an ihre transzendentale Verankerung vermittelte – und später der Glaube an einen weltimmanenten, gesetzmäßigen Fortschritt in ihrer Richtung. Weit entfernt nun von der Illusion, die Eigendynamik von Wissenschaft, Wirtschaft und Technik garantiere einen solchen Fortschritt, müssen wir heute erkennen, daß diese Eigendynamik uns das äußerste Unheil bringen kann. Doch so gewiß der Fortschritt im

Sinne unserer Werte keine »naturgesetzliche« Notwendigkeit ist, so gewiß bleibt er für uns der einzig sinnvolle Auftrag und damit eine »ethische« Notwendigkeit – eine unausweichliche Aufgabe für unser Handeln.

Gesellschaftliche Transformation und demokratische Legitimität

Zu Jürgen Habermas' Analyse der Krisentendenzen im ›Spätkapitalismus‹

Die Industriegesellschaften des Westens, die auf der Grundlage des kapitalistischen Privateigentums an den Produktionsmitteln entstanden sind, befinden sich seit Jahrzehnten in einem z. T. krisenhaften Wandlungsprozeß. Über die Tatsache bedeutsamer Wandlungen und über die mindestens teilweise krisenhafte Natur des Prozesses besteht in der Wissenschaft weitgehend Einigkeit – über Ursachen, Natur und mögliche Tendenzen des Vorgangs nicht. Liberale Ökonomen sehen eine erfolgreiche Anpassung des Kapitalismus an politische Störungen und andere exogene Probleme, an denen sich immer wieder die erstaunliche Flexibilität und Leistungsfähigkeit des Systems erweist. Sozialdemokraten vertreten die Auffassung, daß wesentliche Probleme aus der Eigendynamik einer vorwiegend am privaten Profit orientierten Produktion entstehen und nur durch eine zunehmende Unterwerfung des Prozesses unter die Kontrolle des demokratischen Staates gelöst werden können, daß wichtige Wandlungen in dieser Richtung schon stattgefunden haben und weitere durchgesetzt werden müssen. Orthodoxe Marxisten und Kommunisten verschiedener Observanz sehen die Krisenhaftigkeit der kapitalistischen Dynamik als auf der Grundlage des kapitalistischen Eigentums unaufhebbar an; die bereits erfolgten Wandlungen zum »organisierten Kapitalismus« oder »Spätkapitalismus« oder »Staatsmonopolistischen Kapitalismus« erscheinen ihnen als vergebliche Stabilisierungsversuche der Kapitalisten, die nach der einen Variante die Anarchie der kapitalistischen Produktion nicht überwinden und daher die Grundlage der ökonomischen Krisengesetzlichkeit nicht beseitigen können, nach der andern einheitliche, zielbewußte Steuerung nur um den Preis einer Machtkonzentration in den Händen weniger Monopolisten und einer gesteigerten Ausbeutung und Unterdrückung der Massen erreichen; in beiden Fällen bleibt nur der Ausweg einer Expropriation der Expropriateure durch eine zugleich politische und soziale Revolution. Schließlich vertreten die späteren Schriften der Frankfurter Schule bis hin zu HERBERT MARCUSE eine voluntaristische Revision des Marxismus, nach der die herrschende Klasse der Kapitaleigentümer zwar die ökonomischen Probleme auf nicht näher untersuchte Art durch totale Manipulation lösen könne, aber nur um den kulturellen Preis einer totalen Entfremdung des Menschen, aus der schließlich die totale Revolte hervorgehen werde.

In diesem Spektrum von Theorien nimmt JÜRGEN HABERMAS' Buch über *Legitimationsprobleme im Spätkapitalismus*[1] eine Sonderstellung ein. Aus der Frankfurter Schule hervorgegangen, hat er hier deren fast ausschließliche Konzentration auf Kritik der ›bürgerlichen Ideologien‹ und deren Abneigung vor jeder ernsthaften Beschäftigung mit ökonomischen Problemen überwunden und den Versuch gemacht, ökonomische Kritik, politische Kritik und Kulturkritik der »spätkapitalistischen« Gesellschaft in einem integrierten Zusammenhang darzustellen. Zugleich unterscheidet er sich von den orthodoxen Marxisten und Kommunisten durch seine Weigerung, dogmatische Theorien über die Zwangsläufigkeit der ökonomischen »Systemkrise« ohne empirische Evidenz zu akzeptieren, und durch sein Ernstnehmen der veränderten politischen Kräftekonstellation der Klassen und gesellschaftlichen Gruppen im organisierten Kapitalismus; von der offiziellen sozialdemokratischen Auffassung wiederum trennt ihn seine Kritik der »bloß formalen« Demokratie. Das Resultat ist eine Analyse, in der die Krisentendenzen im ökonomischen und im politisch-administrativen Subsystem des »Spätkapitalismus« aufgezeigt, aber als nicht notwendig unlösbar dargestellt werden, solange die Legitimationszufuhr aus dem sozio-kulturellen Subsystem funktioniert; die eigentlich unüberwindliche Schranke des Gesamtsystems sieht HABERMAS darin, daß eine von dessen Bedürfnissen unabhängige Eigenentwicklung der normativen Strukturen jene Stützen unwiderruflich und ersatzlos abträgt, die in der bisherigen Geschichte des Kapitalismus ökonomische Leistung und politischen Gehorsam motiviert haben, so daß die ökonomische, administrative und legitimatorische Krise erst dadurch im kapitalistischen Rahmen unüberwindlich wird.

Wie man sieht, läuft HABERMAS' »Argumentationsskizze« auf eine sehr viel strengere und nüchternere Begründung der Position der Frankfurter Schule hinaus, deren utopisch-voluntaristischer Grundansatz vom Scheitern der kapitalistischen Klassengesellschaft an ihrer menschlichen und kulturellen Unerträglichkeit von ihm in eine im einzelnen mit großer wissenschaftlich-kritischer Sorgfalt entwickelte Analyse eingebaut wird. HABERMAS erreicht dies Resultat in fünf grundsätzlichen Schritten der Argumentation. Er definiert zunächst ein Gesellschaftssystem und dessen »Krise«, d. h. die Grenze, an der es seine Probleme nicht mehr ohne Verlust der Identität lösen kann, durch sein »Organisationsprinzip«. Er wendet zweitens den so definierten Begriff auf das ursprüngliche Organisationsprinzip des »liberalen Kapitalismus« an und beschreibt die Merkmale des »organisierten Kapitalismus« oder »Spätkapitalismus« als dessen modifizierter Form. Er diskutiert drittens die verschiedenen ökonomischen, administrativen und legitimatorischen Erscheinungsformen von Krisentendenzen im »Spätkapitalismus« und begründet seine Auffassung, daß sie dem System nur dann mit Notwendigkeit eine Grenze setzen, wenn gezeigt werden kann, daß die zur politischen und ökonomischen Legitimationsbeschaffung des Systems erforderlichen kulturellen Motivationen für Fügsamkeit und Leistung mit der Entwicklung des Systems notwendigerweise zersetzt werden und unter modernen Bedingungen nicht ersetzbar sind. Er sucht viertens zu zeigen, daß eine solche »eigensinnige«, d. h. von den jeweiligen Bedürfnissen des Gesellschaftsystems unabhängige, Veränderung sich in der Tat aus der Abhängigkeit der Motivationen von Verhaltensnormen ergibt, deren Rechtfertigungen »wahrheitsfähig« und daher einer irreversiblen erkenntnislogischen Entwicklung unterworfen sind, die alle Normen zur Rechtfertigung von »nicht verallgemeinerungsfähigen Interessen« mit dem Fortschritt des kritischen Denkens unwiderruflich untergräbt. In einem fünften und abschließenden Schritt diskutiert HABERMAS schließlich die Frage, ob das System dieser Aporie durch eine Veränderung des Sozialisationsmodus derart entgehen könnte, daß die Motivationen der Gesellschaftsmitglieder von rechtfertigungsbedürftigen Normen überhaupt unabhängig werden und sie insofern aufhören, im bisherigen Sinne des Wortes Individuen zu sein – eine Frage, die er beim heutigen Stand der Entwicklung für nicht objektiv entscheidbar erklärt.

Die folgenden kritischen Betrachtungen werden diese letzte Frage nicht erörtern und HABERMAS in der dem Hauptteil seiner Arbeit zugrunde liegenden Annahme folgen, daß wir es auch weiterhin mit moralisch motivierbaren Individuen zu tun haben. Sie werden auch HABERMAS' dritte These – die Existenz eines breiten Fächers von Krisentendenzen in der heutigen kapitalistischen Gesellschaft und die These, daß sie ohne das Hinzutreten einer Motivationskrise dem System keine absolute Grenze setzen – ohne weitere Prüfung für unseren Zweck zugrunde legen. Meine Kritik zielt vielmehr erstens auf die Art, in der HABERMAS seinen Begriff des Organisationsprinzips im zweiten Schritt auf den Übergang vom liberalen zum organisierten Kapitalismus und auf die Bestimmung der Transformationsgrenzen des letzteren anwendet; zweitens auf die Rolle der Demokratie des allgemeinen Wahlrechts, die HABERMAS als »bloß formale Demokratie« abwertet, in solchen Transformationsprozessen; drittens auf den Kern von HABERMAS' viertem Schritt, seine Begründung der »Wahrheitsfähigkeit« praktischer Fragen und besonders seinen Begriff der »verallgemeinerungsfähigen Interessen«. Abschließend soll der Versuch gemacht werden, der tatsächlich vorhandenen Motivationskrise eine andere historische Deutung zu geben, die auf einer Interpretation des – von HABERMAS abgelehnten – MAX WEBERschen Wertpluralismus aufbaut.

Liberaler und organisierter Kapitalismus

HABERMAS hat einen Begriff der Gesellschaftsformation gewählt, der gleichzeitig deren Steuerungsmechanismus und das Identitätsbewußtsein der Beteiligten erfassen soll: Er definiert Gesellschaftsformationen durch ihr »Organisationsprinzip«, das ihre Fähigkeit begrenzt, im systemtheoretischen Sinne zu lernen, ohne im sozialintegrativen Sinne ihre Identität zu verlieren. In ein so definiertes Prinzip gehen neben »Produktionsverhältnissen« im engen, rein ökonomischen Sinn also auch normative Strukturen ein. Von der »Krise« eines Systems spricht HABERMAS demgemäß nicht bei jeder Funktionsstörung, die noch in dessen Rahmen behebbar sein könnte, sondern nur, wenn das Organisationsprinzip an seine Grenzen stößt und wirksames Lernen nicht mehr ohne Preisgabe der Identität möglich ist.[2]

Das klassische Beispiel einer Krise, die das Ende einer Gesellschaftsformation herbeiführt, ist für HABERMAS der Untergang der »traditionalen Gesellschaftsformation«, worunter er alle Varianten der vorkapitalistischen Klassengesellschaft versteht. Ihr Organisationsprinzip ist die offen politische Klassenherrschaft. Ihre Krise tritt ein, wenn die herrschende Klasse auf

Steuerungsprobleme mit erhöhter Repression reagiert, die über Legitimationsverlust zu einer Verschärfung der Klassenkämpfe und schließlich zu einer »Umwälzung des politischen Systems« führt, so daß eine neue Gruppenidentität auf neuen Legitimationsgrundlagen möglich wird.[3] Das Beispiel zeigt, daß HABERMAS sich unter einem Identitätsbruch des Systems im sozialintegrativen Sinne das vorstellt, was gemeinhin von Historikern und von MARX eine Revolution genannt wird – in diesem Falle eine »bürgerliche Revolution«.

Das Organisationsprinzip des liberalen Kapitalismus ist nach HABERMAS das privatrechtliche Verhältnis von Lohnarbeit und Kapital, das ganz im Sinne von MARX durch den Schein des Tausches von Äquivalenten auch seine eigene Legitimation liefert und damit das politische System von Legitimationszwängen entlastet. Die Kehrseite ist, daß Steuerungsprobleme in der ökonomischen Sphäre unmittelbar zur Systemkrise führen können, insofern der Krisenzyklus die legitimierende Ideologie widerlegt und ein historisch neuartiges Bewußtsein der Vergänglichkeit des Systems erzeugt.[4] HABERMAS erwähnt, daß MARX »sich die Möglichkeit offenhält, die ökonomischen Vorgänge der Kapitalverwertung . . . in die sozialen Vorgänge zwischen Klassen rückzuübersetzen«[5]; das bleibt seine einzige Anspielung auf das von MARX erwartete Ende des Kapitalismus durch eine »proletarische Revolution« nach dem Vorbild der »bürgerlichen Revolution«.

Der organisierte Kapitalismus überwindet die Systemkrise bzw. ihre Gefahr – die tatsächliche Form des Übergangs wird von HABERMAS nicht erörtert[6] – durch oligopolistische Marktstrukturen einerseits und durch die Ergänzung und teilweise Ersetzung des Marktes mittels staatlicher Intervention andererseits. Er bleibt kapitalistisch, weil und solange Investitionsentscheidungen nach Profitkriterien die gesellschaftlichen Prioritäten bestimmen.[7] Die Politisierung des ökonomischen Prozesses stellt den Zwang zur expliziten Legitimation der Entscheidungen und der sie tragenden politischen Institutionen wieder her; dies kann nach HABERMAS »normalerweise« nur durch die Demokratie des allgemeinen Wahlrechts geleistet werden, vorausgesetzt, daß sie »formale Demokratie« bleibt und »diffuse Massenloyalität ohne Partizipation« beschafft, da »materiale« Demokratie die Aneignung des Mehrwerts gefährden würde.[8] Andrerseits schafft der »politische Lohn« für die Arbeiter der öffentlichen und Monopolbetriebe materielle Vorteile auf Kosten der Finanzkrise des Staates und der schlecht organisierten »Quasigruppen«[9]; damit wird das Klassenbewußtsein fragmentiert und die Klassenstruktur selbst durch den Einfluß politischer Machtbeziehungen auf die Einkommensverteilung so verändert, daß das Organisationsprinzip des kapitalistischen Systems »affiziert« wird.[10]

Meine Kritik setzt zunächst an der von HABERMAS ausgeklammerten Frage des Übergangs vom liberalen zum organisierten Kapitalismus an. Vom Standpunkt des Systemwandels sind die beiden von ihm hervorgehobenen Neuerungen – Monopole und Oligopole einerseits, marktergänzende und marktersetzende Staatsintervention andererseits – nicht von gleichem Rang. Die ersten entstehen naturwüchsig aus der kapitalistischen Konkurrenz; und es läßt sich argumentieren, daß die frühen Formen der Staatsintervention zugunsten einzelner »notleidender« Kapitalgruppen, wie etwa Zölle und Subventionen, fast ebenso naturwüchsig aus dem Einfluß der diese Sonderinteressen vertretenden Gruppen auf die politischen Entscheidungen entstehen. Doch ist es, wie auch HABERMAS erkennt, ein Vorgang qualitativ neuer Art, wenn der Staat die Randbedingungen der Unternehmerentscheidungen durch Regulierung des Gesamtkreislaufs mit Mitteln globaler, zunächst vorwiegend monetärer Planung manipuliert, und erst recht, wenn er durch strukturpolitische Einflußnahme die Richtung der Investitionen verschiebt, indem er die relative Profitabilität verschiedener Produktionszweige und Regionen beeinflußt.[11]
Die Globalsteuerung der Gesamtnachfrage ist der erste grundsätzliche »Lernschritt«, mit dem das politische System auf die Schwächen und dysfunktionalen Folgen des liberal-kapitalistischen ökonomischen Systems reagiert und damit – nach HABERMAS' eigener Ansicht – das Organisationsprinzip des Gesamtsystems verändert hat; die von ihm hervorgehobene Veränderung der Verteilung mit administrativen Mitteln, deren Einsatz durch politischen Druck sozialer Gruppen bewirkt wird, ist nur ein Aspekt dieser Veränderung im Steuerungsprozeß.
Hier wird das historische Faktum sichtbar, daß sich die von MARX erwartete (und nicht nur als Möglichkeit offengehaltene) »Rückübersetzung« der ökonomischen Systemkrise in die sozialen Vorgänge zwischen Klassen nicht in der erwarteten Form der »proletarischen Revolution« vollzogen hat. Der kritische Schritt zur Globalsteuerung ist ja überall mit dem Ziel der

Sicherung von »Vollbeschäftigung« und stetigem Wirtschaftswachstum erfolgt; und die Entscheidung, den Staat für die Erreichung dieser Ziele verantwortlich zu machen, ist überall – sei es im unmittelbaren Anschluß an die Weltwirtschaftskrise von 1929–32, sei es später unter ihrem nachwirkenden Schatten – unter dem Druck politischer Legitimationsbedürfnisse getroffen worden, die sich in Wahlen und Regierungswechseln auswirkten: Durch die schwedischen Sozialdemokraten und FRANKLIN D. ROOSEVELTS New Deal nach den Wahlen von 1932, durch die britische Labourregierung am Ende des Zweiten Weltkriegs und durch die deutschen Nationalsozialisten nach ihrer Machtergreifung von 1933, die dem Versagen der Weimarer Demokratie vor der gleichen Aufgabe folgte. Jene Weltwirtschaftskrise war tatsächlich die größte Annäherung an eine »Systemkrise« im Sinne von HABERMAS, die wir erlebt haben; und die entscheidenden Schritte der Modifizierung des kapitalistischen »Organisationsprinzips« im Sinne eines Übergangs vom liberalen zum organisierten Kapitalismus erfolgten im Lichte dieser Erfahrung.

Vom Standpunkt der HABERMASschen Analyse wirft diese Tatsache zwei Probleme auf. Erstens ist dieser Schritt gesellschaftlicher Transformation überall als gestalterische Antwort des politischen Subsystems auf die ökonomische Systemkrise getan worden, während bei HABERMAS nur das ökonomische und das sozio-kulturelle Subsystem als entwicklungsbestimmende Faktoren auftreten und die Vorgänge im politischen Subsystem als ihr bloßer Reflex erscheinen; darauf wird noch zurückzukommen sein. Zweitens hat sich die Modifikation des kapitalistischen Organisationsprinzips in den meisten Ländern in den verfassungsmäßigen Formen des demokratischen Staates und ohne revolutionären Bruch in der den Beteiligten bewußten Identität des Systems vollzogen; nur in Deutschland, wo die demokratischen Institutionen vor dieser Aufgabe versagten, fand mit dem faschistischen Umsturz ein fühlbarer »Systemwechsel« statt. Im ganzen sind uns die Jahre 1932–1945, in denen der Wandel erfolgte, wohl als existenzgefährdender Einschnitt in der Geschichte der kapitalistischen Industriegesellschaften des Westens erkennbar, aber sie markieren keinen revolutionären Bruch in der Gesamtentwicklung dieser Gesellschaftsformation. Mit dieser Erfahrung einer bei aller Dramatik mehr oder weniger kontinuierlichen Transformation wäre es vereinbar, wenn wir den Vorgang systemtheoretisch als »Lern-

prozeß« deuteten; doch Lernprozesse vollziehen sich nach HABERMAS im Rahmen eines gegebenen Organisationsprinzips, während hier – ebenfalls nach HABERMAS – das Organisationsprinzip selbst verändert worden ist. Wir müssen daraus schließen, daß HABERMAS die Gesellschaftsformationen und ihre Organisationsprinzipien schärfer definiert hat, als dies der Wirklichkeit der kapitalistischen Entwicklung entspricht – daß er entweder das Organisationsprinzip des liberalen Kapitalismus zu eng gefaßt hat, als er den unpolitischen, auf die privatrechtliche Tauschform allein gegründeten Charakter des Verhältnisses von Lohnarbeit und Kapital zum Kern seiner Definition machte, der tatsächlich ohne revolutionären Systembruch verändert werden konnte –, oder daß seine Annahme unhaltbar wird, daß solche Systembrüche für den Übergang von einem Organisationsprinzip zum andern notwendig sind.
Daß es sich hier um mehr als nur um begriffsscholastische Haarspaltereien handelt, wird deutlich, sobald wir die Frage nach weiteren Veränderungsmöglichkeiten des organisierten Kapitalismus aufwerfen. Von ihm sagt HABERMAS selbst, daß die »soziologische Rückübersetzung« der ökonomischen Analyse »Schwierigkeiten macht«.[12] HABERMAS hat nirgends eine ebenso präzise Definition des Organisationsprinzips für den organisierten wie für den liberalen Kapitalismus geliefert; doch wir können seiner Darstellung entnehmen, daß *ein* Grundprinzip des Spätkapitalismus, das ihm mit dem liberalen Kapitalismus gemeinsam ist, die Bestimmung der gesellschaftlichen Prioritäten durch Investitionsentscheidungen nach Profitkriterien ist. In der Tat ist die Auffassung, daß die Eigendynamik der Verwertung des Kapitals für den Gesamtprozeß der gesellschaftlichen Entwicklung grundlegend bleibt, die logische Antwort eines Marxisten auf die Frage nach den gemeinsamen Merkmalen *aller* Phasen des Kapitalismus.[13] Insbesondere betont HABERMAS ausdrücklich, daß auch marktersetzende, strukturpolitische Maßnahmen des Staates zur »Schaffung von Verwertungsbedingungen für überschüssig akkumuliertes Kapital« nichts daran ändern, daß sich »die gesamtgesellschaftlichen Prioritäten naturwüchsig, nämlich als Nebenfolgen privater Unternehmensstrategien herausbilden«.[14] Doch in dem Augenblick, in dem der Staat durch strukturpolitische Maßnahmen Verwertungsbedingungen für Kapital in bestimmten Produktionszweigen oder Regionen schafft, verändert er dadurch die Richtung der Investitionsentscheidungen und mithin die

Prioritäten der gesellschaftlichen Entwicklung; diese bleiben profitabhängig und hören doch auf, »naturwüchsig« zu sein, insofern es nun die staatliche Wirtschaftspolitik ist, die nach *ihren* Kriterien entscheidet, was profitabel sein *soll*!

HABERMAS ist mit dem hier angedeuteten Problem durchaus vertraut. In einem von ihm mit unterzeichneten Artikel zur Kritik des Anfang 1975 veröffentlichten Entwurfs eines ›Orientierungsrahmens‹ für die Politik der deutschen Sozialdemokratie[15] bemühen sich die Verfasser um den Nachweis, daß eine planmäßige politische Lenkung der Investitionsrichtungen unter Bedingungen kapitalistischen Eigentums nicht oder jedenfalls nicht allein mit indirekten Mitteln marktkonformer Steuerung, also durch Verbesserung oder Verschlechterung der Verwertungsbedingungen in bestimmten Richtungen mittels öffentlicher Auftrags-, Kredit-, Steuer- oder Subventionspolitik möglich sei, sondern direkte staatliche Eingriffe durch Befehle oder Verbote erfordere. Wir brauchen uns hier mit der Argumentation dieses Artikels, die vor allem auf der relativen Autonomie monopolistischer oder quasimonopolistischer Unternehmungen gegenüber kosten- und preispolitischen Maßnahmen ruht, nicht auseinanderzusetzen. Entscheidend in unserem Zusammenhang ist, daß sowohl eine indirekte Investitionslenkung, wenn sie gelänge, wie auch die von HABERMAS befürworteten direkten Lenkungsmaßnahmen den »naturwüchsigen« Charakter des Investitionsprozesses potentiell entscheidend verändern würden. HABERMAS selbst scheint eine solche Veränderung für erreichbar zu halten, wenn eine politische Mehrheit für die Anwendung der richtigen wirtschaftspolitischen Mittel gewonnen wird. Doch in diesem Falle würde das »Organisationsprinzip« des Kapitalismus so sehr modifiziert, daß in einer wachsenden Anzahl von Fällen die gesellschaftlichen Prioritäten nicht mehr die »Nebenfolgen privater Unternehmensstrategien«, sondern umgekehrt die privaten Profite die Nebenfolgen politisch bestimmter gesellschaftlicher Prioritäten würden – und das ohne frontalen Angriff auf das kapitalistische Eigentum!

Eine Veränderung des Organisationsprinzips ohne revolutionären Bruch der Kontinuität hat also nicht nur in der Vergangenheit, vom liberalen zum organisierten Kapitalismus, stattgefunden. Sie kann grundsätzlich auch in der Zukunft durch Unterwerfung der kapitalistischen Verwertungsdynamik unter staatliche oder überstaatliche Steuerung – z. B. im Interesse einer qualitativen Wachstumskontrolle – stattfinden. Ob dies geschehen wird, ist primär eine politische Frage: eine Frage der Fähigkeit der westlichen demokratischen Institutionen zur Transformation gesellschaftlicher Strukturen.

Demokratie als Faktor gesellschaftlicher Transformation

Die Demokratie des allgemeinen Wahlrechts erscheint bei HABERMAS als ein normalerweise unentbehrliches Instrument der Legitimationsbeschaffung für das System des organisierten Kapitalismus – unentbehrlich auf Grund der Verankerung der Bürgerrechte in den »universalistischen Wertsystemen der bürgerlichen Ideologie«. Zugleich erfordert das System nach HABERMAS, daß die Demokratie »formal« gehalten wird, d. h., daß »die Entscheidungen der Administration weitgehend unabhängig von bestimmten Motiven der Staatsbürger gefällt werden« können: »Materiale« Demokratie, also »Partizipation der Staatsbürger an den politischen Willensbildungsprozessen«, würde nach ihm die Aneignung des Mehrwerts gefährden. Formale Demokratie ist also »ein Legitimationsprozeß, der diffuse Massenloyalität beschafft, aber Partizipation vermeidet«. Diese »strukturelle Entpolitisierung« wird ihrerseits gerechtfertigt durch eine »Theorie der demokratischen Elitenherrschaft«, die unter Berufung auf MAX WEBER und SCHUMPETER die Demokratie auf eine Methode der Auswahl von Führern und Führergarnituren in der Parteienkonkurrenz und einen »Verteilungsschlüssel für systemkonforme Entschädigungen« reduziert; diese Demokratie macht nach HABERMAS »Wohlstand ohne Freiheit« möglich.[16]
Ich beginne meine Kritik mit der Erinnerung daran, daß das allgemeine Wahlrecht und die damit verbundene Form der Legitimationsbedürfnisse historisch nicht eine *Begleiterscheinung* des organisierten Kapitalismus, sondern die entscheidende *Voraussetzung* des entscheidenden Schrittes zum organisierten Kapitalismus, nämlich des Übergangs zu einer an den Zielen der Vollbeschäftigung und des stetigen Wirtschaftswachstums orientierten Politik staatlicher Globalsteuerung gewesen ist. Diese Schlüsselrolle der Demokratie – und zwar nicht einer bloß vorgestellten »wahren«, sondern der tatsächlich bestehenden und von HABERMAS als bloß »formal« abqualifizierten – für die Transformation des ökonomischen Systems der

westlichen Industrieländer aber steht in direktem Zusammenhang mit der Tatsache, daß das allgemeine Wahlrecht in den meisten dieser Länder seine Durchsetzung nicht der reinen Logik der bürgerlichen Ideologie, sondern zu einem wesentlichen Teil dem Kampf der organisierten Arbeiterbewegung verdankt. Es war die Notwendigkeit der Legitimierung des Regierungssystems vor der Masse der zunehmend organisierten Besitzlosen, die im Laufe des 19. und des frühen 20. Jahrhunderts die schrittweise Zurückdrängung von Zensus- und Klassenwahlrecht zugunsten des allgemeinen, gleichen Wahlrechts in West- und Mitteleuropa ermöglicht hat; und es war zu einem erheblichen Teil der Druck der gleichen Kräfte, der schließlich die Regierungen zu einer Transformation des ökonomischen Systems getrieben hat, nachdem einmal die erkenntnismäßigen Voraussetzungen der Globalsteuerung von der schwedischen nationalökonomischen Schule und von JOHN MAYNARD KEYNES geschaffen worden waren.
Daß HABERMAS diese gesellschaftsverändernde Rolle der Demokratie völlig ignoriert, liegt daran, daß er die wirkliche Demokratie nicht an ihren Leistungen, sondern an seiner utopisch-idealistischen Vorstellung einer »materialen« Demokratie mißt, in der die Staatsbürger an den politischen Willensbildungsprozessen offenbar direkt und nicht durch Repräsentanten und Parteien teilnehmen würden – einer Demokratie, die in komplexen Gesellschaften nicht nur niemals existiert hat, sondern für sie niemals auch nur konkret entworfen worden ist. Es ist in dieser utopisch fingierten Demokratie, daß nach ihm »die Bedingungen« bestehen würden, »unter denen alle legitimen Interessen auf dem Wege über die Verwirklichung des fundamentalen Interesses an Selbstbestimmung und Partizipation erfüllt werden können«; es ist in dieser »Lebensform, welche die verallgemeinerungsfähigen Interessen aller einzelnen zur Geltung bringt«, daß offenbar die Aneignung des Mehrwerts gefährdet und in der Tat die Klassengesellschaft unhaltbar wäre.[17] Ich werde auf HABERMAS' utopische Maßstäbe noch zurückzukommen haben. Im gegenwärtigen Zusammenhang haben wir es mit der armseligen »formalen«, aber existierenden Demokratie des allgemeinen Wahlrechts zu tun, die nur die Globalsteuerung, den Wohlstand und den Wohlfahrtsstaat des Vierteljahrhunderts nach dem Zweiten Weltkrieg ermöglicht und nach HABERMAS' eigener Analyse die sozialen Machtverhältnisse durch erzwungene Kompromisse derart verändert

hat, daß dadurch das Organisationsprinzip des kapitalistischen Systems »affiziert« wurde. Auf die Gefahr hin, daß HABERMAS dieser Konsequenz nicht zustimmt, glaube ich diese veränderte Situation so formulieren zu können, daß eine *Klassengesellschaft* zwar weiterbesteht, daß aber von einer politischen *Klassenherrschaft* in den entwickelten westlichen Demokratien auf Grund des Zwanges zu sozialen Kompromissen nicht mehr gesprochen werden kann.
Wesentlich ist nun, daß diese gesellschaftlichen Veränderungen von einem Typ von Demokratie bewirkt worden sind, auf den die »zynischen« Theorien über die Konkurrenz der Führungseliten durchaus zutreffen – von repräsentativen, pluralistischen Demokratien, in denen der Wählerwille durch mächtige Parteiorganisationen mediatisiert ist. Es stimmt eben nicht, daß unter diesen Bedingungen die Staatsbürger notwendig »den Status von Passivbürgern mit Recht auf Akklamationsverweigerung einnehmen«; vielmehr ist dieses Bild ebenso verzerrt wie etwa HELMUT SCHELSKYS Vorstellung, daß Phasen der akuten allgemeinen Politisierung und Polarisierung in der parlamentarischen Demokratie Krankheitserscheinungen seien.[18] In Wirklichkeit gehören zur Entwicklung der parlamentarischen Demokratie Phasen dramatischer Auseinandersetzungen um große Entscheidungen mit intensiver Anteilnahme eines Großteils der Wählerschaft genauso wie die dazwischenliegenden Phasen relativer politischer Routine und entsprechend verbreiteter Passivität der Bürger. Es ist auch unwahr, daß die großen dramatischen Entscheidungen in der Regel eine bloße Spiegelfechterei mit Symbolen darstellten, ohne Einfluß auf die tatsächlich nachfolgende Regierungspolitik[19]: Vorgänge wie Präsident JOHNSONS 1964er Wahl auf einer Friedensplattform sind seltene Ausnahmen. Es bleibt entscheidend, daß den großen Weichenstellungen der gesellschaftlichen Entwicklung in den industriell fortgeschrittenen Demokratien stets Phasen aktiver Politisierung und Mobilisierung *im Rahmen* der sogenannten »formalen Demokratie« vorausgegangen sind.

Ich sehe keinen Grund anzunehmen, daß die Kapazität unserer Demokratien für solche Entwicklungsschübe am Ende ist. Die Probleme der Umweltzerstörung und der Grenzen des Wachstums und der Zusammenbruch des 1945 geschaffenen Weltwährungssystems haben die Unvollkommenheiten der bisher im organisierten Kapitalismus geschaffenen wirtschaftspolitischen Steuerungshebel überdeutlich gemacht; man braucht nicht mit jeder Einzelheit von HABERMAS' Analyse der Krisentendenzen in den ökonomischen und administrativen Subsystemen übereinzustimmen, um ihre Existenz und ihren bedrohlichen Umfang anzuerkennen. Doch während HABERMAS aus dieser Analyse zwar nicht die Unausweichlichkeit einer ökonomisch-administrativen Systemkrise, wohl aber die Unausweichlichkeit eines wachsenden Defizits an Legitimationszufuhr folgert, neige ich dazu, in den Krisentendenzen auch die Voraussetzungen eines möglichen neuen Schubes der Systementwicklung, eines neuen grundsätzlichen Schrittes zur Unterwerfung des kapitalistischen Verwertungsmechanismus unter die Ziele staatlicher Steuerung in dem Sinne zu sehen, der am Ende des ersten Abschnitts angedeutet wurde. Ob das gelingen wird, ist natürlich ungewiß; daß es mit den Mitteln der Demokratie des allgemeinen Wahlrechts grundsätzlich möglich ist, erscheint mir nach den Erfahrungen der Vergangenheit als sicher. Die weitere demokratische Transformation des »spätkapitalistischen« Systems, in der das politische Subsystem die Führung der gesellschaftlichen Entwicklung übernehmen und deren Abhängigkeit von der Eigendynamik des kapitalistischen Verwertungsprozesses entscheidend durchbrechen würde, wird so zur real anstrebbaren Alternative eines progressiven Zerfalls des Systems an dem von seinen Krisentendenzen bewirkten Legitimationsverlust und einer durch ausweglose Verschärfung der sozialen Konflikte bewirkten revolutionären Identitätskrise.

Die Utopie als Maßstab einer universellen Moral?

Der organisierte Kapitalismus ist legitimationsempfindlicher als der liberale, insofern er für die Verringerung der ökonomischen Krisengefahr mit der direkten Verantwortung der politischen Machtträger für ökonomische Entscheidungen bezahlen muß: Alle Widersprüche einer Klassengesellschaft konzentrieren sich jetzt im Kampf um Aufbringung und Verwendung einer knappen Steuermasse – die fiskalische Dauerkrise tritt nach HABERMAS' Ansicht teilweise an die Stelle der gemilderten und gestreckten zyklischen Krise.[20] Doch selbst ein krisenfreies Wirtschaftswachstum muß ein wachsendes Bewußtsein der Sinnlosigkeit, also ein Legitimationsdefizit erzeugen, solange es sich nach Prioritäten der Gewinnoptimierung und nicht nach »verallgemeinerungsfähigen Interessen« vollzieht; und mit diesem Legitimationsdefizit steigen nach HABERMAS die materiellen Ansprüche der Staatsbürger – ökonomischer »Wert« muß für den fehlenden »Sinn« substituiert werden.[21] Eine Legitimationskrise des spätkapitalistischen Systems muß also eintreten, wenn diese materiellen Ansprüche stärker steigen als die durch Produktivitätserhöhung und Wirtschaftswachstum disponible Wertmasse; und dieser Punkt muß auch bei relativ erfolgreichster ökonomischer und administrativer Steuerung schließlich erreicht werden, wenn auf Grund von Eigenentwicklungen im sozio-kulturellen Subsystem Erwartungen entstehen, die mit systemkonformen Entschädigungen überhaupt nicht mehr erfüllt werden können.[22]

Der Nachweis der Unvermeidlichkeit einer »Krise« des Spätkapitalismus im Sinne der oben gegebenen Definitionen hängt also nach HABERMAS von der These ab, daß es eine autonome Eigenentwicklung in der sozio-kulturellen Sphäre gibt, die sich von den Selbsterhaltungsbedürfnissen des Gesamtsystems nicht steuern läßt, und daß diese Eigenentwicklung jene ideologischen Rechtfertigungen für Verhaltensnormen mit logischer Notwendigkeit zersetzt, die in der bisherigen Geschichte des Kapitalismus die Leistungsbereitschaft im ökonomischen System und die passive Massenloyalität im politischen System gestützt haben. Er beginnt die Analyse dieser »Motivationskrise« zunächst mit dem Hinweis auf solche historischen Entwicklungen wie den Abbau vorbürgerlicher, religiöser Begründungen für Leistung und Fügsamkeit im Zuge der Säkularisierung[23] und die Zerstörung des bürgerlichen Glaubens an die Gerechtigkeit des »Äquivalententauschs« zwischen Kapital und Lohnarbeit durch die Krise des liberalen und die Politisierung des organisierten Kapitalismus; auch die Zurückdrängung der Tauschmentalität des *homo oeconomicus* mit der Zunahme des Anteils der nicht in Warenproduktion und Warenhandel Beschäftigten und der überhaupt nicht Erwerbstätigen an der Gesamtbevölkerung gehört hierher.[24] Er sucht zweitens zu zeigen, daß die neuen kulturellen Entwicklungen ein bedeutendes kritisches Potential entbinden; dies gilt teilweise schon für den Wissenschaftsglauben und erst recht für die neue Kunst, die an die im rationalisierten Gesellschaftsprozeß unterdrückten Bedürfnisse des »entfremdeten« Menschen anknüpft und sie »subversiv« mobilisiert.[25] Doch den entscheidenden Faktor sieht er in einer irreversiblen Entwicklungstendenz zu einer neuen, universellen Moral, die alle »kontrafaktisch« begründeten Normen verwirft und nur noch »diskursiv einlösbare Geltungsansprüche« anerkennt. »Diskursiv«, d. h. unter den Bedingungen einer herrschaftsfreien und nur an Wahrheit orientierten Diskussion aller Betroffenen, aber würde Konsens nur über Normen erzielt werden, die »verallgemeinerungsfähige Interessen« ausdrücken, in denen sich alle Teilnehmer kommunikativ wiedererkennen können – also niemals über die Rechtfertigung der Interessen einer herrschenden Klasse.[26]

HABERMAS' für den Ausgang seiner Analyse des »Spätkapitalismus« entscheidende These, wonach die »Motivationskrise« nicht nur empirisch vorhanden, sondern entwicklungslogisch notwendig und irreversibel ist, hängt also an seiner philosophischen Überzeugung von der »Wahrheitsfähigkeit praktischer Fragen«, d. h. von einer als allein möglicher Inhalt eines diskursiven Konsenses ableitbaren Universalmoral oder »kommunikativen Ethik«, die er in ausdrücklichem Gegensatz zu MAX WEBERS These von einem unauflösbaren Pluralismus der Werte begründet. Sie hängt an der Fiktion eines möglichen Normenkonsenses unter allen »vernünftigen Menschen, die im Diskurs die Wahrheit suchen und nur »verallgemeinerungsfähige Interessen« anerkennen, und an der Erwartung eines erkenntnislogischen Fortschritts zur kritischen Auflösung aller Normen, die anderen Interessen dienen – eines Fortschritts, der ebensowenig rückgängig gemacht werden könne wie Erkenntnisfortschritte in theoretischen, das Sein und nicht das Sollen betreffenden Fragen.[27] Doch sie hängt noch an einer anderen, nicht philosophischen, sondern soziologischen Voraussetzung, die er nicht begründet, sondern nur als Selbstverständlichkeit erwähnt: Der Annahme nämlich, daß die Institutionen einer Klassengesellschaft notwendig auf »nicht verallgemeinerungsfähigen Interessen« ruhen – nicht nur in dem offenbaren Sinne, daß sie eine in der jeweiligen Gesellschaftsstruktur strategisch placierte Minderheit bevorzugen, sondern in dem Sinne, daß eine hochkulturelle Gesellschaft auf dem gleichen (oder einem unter sonst gleichen Bedingungen erreichbaren höheren) Entwicklungsniveau ohne eine solche strategisch placierte Minderheit möglich wäre.
Diese Annahme bedarf offenbar der kritischen Überprüfung. HABERMAS geht zu Beginn seiner Studie davon aus, daß alle

bisherigen hochkulturellen Gesellschaften Klassengesellschaften in dem Sinne sind, daß ihre Strukturen auf einer ungleichen Verteilung von Eigentum und Macht beruhen und daher eine ungleiche Verteilung der Chancen der Bedürfnisbefriedigung bewirken.[28] Das gilt ausdrücklich auch für die heutigen »staatssozialistischen« Gesellschaften des sowjetischen Machtbereichs, die er »postkapitalistische« Gesellschaften nennt (eine eher irreführende Terminologie, insofern diese Gesellschaften ja nicht aus Krisen des entwickelten Hoch- oder Spätkapitalismus, sondern aus der Stagnationskrise einer vor der vollen Ausbildung des Kapitalismus steckengebliebenen Entwicklung entstanden sind). Jede solche strukturell ungleiche Verteilung der Lebenschancen bedarf nach HABERMAS der Legitimation, die nach seiner Überzeugung nur auf »kontrafaktischen«, also unwahren Geltungsansprüchen beruhen kann. Sein Erkenntnisinteresse am Nachweis einer unausweichlichen Krise des »Spätkapitalismus« ist letztlich ein Interesse an der Möglichkeit von »postmodernen« Gesellschaftsformationen, die keine Klassengesellschaften mehr wären[29]; doch wird die Frage nach Voraussetzungen und Natur solcher »postmoderner« Systeme von ihm in dieser Schrift nicht behandelt. Dagegen macht er in einer anderen Arbeit unter Berufung auf MARX den Zusammenhang mit den verfügbaren Möglichkeiten der Bedürfnisbefriedigung explizit: Dort heißt es, daß die Abschaffung der Klassenherrschaft »historisch möglich« wird, »sobald der Entwicklungsstand der Produktivkräfte die Erarbeitung eines Überflußproduktes erlaubt, das die Bedingung der Knappheit ... erübrigt«. Knappheit besteht, solange »das Institutionssystem nur für einen Teil jener interpretierten Bedürfnisse, die durch gesellschaftlichen Reichtum befriedigt werden können, legitime Chancen der Befriedigung vorsieht«; Klassenherrschaft ist wahrscheinlich, »sobald der Stand der Produktivkräfte die Erarbeitung eines Mehrproduktes erlaubt, ohne die Bedingungen der Knappheit selber zu suspendieren«.[30]

Die Klassenherrschaft und die Möglichkeit ihrer Überwindung hängen nach diesen Formulierungen zugleich vom Stand der Produktivkräfte und von den gesellschaftlichen Institutionen ab. Die Institutionen eines überholten gesellschaftlichen Systems können bewirken, daß weniger Bedürfnisse befriedigt werden, als beim Stand der Produktivkräfte möglich wäre; wenn dies bewußt wird, untergräbt es die Legitimation dieser Institutionen und führt zur Krise.[31] Doch der Übergang zu einer

jeweils höheren Stufe der sozialen Evolution setzt einen bestimmten Stand der Entwicklung der Produktivkräfte voraus; die klassenlose Gesellschaft im besonderen setzt voraus, daß dieser Stand »die Entwicklung eines Überflußproduktes erlaubt, das die Bedingung der Knappheit erübrigt«. Auch bei diesem Stand *können* Institutionen der Klassenherrschaft den Übergang zur klassenlosen Gesellschaft noch hintanhalten – doch *vor* diesem Stand ist ein solcher Übergang nicht möglich.
Nun ging MARX tatsächlich davon aus, und HABERMAS bestreitet es nicht, daß ein solcher Entwicklungsstand des Überflusses in der bisherigen Geschichte nicht erreicht war. Daraus folgte für MARX, daß seit dem Ende der »urkommunistischen«, oder nach HABERMAS »vorhochkulturellen« Gesellschaften eine reale Alternative zu verschiedenen Formen der Klassenherrschaft nicht bestanden hatte. Auch HABERMAS hält solche Alternativen auf der Grundlage gleichverteilter Knappheit für »auf die Dauer nicht zu erwarten«.[32] In der Tat müßten solche Systeme eines Knappheitskommunismus offenbar auf einer freiwilligen Beschränkung der Bedürfnisse durch Konsensus der Gleichen bestehen und würden deshalb den Antrieb zur Weiterentwicklung der Produktivkräfte ersticken. Die realen Klassengesellschaften sind demgegenüber jeweils in gewissen Grenzen zur Weiterentwicklung der Produktivkräfte befähigt und insofern nach MARX »fortschrittlich« gewesen – ein Ausdruck, den Habermas vermeidet. Damit aber erhebt sich die Frage: Ist der Fortschritt in Richtung auf Weiterentwicklung der Produktivkräfte nicht ein »verallgemeinerungsfähiges Interesse«? Und ist nicht auch das Funktionieren einer ungleichen, klassengesellschaftlichen Ordnung ein solches Interesse, solange sie im MARXschen Sinne »fortschrittlich« ist?
Daß HABERMAS diese Frage nicht stellt, liegt daran, daß ihm der Vorrang der Gleichheit in einer universalistischen Moral axiomatisch ist; daher ist für ihn jede Gesellschaftsordnung, die auf struktureller Ungleichheit beruht, zugleich rechtfertigungsbedürftig und nicht – oder nur »kontrafaktisch« – rechtfertigungsfähig.[33] Dabei handelt es sich ausdrücklich nicht etwa um die »bürgerlichen« Wertideen der Gleichheit der politischen Rechte und sozialen Chancen, des gleichen *Zugangs* zu Macht und Reichtum, sondern um die Gleichheit der faktischen Situation, der strukturellen Verteilung von Macht und Reichtum selbst. Doch es ist keineswegs selbstverständlich, daß solche Gleichheit das grundlegende verallgemeinerungsfähige Inter-

esse der Menschheit in allen Hochkulturen gewesen wäre, in denen sie, wenn überhaupt, nur um den Preis eines Einfrierens der Weiterentwicklung der Produktivkräfte und der Kultur hätte verwirklicht werden können; und es ist ebensowenig selbstverständlich, daß sie heute ohne einen schweren Rückschlag in der Leistungsfähigkeit von Wirtschaft, Technik und Wissenschaft und allgemein im Niveau der »Produktivkräfte« und ohne enorme Opfer an Handlungsspielraum und daher Selbstverwirklichung eines Großteils der Angehörigen der entwickelten Industriegesellschaften hergestellt werden kann; denn von der »Erarbeitung eines Überflußproduktes, das die Knappheit erübrigt«, scheinen wir weit entfernt, und es ist durchaus nicht gewiß, daß wir ihr in der absehbaren Zukunft näherkommen werden. So beruht HABERMAS' methodische Fiktion, daß ein von Sonderinteressen befreiter, herrschaftsfreier, nur an der Wahrheit orientierter Diskurs – nach seinem selbstgewählten Beispiel ein Diskurs in der Art eines idealen Seminars[34] – niemals zur Rechtfertigung einer auf struktureller Ungleichheit gegründeten Gesellschaftsordnung führen könnte, nicht auf zwingend einsichtigen Argumenten, sondern auf dem Primat einer utopischen Gleichheitsidee in seiner persönlichen Wertordnung; und ich bestreite, daß er auch unter den von ihm postulierten Bedingungen einer »idealen Sprechsituation« darüber Konsens erzielen könnte – gewiß nicht mit KARL MARX.

Damit soll nicht etwa bestritten werden, daß Unterdrückung von verallgemeinerungsfähigen Interessen in allen Klassengesellschaften stattfindet; nur kann ihnen die Förderung anderer, ebenfalls verallgemeinerungsfähiger Interessen – z. B. der Produktivitätsentwicklung – gegenüberstehen. Nach der MARXschen Auffassung hat sich jeweils das relative Gewicht der geförderten und der unterdrückten Interessen nach der Seite der Unterdrückung hin in dem Maße verschoben, wie eine Gesellschaftsformation sich der Grenze ihrer fortschrittlichen Rolle näherte und zur Fessel der Weiterentwicklung wurde, und eben dies wäre das Kennzeichen der Systemkrise. Aber eine solche relative Gewichtung erfordert einen Maßstab für die relative Bewertung *verschiedener* verallgemeinerungsfähiger Interessen – und dieser *Wertmaßstab* muß von dem Handelnden gewählt und kann nicht im Rahmen einer HABERMASschen Logik des Diskurses zwingend begründet werden. Doch wenn dies unmöglich ist, und insbesondere wenn der inhaltliche Wertprimat der Gleichheit nicht aus den formalen Vernunftregeln des

Diskurses folgt, sondern von HABERMAS zu Unrecht in sie hineingelesen worden ist, dann ist die zunehmende Universalität einer auf Diskurse gegründeten Moral auch nicht eine selbständige letzte Schranke des »spätkapitalistischen« Systems: Die Weltgeschichte ist kein Seminar. Das schließt freilich nicht aus, daß unter gewissen Umständen der Gang der Weltgeschichte auch von Seminaren beeinflußt werden kann – wenn etwa eine Art von »Aufklärung« an Einfluß gewinnt, die in allen hochkulturellen Gesellschaftsordnungen unterdrückte verallgemeinerungsfähige Interessen sucht und deren Vorhandensein am Wertprimat der Gleichheit mißt: nur wäre dies keine Folge der unausweichlichen Entwicklungslogik jeder universellen Moral, sondern der – mindestens teilweisen – Durchsetzung einer neuen Wertordnung.
Was ich an dem speziellen, doch für HABERMAS zentralen Fall des Interesses an Erhaltung und Weiterentwicklung oder Beseitigung einer auf Ungleichheit gegründeten Gesellschaftsordnung zu zeigen versucht habe, läßt sich nämlich dahin generalisieren, daß auch verallgemeinerungsfähige Interessen einander in dem Sinne widersprechen können, daß verschiedene, in sich logisch auf solche Interessen gegründete Argumente zu entgegengesetzten Schlußfolgerungen führen. Das formale Prinzip der Universalität und die »ideale Sprechsituation« des Diskurses genügen in solchen Fällen nicht, um inhaltlichen Konsens herbeizuführen. Die Abwägung, welches von mehreren gleich allgemeinen Interessen in einer gegebenen Situation den Vorrang verdient, kann durch Berufung auf allgemeine Vernunftregeln des Diskurses sowenig erspart werden wie die Abwägung, welches von mehreren eigenen Interessen der einzelne im gegebenen Moment für wichtiger hält, verbindliche Vernunftentscheidungen zuläßt. Im einen wie im anderen Falle bleiben Entscheidungen über den Vorrang verschiedener Werte unumgänglich: Der moralische oder historische Primat der Gleichheitsidee läßt sich nicht zwingend aus den methodischen Regeln der Rationalität ableiten.

Wertkonsens, Legitimität und Krise

Die Position, die ich hier vertreten habe, ist die des von HABERMAS abgelehnten »unauflösbaren Wertpluralismus« im Sinne von MAX WEBER. HABERMAS hat aus diesem inhaltlichen Pluralismus den – wie ich meine, künstlichen und nicht überzeugenden – Ausweg in eine bewußt formale »kommunikative Ethik« gesucht, weil er befürchtet, daß die Position des Wertpluralismus moralische Entscheidungen der Beliebigkeit preisgibt und daß sie durch Ablehnung der »Wahrheitsfähigkeit praktischer Fragen« es möglich macht, der Konfrontation wertbetonter Ideologien mit der Wirklichkeit auszuweichen. Ich möchte demgegenüber zu zeigen versuchen, daß ein historischer Bezug auf die Immanenz jeweils bestimmter Werte in den großen Zivilisationen und auf die Evolution ihrer konkreten Ausformung im Zusammenhang von deren geschichtlicher Entwicklung beide Gefahren vermeiden und einen Zugang zur wirklichkeitsgerechten Deutung der Legitimationsprobleme hochkultureller Gesellschaften eröffnen kann.

HABERMAS' konkrete Kritik an MAX WEBER setzt an dessen Begriff der »legal-rationalen Legitimität« von Herrschaft an, also des Typus der auf eine festgelegte Verfahrensordnung gegründeten Legitimität, der für moderne bürokratisch organisierte Staaten einschließlich der modernen westlichen Demokratien charakteristisch ist.[35] HABERMAS fragt, ob die Existenz einer festgelegten Verfahrensordnung unabhängig von ihrem Inhalt zur Legitimität ausreicht, was zu einer extrem rechtspositivistischen Rechtfertigung der in Satzungen verkörperten Herrschaft als solcher führen würde, oder ob das Verfahren seinerseits seine Rechtfertigung in einem Konsens über zugrundeliegende Prinzipien finden muß, der im Sinne WEBERS »wertrationalen« Charakter hat; und er äußert Zweifel, ob WEBER das zweite gemeint haben kann. Im Gegensatz zu diesem Zweifel neige ich zu der Auffassung, daß WEBER wußte, daß alle »legalrationale« Legitimität auf einem Wertkonsens zwischen Regierenden und Regierten ruht. Sie ruht tatsächlich überdies auf der Überzeugung der Regierenden und Regierten, daß *dieses* Verfahren zur Verwirklichung *dieser* Werte geeignet ist.
Daß WEBER die objektive Beweisbarkeit – HABERMAS würde sagen: die »Wahrheitsfähigkeit« – von Werten bestritt, bedeutet nicht, daß er geleugnet hätte, daß in einer bestimmten historischen Situation jeweils bestimmte Werte gegeben und bindend sind. Er hat die Natur solcher historisch bedingten, aber jeweils bindenden Werte vor allem in seiner Religionssoziologie untersucht. Um sie im Zusammenhang unserer Diskussion einsichtig zu machen, muß ich auf die historische Grund-

tatsache der Pluralität der wertgebundenen Hochkulturen eingehen.

Der Zusammenhalt einer komplexen Gesellschaft beruht niemals auf der ökonomischen Arbeitsteilung allein, sondern immer zugleich auf den diese ermöglichenden Verhaltensnormen; auch HABERMAS betont ja, wie wir sahen, daß in das Organisationsprinzip einer Gesellschaftsformation stets auch normative Strukturen eingehen. Diese Normen lassen sich jeweils auf kulturspezifische grundlegende Werte bzw. Wertsysteme zurückführen, die auf den geschichtlich früheren Stufen der Hochkulturen in Mythen oder Religionen ausgedrückt werden.

Es ist nun eine Tatsache von geschichtlich entscheidender Bedeutung, daß diese Wertsysteme nicht in allen Hochkulturen den gleichen Inhalt haben – auch nicht auf vergleichbaren Stufen der gesellschaftlichen Entwicklung. Die Grundwerte der traditionellen Kulturen Chinas und Indiens, des Islams, des westlichen Mittelalters und des christlichen Ostens von Byzanz bis Moskau sind nicht oder nur teilweise die gleichen gewesen. Die Weltgeschichte ist kulturell nicht einlinig verlaufen, und sie ist schon darum überhaupt nicht einlinig verlaufen. KARL MARX hat für diese Tatsache, für die zu seiner Zeit sehr viel weniger Material vorlag als heute, ein frühes Verständnis gezeigt, als er die traditionelle »asiatische Produktionsweise« von der des europäischen Feudalismus unterschied. HABERMAS ist in diesem Punkt insofern hinter MARX zurückgefallen, als er in seiner Charakteristik »traditionaler Gesellschaftsformationen« den Unterschied verwischt und Merkmale beider vermischt.[36]

Während mehrere Hochkulturen mit verschiedenen Wertsystemen auf parallelen Entwicklungsstufen bestehen können, kann umgekehrt eine dynamische Hochkultur die Kontinuität ihrer Werte von einer Entwicklungsstufe – einer »Gesellschaftsformation« im Sinne von HABERMAS – zur nächsten bewahren. In der Entwicklung der westlichen Zivilisation von der »traditionalen« Gesellschaft des feudalen Mittelalters zum liberalen und weiter zum organisierten Kapitalismus (die nur im Westen originär entstanden sind) ist das geschehen. Das war nur möglich, weil die spezifisch westlichen Werte dem einzelnen einen besonderen Antrieb zur »Selbstverbesserung« – im moralischen und intellektuellen Sinne ebenso wie im Sinne des sozialen Status und des Besitzes – gaben; weil die frühe institutionelle Vielfalt des Westens (Dualismus von geistlicher und weltlicher

Gewalt, Ständewesen, mittelalterliche Städte) dem daraus entspringenden Streben nach Veränderung einen besonderen Spielraum bot; und weil der konkrete Inhalt der grundlegenden Werte entsprechend dem Fortgang der gesellschaftlichen Entwicklung immer neu gedeutet (im Sinne von HABERMAS »hermeneutisch fortgebildet«) wurde, so daß die daraus abgeleiteten Verhaltensnormen und die darauf gegründeten Institutionen ohne Bruch der Wertkontinuität verändert werden konnten.
Es ist nicht leicht, die spezifischen Werte, die der westlichen Zivilisation diesen dynamischen Impuls gegeben und ihr diese Kontinuität im Wandel ermöglicht haben, präzis zu fassen, ohne in willkürliche »Wesensschau« zu verfallen. Es scheint mir aber, daß man sowohl in ihren klassisch-antiken wie ihren jüdisch-christlichen Quellen frühe Ansätze zur Emanzipation der *Ratio* von der Magie (in der rationalen Spekulation der Griechen und in der im WEBERschen Sinne »rationalen Prophetie« der Juden und Christen) finden kann; daß die Bejahung der Einzigartigkeit des *Individuums* (im Sinne der Vervollkommnung des griechischen Menschenbildes und im Sinne der Unsterblichkeit der Seele) einen frühen Ansatz für Menschenrecht und Menschenwürde bildete; daß die frühe Schaffung von nicht naturwüchsig blutgebundenen, sondern *freiwillig eingegangenen* und dennoch bindenden *Gemeinschaften* (in Polis und christlicher Gemeinde) den Kontrapunkt zum Individualismus und den Ansatz zur immer weiteren Universalisierung bildete; daß die notwendige Grenzziehung zwischen den Ansprüchen von Individuum und Gemeinschaft in Anknüpfung an römische wie an germanische Traditionen durch die Ausarbeitung einer *Rechtsordnung* ermöglicht wurde; und daß die Umdeutung der *Arbeit,* einschließlich der körperlichen Arbeit, nicht mehr als bloßes notwendiges Übel, sondern als positives Verdienst seit der Benediktinerregel eine Haltung geschaffen hat, die sich von vielen anderen Kulturen radikal unterscheidet. Dabei lassen sich wohl für jeden dieser einzelnen Werte Parallelen in einzelnen anderen Hochkulturen finden; die einzigartige Dynamik ruht auf der nirgends sonst anzutreffenden Kombination. Zugleich ist es auch unmöglich, einen einzelnen dieser Werte – das Individuum *oder* die Gemeinschaft *oder* die Vernunft – als den *höchsten* Wert des Westens herauszustellen, dem die anderen untergeordnet wären: jeder Versuch einer solchen Unterordnung unter einen idolisierten Höchstwert führt notwendig zur Zerstörung der Ausgewogenheit der spezifisch westlichen Le-

bensform. Dagegen haben sich verschiedene *relative* Gewichtungen innerhalb dieses Wertsystems in verschiedenen Epochen verwirklicht und bilden bis heute die Grundlage einer Pluralität westlicher »Weltanschauungen« im Rahmen eines breiten Wertkonsenses.

Aus dem bisher Gesagten sollte einerseits hervorgehen, daß die tragenden Werte einer Zivilisation nicht beliebig auswechselbar sind, andererseits, daß sie im Wandel der Gesellschaft nicht automatisch ihre Glaubwürdigkeit und bindende Kraft bewahren. Dies hängt vielmehr davon ab, daß die Forderungen und Begründungszusammenhänge der Wertordnung entsprechend den veränderten Bedingungen jeweils neu gedeutet und die aus ihnen abgeleiteten Verhaltensnormen samt den ihnen gemäßen Institutionen jeweils entsprechend verändert werden – unter Wahrung der Kontinuität der grundlegenden Werte selbst. So hat etwa die Bejahung des Individuums und des mit ihm geborenen Menschenrechts im Mittelalter das Recht eines jeden nach seinem Stande bedeutet, im 19. Jahrhundert die Gleichheit der zivilen und politischen Rechte und in unserem Jahrhundert zunehmend den Anspruch auf gleiche soziale Sicherheit und soziale Chancen – und die Normen und Institutionen der westlichen Welt haben sich entsprechend gewandelt. Zugleich sind die westlichen Werte mit dem Verblassen der religiösen Begründungszusammenhänge zunehmend in Geschichtsphilosophien des diesseitigen Fortschritts und in entsprechende politisch-soziale Ideengebäude eingebaut worden. Doch das immer neue Gelingen solcher Umdeutungs- und Anpassungsprozesse ist – entgegen den geschichtsphilosophischen Erwartungen – von keinem logischen oder deterministischen Gesetz der Entwicklung garantiert, sondern hängt von dem ungewissen Ausgang immer neuer sozialer, politischer und weltanschaulicher Kämpfe ab; und im Maße, wie die Anpassung auf längere Zeit mißlingt (wie das zum Beispiel in der Renaissance der Fall war), werden die Normen unwirksam und die Instititutionen illegitim – der Wertkonsens wird zerstört und an seine Stelle tritt Anomie in der Gesellschaft und Angst und Verlassenheit für den einzelnen.[37]

Wenn diese Überlegungen zutreffen, dann gibt es in der Tat eine Art von »Wahrheitsfähigkeit praktischer Fragen« – nicht in dem direkten Sinne einer universal gültigen kommunikativen Ethik, wie HABERMAS sie vorschlägt, aber in einem abgeleiteten

Sinne: Nicht die Werte selbst sind »wahrheitsfähig«, wohl aber die Übereinstimmung der herrschenden Normen und Institutionen unter gegebenen Bedingungen mit den geltenden Werten einerseits, mit dem tatsächlichen Verhalten der Menschen andererseits – denn diese Übereinstimmung oder Nicht-Übereinstimmung ist ja selbst kein Sollen, sondern ein konstatierbares Sein oder Nichtsein!

So ist das Auftreten von Elementen einer anomischen Krise in den entwickelten westlichen Gesellschaften in den letzten Jahrzehnten – von dem nihilistischen Aufstand des Nationalsozialismus gegen die westlichen Grundwerte zu den antirationalen, leistungsfeindlichen und zum Teil anti-individualistischen Zügen der Jugendrevolte der späten 60er Jahre – aus dieser Sicht ein Beweis für eine wiederholt aufbrechende Dissonanz zwischen den proklamierten Werten des Westens und dem tatsächlichen Funktionieren seiner Institutionen und Verhaltensnormen.
Der Grund dafür ist nach meiner Überzeugung *nicht* ein entwicklungslogisch unvermeidliches Anwachsen der Kritik der gesellschaftlichen Wirklichkeit vom Standpunkt einer universalistischen Gleichheitsutopie; vielmehr ist das Aufbrechen solcher Utopien umgekehrt eine Folge des Ausbleibens der historisch aktuell gewordenen und an sich durchaus nichtutopischen Fortschritte in der zeitgemäßen Deutung der westlichen Werte und der entsprechenden Anpassung der Institutionen und Verhaltensnormen an die immer schnellere Veränderung unserer Lebensbedingungen. In der Zeit vor dem nationalsozialistischen Ausbruch zeigte sich dieses Zurückbleiben der westlichen Welt hinter dem eigenen Wertanspruch vor allem in der Unfähigkeit zur Gestaltung einer entwicklungsfähigen internationalen Ordnung einerseits, zur Überwindung der Krisentendenzen des – monopolistisch verzerrten – »liberalen Kapitalismus« andererseits. In der Gegenwart zeigt es sich, nach einer Periode bedeutender konstruktiver Leistungen sowohl in der internationalen Organisation innerhalb der westlichen Welt wie in der Globalsteuerung des Wirtschaftsprozesses in den fortgeschrittenen westlichen Demokratien, einmal im erneuten Zurückbleiben des Fortschritts zu universellen Institutionen gegenüber den Erfordernissen einer Sicherung des Überlebens der Menschheit angesichts der Gefahren von Atomkriegen ebenso wie von wirtschaftlichen Katastrophen (Übervölkerung

und Hunger, Energie- und Rohstoffverknappung verschärft durch Währungschaos); zweitens im Ausbleiben einer für die Bewältigung dieser Probleme notwendigen öffentlichen qualitativen Kontrolle des Wirtschaftswachstums auch im einzelstaatlichen Rahmen; drittens in der Schwierigkeit der Herausbildung einer der Schnelligkeit der Veränderung der Lebensbedingungen angepaßten Form der Erziehung und Sozialisation, die sowohl die Gefahr des Festhaltens an überholten Alltagsnormen wie die Gefahr der Normenlosigkeit vermeidet.

Aus dieser Sicht ist die Gefährdung der »legal-rationalen« Legitimität der westlichen Demokratien nur ein Teil der anomischen Krisentendenzen unserer Zivilisation. Daraus ergibt sich freilich nur eine andere Ableitung, keine Abschwächung des Erscheinungsbilds der von HABERMAS beschriebenen Motivationskrise: Sinnverlust, Revolte und abnehmende Leistungsbereitschaft resultieren nach dem hier dargestellten Zusammenhang aus dem mindestens zeitweisen Versagen der westlichen Zivilisation in der gegenwartsrelevanten Fortentwicklung der eigenen Werte, Verhaltensnormen und Institutionen. Der wesentliche Unterschied zu HABERMAS folgt jedoch aus meiner Überzeugung, daß die anomischen Tendenzen nicht zureichend mit einer Analyse zu erfassen sind, die ausschließlich oder mindestens primär auf den Klassencharakter des »Spätkapitalismus« abstellt. So ist weder die Erschwerung der Lösung der politischen und wirtschaftlichen Weltprobleme durch die nationale Beschränktheit der Entscheidungsprozesse und ihrer Träger, noch die blinde Fixierung auf maximales Wirtschaftswachstum, noch das Festhalten an veralteten Alltagsnormen den »spätkapitalistischen« Staaten spezifisch. Spezifisch ist dagegen den westlichen Demokratien zweierlei: Erstens sind sie sich auf Grund ihrer dynamischen Antriebe der neuen Probleme immerhin eher und stärker bewußt geworden als die kommunistisch regierten Staaten und die Entwicklungsländer. Zweitens aber gefährdet das Bewußtsein dieser Probleme, solange sie ungelöst bleiben, gerade hier die »Regierbarkeit«, d. h. die Legitimität des demokratischen politischen Systems – weil sie hier als Widerspruch zu den grundlegenden Werten des Westens empfunden werden.

Die Alternativen des »Spätkapitalismus«

Der Begriff des »Spätkapitalismus« drückt die Enttäuschung der Neomarxisten aller Schattierungen über die Tatsache aus, daß der entwickelte Kapitalismus nicht seit langem an seinen ökonomischen Widersprüchen zugrunde gegangen ist und daß insbesondere eine »proletarische Revolution« im MARXschen Sinne in keinem entwickelten Industrieland, wo allein sie nach MARX zu erwarten war, stattgefunden hat. HABERMAS hat sich diesen Begriff zu eigen gemacht, um die Frage zu untersuchen, ob sich eine objektiv unübersteigliche Schranke der kapitalistischen Weiterentwicklung nicht aus dem Zusammentreffen ökonomischer und administrativer Krisentendenzen mit irreversiblen entwicklungslogischen Veränderungen im sozio-kulturellen Bereich ergibt, die dem System die legitimierende Motivationszufuhr zunehmend beschränken. Dabei wird nirgends klar, welche Gestalt eine derart erzwungene »Krise« des Spätkapitalismus annehmen und auf welche Weise sie den Übergang zu einer »postmodernen«, d. h. klassenlosen Gesellschaft herbeiführen könnte.

Ich habe Gründe angegeben, warum die These von der entwicklungslogischen *Notwendigkeit* der Endkrise des Kapitalismus aus Mangel an Motivationszufuhr mir nicht überzeugend erscheint. Aber ein Zusammenbruch der westlichen, auf kapitalistisches Eigentum gegründeten Demokratien ist *möglich* auf Grund der allgemeinen Gefährdung der Glaubwürdigkeit der westlichen Werte. Er wäre die Folge einer Verallgemeinerung und Verschärfung der anomischen Kulturkrise des Westens. Seine Form könnte eine chaotische Zuspitzung multipler Konflikte bei gleichzeitigem Rückgang der Arbeitsleistung und des zivilen Gehorsams und Häufung der individuellen und kollektiven Gewaltakte sein. Sein Resultat wäre aller Voraussicht nach eine auf keine legitimierende Ideologie außer der Furcht vor Anarchie gestützte Gewaltherrschaft in der Art der spätrömischen Cäsaren oder der chinesischen »*War lords*« der 20er Jahre.

Die Alternative zu dieser möglichen Entwicklung wäre die Überwindung der anomischen Krisentendenz durch erfolgreiche Lösung der entscheidenden Probleme. Das erfordert auf ökonomischem Gebiet unter anderem eine qualitative Wachstumskontrolle, die auf die eine oder die andere Weise in die Eigengesetzlichkeit der Kapitalverwertung eingreift und die

Prioritäten der gesellschaftlichen Entwicklung öffentlicher Entscheidung unterwirft. Eine solche Umwälzung, die demokratisch möglich ist, würde aber wahrscheinlich das Kapitaleigentum überwiegend bestehen lassen und keinesfalls die strukturelle Ungleichheit der Verteilung von Macht und Eigentum beseitigen: Die resultierende Gesellschaft wäre »postkapitalistisch« in dem Sinne, daß sie die Eigendynamik des Verwertungsprozesses ihrer Steuerung unterworfen hat, aber sie wäre nicht »klassenlos«. Weitaus schwerer zu verwirklichen, aber nicht minder notwendig zur Sicherung des Überlebens der Menschheit und zur Überwindung der anomischen Gefahren wäre die Schaffung wirksamer übernationaler Entscheidungsmechanismen sowohl für die Wachstums- und Umweltfragen wie für die Ernährungs-, Rohstoff- und Währungsfragen und letztlich für die Sicherung des Friedens.

Diese positive Alternative ist so schwierig, daß sie wenig wahrscheinlich erscheint, aber sie ist nicht unmöglich. Die erste Voraussetzung ihrer Verwirklichung ist die Intaktheit der staatlichen Ordnung und die Bewahrung der Freiheit zur Diskussion und zur Mobilisierung der Öffentlichkeit für konstruktive Ziele in den heute demokratisch organisierten, hochentwickelten westlichen Ländern. Die Verfolgung dieser Alternative ist nicht vereinbar mit der Verfolgung der Gleichheitsutopie und der Förderung des Legitimationsentzugs für die demokratischen Regierungssysteme. Denn unmittelbar sind es die Regierungssysteme und nicht die Kapitalisten, die auf Legitimität angewiesen sind.

Angesichts der anomischen Krisentendenzen muß man zwischen der Verteidigung der westlichen Demokratien als möglicher Träger einer konstruktiven Umgestaltung und dem Angriff auf ihre Legitimität wählen. Ich möchte hoffen, daß Jürgen HABERMAS' »Parteilichkeit für Vernunft« ihn zu einer klareren Entscheidung für den konstruktiven Weg geführt hat, als in der hier diskutierten Schrift zum Ausdruck kommt.

Kapitalistische Dynamik und westliche Werte

Zu Daniel Bells ›Die Zukunft der westlichen Welt‹[1]

DANIEL BELL ist einer der wenigen heute lebenden Soziologen, die sich an eine Gesamtdiagnose unserer Zeit wagen. Der erste Band dieses groß angelegten Unternehmens – *Die nachindustrielle Gesellschaft*[2] – handelte vor allem von jenen Tendenzen des gesellschaftlichen Wandels, die primär in der ökonomisch-technologischen Sphäre entspringen, und von den daraus für das politische System erwachsenden Anpassungsproblemen. Der vorliegende zweite Band wird von einem Krisenbewußtsein durchzogen, das in dem ersten fehlte. Sein besonderes Thema ist nicht die Zukunft der westlichen Welt im ganzen, wie der Titel der deutschen Ausgabe vermuten läßt; gemäß dem Titel des amerikanischen Originals geht es hier vielmehr vor allem um die »kulturellen Widersprüche des Kapitalismus«. BELL untersucht diesmal primär die Veränderungen in der kulturellen Sphäre und findet, daß sie eher zu einem Verlust des gesellschaftlichen Zusammenhalts als zu einer konstruktiven Transformation der westlichen Gesellschaften tendieren. Die politische Aufgabe, den Zusammenhalt durch eine neue Philosophie des öffentlichen Lebens wiederherzustellen, hängt nach seiner Meinung von einer »Großen Erneuerung«, einem schöpferischen Akt in der religiösen und kulturellen Dimension ab, der kommen mag oder auch nicht, aber keinesfalls durch bloßes Wollen herbeigeführt werden kann.

BELLS Fragestellung geht von dem Gedanken aus, daß komplexe, dynamische Gesellschaften nicht als einheitliche Systeme verstanden werden können, in denen sich jedes Teilsystem nur als Funktion des Ganzen entwickelt, sondern daß sie aus drei großen, miteinander zusammenhängenden, aber weitgehend autonomen Bereichen – dem wirtschaftlichen, politischen und kulturellen – bestehen, deren jeder sich gemäß seiner eigenen inneren Logik entwickelt; zwischen diesen autonomen Entwicklungsprozessen sind daher Widersprüche möglich. Seine These ist, daß in den kapitalistischen Gesellschaften des Westens sich ein solcher funktionswidriger grundlegender Widerspruch zwischen der kapitalistischen Ökonomie mit ihren Erfordernissen der Rationalität und Disziplin einerseits und der kulturellen Sphäre andererseits entwickelt hat, weil dort die puritanische Grundhaltung und die protestantische Arbeitsethik, die jenen Erfordernissen weitgehend entsprachen, zunehmend einem Drang nach grenzenloser Selbstverwirklichung Platz gemacht haben, der zuerst in der Kunst seinen Ausdruck fand und schließlich zu einem allgemeinen hedonistischen Durchbruch unkontrollierter Begierden und irrationaler Impulse geführt hat. Demgemäß beschreibt er auch die wachsenden Verteilungskonflikte im politischen Leben der westlichen Demokratien, insbesondere die »Revolution der steigenden Rechtsansprüche« und die Tendenz zur steigenden Inflation, die sich aus der Finanzkrise des Staates ergibt, weitgehend als Konsequenzen jenes Durchbruchs der Begierden.

Obwohl beide Bände aus überarbeiteten Versionen von Manuskripten bestehen, die im Laufe einer Reihe von Jahren entstanden sind und deren Daten sich teilweise überschneiden, wird die Grundstimmung des neuen Bandes doch wesentlich von den Erfahrungen einer späteren und krisenhafteren Periode bestimmt. Doch der Wert des Werkes als eines bedeutenden Beitrages zum Verständnis unserer Gesellschaft hängt nicht davon ab, ob der Leser diese Grundstimmung teilt oder BELLS These akzeptiert. Eine der Hauptqualitäten des Soziologen BELL ist vielmehr seine Fähigkeit, gesellschaftliche Veränderungen in einer enormen Vielfalt von Aspekten zu beschreiben, als umkreise er seinen Gegenstand und beleuchte ihn von immer neuen Seiten; so hat er in diesem Buch seine These vom hedonistischen Durchbruch mit einer eindrucksvollen Fülle von Material sowohl aus der Kunst- und Religionsgeschichte wie aus der Entwicklungsgeschichte der Lebensformen im Zuge der Heraufkunft der Gesellschaft des Massenkonsums, vor allem in den Vereinigten Staaten, illustriert. Freilich ist es durch die notwendigen Grenzen dieser kritischen Auseinandersetzung bedingt, daß sie nicht versuchen kann, die lebendige Fülle ihres Gegenstandes wiederzugeben, sondern sich auf das Gerüst der zugrunde liegenden Argumente konzentrieren muß.

Im folgenden werde ich zunächst versuchen, dies Gerüst von BELLS Kulturanalyse darzustellen, bevor ich ihr mögliche andere Deutungen entgegenhalte; und ich werde meine Bemerkungen zum politischen Teil des Buches auf einen kurzen Schlußteil beschränken.

Drei Stränge kulturellen Wandels

Unter Kultur versteht BELL »den Bereich des expressiven Symbolismus« – jenes Bemühen in künstlerischen und religiösen Formen, das »den Sinn der menschlichen Existenz zu erforschen und zu artikulieren sucht«.[3] Weil dieses Bemühen nicht geschichtlich kumulativ wirkt wie in der Wissenschaft, sondern immer wieder zu den gleichen Grundproblemen zurückkehren muß, kann es keine einheitliche weltgeschichtliche Richtung des Kulturwandels wie etwa in der wirtschaftlich-technischen Entwicklung geben. Doch BELL glaubt, daß es eine einheitliche Richtung des Wandels unserer *westlichen* Kultur während der Epoche des Kapitalismus gegeben hat – gemäß dem »axialen Prinzip« der Selbstverwirklichung und Selbsterfüllung durch schrankenloses Erleben. Mehr noch, er behauptet, daß in der »modernen« Entwicklungsphase, die er etwa von der Mitte des 19. Jahrhunderts an rechnet, die Kultur sich »zur dynamischsten Komponente unserer Zivilisation entwickelt« hat, »die sogar die Dynamik der Technologie übertrifft«[4] – daß sie zu einem unabhängigen Faktor der Veränderung um ihrer selbst willen geworden ist, der von keinen ökonomischen Sachzwängen oder politischen Widerständen gebremst wird. Kurz, die Kultur hat nach BELL in der Transformation der Gesellschaft des Westens zunehmend die Führung übernommen.

BELL meint nicht, daß der Sieg des Prinzips der Selbstverwirklichung oder des Hedonismus über die frühere puritanische Einstellung durch eine einzige Kausalkette zu erklären ist; in verschiedenen Kapiteln folgt er verschiedenen Strängen dieser Entwicklung mehr oder minder ausführlich. Am genauesten beschreibt er einen ästhetischen Strang: die Ersetzung räumlicher und zeitlicher Ordnung, Folge und Harmonie, die für die »klassische« Kunst seit der Renaissance kennzeichnend waren, und der damit verknüpften »objektivierenden« Distanz zwischen Publikum und Kunstwerk, durch ein zunehmendes Bemühen, das subjektive Chaos der Eindrücke darzustellen und das Publikum zu »überfallen«, bis schließlich in den sechziger Jahren die Grenze zwischen Kunst und »Leben« überhaupt verschwinden sollte. Er sieht diese Entwicklung als eine Folge teils der neuen Erfahrungen beschleunigter Bewegung, großer Höhe und zunehmenden Lärms, teils des allmählichen Verlustes gemeinverständlicher Vorstellungen von einer rationalen Ordnung der Natur (und der Gesellschaft?) und teils der zunehmenden Emanzipation des Künstlers von gesellschaftlichen Normen und Formen und des Kultes seines subjektiven »Genius«.

Ein zweiter Strang, weniger ausführlich behandelt, doch kaum als weniger wichtig angesehen, ist religiöser Natur: Hier geht es um die Folgen der Säkularisierung und vor allem des Verlusts eines Glaubens an die persönliche Unsterblichkeit. Dieser Verlust beraubt nicht nur die traditionelle Moral der Selbstkontrolle ihrer transzendentalen Sanktionen und Belohnungen – er ruft auch ein tiefes, wenngleich oft unbewußtes Gefühl der Sinnlosigkeit eines endlichen individuellen Lebens und im Gegenschlag eine Leidenschaft hervor, es mit unendlichen Erlebnissen zu füllen. Die »faustische« Lebenswut, diese für immer unbefriedigte und darum letztlich freudlose Form des »Hedonismus«, wird so als Ausdruck der Unfähigkeit des nachchristlichen Individuums gedeutet, seine Sterblichkeit zu akzeptieren.

Ein dritter Strang ist schließlich direkt mit Wandlungen der wirtschaftlichen und sozialen Struktur verbunden – mit den Wirkungen der Verstädterung und der Entstehung einer Gesellschaft des Massenkonsums. Die puritanische Disziplin wirkte am stärksten unter den stets wachsamen Augen der Kleinstadtgemeinschaft; die Anonymität der sündigen Großstadt und die Mobilität des modernen Lebens vervielfachen die Versuchungen aller Art. In dem Maße, wie der hochentwickelte Kapitalismus von der Schaffung immer neuer »Bedürfnisse« abhängig wird, wie Anzeigen und Filme mehr und mehr Luxusgüter vorführen und das Abzahlungssystem sie erreichbar macht, wie der Anstieg der Produktivität zu einer Ausdehnung der Freizeit führt, die mit »Vergnügen« gefüllt werden muß – im selben Maße entwickelt sich die Paradoxie, daß das Wirtschaftssystem von seinen Mitgliedern erwartet, sie sollten sich in der Arbeitssphäre gemäß einer protestantischen Pflichtethik, in der Konsumsphäre aber gemäß einer hedonistischen Genußethik verhalten.

Am Ende konvergieren die Befreiung des Sexualtriebs von allen moralischen Hemmungen, die Befreiung materieller Gier von den sozialen Sanktionen der Gemeinschaft und die Befreiung dämonischer, irrationaler Triebe von rationaler Kontrolle zur Schaffung eines kulturellen Klimas, das jener bürokratischen Rationalisierung des Lebens zunehmend feindlich ist, von der das wirtschaftliche Wachstum und die administrative

Organisation moderner Industriegesellschaften doch abhängen. Die Kultur ist zur »Gegenkultur« geworden; der triebhafte Individualismus des Künstlers hat auf Kosten des rationalen und disziplinierten Individualismus des Bourgeois die Vorherrschaft über den Lebensstil gewonnen.

Ein umfassenderer Kulturbegriff

In dem Maße, wie BELLS Darstellung unseres Kulturwandels sich entfaltet, kann sein Leser nicht umhin zu erkennen, daß sie viele bedeutsame Züge der Entwicklung der kapitalistischen Gesellschaften des Westens erhellt. Doch zugleich erscheint mir sein Begriff der westlichen Kultur als einseitig und als nicht genügend mit der Analyse anderer gesellschaftlicher Prozesse integriert.
Um dies zu begründen, gehe ich von seiner Definition der Kultur als Bereich des expressiven Symbolismus in Kunst und religiösen Formen aus, die den Sinn menschlicher Existenz zu erforschen und zu artikulieren suchen. Eine Kultur ist auch nach meiner Meinung durch ihre besondere Vision vom Sinn des menschlichen Daseins gekennzeichnet, die sie von anderen Kulturen unterscheidet. Doch diese Vision wird nicht nur symbolisch in Kunst und Religion ausgedrückt; sie liegt vor allem den gemeinsamen Werten zugrunde, die sich in den Verhaltensnormen einer Gesellschaft verkörpern und ihren Zusammenhalt sichern. Es trifft natürlich zu, daß diese Werte den Angehörigen der Gesellschaft zunächst in ihrer symbolischen, religiösen oder mythischen Form vermittelt werden, bevor sie als Teil eines Denksystems bewußt formuliert werden; doch vom Standpunkt der Analyse bilden die Werte selbst und nicht ihr symbolischer Ausdruck den eigentlichen Kern der Kultur. Es scheint mir daher nicht fruchtbar, den Bereich des expressiven Symbolismus als solchen als Kulturbereich abzugrenzen. Wir müssen in diesen vielmehr auch die Mechanismen einschließen, die für die Weitergabe jener Werte von einer Generation zur nächsten sorgen und die zu ihrer teilweisen Umformung unter der Einwirkung wechselnder Lebensbedingungen führen. Das bedeutet, daß die Techniken der Erziehung – der »Sozialisierung» sowohl in der Familie wie in öffentlichen Institutionen – und die Psychologie der Charakterbildung ebenso vitale Bestandteile einer Kultur und ebenso notwendige Ge-

genstände jeder Studie kulturellen Wandels sind wie Religion und Kunst. Im Falle des modernen Westens würde etwa die Schwächung der erzieherischen Rolle der Familie sowohl durch die allgemeine Trennung von Heim und Arbeitsplatz in der Industriegesellschaft wie durch die Zunahme der öffentlichen Schulerziehung in diesen Zusammenhang hineingehören, und ebenso DAVID RIESMANS berühmte Beobachtung des Wandels vom »inner-directed« zum »other-directed character« oder ERIK ERIKSONS Studien der Rolle der »Identitätskrisen« im sozialen Wandel.

All dies läuft darauf hinaus, daß es mir für das Studium des sozialen Wandels fruchtbarer scheint, den Begriff der ›Kultur‹ in dem umfassenden Sinne zu gebrauchen, den er etwa in der ›Kulturanthropologie‹ hat oder in dem TOYNBEE seinen Begriff der ›Zivilisation‹ gebraucht: als Beschreibung des Systems der integrierenden Glaubensinhalte und Werte einer Gesellschaft und nicht eines besonderen Sektors ›kultureller‹ Tätigkeiten. Sobald man dies tut, erscheint aber die Frage nach der Wechselwirkung zwischen kulturellem Wandel und anderen Prozessen des Gesellschaftswandels in einem neuen Licht. Einerseits werden jene ›spontanen‹ Veränderungen, die eine dynamische Gesellschaft kennzeichnen – etwa wirtschaftliche oder demographische Veränderungen –, andere Veränderungen zur Anpassung der Institutionen und Verhaltensnormen erfordern; andrerseits müssen diese Änderungen der Institutionen und Normen im Rahmen einer Kontinuität der grundlegenden Werte erfolgen, wenn deren bindende Kraft und die kulturelle Integration der Gesellschaft bewahrt werden sollen. Das bedeutet, daß die Lösung der Probleme einer dynamischen Gesellschaft von der kontinuierlichen Transformation der ihr zugrunde liegenden Werte, von deren immer neuer Umdeutung im Lichte neuer Existenzbedingungen abhängt – in andern Worten, von immer neuen Akten kultureller Schöpferkraft, die jeweils gelingen oder scheitern können. Denn ihr Gelingen hängt auf jeder Stufe vom Ausgang von Kämpfen – sozialen, politischen oder ›kulturellen‹, z. B. religiösen Kämpfen – ab, der niemals vorherbestimmt ist, während ihr längeres Scheitern die Gefahr des kulturellen Zerfalls in sich trägt.

Diese Art, an das Problem heranzugehen, steht insofern näher bei MARX als bei BELL, als sie den kulturellen Wandel als eine Antwort auf Wandlungen in den allgemeinen Existenzbedingungen der Gesellschaft und nicht als endogenes Produkt eines besonderen Kulturbereichs sieht; doch sie steht näher bei TOYNBEE als bei MARX, insofern sie nicht deterministisch ist, sondern das grundlegende Faktum akzeptiert, daß in einer gegebenen Situation die kulturelle Neuschöpfung gelingen oder scheitern kann. Eine dynamische Gesellschaft wie die des Westens ist nach dieser Auffassung gezwungen, gefährlich zu leben: Sie schafft für sich immer neue Probleme, deren schöpferische Lösung niemals im voraus gesichert ist.

Ich spreche hier von der westlichen Gesellschaft und der westlichen Kultur; denn ich glaube, daß BELL mit mir darin übereinstimmen würde, daß es keine ›kapitalistische Kultur‹ gibt. So ist der Kapitalismus von Japan erfolgreich in einem kulturellen Rahmen übernommen worden, der sich von dem des Westens grundlegend unterscheidet; umgekehrt hat es eine westliche Kultur lange vor der kapitalistischen Entwicklungsstufe der westlichen Gesellschaft gegeben. Doch wenn dies wahr ist, müssen wir auch für ein Verständnis der grundlegenden westlichen Werte *vor* diese kapitalistische Stufe, *vor* das Zeitalter des puritanischen Unternehmers zurückgehen. Zu ihnen gehört ein Glaube an die Vernunft im Sinne des Glaubens an eine rational verständliche Ordnung der Welt. Zu ihnen gehört die Bejahung der Einzigartigkeit der menschlichen Person, aus der ein Glaube an ›natürliche‹ Menschenrechte des Individuums folgt. Zu ihnen gehört die Anerkennung des bindenden Charakters von freiwillig eingegangenen – nicht nur blutsgegebenen – Gemeinschaften. Zu ihnen gehört die Notwendigkeit einer Rechtsordnung zur Grenzziehung zwischen Individuum und Gemeinschaft. Und zu ihnen gehört die Auffassung der Arbeit in dieser Welt, einschließlich der produktiven, körperlichen Arbeit, als Verdienst und Sinnerfüllung des Lebens und nicht nur als notwendiges Übel.

All diese Werte sind in der Geschichte des Westens – der vorkapitalistischen wie der kapitalistischen – wieder und wieder umgedeutet und fortgebildet worden. Die Idee einer rational verständlichen Weltordnung hat sich von einer gottgegebenen, statischen Ordnung zu der einer wissenschaftlich erkennbaren Gesetzmäßigkeit der Natur und zum Versuch einer rationalen Geschichtsdeutung gewandelt. Die Idee der unveräußerlichen Rechte des Individuums hat sich von der mittelalterlichen Vorstellung der Rechte eines jeden nach seinem Stande zur liberalen Vorstellung gleicher bürgerlicher und politischer

Rechte und zu modernen Vorstellungen vom Recht auf gleiche soziale Sicherheit und ökonomische Chancen entwickelt. Die Idee der bindenden freiwilligen Gemeinschaft hat sich von der frühchristlichen Gemeinde und der mittelalterlichen Stadtgemeinschaft bis hin zu nationalen und tendenziell zunehmend zu universellen Bindungen erweitert, und die Vorstellung vom notwendigen Geltungsbereich der Rechtsordnung ist mit ihr gewachsen. Und schließlich hat die Idee von der Arbeit als Verdienst und Lebenssinn, die zuerst in den Mönchsorden des europäischen Mittelalters entwickelt wurde, in der protestantischen Ethik eine neue und weiterreichende Deutung erfahren, die sie zur Hauptquelle für die ›Durchrationalisierung‹ des Verhaltens im Kapitalismus, für die Instrumentalisierung aller anderen Lebenssphären unter dem Primat des Erwerbsimperativs machte.

Der Kapitalismus und die Gewichtung der Werte

Wenn wir nun die von BELL beschriebenen Prozesse kulturellen Wandels in Beziehung zu diesem Wertsystem betrachten, so könnte der hedonistische Durchbruch auf den ersten Blick als eine weitere Neudeutung der Bejahung des Individuums erscheinen – eine Verschiebung von der puritanischen Betonung seiner unsterblichen Seele zu einer ausschließlichen Betonung seines irdischen Lebens als Selbstzweck. Doch bei näherem Hinsehen wird deutlich, daß wir es mit einer tiefergehenden Veränderung zu tun haben – einer gleichzeitigen Krise des Glaubens an die anderen Werte, an Vernunft, Gemeinschaft und Arbeit, und einer Hypertrophie der Selbstbejahung des Individuums, die in der Leere endet. Tatsächlich aber hängt die integrierende Funktion einer Kultur von einem gewissen Maß an Proportion zwischen ihren konstitutiven Werten ab, so gewiß deren präzise Gewichtung in verschiedenen Perioden der Entwicklung dieser Kultur und in verschiedenen weltanschaulichen Bewegungen in deren Verlauf schwanken mag; und Desorientierung wird unvermeidlich, sobald diese Proportion, dies innere Gleichgewicht der Wertkonstellation, radikal gestört ist.

Was können wir aus BELLS Analyse über Natur und Ursachen dieser Störung lernen? Um mit der ästhetischen Komponente zu beginnen, so muß ich – auf die Gefahr hin, als Banause zu erscheinen – gestehen, daß es mir schwerfällt, seine Darstellung

des künstlerischen Modernismus als eines unabhängigen Faktors des Wandels zu akzeptieren. Seine Beschreibung vom Verlorengehen des Gefühls für Ordnung, Folge und Harmonie, vom entsprechenden Verzicht auf die Bemühung, diese objektive Ordnung in einer den subjektiven Impulsen des Künstlers übergeordneten ästhetischen Form zu rekonstruieren, und vom schließlichen chaotischen Durchbruch dieser Impulse als zentraler Tendenzen des Modernismus ist gewiß überzeugend. Doch so gewiß die Kunst diesen Durchbruch zu generalisieren vermag, indem sie ihn in ihrer Vision der Welt ausdrückt, so muß doch die zugrunde liegende Erschütterung des Glaubens an eine rational begreifbare Weltordnung in der Erfahrung der Gesellschaft schon verankert sein, bevor sie von der Kunst proklamiert und verbreitet werden kann. Mehr noch: Die kathartische Wirkung der klassischen Kunst hing mit der Zähmung der Triebimpulse durch die Form zusammen, die ihre Darstellung für die Gemeinschaft akzeptabel machte; der Zusammenbruch der Form setzt schon eine Schwächung der Gemeinschaftsbande voraus, bevor er zum Faktor der Beschleunigung dieses Prozesses wird.
Was nun den Verlust des religiösen Glaubens und insbesondere des Glaubens an die persönliche Unsterblichkeit betrifft, so hat er nicht allgemein, und mehrere Generationen lang auch nicht typischerweise, das Bewußtsein einer sinnvollen Aufgabe in diesem endlichen Leben zerstört, und auch nicht die wirksamen Sanktionen des moralischen Gewissens, das die Bindungen des Individuums an die Gemeinschaft repräsentiert. Vielmehr wurde der traditionelle Glaube an eine göttliche Ordnung in der westlichen Welt zunächst wirksam durch den Glauben an eine sinnvolle historische Entwicklung zum ›Fortschritt‹ im Sinne der gemeinsamen Werte ersetzt – Fortschritt zu immer besserem rationalem Weltverständnis, immer umfassenderen individuellen Rechten, immer universelleren Bindungen. Ebenso wurden in einer sich verändernden, doch nicht allzu schnell sich verändernden Welt die traditionellen, unveränderlichen Moralnormen durch das Gewissen des heranwachsenden Individuums ersetzt, das sich ein erwachsenes Modell moralischer Haltung einverleibte und so den »*inner-directed character*« herausbildete. Es waren erst die wiederholten Enttäuschungen der tatsächlichen westlichen Geschichte, gemessen an der Verheißung eines dem technischen und wissenschaftlichen Fortschritt entsprechenden wertorientierten Fortschritts – die

schweren Weltkrisen und Weltkriege des zwanzigsten Jahrhunderts und die Gefahr der totalen Zerstörung –, die ein weitverbreitetes Gefühl der Sinnlosigkeit entstehen ließen, zu nihilistischen Ausbrüchen und Greueln führten, die es verstärkten, und schließlich die anarchischen Formen einer pseudo-hedonistischen Wut der Selbsterfüllung durch Selbstzerstörung hervorbrachten.

Trotz alledem würde ich BELL natürlich zustimmen, daß die Säkularisierung – oder wie er lieber sagen würde, die ›Profanisierung‹ – des modernen Bewußtseins einer der Hauptfaktoren für jenen Verlust des kulturellen Gleichgewichts gewesen ist, den wir erleben. Da wiederum die Säkularisierung das Ergebnis der Krisen der traditionellen Gesellschaftsordnungen einerseits, der Entwicklung eines wissenschaftlichen Weltbildes andererseits ist, nimmt sie so ihren Platz unter jenen Elementen stetig beschleunigten gesellschaftlichen, technischen und intellektuellen Wandels ein, die immer mehr die Aufgabe erschwert haben, die Grundwerte unserer Zivilisation durch erneuernde Umdeutung und durch Anpassung der von ihnen abgeleiteten Moralnormen und Institutionen an veränderte Bedingungen zu bewahren. Da die Dynamik des Kapitalismus die primäre Ursache für die Beschleunigung dieses Prozesses der Veränderung im Westen ist, trifft es auch zu, daß heute alle Stränge kulturellen Wandels letztlich von dieser Dynamik abgeleitet werden können. Doch wir dürfen die andere Seite des Zusammenhangs nicht aus den Augen verlieren: Beschleunigte Veränderung führt zu einem Gefühl der Sinnlosigkeit, einem Verlust des Glaubens an eine verständliche Weltordnung und einem Zerfall der moralischen Bindungen nur in dem Maße, wie die schöpferische Antwort auf diese beschleunigte Veränderung mißlingt – wie wir bei der Lösung der Probleme einer sinnvollen gesellschaftlichen und internationalen Ordnung unter den gegenwärtigen Bedingungen und der Übermittlung einer wirksamen moralischen Orientierung an die nächste Generation ohne starres Bestehen auf unveränderlichen Einzelnormen versagen.

Der Verlust des kulturellen Gleichgewichts hängt aber in einem noch direkteren Sinne mit der Dynamik des Kapitalismus zusammen. BELL selbst weist darauf hin, daß die Entfesselung der Begierden im Sinne von THOMAS HOBBES von Anfang an ebenso eine Triebkraft des Kapitalismus war wie die puritanische Haltung, und im Konflikt mit dieser. Indem diese Triebkräfte den mächtigen Mechanismus der grenzenlosen Jagd nach Profit auf die Welt losließen, mußten sie das Gleichgewicht zwischen dem Durchsetzungsstreben des Individuums und den gemeinschaftlichen Bindungen zerstören: Insofern ist die ganze kapitalistische Epoche eine Phase *einseitiger,* ungleichmäßiger Entwicklung innerhalb der Geschichte der westlichen Kultur geworden. Die weitere Schwächung des Glaubens an eine verständliche Weltordnung und der Gemeinschaftsbindungen ist schon auf der Grundlage dieser ursprünglichen Einseitigkeit erfolgt, und umgekehrt hat diese Einseitigkeit die schöpferische Lösung neuer Probleme von Anfang an erschwert.

Erst in diesem Zusammenhang bekommt BELLS dritter Strang des kulturellen Wandels – die Entstehung und die Folgen der Gesellschaft des Massenkonsums – sein volles Gewicht. Denn hier ist die Wirkung der kapitalistischen Dynamik auf das kulturelle Wertsystem nicht durch die Auswirkung des allgemeinen Gesellschaftswandels auf das Weltbild der Menschen vermittelt, sondern direkt und greifbar: Mit der Zunahme der Freizeit und der Vielfalt des Warenangebots ist die Konkurrenzmentalität bei immer breiteren Schichten von der Erwerbssphäre auf die Konsumsphäre übertragen worden. Dies ist die wirksamste und massivste Form des hedonistischen Durchbruchs, und sie war zunächst nicht mit einem Krisenbewußtsein, sondern mit einer Zunahme der allgemeinen Zufriedenheit gekoppelt. Doch kann kein Zweifel bestehen, daß dieser Prozeß die erwähnte Einseitigkeit der kapitalistischen Ausprägung der westlichen Kultur noch wesentlich verstärkt hat.

Andrerseits bin ich nicht so überzeugt wie BELL von der Unvereinbarkeit des Triumphs des Hedonismus im Massenkonsum mit einer (freilich nicht mehr puritanischen) Arbeitsethik oder von seiner kausalen Rolle für den tatsächlich zu beobachtenden Niedergang der Arbeitsethik in den fortgeschrittenen Ländern des Westens. Es scheint mir eher, daß innerhalb gewisser Grenzen der Wille zur Arbeit und die Qualität der Arbeit noch immer am wirksamsten durch materielle Anreize stimuliert werden und daß diese dort am stärksten sind, wo die Freizeit erheblich und die Auswahl von Gegenständen zu ihrer Ausfüllung reichlich ist. Die tatsächlich zu beobachtende Schwächung der Arbeitsethik und vor allem des Verantwortungsgefühls in der Arbeit scheint mir in erster Linie auf der allgemeinen

Verringerung des Glaubens an den inneren Sinn eines eigenen Beitrags zum Leben der Gesellschaft zu beruhen, die durch den mangelnden Spielraum für Eigeninitiative in der Arbeit am Fließband oder als menschliches Anhängsel eines Computers noch verschärft wird, und in zweiter Linie auf der Schwächung der Sanktionen für unregelmäßige oder unachtsame Arbeitsleistung unter den Bedingungen annähernder Vollbeschäftigung und verbesserter sozialer Sicherheit.

Einige politische Schlußfolgerungen

Ich habe BELLS Beschreibung der Erscheinungen kulturellen Wandels in unserer Gesellschaft weitgehend akzeptiert, aber versucht, ihre Analyse in einen etwas anderen Zusammenhang hineinzustellen. Vor allem habe ich die Autonomie des ›kulturellen Bereichs‹ weniger stark betont – wenngleich ich natürlich die Bedeutung des Umstandes nicht bestreite, daß religiöse und kulturelle Veränderungen ihrer eigenen Logik folgen – und mehr Gewicht auf die Auswirkungen des allgemeinen sozialen Wandels auf das Wertsystem einer Gesellschaft gelegt. Doch der Leser mag sich fragen, welche Konsequenzen der Unterschied hat.

Ich glaube, daß die Konsequenzen bei der Frage auftreten, wie wir auf diese Entwicklung einwirken können. Wenn die zunehmend allgemeine Wahrnehmung der Welt als Chaos und des individuellen Lebens als sinnlos, wenn die daraus sich ergebende Hinwendung immer größerer Menschenmassen zu einer hektischen und häufig zerstörerischen Jagd nach beliebigen Erlebnissen zur Füllung des Vakuums die Folgen einer weitgehend autonomen Entwicklung im kulturellen Bereich sind, dann bleibt nur die Hoffnung auf eine kulturelle Neuschöpfung aus dem Nichts – eine »Große Erneuerung«, wie BELL sagt. Aber da eine solche Neuschöpfung nicht durch bewußte Aktion herbeigeführt werden kann, können wir buchstäblich nichts tun. Dies ist natürlich nicht BELLS eigene Schlußfolgerung: Er hat ein viel zu großes Verantwortungsbewußtsein, um in diesem Punkt konsequent zu sein. Doch es ist die Schlußfolgerung, die sich aus seiner Analyse zu ergeben scheint.

Wenn auf der andern Seite die anomische Kulturkrise die Folge unseres Versagens in der schöpferischen Bewältigung der Konsequenzen beschleunigten gesellschaftlichen Wandels – in

Wirtschaft und Politik, international und im einzelnen Land, in Erziehung und Verhaltensnormen – ist, dann hängt ihre Überwindung, so schwer der Weg zu ihr zu entdecken und praktisch zu begehen sein mag, von unserer Erkenntnis und unserem Willen ab. Die Kulturkrise ist dann kein *diabolus ex machina* – sie ist die allgemeinste Strafe für unser Versagen bei der Lösung gesellschaftlicher Probleme, neben solchen spezifischen Strafen wie Kriegen, totalitären Revolutionen, Massenarbeitslosigkeit, Währungschaos, Hunger oder Umweltverwüstung.

BELL ist natürlich weit entfernt davon, von diesen konkreten Problemen abzusehen. In dem kürzeren zweiten Teil seines Buches behandelt er, nach einer deskriptiven Darstellung der jüngeren amerikanischen Entwicklung, die Art, in der Veränderungen in der Wirtschafts- und Sozialstruktur der westlichen kapitalistischen Gesellschaft zu einer ›Überlastung‹ des politischen Systems und dadurch zu einer Instabilität der demokratischen Institutionen zu führen tendieren. Mit der wachsenden Bedeutung der Gemeinschaftsaufgaben, die außerhalb des Marktes gelöst werden müssen, ist der ›Öffentliche Haushalt‹ (bei BELL ein Ausdruck, der nicht nur das Budget, sondern die gesamte wirtschaftliche Tätigkeit öffentlicher Körperschaften umfaßt) aus einem zunehmenden Sektor der Wirtschaft mehr und mehr zu ihrem beherrschenden Organ geworden; doch der Druck wachsender Gruppenforderungen – jene »Revolution der steigenden Rechtsansprüche«, die selbst zum Teil auf der immer stärker hedonistischen Massenhaltung beruht – erzeugt im öffentlichen Haushalt zunehmend Spannungen, die sich in den Dilemmata von Wirtschaftswachstum und Inflation manifestieren.

Einerseits ist Wachstum die günstigste Bedingung für eine Befriedigung der Vielzahl von Gruppenforderungen, doch die Zunahme der sozialen Dienstleistungen und des Gemeinschaftsverbrauchs tendiert zur Verlangsamung des Wirtschaftswachstums; andererseits glaubt BELL, daß eine auf Vollbeschäftigung ausgerichtete Wachstumsrate zusammen mit dem geringen Produktivitätsfortschritt in dem anwachsenden Dienstleistungssektor eine ›normale‹ Inflationsrate von 4–5% jährlich hervorbringt, die dann ein beliebiger Zufallsschock beschleunigen kann, und daß Inflation zu einem »Klassenkampf« um die Verteilung zwischen der Arbeiterklasse und den Mittelschichten führt, der das Funktionieren des demokratischen

Systems gefährdet. Er sieht die einzige Chance einer Lösung in der Ausarbeitung und Durchsetzung einer neuen »Philosophie des öffentlichen Lebens« – von Prinzipien also, an denen sich eine demokratische Regierung bei der Schlichtung von Konflikten zwischen Gruppeninteressen gemäß dem öffentlichen Interesse orientieren und für die sie einen breiten Konsensus als Grundlage politischer Entscheidungen gewinnen könnte.

Da BELLS Analyse in diesem ökonomisch-politischen Teil seines Buches wesentlich skizzenhafter ist als im kulturellen Hauptteil, will ich mich hier nicht im einzelnen mit ihr auseinandersetzen. Immerhin möchte ich meine Überzeugung äußern, daß die ›normale‹ Inflationsrate einer im Sinne stetigen Wachstums gesteuerten Wirtschaft beträchtlich niedriger ist, als er annimmt – im größten Teil der westlichen Welt waren bis Mitte der 60er Jahre 2–3% und nicht 4–5% die Regel – und daß die Empfindlichkeit für Zufallsschocks, die eine plötzliche Beschleunigung der Inflation bewirken, nicht aus der Natur des Wirtschaftssystems selbst, sondern aus den institutionellen Schwächen des 1971 zusammengebrochenen Weltwährungssystems von Bretton Woods (privilegierte Sonderstellung des Dollars und dadurch ermöglichter Mißbrauch) entsprang. Ich glaube auch, daß BELL unter dem Eindruck der Krisensituation die Tragfähigkeit und Flexibilität der westlichen Demokratien unterschätzt hat – zwei Jahre lang zeigte selbst Großbritannien Anzeichen von Erfolg im Kampf gegen die zweistellige Inflation, und dies nicht auf Grund einer autoritären Zähmung der Interessengruppen, sondern der beginnenden Durchsetzung einer »öffentlichen Philosophie« auch bei den Gewerkschaften. Dagegen habe ich den Eindruck, daß BELL als Amerikaner nicht genügend Gewicht auf die zunehmende Irrelevanz der Entscheidungen der meisten Einzelstaaten für die zentralen Wirtschaftsprobleme unserer Zeit und auf die überragende Notwendigkeit internationaler und selbst übernationaler Entscheidungsmechanismen für solche Lebensfragen wie Weltwährungspolitik, Rohstoffpreise und Erhaltung der weltwirtschaftlichen Hilfsquellen, Versorgung mit Grundnahrungsmitteln usw. gelegt hat.

Doch so wichtig diese einzelnen Einwände sein mögen, so berühren sie doch nicht die Kernfrage. BELL hat zweifellos recht, daß zwischen der ungehemmten Verfolgung materieller Gruppeninteressen in einer modernen, pluralistischen Demo-

kratie und den funktionellen Erfordernissen wirksamer Leitung eines zunehmend gemeinwirtschaftlichen Systems ein innerer »Widerspruch« besteht. Da ich gleich ihm eine autoritäre Lösung des Dilemmas durch Abschaffung der demokratischen Gruppenrechte ablehne, bleibt auch mir nur seine Alternative – die freiwillige Begrenzung der Gruppenansprüche durch einen breiten Konsens über eine gemeinsame Auffassung vom öffentlichen Interesse. Die Herstellung eines solchen Konsensus ist in der Tat die Grundaufgabe demokratischer Führerschaft unter modernen Bedingungen. Das Ausmaß, in dem diese Aufgabe gelöst werden kann – in den einzelnen Ländern und im Westen im allgemeinen, in der Überwindung der aktuellen Inflations- und Rezessionskrise und auf längere Sicht –, wird nicht so sehr von einer plötzlichen Wiederherstellung der »geheiligten Bande zwischen den Menschen« abhängen wie von der Fähigkeit demokratischer Führer, einleuchtende Vorstellungen davon zu entwickeln, was das öffentliche Interesse in einer gegebenen Lage erfordert, durch welche institutionellen Mittel gemeinsame Lösungen gefunden werden können und wie sie sich auf jede Gruppe und jeden einzelnen auswirken würden. Umgekehrt kann nur das Finden konkreter Lösungen für die Kernprobleme unserer gemeinschaftlich verflochtenen Wirtschaft, indem es die Interdependenz und Vereinbarkeit der Einzel- und Gruppeninteressen in einem hinreichend weiten Bereich demonstriert, auch das Bewußtsein der gemeinschaftlichen Bindungen wiederbeleben und stärken und die gemeinschaftsfeindliche Einseitigkeit in der Gewichtung der kulturellen Werte des Westens überwinden helfen.
An einem Punkt, wo BELL von der Glaubenskrise und dem Verlust des Bürgersinns in der westlichen Welt spricht, bemerkt er, daß die sozialistische Idee, die einst als Alternative erschien, in der Sowjetunion, China und der dritten Welt auf Grund der dortigen Praxis der totalen Verweigerung individueller Freiheitsrechte »erstorben« sei. Mir will es jedoch scheinen, daß das, was BELL als die Stärkung der Gemeinschaftskontrolle über die Marktwirtschaft durch den »öffentlichen Haushalt« und als die Wiederherstellung des Primats des Gemeinwohls in einer auf individuelle Freiheit gegründeten Gesellschaft beschreibt, genau das ist, was die meisten nichtkommunistischen Sozialisten des Westens mit ihrer Idee meinen. BELL ist auf Grund seiner Beschäftigung mit den Erscheinungen von Kulturkrise und kulturellem Zerfall im Westen in letzter Zeit von manchen

Kritikern als ›konservativ‹ bezeichnet worden. Doch die Richtung, in der er eine Lösung sucht, ist keineswegs konservativ – es ist die gleiche Richtung, in die alle demokratischen Sozialisten blicken.

Politische Legitimität und kultureller Wandel in Ost und West

In dem folgenden Versuch wird der Begriff der Legitimität ausschließlich auf den Gegenstand angewandt, für den er ursprünglich geprägt wurde – auf die Legitimität einer *politischen* Ordnung. Wir wollen untersuchen, unter welchen Bedingungen und in welcher Weise die kulturellen Werthaltungen der Angehörigen einer modernen Industriegesellschaft die Legitimität ihres politischen Systems beeinflussen können.

Der kulturelle Faktor in der politischen Legitimität

Ich beginne mit der Frage, was wir mit der Aussage meinen, daß eine politische Ordnung legitim sei oder nicht. Man kann diese Aussage normativ auffassen, das heißt, man kann dem politisch-philosophischen Beobachter das Urteil überlassen, ob er als Außenstehender die betreffende politische Ordnung vom Standpunkt *seiner* Normen und Werte für legitim hält. Dann wird man auf die Frage nach der Legitimität eines jeden politischen Systems verschiedene Antworten vom Standpunkt der verschiedenen politischen Philosophien, der verschiedenen Wertsysteme bekommen. Oder man kann diese Aussage empirisch-sozialwissenschaftlich auffassen, das heißt, man kann sie auf die Frage beziehen, wie weit die Angehörigen dieses politischen Systems es vom Standpunkt *ihrer* Normen und Werte für legitim halten. Auch dann geht ein Wertmaßstab in den Begriff der Legitimität ein. Aber es ist nicht ein vom Beobachter von außen herangetragener Wertmaßstab, sondern ein immanenter Maßstab der Angehörigen des untersuchten politischen Systems, den verschiedene Beobachter unabhängig von ihren eigenen verschiedenen Werthaltungen grundsätzlich übereinstimmend ermitteln können. Es scheint mir einleuchtend, daß ein solcher empirischer und immanenter Legitimitätsbegriff für die Stabilitätschancen eines politischen Systems relevanter ist, als ein normativ von außen herangetragener.

Was meinen wir nun in diesem empirisch-sozialwissenschaftlichen Sinn mit der Legitimität einer politischen Ordnung? Ich gehe hier auf MAX WEBER als den Klassiker der soziologischen Legitimitätstheorie zurück, und zwar zunächst nicht auf seine bekannte Unterscheidung verschiedener Typen von legitimer Herrschaft, sondern auf seinen Grundbegriff einer »legitimen Ordnung«. Eine Ordnung ist für ihn legitim, weil und solange sie »gilt«, das heißt, weil und solange sich die Menschen, für die sie bestimmt ist, »an ihr orientieren – indem sie ihr gehorchen oder auch indem sie sie umgehen, aber diese Abweichung von der geltenden Ordnung zu verstecken suchen«[1]. Nun beruht – für MAX WEBER und auch in der Wirklichkeit – jede politische Ordnung letzten Endes auf Zwang, unter modernen Verhältnissen: auf dem Gewaltmonopol des Staates. Aber es besteht eine entscheidende Wechselbeziehung zwischen Zwangsgewalt und Legitimität: Wenn und soweit die Ordnung als legitim akzeptiert wird, kann die Zwangsgewalt normalerweise latent bleiben. Wenn sie nicht wenigstens von den Exekutivorganen – dem »Verwaltungsstab« im Sinne MAX WEBERS – als legitim akzeptiert wird, bricht auch die Zwangsgewalt zusammen. Es ist der gleiche Gedanke, den KARL MARX einmal mit den Worten ausgedrückt hat: »Dieser Mann glaubt zum Beispiel, daß man ihm gehorcht, weil er König ist. In Wirklichkeit ist er nur König, weil und solange man ihm gehorcht.« In genau diesem Sinne definierte MAX WEBER Herrschaft als die typische Chance, Gehorsam für spezifische Befehle zu finden.

Wir können das Gesagte auch so erläutern, daß es ein Maximum von politischer Legitimität gibt, bei dem kein sichtbarer Zwang nötig ist, weil die Bürger freiwillig ihre Pflichten erfüllen; daß es ein Existenzminimum einer politischen Ordnung gibt, in dem ein universelles Zwangsregime funktioniert, weil wenigstens die Exekutivorgane ihre Pflicht erfüllen; und daß es eine Nullstufe der Legitimität gibt, auf der die Gewaltanwendung unberechenbar und unvoraussehbar wird, weil die Inhaber der Mittel der Gewalt sich an keine Ordnung gebunden fühlen, sondern sich gemäß ihren wechselnden Interessen verhalten und dem Meistbietenden zur Verfügung stellen.

Solche Regime ohne erkennbares Legitimitätsprinzip sind besonders geeignet, durch den Kontrast deutlich zu machen, was politische Legitimität bedeutet. Der amerikanische Politikwissenschaftler SAMUEL HUNTINGTON hat sie »Prätorianerregime« genannt[2] in Erinnerung an jene Phase der spätrömischen Kaiserzeit, in der die Loyalität der Leibgarden über den Aufstieg und Sturz der Cäsaren entschied. In neuerer Zeit haben wir solche »Prätorianerregime« vor allem in einer Reihe von Entwicklungsländern erlebt – in den wechselnden Caudilloregimen Lateinamerikas im 19. und frühen 20. Jahrhundert, in der Herrschaft der chinesischen Provinzgenerale zwischen 1911 und 1928, in einem Teil der militärischen Umstürze im nachkolonialen Afrika. In allen diesen Fällen handelt es sich um Zustände, die sowohl den Betroffenen wie allen Beobachtern unabhängig von ihren Ideologien oder Wertmaßstäben als Zeiten des Verfalls erscheinen – weil die faktische Macht sich auf *kein* legitimierendes Prinzip stützt.

Worauf beruht moderne Legitimität?

Damit ist schon die Annahme ausgesprochen, daß eine legitime Ordnung gewissen allgemein akzeptierten Ideen oder Prinzipien entsprechen muß, auf die sie sich beruft. MAX WEBER hat bekanntlich drei Grundtypen solcher legitimen Herrschaft unterschieden[3]: Die »traditionale« Herrschaft, in der eine überlieferte, sich in der Lebenserfahrung der Menschen nicht fühlbar verändernde Ordnung als gottgewollt legitimiert wird; die »charismatische« Herrschaft, bei der oft grundlegende Umwälzungen durch den Glauben an die einzigartige »Gnadengabe« einer wegweisenden Führerpersönlichkeit legitimiert werden; und die »legal-rationale« Herrschaft, bei der die Art, in der wechselnde Sach- und Personalentscheidungen unter sich verändernden Bedingungen zustande kommen, durch die Legalität und Rationalität des Entscheidungsverfahrens legitimiert wird. Bei den auf Dauer angelegten politischen Ordnungen in dynamischen, modernen Industriegesellschaften haben wir es normalerweise mit dem letztgenannten WEBERschen Typus, mit »legal-rationaler« Legitimierung wechselnder Entscheidungen durch ein stabiles Verfahren zu tun, wobei es sich heute in den Industrieländern des Westens um die Verfahren der rechtsstaatlichen pluralistischen Demokratie, in den kommunistisch regierten Staaten des Sowjetblocks um die Verfahren der monopolistischen Einparteiherrschaft im Rahmen des »demokratischen Zentralismus« handelt.
Für die Beurteilung der Legitimität der bestehenden Ordnungen in den Industriegesellschaften des Westens wie des Ostens

erhebt sich nun die grundsätzliche Frage, ob das bloße Bestehen einer klar definierten, von persönlicher Willkür unabhängigen prozeduralen Ordnung zur effektiven Legitimierung der bestehenden politischen Systeme, unabhängig von ihren konkreten Verschiedenheiten, ausreicht oder ob für die effektive Geltung der *formalen* Verfahren noch andere, *inhaltliche* Bedingungen erfüllt sein müssen. Die erste Antwort würde auf die These hinauslaufen, daß unter modernen, industriellen Bedingungen *jede* in sich geschlossene Rechtsordnung von denen, für die sie gelten soll, tatsächlich als legitim akzeptiert wird: Das ist die These des radikalen »Rechtspositivismus«, die in der Tat in manchen Formulierungen MAX WEBERS eine Stütze findet.[4] Gegen eine solche Auffassung spricht aber, wie wir noch sehen werden, die Erfahrung einer Reihe von Legitimitätskrisen, die in modernen Gesellschaften auch ohne vorherige Krise der prozeduralen Ordnung aufgetreten sind.

Die zweite Antwort, daß die Legitimität eines formalen Verfahrens noch an weitere, inhaltliche Bedingungen gebunden ist, kann uns in verschiedene Richtungen führen, je nachdem wie diese inhaltlichen Bedingungen definiert werden. Eine mögliche Definition wäre, daß ein politisches Verfahren nur legitim ist, wenn die Regierten seine theoretische oder ideologische *Begründung* akzeptieren. Danach wäre eine demokratische Ordnung nur legitim, wenn und solange die Wähler an die Idee der Verkörperung der Volkssouveränität durch Mehrheitsentscheidungen mit repräsentativen Mitteln glauben; eine kommunistische Parteiherrschaft wäre nur legitim, wenn und solange die Regierten an die marxistische Theorie der Geschichtsentwicklung und an die Leninsche Lehre von der Verkörperung des Geschichtsbewußtseins durch eine zentralistische Vorhutpartei glauben. Dieser Auffassung widerspricht die Erfahrungstatsache, daß die Masse der Menschen sich in ihrer Haltung zu einer modernen politischen Ordnung nicht nach politischen Theorien, sondern nach ihrer allgemeinen Erfahrung mit dem Funktionieren dieser Ordnung richtet.

Das legt eine zweite Art von inhaltlicher Bedingung der Legitimität eines politischen Verfahrens nahe – nämlich die Bedingung seines *Erfolges*. Auch diese Definition ist aber in zweifacher Hinsicht unzureichend. Einmal kann es keine politische Ordnung geben, die ständig und unter allen Umständen erfolgreich wäre: Jede menschliche Ordnung ist ihrer Natur nach unvollkommen, und die Menschen sind erfahrungsgemäß bereit, sich von Zeit zu Zeit mit Mängeln und Mißerfolgen eines Regierungssystems abzufinden, solange sie nicht katastrophale Ausmaße annehmen und solange das System auf die Dauer und im Durchschnitt erfolgreich zu funktionieren scheint. Zweitens aber und vor allem ist der Begriff des Erfolgs selbst nicht eindeutig: Es kommt darauf an, in der Verfolgung *welcher Ziele* eine Ordnung erfolgreich ist – ob die Richtung, in der sie Erfolge zu produzieren geeignet ist, auch diejenige Richtung ist, auf die es den Regierten ankommt.

Der Gedanke, daß zur Legitimität einer politischen Ordnung Erfolg etwa in der Erzeugung von Wohlstand oder in der Machterweiterung des betreffenden Staatsverbandes gehört, war natürlich auch MAX WEBER nicht fremd.[5] Uns erscheint jedoch wesentlich, daß verschiedene Staaten zu verschiedenen Zeiten die Verfolgung sehr verschiedener Ziele mit mehr oder weniger breitem Konsens ihrer Bürger anstreben können und daß manche von diesen möglichen Zielen in Widerspruch miteinander stehen oder doch geraten können. Wohlstand kann als maximale Erhöhung des Lebensstandards verstanden werden oder als maximale Existenzsicherheit. Eine rechtlich gesicherte Sphäre der persönlichen Freiheit kann, aber muß nicht überall für die Masse der Bürger eine entscheidende Rolle spielen. Soziale Gerechtigkeit kann als Chancengleichheit aufgefaßt werden, die mit einem erheblichen Freiraum für individuelle Initiative vereinbar ist, ja ihn erfordert, oder als »gerechte« Zuteilung der Lebenschancen durch die Obrigkeit in einer bis ins einzelne zentral geregelten Gesellschaft. Auch zwischen dem Primat der unabhängigen nationalen Eigenentwicklung, des Friedens oder der nationalen Machterweiterung sind verschiedene Rangordnungen möglich.

Welche dieser möglichen Ziele von den Bürgern eines gegebenen politischen Systems als die entscheidenden Maßstäbe seines Erfolges angesehen werden, hängt nun wesentlich von der geschichtlich gewordenen kulturellen Eigenart der betreffenden Bevölkerung ab. Mit andern Worten: *In den Erfolgsmaßstab der politischen Legitimität geht stets der Einfluß der jeweils vorherrschenden kulturellen Werte mit ein*; denn so wenig die Masse der Menschen bewußt an formulierte politische Doktrinen glaubt, so gewiß glaubt sie – mehr oder weniger bewußt – an den Vorrang bestimmter Werte. In diesem Sinne können wir sagen, daß die Legitimität einer prozeduralen politischen Ordnung über die Klarheit, Konsistenz und Funktionsfähigkeit der rechtlich geregelten Verfahren hinaus zweierlei erfordert: einen Wertkonsens zwischen den Regierenden – also jener Art von Personen, die bei dem gegebenen Verfahren zu Entscheidungsträgern werden – und der Masse der Regierten, und das auf Erfahrung gegründete Vertrauen der Regierten, daß dieses Verfahren normalerweise ein erfolgreiches Handeln im Sinne jener Werte fördern wird.

Der Begriff des Wertkonsenses setzt dabei bewußt voraus, daß es in jeder modernen politischen Ordnung eine – keineswegs notwendig abgeschlossene oder unveränderliche, aber in jedem gegebenen Augenblick klar erkennbare – »Elite« von politischen Entscheidungsträgern gibt: Gäbe es nicht diesen notwendigen Unterschied zwischen – jeweils – Regierenden und Regierten, so gäbe es offenbar auch nicht das Problem der Legitimität von Herrschaft. In den westlichen Demokratien bestehen diese Eliten in erster Linie aus den engeren und weiteren Führungskreisen der konkurrierenden politischen Parteien, in den kommunistischen Einparteistaaten aus Führung und Apparat der herrschenden Monopolpartei, in beiden modernen Systemen außerdem aus den oberen Rängen der staatlichen Bürokratie; »legal-rationale« Herrschaft im Sinne MAX WEBERS ist ja notwendig bürokratisch organisierte Herrschaft.

Ich fasse zusammen: Die Legitimität einer auf Dauer ausgerichteten politischen Ordnung in modernen Industriegesellschaften erfordert

- das Vorhandensein eines klaren und konsistenten Systems von Satzungen, das die Verfahren für politische Entscheidungen sachlicher wie personeller Natur regelt;
- das Bestehen eines breiten Wertkonsenses zwischen der Masse der Regierten und den herrschenden politischen Eliten (was begrenzte Differenzen über die *Rangordnung* der Werte sowohl innerhalb der Eliten wie innerhalb der Masse nicht ausschließt);
- das Vertrauen der Masse der Regierten, daß die Verfahren der gegebenen Ordnung normalerweise zu einer Auswahl der Eliten und zu Sachentscheidungen führen werden, die ein erfolgreiches Handeln im Sinne der gemeinsamen Werte ermöglichen.

Moderne Legitimität im Wandel

Die angeführten Voraussetzungen moderner Legitimität – funktionierende Entscheidungsverfahren, Erfolgsvertrauen und Wertkonsens – können offenbar nicht nur vollständig vorhanden sein oder vollständig fehlen: Ihre Präsenz in einem politischen System ist in verschiedenem Grade möglich, und dieser Grad kann sich ändern – und entsprechend gibt es verschiedene und veränderliche Grade von politischer Legitimität. Dabei ist nach dem oben Gesagten klar, daß der Grad sichtbarer Gewaltanwendung in einem politischen System insofern ein Maßstab seiner Legitimität ist, als er im umgekehrten Verhältnis zu *deren* Grad variiert: Je stärker (oder schwächer) die Legitimität der Ordnung, desto geringer (oder größer) ist die Wahrscheinlichkeit von Ausbrüchen oppositioneller Gewalt und von manifester Gewaltanwendung durch den Staat. Bevor wir die spezifisch kulturellen Legitimitätsprobleme der gegenwärtigen Industriegesellschaften des »Westens« und des »Ostens« systematisch erörtern, soll darum hier noch kurz eine Typologie der verschiedenartigen Faktoren versucht werden, die den Gewinn oder Verlust einer politischen Ordnung an Legitimität beeinflussen können.

1. Festigung oder Verfall des Verfahrens: Ein neues Regime, das etwa durch eine Revolution oder Nachfolgekrise, durch Unterwerfung unter eine imperiale Vormacht oder Befreiung von ihrer Vorherrschaft entstanden ist, wird vor allem Legitimität zu gewinnen suchen, indem es seine Entscheidungsverfahren »institutionalisiert«. Das kann durch Annahme neuer Verfassungen geschehen, aber auch durch Reorganisation des Parteiensystems; häufig hat der Zusammenschluß einer Reihe von Gruppierungen zu einer vorherrschenden Partei zur Stabilisierung der Entscheidungsprozeduren und damit zur Legitimierung eines neuen Regimes beigetragen, wie Ende der 20er Jahre in Mexiko oder in den 60er Jahren in einer Reihe ex-kolonialer Staaten Afrikas. Auch nach dem Ende der persönlichen Despotie STALINS hat die Wiedereinführung regulärer Entscheidungsverfahren in der KPdSU, zuerst unter CHRUSCHTSCHOW und noch mehr unter dem noch stärker auf prozedurale Regelmäßigkeit ausgerichteten BRESHNEW-Regime zweifellos die Legitimität der sowjetischen Ordnung gestärkt; und es hat den Anschein, daß in China seit Beendigung der Nachfolgekrise, die MAOS Tod vorausging und folgte, ein ähnlicher Prozeß im Gange ist.
Umgekehrt verliert eine Ordnung rasch an Legitimität, wenn ihre Entscheidungsverfahren nicht mehr normal oder überhaupt nicht funktionieren. Der Niedergang der Weimarer Re-

publik in den Jahren, in denen eine parlamentarische Mehrheitsbildung durch die Zersplitterung der Mitte und das Anwachsen der Extreme unmöglich geworden war, so daß sie nur noch mit dem Ausnahmezustand regiert werden konnte, ist ein klassisches Beispiel. Die neuerdings verbreitete Rede von der »Unregierbarkeit« der westlichen Demokratien im Zeichen von Inflation und Rezession drückt die Erwartung einer ähnlichen Entwicklung aus – einer Lähmung des parlamentarischen Entscheidungsmechanismus teils durch immer knappere und unstabilere Mehrheiten, teils durch unkontrollierbare Konflikte der großen außerparlamentarischen Interessengruppen. Die Vorstellung, eine demokratische Regierung könne mit den vertrauten Verfahren die dringenden Probleme nicht mehr bewältigen, ist zweifellos ein Anzeichen von drohendem Legitimitätsverlust; umgekehrt hat der zeitweise Erfolg der britischen Labour-Regierung mit der Ergänzung der vertrauten Verfahren durch den mit den Gewerkschaften ausgehandelten »Sozialvertrag«, und der relative Erfolg der in die Regierungsmehrheit eingetretenen italienischen Kommunisten in der Gewinnung der Gewerkschaften für einen ähnlichen Beitrag zur Inflationsbekämpfung die Legitimität der parlamentarischen Ordnung in beiden Ländern eine Zeitlang gestärkt.

2. Erfolge oder Fehlschläge: Neben der Institutionalisierung der Verfahren sind Anfangserfolge, zumal auf wirtschaftlichem und außenpolitischem Gebiet, oft wesentlich für die rasche Legitimierung eines neuen Regimes oder neuen Staates – man denke an die Bedeutung des dramatischen Siegs im Gründungskrieg für die Legitimität der neuen israelischen Demokratie, aber auch an den Beitrag des »Wirtschaftswunders« der 50er Jahre zur Festigung der Legitimität der jungen Bundesrepublik Deutschland. Umgekehrt können offenkundige Fehlleistungen auch bei formal funktionierenden Verfahren in einem jungen Regime zur offenen Legitimitätskrise führen, wie in der DDR 1953 und in Ungarn 1956, und selbst in einem späteren Stadium noch die Legitimität erschüttern – man denke an den Beitrag wirtschaftspolitischen Versagens zu dem innerparteilichen Führungswechsel in der Tschechoslowakei an der Wende 1967/8 und in Polen im Winter 1970.

3. Wertangleichung und Wertkonflikt: Schließlich kann die Legitimität einer Ordnung verbessert werden, wenn der Wert-

konsens zwischen Regierenden und Regierung durch Annäherung verstärkt wird: Man denke etwa an die Stärkung der Legitimität des polnischen kommunistischen Regimes durch die stärkere nationale Note, die von der neuen Parteiführung unter GOMULKA nach 1956 angeschlagen wurde, auf der einen und durch die Überzeugung weiter Kreise der Regierten, ein Versuch weitergehender Unabhängigkeit werde zur sowjetischen Intervention wie in Ungarn führen, auf der andern Seite. Auch die demonstrative Abkehr CHRUSCHTSCHEWS von STALINS »Massensäuberungen« 1956 und sein späterer Verzicht auf weitere geplante Umwälzungen der sowjetischen Sozialstruktur, sei es auch mit »friedlichen« Mitteln, hat zweifellos Voraussetzungen für ein erhöhtes Maß an Wertkonsens in der Sowjetunion geschaffen und insofern zur erhöhten Legitimität des Regimes beigetragen.

Umgekehrt kann ein bestehender Wertkonsens mit gefährlichen Folgen für die Legitimität erschüttert werden, wenn entweder das Bekenntnis der Regierenden zu den gemeinsamen Werten an Glaubwürdigkeit verliert oder die Werthaltungen der Regierten sich in wichtigen Punkten wandeln. Ein Beispiel für das erste ist die »Glaubwürdigkeitslücke«, die während des Vietnamkriegs in den Vereinigten Staaten entstand und im Verlauf der »Watergate«-Affäre ein katastrophales Ausmaß annahm. Die Verminderung der Legitimität der Exekutive durch diese Vorgänge hat unter anderem zu massenhaften Disziplin- und Vertrauensbrüchen von Beamten und zu massenhaften Enthüllungen vertraulicher Dokumente, allgemein zeitweise fast zur außenpolitischen Lähmung der Vereinigten Staaten geführt; sie ist seit der Wahlkampagne von 1976 großenteils, doch noch keineswegs völlig überwunden.

Die Verminderung des Wertkonsenses durch spontanen Wertwandel bei den Regierten schließlich ist das allgemeinste Problem, mit dem wir es bei den Beziehungen zwischen kulturellem Wertwandel und Legitimität zu tun haben. Über aktuelle Beispiele, wie die Abnahme von Leistungsbereitschaft und Konsumeifer oder die Veränderung in der relativen Wertschätzung von Wirtschaftswachstum und Umweltschutz hinaus haben wir es hier mit der Grundtatsache zu tun, daß in einer dynamischen Kultur und Gesellschaft, wie wir sie seit Jahrhunderten im Westen, in neuerer Zeit aber auch zunehmend im Osten haben, langfristiger Wertwandel unvermeidlich ist – und daß sich damit für die regierenden Eliten hüben und drüben die Aufgabe stellt, Normen und Institutionen immer wieder gemäß diesem Wertwandel neu zu gestalten, sofern sie ihre Legitimität bewahren wollen.

Wertwandel und Legitimität im Westen

Jede der großen Zivilisationen oder Kulturen der Menschheit – ich gebrauche die Worte hier als austauschbar, wie in TOYNBEES Morphologie der Zivilisationen oder in der Kulturanthropologie – wird durch eine Reihe von grundlegenden Werten gekennzeichnet, die bestimmen, in welcher Art ihre Angehörigen die gegebenen materiellen Bedingungen gestalten und die gegebenen sozialen Aufgaben lösen. Diese Werte werden in der Entstehungsphase einer Kultur typisch in Mythen oder Religionen ausgedrückt, auf späteren Stufen explizit in philosophischen oder politisch-sozialen Doktrinen formuliert. Immer aber verkörpern sie sich in den Institutionen und Verhaltensnormen einer Zivilisation.

Dynamische Eigenart der westlichen Werte

Wenn wir hier von westlicher Zivilisation sprachen, so meinen wir eine kulturelle Form menschlichen Zusammenlebens, die weit älter ist als die moderne »westliche« Demokratie oder auch als der »westliche« Kapitalismus und die diese modernen Gestaltungsformen vielmehr im Verlauf ihrer Entwicklung erst hervorgebracht hat. In der Tat sind die grundlegenden Kennzeichen der modernen Gesellschaften – die hochentwickelte industrielle Arbeitsteilung und die Ausdehnung der demokratischen politischen Rechte – originär nur auf dem Boden dieser westlichen Zivilisation entstanden und haben sich von dort her ausgebreitet. Der Grund ist, daß nicht nur die Einrichtungen der vormodernen westlichen Gesellschaft des europäischen Mittelalters, auf Grund der Vielzahl autonomer Kräfte (Papsttum und Kaisertum, Stände, autonome Städte und Universitäten) weit größeren *Spielraum* für Veränderungen boten als die Einrichtungen anderer traditioneller Gesellschaften, sondern daß die westlichen Werte in ihrer besonderen Kombination einen einzigartigen *Antrieb* für das Streben der Individuen nach moralischer, intellektueller, sozialer oder materieller Verbesserung der eigenen Person oder Stellung lieferten, der in einer sich allmählich beschleunigenden Dynamik gesellschaftlicher Veränderung resultierte.

Unsere westliche Zivilisation ist im frühen Mittelalter aus der Verbindung von Elementen der klassischen griechisch-römischen Antike und der jüdisch-christlichen Prophetie entstanden. Zu ihren grundlegenden Werten gehören der Glaube an eine mit den Mitteln der menschlichen Vernunft verständliche Ordnung der Welt, an die Einzigartigkeit des Individuums, das mit unveräußerlichen Rechten geboren wird, an die bindende Natur von freiwillig eingegangenen (und nicht nur von auf Blutsbanden beruhenden, »naturwüchsigen«) Gemeinschaften, an die Notwendigkeit einer Abgrenzung zwischen den Ansprüchen der Individuen und denen der Gemeinschaft durch eine Rechtsordnung, und an den Wert der Arbeit in dieser Welt nicht nur als bitterer Notwendigkeit, sondern als Sinnerfüllung des Lebens.

Doch eine dynamische Zivilisation, die durch die Eigenart ihrer bestimmenden Werte Antrieb für immer neue Veränderung der Lebensbedingungen schafft, schafft damit auch immer neue Probleme für die Geltung der aus den Werten abgeleiteten Verhaltensnormen und das Funktionieren der darauf beruhenden Institutionen: Normen und Institutionen müssen immer wieder in Anpassung an die neuen Lebensbedingungen verändert werden; und wenn dies gelingen soll, ohne daß der Zusammenhalt verlorengeht, den die kulturelle Ordnung gewährt hat, müssen die Werte selbst immer neu interpretiert werden, um ihre Glaubwürdigkeit zu bewahren. So ist im Laufe der westlichen Geschichte der Glaube an eine vernünftige Ordnung der Welt zunächst als Glaube an eine gottgegebene Ordnung, dann zunehmend als Glaube an eine universelle Naturgesetzlichkeit, schließlich auch als Glaube an eine Gesetzmäßigkeit des geschichtlichen Fortschritts aufgefaßt worden. Die unveräußerlichen Rechte des Individuums erschienen zunächst als Rechte eines Jeden nach seinem Stande, seit der Aufklärung zunehmend als gleiche bürgerliche und politische Rechte, in unserem Jahrhundert auch mehr und mehr als Rechte auf gleiche soziale Chancen und gleiche soziale Sicherheit. Die Bindung an die freiwillig eingegangene Gemeinschaft, ursprünglich die christliche Gemeinde oder die sich selbst verwaltende Stadt, verwandelte sich in Bindungen an die Nation oder an kämpferische soziale Bewegungen, und Ansätze einer Bindung an nationenübergreifende, kulturelle oder auch universelle Gemeinschaften sind zu erkennen. Der Glaube an den sinngebenden Wert der Arbeit als Aufgabe in einer gottgegebenen Arbeitsteilung wurde als Wert der Anstrengung zur Erreichung von materiellem Erfolg im Diesseits als Anzeichen des jenseitigen Heils, und schließlich als Kampf um den materiellen Erfolg als solchen und den materiellen Genuß als seinen Lohn umgedeutet.

Kontinuität oder Krise im Wertwandel

Die immer neue Lösung dieser Umdeutungsprobleme in Anpassung an neue Stufen der gesellschaftlichen Entwicklung ist aber nicht selbstverständlich – ihr Gelingen wird durch keinen Automatismus, keine »Naturgesetzlichkeit« des Geschichtsprozesses garantiert. Vielmehr erfolgt die Umdeutung der Werte ganz wie die Änderung der Verhaltensnormen und Institutionen, die sie begründen soll, im Zuge von politischen, sozialen und weltanschaulichen Kämpfen, deren Ausgang nicht vorbestimmt ist. Sie kann so gelingen, daß die Werte in der umgedeuteten Form ihre Glaubwürdigkeit, ihren inneren Zusammenhang und ihre bindende Kraft bewahren: Ein solcher harmonischer und kontinuierlicher Wertwandel bedeutet, daß die Zivilisation als Ganzes eine neue Entwicklungsstufe erreicht. Sie kann insofern nur partiell gelingen, daß der innere Zusammenhang zwischen den umgedeuteten Werten geschwächt, ihr ursprüngliches Gleichgewicht verzerrt wird: Ein solcher unharmonischer Wertwandel bedeutet, daß der Übergang auf eine neue Entwicklungsstufe zwar erfolgt, aber unter Bedingungen, die den Grund für spätere kulturelle Krisen legen. Sie kann auf kürzere oder längere Zeit mißlingen, wie in der großen Kulturkrise der Renaissance, als die Verhaltensnormen des mittelalterlichen Katholizismus und die ihnen angepaßten Institutionen den Lebensbedingungen der fortgeschrittenen Teile Europas nicht mehr entsprachen, die Herausarbeitung neuer Normen durch Reformation und Gegenreformation und neuer Institutionen durch den modernen Staat aber Jahrhunderte in Anspruch nahm, während deren – zugleich mit einer Vielfalt neuer Ideen – der massenhafte Einbruch von Aberglauben und Hexenwahn, das Auftreten zahlreicher chiliastischer oder anomischer Sektenbewegungen und die weitverbreitete Auflösung der Moralnormen die Epoche charakterisierten: Ein solches Mißlingen des Wertwandels bedeutet einen – zeitweisen oder dauernden – Verlust der Glaubwürdigkeit der Werte selbst und

eine Bedrohung des Fortbestandes der Zivilisation durch eine anomische Krise.
Diesen verschiedenen Formen des kulturellen Wertwandels entsprechen nun auch verschiedene Wirkungen auf die Legitimität der politischen Ordnungen. Dabei kann – und wird in aller Regel – auch ein kontinuierlicher Wertwandel, der sich durch Umdeutung der Grundwerte einer Zivilisation in einer klar erkennbaren Richtung vollzieht, an bestimmten kritischen Punkten einfach deshalb zu Legitimitätskrisen führen, weil die Träger der herrschenden Institutionen gemäß ihrer verschiedenen Interessenlage die neuen Auffassungen nicht im gleichen Tempo akzeptieren wie andere gesellschaftliche Gruppen. So haben einerseits die Schöpfer der modernen Territorialstaaten Europas in einer bestimmten Phase die Pluralität der traditionellen mittelalterlichen Gewalten auf ihrem Territorium nicht mehr als legitim anerkannt und gewaltsam gebrochen; so haben andrerseits die großen demokratischen Revolutionen Englands und Frankreichs den traditionellen Restbestand in der Legitimation ihrer Monarchen anzuerkennen verweigert, und – nach Intervallen charismatischer Legitimität und traditionaler Restauration – die Grundlagen einer neuen, legal-rationalen Legitimität geschaffen. Beiden Phasen lag ein Wertwandel zugrunde, der von der ständischen über die – versuchte oder reale – absolutistische zur demokratisch-parlamentarischen Ordnung führte; dabei hat sich die demokratische Revolution als eine charakteristische politische Form eines kontinuierlichen kulturellen Wertwandels erwiesen.
Es liegt dabei in der Natur des Wertwandels, daß er in erster Linie von »Intellektuellen« artikuliert wird – auf frühen Stufen großenteils von Klerikern, insbesondere »dissidenten« Klerikern, aber auch von Hofbeamten, später zunehmend von der entstehenden weltlichen Intelligenz. Als Sprecher des Wertwandels werden die Intellektuellen zugleich zu Vorläufern des Legitimitätswandels: Die Reformation geht dem Absolutismus, die Aufklärung der französischen Revolution voraus.
Dagegen haben krisenhafte Formen des Wertverfalls und der Anomie, eben weil sie keine klare Richtung des Wandels anzeigen, auch keine ebenso eindeutigen politischen Konsequenzen: Sie liefern, solange die Wertkrise dauert, keine Grundlage für eine neue Legitimität, so gewiß sie die alte untergraben. Nicht zufällig ist die italienische Renaissance die eine große Einbruchsstelle »prätorianischer« Machtformen in der Geschichte

der westlichen Zivilisation – abgesehen von deren Randgebieten – gewesen.

Von der Wertverzerrung zur Wertkrise?

Ich habe schon angedeutet, daß es zwischen den grundlegenden Werten einer Zivilisation einen inneren Zusammenhang, wenn man will, ein natürliches Gleichgewicht derart gibt, daß kein einzelner Wert auf Kosten der andern einseitig überbetont, geschweige zum »höchsten Wert« heraufstilisiert werden darf, wenn die Zivilisation entwicklungsfähig bleiben soll. (Eine der geschichtlichen Leistungen des Glaubens an einen transzendenten Gott war, daß er ein Hindernis für die Absolutsetzung *eines* diesseitigen »höchsten Wertes« bildete – nach Verlust des Gottesglaubens wird die Gefahr solcher Verabsolutierung einzelner irdischer Werte größer.)

Es scheint nun, daß in der westlichen Entwicklung der Neuzeit im Zeichen der Herausbildung des industriellen Kapitalismus und des Nationalstaats eine solche »Wertverzerrung« gleich in zwei wichtigen Richtungen stattgefunden hat: In der Überbewertung des materiellen Erfolgs des einzelnen und in der Überbewertung der Nation. Mit der Loslösung des materiellen Erfolgskults von seiner calvinischen religiösen Begründung im Zuge der Säkularisierung des modernen Bewußtseins wurde er immer stärker auch von Vorstellungen einer Verpflichtung gegenüber der Gemeinschaft losgelöst. Zugleich führte dieselbe Entwicklung in breiten Schichten zu einer primitiven Reduzierung des Glaubens an einen geschichtlichen Fortschritt im Sinne der westlichen Werte im ganzen auf einen Glauben an rein materiellen, ökonomisch-technischen Fortschritt, und schließlich unter dem Eindruck des Übergangs der Industriegesellschaft in eine Wohlstandsgesellschaft des Massenkonsums zu einer Zurückdrängung der zuvor zur Erfolgsethik umfunktionierten Arbeitsethik zugunsten eines überwuchernden Hedonismus.[6] Der überwertig gewordene und zugleich zunehmend auf den materiellen Erfolg und Genuß eingeschränkte Individualismus tendierte dazu, die Werte der vernünftigen Ordnung, der Gemeinschaft und der Arbeit aufzuzehren.

Parallel damit hat die überwertige Betonung der nationalen Gemeinschaft der Reihe nach zum Ersten Weltkrieg, zum Versagen der Bemühungen um eine internationale Ordnung in der Zwischenkriegszeit, zu dem nationalistischen Paroxysmus der

Hitlerbewegung und damit zum Zweiten Weltkrieg geführt. Sie hat so nicht nur den Übergang zu einer höheren, übernationalen Stufe des Gemeinschaftsbewußtseins ungeheuer erschwert, wie wir trotz aller Fortschritte der innerwestlichen Zusammenarbeit seit dem Zweiten Weltkrieg immer noch an der Langsamkeit des Integrationsprozesses eines geschrumpften Westeuropa ablesen können, sondern auch den Glauben an eine vernünftige Ordnung der Geschichte tief erschüttert und mindestens zeitweise zu einer barbarischen Zurückdrängung von Rechtsprinzipien geführt.

Beide in der neuzeitlichen Entwicklung entstandenen Wertverzerrungen sind gewiß seit langem nicht nur von einsichtigen Einzelnen, sondern von großen Bewegungen bekämpft worden: So haben der internationale Sozialismus, aber z. T. auch die christlichen Kirchen in einer oder der anderen Form versucht, sich dem Nationalismus einerseits, der kapitalistischen Profitjagd andererseits entgegenzustellen oder sie wenigstens unter Kontrolle zu bringen. Doch ihre Erfolge sind nicht nur im politischen Ergebnis, sondern auch in der Entwicklung der praktisch das Handeln des *homo occidentalis* bestimmenden Werte und Normen beschränkt geblieben.

Wir müssen also feststellen, daß die allmähliche Wertverzerrung der vergangenen Jahrhunderte die westliche Zivilisation der Gegenwart in eine Lage versetzt hat, in der sie der rapiden Veränderung der Lebensbedingungen und sozialen Probleme und den dadurch hervorgerufenen Tendenzen eines polymorphen Wertwandels vorerst mit sehr begrenzter schöpferischer Wandlungsfähigkeit gegenübersteht. So müssen wir schon den zerstörerischen Ausbruch des deutschen Nationalsozialismus, der sich im Namen der verabsolutierten Nation gegen die Gesamtheit der humanen Werte des Westens erhob und sie als bloße Heuchelei denunzierte, als Beginn einer neuen anomischen Kulturkrise deuten. Wohl ist es der westlichen Welt nach der militärischen Niederschlagung von HITLERS Aufstand gegen sie im nächsten Vierteljahrhundert noch einmal gelungen, durch eine gewissen Zähmung des Nationalismus im innerwestlichen Bereich und eine erstaunlich erfolgreiche Kontrolle des Kapitalismus mit Hilfe einer auf hohes Beschäftigungsniveau und stetiges Wachstum ausgerichteten staatlichen Politik der Globalsteuerung große konstruktive Leistungen zu vollbringen. Doch im Laufe des letzten Jahrzehnts sind ganz neue Herausforderungen aufgetreten, die erneut von anomischen

Krisenerscheinungen begleitet sind und deren Überwindung noch ungewiß ist.

Die neuen Herausforderungen

Diese Herausforderungen bestehen zum Teil in einer Reihe von Veränderungen der materiellen Lebensbedingungen der westlichen Welt, die einen Trendbruch in deren Entwicklung anzuzeigen scheinen, und in der dadurch hervorgerufenen Desorientierung. Zum Teil bestehen sie in einer Reihe von »spontanen«, d. h. durch längere Prozesse vorbereiteten, aber plötzlich an die Oberfläche tretenden Änderungen der Werthaltung von wichtigen Teilen der jungen Generation.

Die materiellen Veränderungen beginnen mit der Annäherung an »Grenzen des Wachstums« in der Rohstoff- und Energieversorgung, die inzwischen durch die »Ölkrise« dramatisiert worden sind. Sie umfassen auch den zunehmenden Ernst – und das zunehmende Bewußtwerden – der umweltzerstörenden Nebenwirkungen der beschleunigten Industrialisierung. Sie bewirken einerseits, daß ein weiteres Wachstum im Tempo des Vierteljahrhunderts nach dem Zweiten Weltkrieg von vielen als weder wahrscheinlich noch wünschenswert angesehen wird, andererseits, daß zur Vermeidung unzumutbarer Zerstörungen oder plötzlicher Engpässe und zur Sicherung eines hohen Beschäftigungsniveaus unter den veränderten Bedingungen neue Formen strukturpolitischer Eingriffe in die kapitalistische Marktwirtschaft, über die »keynesianische« Globalsteuerung hinaus, unvermeidlich werden.

Eng verbunden mit diesen inneren Problemen der westlichen Wirtschaft ist die Problematik einer Neugestaltung der Beziehungen zwischen den westlichen (und übrigens auch den östlichen) Industrieländern einerseits und den Entwicklungsländern andererseits, zu denen auch die zunehmende Dramatik der Frage nach der Zukunft der Weltbevölkerung und ihrer Ernährung gehört. Von hier her wie auch vom Zusammenbruch des seinerzeit vom Westen allein geschaffenen Weltwährungssystems von Bretton Woods präsentiert sich mit wachsender Dringlichkeit die Forderung nach einer nicht mehr nur »westweiten«, sondern wahrhaft weltweiten internationalen Ordnung.

Die Änderungen im Verhalten wichtiger Teile der jungen Generation scheinen ihre Grundlage einmal in der Erschütterung des Fortschrittsglaubens durch die Weltkriege und Weltkrisen dieses Jahrhunderts, damit aber im weitgehenden Verlust des Glaubens an eine rational verständliche Weltordnung zu haben. Zum anderen wurzeln sie in der Schwächung der Familienbindungen und speziell der Bindungen an die Eltern- und Lehrergeneration, die auf die immer raschere technische Veränderung der Lebensbedingungen im Laufe des industriellen Zeitalters zurückgeht, die ja über die Produktionssphäre hinaus tief in die Privatsphäre eingegriffen hat. Das hat mit der Entwicklung der Frauenemanzipation dank der zunehmenden Berufstätigkeit der Frauen einerseits, der zunehmenden Kontrollierbarkeit der Geburten andererseits bis hin zur Pille begonnen. Das äußert sich in dem Zusammenhang von wachsenden Ansprüchen an den Lebens- und besonders Wohnungsstandard und abnehmender Geburtenrate, aber auch in der seit Generationen stetig fortschreitenden Lockerung der Sexualnormen und zunehmend genußbetonten Sexualethik für beide Geschlechter. Das geht einher mit der immer rascheren Umwälzung der Konsum- und Freizeitsphäre durch neue Techniken bis hin zum Fernseher und zur Autofernreise: Alle diese Veränderungen bewirken, daß die Jugend mit neuen Alltagserfahrungen aufwächst, die den Älteren nicht vertraut sind, und sie sich daher nicht mehr zu Vorbildern nehmen kann. Mit der Lockerung des Mechanismus der Sozialisierung der Heranwachsenden wird aber nicht nur die Weitergabe von schnell veraltenden Alltagsnormen, sondern oft auch die von grundlegenden Werten der westlichen Zivilisation erschwert. Zugleich leidet unter dem Mangel an glaubhaften Vorbildern die Identitätsbildung in der zunehmend »außengesteuerten«[7] jungen Generation, und die resultierende »Ichschwäche«[8] verbindet sich mit der äußeren Desorientierung als Faktor der allgemeinen Lebensangst.

Weltbildverlust und Bindungsverlust zusammen erklären das häufige Phänomen des »Sinnverlustes«, der bei vielen Jugendlichen des Westens im letzten Jahrzehnt entweder zur Revolte oder zum passiven Rückzug aus der Gesellschaft – in Hippiekommunen, in Drogenkulte, neuerdings in pseudoreligiöse Jugendsekten – geführt hat. Dabei gehen alle diese Formen der Jugenddissidenz mit einer Erschütterung des Glaubens an wesentliche Werte des Westens einher, wobei der Ersatz oft gleichzeitig in polar entgegengesetzten Richtungen gesucht wird.

So kann auf den Verlust des Glaubens an eine vernünftig verstehbare Ordnung der Welt mit dem Zynismus des rücksichtslosen Auslebens aller, auch verbrecherischer Instinkte oder mit der Flucht in die Geborgenheit eines ideologischen Dogmas oder einer Pseudoreligion reagiert werden. Ebenso zeigen die gleichen, revoltierenden Jugendlichen oft einen extremen, anarchischen Individualismus und eine tiefe Angst vor Vereinzelung, die sich als Flucht aus der Individualität in die Droge oder auch als verzweifelte Sehnsucht nach Aufgehen in einer Gemeinschaft äußern kann. Die Abkehr von der Arbeitsethik der Leistungsgesellschaft kann mit der Sinnlosigkeit der Jagd nach immer neuen Konsumgütern begründet werden, oder umgekehrt zu einer hedonistischen Orientierung auf die Erlangung möglichst vieler Freuden des Lebens mit möglichst wenig Arbeit führen.

Mit all diesen Erscheinungen haben wir offenbar Symptome einer neuen anomischen Krisenphase beschrieben, die diesmal nicht, wie seinerzeit die Phase des nationalsozialistischen Ausbruchs, *eine* von den Zeitproblemen damals besonders schwer betroffene Nation, sondern Teile der Jugend *aller* westlichen Nationen ergriffen hat. Die Frage bleibt, welche Konsequenzen die kulturelle Krise für die politische Legitimität der westlichen Demokratien gebracht hat und noch bringen kann.

Die politischen Konsequenzen

Die erste Form, in der die Kulturkrise politischen Ausdruck fand, war die Studentenrevolte der späten 60er Jahre, die sich ideologisch großenteils als Abfall von der demokratischen Ordnung und als Proklamation revolutionärer Ziele in mehr oder weniger »marxistischer« Sprache manifestierte. Die Ereignisse des Mai 1968 in Frankreich bedeuteten zweifellos eine zeitweise Erschütterung der Präsidialdemokratie DE GAULLES; in weniger auf ein Hauptereignis konzentrierter Form und mit weniger Widerhall in Teilen der nichtstudierenden Bevölkerung haben auch die damaligen Gewaltausbrüche in den Vereinigten Staaten, der Bundesrepublik Deutschland und Italien die Legitimitätsfrage aufgeworfen. Es zeigte sich jedoch schnell, daß die Verfahren der westlichen Demokratie sich überall der akuten politischen Herausforderung mühelos als gewachsen erwiesen. In Frankreich errang DE GAULLE – nach Lohnkonzessionen an die streikenden Arbeiter – wenige Monate nach der Krise einen großen Wahlsieg; in den USA brachte Präsident JOHNSONS Verzicht auf eine neue Kandidatur und die damit implizite Wendung zur Liquidierung des Vietnamkriegs die entscheidende Beruhigung; in Deutschland ging die gleiche Wirkung von den Wahlen von 1969 und der Bildung der sozial-liberalen Koalition aus.

Im Rückblick aus der Distanz eines Jahrzehnts gewinnt man so den Eindruck, daß die »revolutionären« Kampfformen und die ihnen angemessenen utopischen Forderungen nach einer »herrschaftsfreien« politischen Ordnung mit totaler Partizipation und »materieller« Demokratie, oder nach einer Gesellschaftsordnung, die nicht nur auf Gleichheit der Chancen, sondern der faktischen Stellung der Bürger ausgerichtet wäre, eher einen »Überbau« über die kulturelle Verzweiflung des intellektuell aktivsten Teils der Jugend als ein Element im Prozeß realen politisch-sozialen Wandels darstellten: So wenig ist von der Bewegung *in dieser Form* übriggeblieben. Die meisten ihrer damaligen Teilnehmer, die weiterhin politisch aktiv sind, haben sich zur Aktivität *innerhalb* der »formaldemokratischen« Prozeduren und entsprechend zu reformerischen Zielen bekehrt. Die permanente Weigerung, die Legitimität der demokratischen Ordnung anzuerkennen, beschränkt sich auf die marginalen Gruppen der Terroristen und das sie umgebende »freiwillige Ghetto« in einigen Ländern – zweifellos noch immer eine Beeinträchtigung der Legitimität der politischen Ordnung, aber eben doch eine marginale Beeinträchtigung, die keine Gefahr für deren Fortbestand anzeigt.

Dennoch wäre es ganz falsch, aus dem Abklingen des utopischen Rausches jener Jahre zu schließen, daß die Studentenrevolte als Ganzes politisch folgenlos geblieben ist. Vielmehr hat sie eine breite Schicht von inzwischen herangewachsenen Intellektuellen in dem Sinne geprägt, daß sie zu Trägern eines Wertwandels in durchaus nicht notwendig utopischer Richtung geworden sind. Die Ideen einer Abkehr vom Primat des Wirtschaftswachstums und der Konsumsteigerung, damit aber auch einer mehr oder weniger weitgehenden Abwertung der »Leistungsgesellschaft«, eines neuen Bewußtseins der Gefahren der Umweltzerstörung und einer neuen Verpflichtung gegenüber der notleidenden Mehrheit der Menschheit sind heute in der öffentlichen Diskussion des Westens und auch innerhalb seiner demokratischen Parteien weit verbreitet – ohne jedoch aufgehört zu haben, kontrovers zu sein. An kritischen Punkten, wie bei der Beurteilung neuer Kernkraftwerke als unentbehrlich für notwendiges Wirtschaftswachstum oder unerträglich für die Sicherheit der menschlichen Umwelt, sind diese Fragen auch heute noch potentiell höchst explosiv – aber eben nicht mehr im Zusammenhang einer marxistischen Scheinrevolution gegen die politische und gesellschaftliche Ordnung des Westens, sondern eines Kampfes um den Grad des notwendigen Wertwandels innerhalb *dieser* Ordnung.

Die konkrete Herausforderung für die Legitimität der westlichen Demokratien, soweit sie aus Tendenzen des Wertwandels und nicht aus der Gefahr prozeduralen Versagens entspringt, liegt nach meiner Überzeugung in dieser Richtung. Die Frage ist, ob es den politisch und geistig führenden Gruppen gelingen wird, den durch die veränderten Existenzbedingungen notwendig werdenden Wandel zugleich zu akzeptieren und in den Grenzen der Kontinuität der westlichen Grundwerte zu halten. Wird es möglich sein, den Kern des Leistungsprinzips, die positive Wertung der Arbeit, nicht in verbalen Formeln, sondern in konkreten Entscheidungen von seiner einseitig gewinn- und konsumorientierten Verzerrung zu befreien und gerade dadurch zu bewahren und wieder allgemein glaubhaft zu machen? Wird es möglich sein, das angesichts der wachsenden Weltbevölkerung noch immer unentbehrliche Wirtschaftswachstum einer wirksamen öffentlichen Kontrolle seiner Richtungen zu unterwerfen, die Rohstoff- und Energievergeudung und Umweltzerstörung zuerst national und schließlich international zurückdrängt? Wird es möglich sein, eine funktionierende internationale Ordnung mit Einschluß der notleidenden Mehrheit der Menschheit zu schaffen und die dafür notwendigen Opfer den fortgeschrittenen Industrieländern demokratisch akzeptabel zu machen? Wird es schließlich möglich sein, die in diesem Sinne anhand der gegenwärtigen Aufgaben neu gedeuteten grundlegenden Werte des Westens in der Erziehung wieder glaubhaft zu vermitteln?

Die Antwort auf diese Fragen hängt wie bei jedem Prozeß des Wertwandels von politischen, sozialen und geistigen Kämpfen ab, die in diesem Fall noch vor uns liegen. Wir können sie nicht im voraus geben. Eines freilich glaube ich mit Sicherheit voraussagen zu können: Nur wenn dieser Prozeß der Anpassung unserer Normen und Institutionen und der Umdeutung unserer Werte gemäß den neuen Bedingungen und Problemen der Gegenwart gelingt, wird auch die Legitimität unserer demokratischen Ordnungen erhalten bleiben. Scheitert der notwendige Wandel, so wird die anomische Kulturkrise sich ausbreiten – und diese Legitimität zunehmend untergraben, bis das demo-

kratische System am mangelnden Wertkonsens zerbricht.
Die wahrscheinliche politische Alternative wäre in solchem Fall freilich nicht eine kommunistische Revolution. Die neuere Erfahrung zeigt, daß es in entwickelten Industrieländern auf Grund der Abhängigkeit der Existenz der Massen vom Funktionieren komplizierter Verwaltungsapparate nirgends echte Revolutionen gegeben hat, weder demokratische noch kommunistische – höchstens Machtergreifungen »von oben«, wie durch HITLER in Deutschland oder die Kommunisten in der Tschechoslowakei. Die wahrscheinliche Alternative im Falle eines Scheiterns des Wertwandels in der westlichen Welt wäre eine Folge »prätorianischer« Gewaltregime – und diese sind, wie schon SPENGLER wußte, die natürliche politische Form des kulturellen Verfalls.

Wertkonflikt und Legitimität im Sowjetblock

Die Legitimitätsprobleme der westlichen Demokratien sind, wie wir gesehen haben, keineswegs nur kultureller Art. Sie können auch entstehen, weil die Verfahren der westlichen Demokratie in diesem oder jenem Land versagen oder mindestens nicht mehr einen Erfolg im Sinne der systemimmanenten – und von den Massen geglaubten – Werte sichern. Wir haben uns aber hier auf die durch Wertwandel bedingten Legitimitätsprobleme des Westens beschränkt.
Nach dem gleichen Prinzip wollen wir jetzt die Legitimitätsprobleme im Sowjetblock behandeln. Wir diskutieren hier *nicht* die – an sich höchst wichtige – Frage, wie weit das System des Parteimonopols unter modernen Bedingungen als Verfahren funktionieren kann.[9] Wir konzentrieren uns auf die Frage, wie weit unter diesem System ein Wertkonsens zwischen Parteielite und Masse gesichert werden kann.
Beim Versuch der Beantwortung dieser Frage ergeben sich drei wesentliche Verschiedenheiten zum Problem des Verhältnisses von Legitimität und Kulturentwicklung im Westen. Erstens ist die Elite eines Einparteisystems in realer Stellung und Bewußtsein in höherem Maße von ihren Untertanen abgesetzt, als das bei westlichen Eliten der Fall ist. In jedem Zeitpunkt geht es einer kommunistischen Parteielite in stärkerem Maße als irgendeiner westlichen Elite darum, ihre Rolle in bezug auf ihre eigenen ideologischen Werte im Unterschied zu den für die

Masse relevanten Werten zu rechtfertigen. Die Selbstlegitimierung der herrschenden Partei vor den eigenen Kadern ist im »Osten« ein zusätzliches Legitimitätsproblem, das im »Westen« keine Parallele findet.

Zweitens, und in unserem Zusammenhang noch zentraler, entstammen die im heutigen Sowjetblock wirksamen Werthaltungen zwei verschiedenen Kulturzusammenhängen, die sich in doppelter Weise überlagert haben: Auf der einen Seite ist die »ostkirchliche« Zivilisation, die Moskau von Byzanz geerbt hat, im Laufe der russischen Geschichte von westlichen Einflüssen modifiziert und nach der Oktoberrevolution von 1917 in einigen wichtigen Hinsichten von westlichen Elementen überlagert worden; auf der anderen Seite hat diese westlich modifizierte östliche Zivilisation nach der sowjetischen Machtübernahme von 1945 in Osteuropa die dort herrschende westliche Zivilisation überlagert. Daraus ergeben sich spezifisch verschiedene Wertkonflikte in der Sowjetunion einerseits, im sowjetisch beherrschten Ostmitteleuropa andererseits.

Drittens schließlich ist die Umwälzung der Privatsphäre und des Alltagslebens durch die Industrialisierung im sowjetischen Machtbereich bisher ungleich weniger vorangeschritten als im Westen: Die »Konsumgesellschaft« erscheint erst in Ansätzen. Daraus ergibt sich, daß im »Osten« die Probleme des zeitgenössischen Wertwandels zwar aufzutreten beginnen, aber einstweilen wesentlich weniger prominent sind als die vorher erwähnten Probleme des Wertkonflikts zwischen Elementen verschiedener Kulturen.

Die kulturelle Überlagerung in Rußland

Die traditionelle russische Zivilisation hat keine dem Westen vergleichbare Eigendynamik besessen. Auf der einen Seite fehlte die westliche Pluralität der Institutionen: Statt des Dualismus von weltlicher und geistlicher Gewalt herrschte Cäsaropapismus, und es gab weder ständische noch – außer anfänglich am Westrand des Zarenreiches – städtische Selbstverwaltungskörperschaften. Auf der anderen Seite fehlte der Antrieb zur stetigen Veränderung, den wir auf die spezifisch westliche Kombination von Werten zurückgeführt haben. Im Osten gab es nicht den ausgeprägten Glauben an eine rational verständliche Wertordnung, daher keine scholastische Philosophie und keine eigenständige Herausbildung der modernen Wissenschaft. Es gab keine positive Bewertung der Arbeit (man denke an den Unterschied zwischen westlichen und ostchristlichen Klöstern). Es gab wie im Westen den Glauben an die Einzigartigkeit des Individuums – doch an Stelle der westlichen Betonung der unveräußerlichen Rechte des Individuums und der moralischen Regelung seiner Aktivität war im Osten die Betonung der Innerlichkeit der individuellen Seele einerseits, der äußeren Gehorsamspflicht gegen die zugleich geistliche und weltliche Obrigkeit andererseits getreten. Es gab als Gegenpol zur Innerlichkeit des Individuums den zentralen Wert der Gemeinschaft, aber nicht die wertbetonte Notwendigkeit, die Sphären des einzelnen und der Gemeinschaft durch eine Rechtsordnung abzugrenzen – dies erschien noch im 19. Jahrhundert den Sprechern der östlichen Tradition als »römische Kasuistik«.

Auf dieser undynamischen Grundlage sind die Anstöße zur Modernisierung Rußlands jahrhundertelang wesentlich von außen, vor allem unter dem Druck der Bedürfnisse der militärischen Selbstbehauptung, gekommen und durch die Initiative des Staates von oben in die stagnierende russische Gesellschaft eingedrungen. Dies führte zumal im 19. Jahrhundert auch zum Eindringen westlicher Kulturelemente und Ideen und damit zu dem expliziten Wertkonflikt zwischen den »Westlern« und den »Slawophilen«, d. h. den Verteidigern der ostkirchlichen Kulturtradition, der sich freilich auf die neu entstehende Schicht der »Intelligenzija«, mit Einschluß von Teilen der Bürokratie und des Offizierskorps, beschränkte. Innerhalb der illegalen sozialistischen Zirkel, die sich in der zweiten Hälfte des 19. Jahrhunderts entwickelten, stellten die Ideen der »Narodniki« – von HERZEN und BAKUNIN über die »Narodnaja Wolja« bis hin zur Sozialrevolutionären Partei – den Versuch einer Synthese von westlichen und slawophilen Elementen dar, während die frühen russischen Marxisten und die späteren Menschewiki eindeutig die Werte der westlichen sozialdemokratischen Bewegung übernahmen.

Für die kulturelle Entwicklung des nachrevolutionären Rußland ist nun entscheidend geworden, daß LENIN und die Bolschewiki, trotz all ihrer frühen Polemik gegen die Ideologie der Narodniki, beim Versuch einer sozialistischen Gestaltung im isolierten Rußland gezwungen und bereit waren, ihre eigne Synthese westlicher und traditionell russischer Kulturelemente zu schaffen und sie der in Umwälzung befindlichen russischen Gesellschaft mit allen Mitteln ihrer Diktatur aufzudrängen. Im

Ergebnis der so entstehenden kulturellen Überlagerung sind in die sowjetische Kultur vor allem zwei westliche Elemente eingegangen, die in der russischen Tradition fehlten: Die marxistische Form des Glaubens an ein rationales Weltbild, die freilich schnell dogmatisiert wurde und zu einer Art nachgeholter Scholastik erstarrte, und die emphatisch positive Bewertung der Arbeit, einschließlich ihrer modernen Konsequenzen der Entlohnung nach Leistung und der Beförderung nach Verdienst. Dagegen ist der westliche Wert der unveräußerlichen Rechte des Individuums und die westliche Idee der Abgrenzung zwischen den Sphären des Individuums und der Gemeinschaft durch eine Rechtsordnung von der bolschewistischen Diktatur noch weit radikaler verworfen worden, als das in den späteren Phasen der Zarenherrschaft der Fall war. Von den traditionellen ostkirchlichen Werten sind die Betonung des Gehorsams gegen eine zugleich politische und weltanschauliche, im vollen Sinne »cäsaropapistische« Autorität und die Bindung an eine Gemeinschaft, außerhalb deren die persönliche Existenz unvorstellbar ist, in vollem Umfang in die LENINsche Synthese eingegangen; der Wert der individuellen Innerlichkeit ist zwar von den Kommunisten nie akzeptiert worden, doch als »stille Reserve« ihrer Untertanen in erheblichem Umfang wirksam geblieben.

Wertkonsens und Wertkonflikt im Sowjetstaat

Fragt man, wie weit diese bolschewistische »Umerziehung« sich im Verlauf der Jahrzehnte bei den Völkern der Sowjetunion durchgesetzt hat, so ist der Erfolg am eindeutigsten bei den Werten, die im Osten wie im Westen für den Prozeß der industriellen Modernisierung kennzeichnend sind: die positive Bewertung von Arbeit und Leistung als Weg zum individuellen Erfolg durch Entlohnung und Beförderung wie zum kollektiven Erfolg durch erhöhte Produktivität und steigenden Lebensstandard. (Dabei ist die Durchsetzung dieser Werte in der entscheidend angewachsenen industriellen Bevölkerung offenbar weit gründlicher als im landwirtschaftlichen Bereich.) Hier liegt, neben der forcierten Schaffung der materiell-technischen Grundlagen der Industrie, der entscheidende Modernisierungserfolg des Sowjetregimes.

Ein zweiter Erfolg im Wertkonsens zwischen den Trägern des Regimes und der großen Masse zumindest der nationalrussischen Bevölkerung liegt in der Bejahung der Gemeinschaft im gegebenen staatlichen Rahmen und des Gehorsams gegenüber der bestehenden Autorität, seit diese nicht mehr wie in STALINS Zeiten »internen Krieg« gegen ganze Sektoren der Bevölkerung führt, sondern sich offenbar auf die Ziele der Erhöhung von Produktivität und Lebensstandard einerseits, von nationaler Machterweiterung andererseits konzentriert.

Drittens gehört zum Begriff der Gemeinschaft, über den weitgehender Wertkonsens herrscht, unter modernen Verhältnissen die soziale Sicherheit, die als durch den »Sozialismus«, d. h. das Staatseigentum an den industriellen Produktionsmitteln und die planmäßige Einweisung in Arbeitsstellen, garantiert erscheint. Dieser Grundkonsens ist unabhängig von möglichen Meinungsverschiedenheiten über die zweckmäßigsten Methoden der Wirtschaftsplanung und schließt nach aller Erfahrung auch die überwiegende Zahl derer ein, die dem Regime in anderen Punkten kritisch gegenüberstehen: Die große Mehrheit sehnt sich offenbar nicht nach erhöhtem Spielraum für individuelle Initiative auf wirtschaftlichem Gebiet, wenn dies mit erhöhtem eigenem Risiko einherginge. Selbst die landwirtschaftlichen Kollektive, deren anreizarmes System soviel zur anhaltenden Ineffizienz der sowjetischen Landwirtschaft beigetragen hat, sind allem Anschein nach bei ihren Mitgliedern nicht mehr so verhaßt wie im Anfang, weil sie heute auch den wenigst Leistungsfähigen eine gewisse Sicherheit auf einem Minimalniveau bieten.

Weniger gesichert ist, insbesondere außerhalb der Reihen der herrschenden Partei, der Konsens über das dogmatische Weltbild des »Marxismus-Leninismus«. Gewiß haben die ursprünglichen Kampagnen zur Ersetzung traditionellen, oft primitiven Glaubens und Aberglaubens durch eine Mischung von elementarer naturwissenschaftlicher Aufklärung und vulgärmarxistischer Geschichts- und Gesellschaftslehre für weite Schichten eine Erweiterung ihres Horizonts und einen Fortschritt an Rationalität gebracht. Doch mit dem Wachsen von Allgemeinbildung und zunehmend autonomer wissenschaftlicher Entwicklung, mit der Erweiterung von Kenntnissen der Außenwelt wie mit dem Auftreten unerwarteter Probleme der Alltagsmoral hat sich für mehr und mehr Sowjetbürger die dogmatische Rückständigkeit und moralische Irrelevanz dieses Weltbildes erwiesen: Die Zukunftsvision der »höheren Stufe« des Kommunismus stieß schon zur Zeit von CHRUSCHTSCHEWS Popularisierungskampagne allgemein auf gelangweilte Gleichgültigkeit,

das Propagandabild der Außenwelt begegnet wachsendem Zweifel vor allem, aber nicht nur in den gebildeten Schichten, und die offenbare Unwahrhaftigkeit der offiziellen Moral läßt eine wachsende Anzahl vor allem der Jüngeren auf eine neureligiöse Innerlichkeit zurückgreifen. Damit aber verliert die Parteielite bei einem langsam wachsenden Teil der Beherrschten an auf Wertkonsens gegründeter Glaubwürdigkeit und damit langfristig an Legitimität.
Ein anderer Faktor des Wertkonflikts ist der Nationalismus der Nichtrussen. Das Sowjetregime hat ihnen allen erweiterte sprachliche Rechte und vielen von ihnen unvergleichlich bessere Aufstiegsmöglichkeiten gegeben, als sie vorher besaßen. Doch es hat sich je länger desto mehr gegen ihr eigenständiges Kultur- und Geschichtsbewußtsein gewandt, und ist mit seiner Doktrin des gesetzmäßigen »Zusammenfließens« der Nationalitäten bei den Nichtrussen, die heute schon die Mehrheit der Sowjetbevölkerung ausmachen, auf zunehmenden Widerstand gestoßen. Heute ist in vielen dieser Nationalitäten die Intelligenz Träger einer Opposition, die oft bis in die Parteikreise hineinreicht.
Schließlich aber ist der westliche Glaube an unveräußerliche Rechte des Individuums in bestimmten aktiven Minderheitsgruppen nie überwunden worden und macht sich im letzten Jahrzehnt verstärkt bemerkbar. Das gilt neben den bis 1940 selbständigen baltischen Nationalitäten und den von jeher stark westlich beeinflußten Juden auch für weite Teile der russischen »schöpferischen Intelligenz«, also der Schriftsteller, Künstler und Wissenschaftler. Diese Gruppen sind vor allem die Träger der »demokratischen Bewegung« innerhalb der illegal verbreiteten »Samisdat«-Literatur und der neueren Menschenrechtskomitees; und ihre Existenz und Publizität stellt für das Regime ein hartnäckiges Problem dar, das auch zu Differenzen in dessen eigenen Reihen Anlaß gibt.

Kulturelle Überlagerung in Ostmitteleuropa

Was den baltischen Ländern 1940 durch die sowjetische Annexion geschah, ist den Staaten des östlichen Mitteleuropa – Polen, der Tschechoslowakei, Ungarn und auch dem östlichen Teil Deutschlands – in den Jahren nach 1945 durch »Sowjetisierung« unter der Herrschaft ihrer eigenen, von Moskau abhängigen kommunistischen Parteien geschehen: In diesen Ländern ist ihre historisch gewordene Kultur, die ein Bestandteil der westlichen Zivilisation war, durch die in der Sowjetunion herrschende, LENINsche Synthese westlicher und östlicher Kulturelemente überlagert worden. Die »Umerziehung«, die ihre Völker in den Jahren nach der kommunistischen Machtübernahme erfahren haben, war kaum weniger gründlich als die seinerzeitige bolschewistische Umerziehung der Völker Rußlands – wenn auch in den meisten Fällen beträchtlich weniger wirksam.

Am problemlosesten war überall die Akzeptierung der – in ihrem Ursprung in der Tat westlichen – »Modernisierungswerte« des neuen Regimes: Leistung, Produktivität, materieller Fortschritt. In den industrialisierten Gebieten Ostdeutschlands und der Tschechoslowakei waren diese Werte ohnehin selbstverständlich; in Polen und Ungarn, die bei der Machtergreifung halbindustrielle Länder waren, mag der kommunistische Druck die Durchsetzung der modernen Einstellungen beschleunigt haben. Auch die Verstaatlichung der Industrie und das Prinzip staatlicher Planung waren in der ganzen Region bereits durch Traditionen starker wirtschaftlicher Aktivität des Staates vorbereitet; dabei hat sich nach dem Ende der STALINschen Kolonialherrschaft überall früher oder später das Bedürfnis des betriebsleitenden Personals nach größerem Spielraum für individuelle Initiative in verschiedenen Typen von »Planungsreform« wenigstens teilweise durchgesetzt. Es scheint mir bezeichnend, daß auch während der weitgehenden Diskussionsfreiheit des »Prager Frühlings« von 1968 die Forderung nach Verwirklichung einer durchgreifenden Planungsreform eine wichtige Rolle spielte, aber der Wunsch nach Wiedereinführung des Privateigentums in der Industrie nicht auftauchte: Soweit war der »Sozialismus« als Wert allgemein akzeptiert. Das gleiche kann nicht, oder jedenfalls nicht ebenso allgemein, von der Kollektivierung der bäuerlichen Landwirtschaft gesagt werden: Das polnische kommunistische Regime hat bekanntlich im Interesse seiner Stabilität großenteils auf die Kollektivierung verzichten müssen, und in Ungarn zeigte sich bei der zeitweisen Gestattung des Austritts aus den Kollektiven 1953/54 eine Tendenz zur Massenflucht, die nur unter Zwang wieder rückgängig gemacht werden konnte.

Wieweit bedeutet die Akzeptierung des »Sozialismus« auch die Akzeptierung des »sozialistischen Commonwealth«, d. h. des Sowjetblocks, als der für die Loyalität des einzelnen maßgebenden Gemeinschaft? Offenbar in sehr viel eingeschränkterem

Maße – und zwar stärker im Sinne der »Realpolitik« als im Sinne der grundlegenden Werte. Wertmäßig bleibt in allen Ländern des kommunistisch beherrschten Ostmitteleuropas die Nation die letztlich entscheidende Gemeinschaft – vielleicht mit der teilweisen Ausnahme der DDR, wo die Ideologen einen gewissen Zweifel darüber erzeugt haben, um welche Nation es sich handelt. Realpolitisch haben auch die Polen und Ungarn seit 1956 akzeptiert, daß in der geteilten Welt von heute ihre Nation nur im Rahmen des Sowjetblocks überleben kann und versuchen muß, durch Anpassung an dessen gemeinsame Interessen das größtmögliche Maß an innerer Autonomie zu sichern. Damit wird die bedingte Wertbindung an den Block in der Tendenz zur Bindung an die Hoffnung auf Reform des Blocks im Sinne der Lockerung: Nur in diesem Sinne ist in den osteuropäischen Staaten ein Wertkonsens über Nationalismus und Blocktreue möglich.

Noch wesentlich kritischer als in der Sowjetunion ist in den meisten osteuropäischen Staaten das Verhältnis zum marxistisch-leninistischen Dogma. Hier gab es Vorstellungen von einer verständlichen Weltordnung, hier gab es vitale Kirchen und weltbildformende Wissenschaft *vor* der Ankunft des bolschewistischen Evangeliums. So hat sich etwa der polnische Katholizismus, aber auch die moderne westliche Sozialwissenschaft in diesen Ländern mit ganz anderer Vitalität behauptet als die zur Zeit der Revolution weitgehend zerfallene russische Orthodoxie. Nur im besetzten Ostteil des Hitlerreiches konnte die Weltanschauung STALINS mindestens zeitweise als ein Fortschritt an Rationalität erscheinen – überall sonst in Osteuropa verlor sie schnell jede Anziehungskraft, sobald sie nicht mehr mit STALINschen Methoden aufgezwungen wurde. Da aber dies Dogma für die Selbstlegitimation der herrschenden Partei unentbehrlich bleibt, bedeutet der in Osteuropa herrschende Verlust seiner Geltung zugleich einen Verlust an Kohärenz im Herrschaftsapparat.

Doch der entscheidende Wertkonflikt in Ostmitteleuropa bleibt, daß es in 30 Jahren kommunistischer Gleichschaltung nicht gelungen ist, in diesen Ländern die westliche Grundüberzeugung auszurotten, daß das Individuum mit unveräußerlichen Rechten geboren wird. Man hat diese Überzeugung und die aus ihr entspringenden Forderungen, wie vor allem die Forderungen nach dem Recht auf freie Diskussion und Freizügigkeit, lange zum Schweigen bringen können; man hat sie nicht überwunden – und sie haben wieder und wieder gezeigt, daß sie unter günstigen Umständen in diesen Ländern ein breites Wirkungspotential haben – bis in führende Parteikreise hinein. In der Sowjetunion sind die Menschenrechte das Banner einer heroischen Minderheit von Intellektuellen. In der Tschechoslowakei konnten 1968 die Anhänger des Versuchs, eine »sozialistische« Ökonomie unter der Leitung der kommunistischen Partei mit voller Diskussionsfreiheit, Gewerkschaftsautonomie und allgemein mit der Verwirklichung der Menschenrechte zu verbinden, die Parteiführung erringen und bis zur militärischen Intervention der russischen Führungsmacht behaupten. In Polen zirkulierten Forderungen der gleichen Art noch jüngst in namentlich gezeichneten Dokumenten von ehemals führenden Parteifunktionären – ohne Publikation in den offiziellen Medien, doch bisher auch ohne Verfolgung der Unterzeichner.[10] Der Wertkonflikt um die Rechte des Individuums bleibt in dem Teil des sowjetischen Machtbereichs, der historisch zum Bereich der westlichen Zivilisation gehört, von entscheidender Virulenz.

Eine »Wertentmischung« in der Sowjetunion?

Wir haben schon darauf hingewiesen, daß die Veränderung der Lebensbedingungen und der dadurch bedingte Wertwandel im »revolutionären« Osten wesentlich langsamer fortschreiten, als im »reaktionären« Westen; es geschieht in der Tat hauptsächlich durch das Beispiel des Westens und die Kontakte mit ihm, daß die Probleme der »Konsumgesellschaft« im Osten auftreten. Aber ganz allgemein läßt sich sagen, daß aufgrund der Erstarrung der sowjetischen Gesellschaft die Anstöße zum Wandel heute wieder, wie so oft in der russischen Geschichte, großenteils aus der Auseinandersetzung mit der Außenwelt entspringen.

So ist es das Vorbild der westlichen Demokratie mit ihren Freiheitsrechten und das Suchen nach einem »dritten Weg«, der eine stabile, nichtkapitalistische Ökonomie mit diesen Freiheitsrechten verbinden würde, das die Reformkommunisten des »Prager Frühlings« inspirierte und sich auch in den Ideen der sowjetischen »demokratischen Bewegung« widerspiegelt. Insbesondere hat auch die frühe Entwicklung solcher Gedanken durch die italienischen Kommunisten zu der tschechischen Evolution von 1968 beigetragen, und die spätere, breitere Entfaltung der »eurokommunistischen« Bekenntnisse zur westlichen Demokratie hat entsprechende Ketzereien überall im Sowjetblock ermutigt.

Es scheint nun besonders bedeutsam, daß auch in der Sowjetunion selbst diejenigen Vertreter einer demokratischen Kritik, die sich um eine Form der »loyalen Opposition« bemühten, mindestens zeitweise auch Unterstützung in Teilen des Parteiapparates fanden. So konnte ein Organ dieser Richtung, das »Politische Tagebuch«, von Ende 1964 bis 1970 mit beschränkter Zirkulation erscheinen, ohne verfolgt zu werden, und laufend interne Informationen aus dem Parteiapparat in seiner Kritik verwenden[11]; das westliche Ausland erfuhr von der Existenz dieser Zeitschrift erst, als sie nach fast sechs Jahren von den Sicherheitsbehörden geschlossen wurde. Während diese Gruppe in marxistischer Sprache für eine demokratische Reform des kommunistischen Systems argumentierte, ähnlich wie etwa ROY MEDWEDJEW in seinen Büchern[12], sind auch weniger marxistisch gebundene »liberale« Kritiker wie ANDREJ SACHAROW, die den Versuch machten, im Rahmen der sowjetischen Gesetze für eine Ausdehnung der demokratischen Freiheiten und eine Verbesserung der Beziehungen mit dem Westen einzutreten, abwechselnd mit Beschimpfungen, Schikanen und Isolation eine Zeitlang in einer Weise »halb toleriert« worden, die auf Schwankungen und teilweise Sympathien an höherer Stelle hinwies.

Doch diese Schwankungen sind nur ein Teil der Anzeichen für eine Erschütterung der »marxistisch-leninistischen« Orthodoxie bis in die Reihen des Parteiapparates. Im Westen weit weniger publiziert, aber im sowjetischen Rahmen mindestens ebenso bedeutsam wie diese »neu-westlichen« Strömungen ist das Auftreten einer beträchtlichen »neo-slawophilen« Gegentendenz, die einem Abwehrreflex gegen »westlichen« Marxismus, »westliche« Industrialisierung und allgemein gegen westliche Moden und Kontakte entspringt und seit Jahren über eine Reihe von Organen in der Samisdat-Literatur verfügt.[13] Diese Tendenz reicht von religiösen und literarischen Vertretern der orthodoxen Tradition, die – den Ideen SOLSHENIZYNS verwandt – das STALINsche und nach-STALINsche Regime bitter bekämpfen, aber alle seine Greuel auf den Import der dem russischen Wesen fremden »marxistischen Lüge« aus dem Westen zurückführen (als ob STALIN nicht das echtrussische Vorbild IWAN DES SCHRECKLICHEN gehabt hätte!) – zu großrussischen Nationalisten, die bei aller Ablehnung des Marxismus eine Zusammenarbeit mit dem bolschewistischen Regime für die größere Macht des ewigen Rußland anstreben, und bis zu hemmungslosen antisemitischen Demagogen, die den – in der Tat nicht gerade marxistischen – Stalinismus des SLANSKY-Prozesses und der »Ärzteverschwörung« bewundern und dem Regime auf *dieser* Linie ihre Mitarbeit bei der Bekämpfung »zersetzender westlicher Einflüsse« anbieten. Und auch hier sehen wir, daß, während einige dieser Gruppen hart verfolgt werden, andere sich einer mindestens halben Toleranz erfreuen und sogar einen fühlbaren Einfluß in der legalen Literatur und offiziellen Presse der Sowjetunion ausüben: So finden sich in den Organen des Kommunistischen Jugendverbandes und der Politischen Hauptverwaltung der Armee nicht selten großrussisch-nationalistische Ergüsse, die mit der marxistisch-leninistischen Doktrin nicht einmal mehr verbal zu vereinbaren sind; und die sowjetische Massenillustrierte *Ogonjok* veröffentlichte im Jahre 1977 einen »Dokumentarartikel«, der es unternahm, die Zusammenarbeit der zionistischen Führer mit HITLER bei der Austreibung der deutschen Juden zu »beweisen«![14]

Was wir hier in der Neubelebung der Kontroverse zwischen »prowestlichen« und »antiwestlich-neoslawophilen« Strömungen in der russischen Intelligenz, aber diesmal bis in die Reihen der herrschenden Partei hinein erleben, ist anscheinend nichts weniger als eine Tendenz zur »Wertentmischung« – zum Auseinanderfallen der dem Sowjetstaat von den Bolschewiki aufgezwungenen »marxistisch-leninistischen« Synthese aus westlichen und östlichen Kulturelementen. Diese Tendenz ist natürlich bei weitem noch nicht so stark, daß ihre Exponenten sich in absehbarer Zeit in der herrschenden Partei auf Kosten des LENIN-STALINschen Dogmas durchsetzen könnten. Aber sie drückt die Tatsache aus, daß dieses Dogma zunehmend an Macht auch über die Köpfe der gleichen Apparatschiki verliert, die von seiner Verkündung leben.

Diese Tendenz zur Wertentmischung scheint mir die bedeutungsvollste Form des Wertwandels in der sowjetischen Machtsphäre zu sein. Für das Problem der Legitimität bedeutet sie, daß der Wertkonsens zwischen der herrschenden Partei und den Massen, der in Ostmitteleuropa weitgehend untergraben ist, auf ganz andere Weise auch in der Sowjetunion einer langfristigen Erosion ausgesetzt bleibt.

Schlußbemerkung: Ideen und Macht – Zur Rolle der Intellektuellen

Durch ihre Rolle in der Artikulierung neuer Wertideen sind es im Westen wie im Osten die Intellektuellen, die eine potentielle Herausforderung an die Legitimität von Macht richten. Der Wertwandel in den Massen bereitet sich in den Diskussionen der Intellektuellen vor – und es ist der Wertwandel in den Massen, der politische Ordnungen gefährden kann, die sich ihm nicht anpassen.

Dabei besteht jedoch ein grundsätzlicher Unterschied im Prozeß des Wertwandels und in der Rolle der intellektuellen Herausforderung in einer offenen Gesellschaft und unter einer ideologischen Diktatur. In einer freien Gesellschaft gibt es immer eine Vielzahl von intellektuellen Strömungen, auch von Werten, die mit den als herrschend geltenden Werten konkurrieren; und die Durchsetzung von Wertwandel in den um die Macht konkurrierenden politischen Eliten ist nicht notwendig ein von seiner Durchsetzung in der intellektuellen Diskussion zeitlich und sachlich scharf getrennter Vorgang. Unter einer ideologischen Diktatur sind dissidente intellektuelle Strömungen stets mehr oder weniger unterdrückt; und die offizielle Durchsetzung eines Wertwandels muß daher mehr oder minder die Form eines Durchbruchs dessen annehmen, was sich, vielleicht über einen längeren Zeitraum, unter der Decke der Unterdrückung vorbereitet hat.

Die kritischen Intellektuellen einer freien Gesellschaft haben ein leichteres Los, aber sie zahlen dafür unter Umständen damit, daß ihre Rolle weniger dramatisch sichtbar wird. Die kritischen Intellektuellen unter einer ideologischen Diktatur werden oft zu Märtyrern, aber unter Umständen am Ende eines langen Leidensweges zu sichtbaren Siegern. Weil ihr Dissens von der Ideokratie so ernst genommen wird, darum haben sie es so schwer. Wir sollten sie um ihre historische Rolle nicht beneiden. Wir haben allen Grund, sie zu bewundern.

Teil II: Sozialismus und aktive Demokratie

Die Zukunft des Sozialismus in demokratischen Industrieländern

Der Gegenstand dieses Aufsatzes sind die politischen Chancen sozialistischer Bewegungen in industriell fortgeschrittenen, demokratischen Gesellschaften. Er handelt nicht von den Problemen »sozialistischer« Staaten unter kommunistischer Einparteiherrschaft, und ebensowenig von denen »sozialistischer« Bewegungen in Entwicklungsländern. Auch innerhalb der demokratischen Industrieländer beschränkt er sich auf Bewegungen, die – bei allen Unterschieden ihrer Programme und Strategien – ein Mindestmaß an Vorstellungen über die Richtung, in der sie die Gesellschaft verändern wollen, und über die Mittel, die sie ins Auge fassen, gemeinsam haben: Vorstellungen, die, wie ich glaube, auf einen gemeinsamen Ursprung zurückgehen.
Die gemeinsame Richtung aller hier gemeinten sozialistischen Bewegungen ist das Ziel einer gesellschaftlichen Ordnung, die sich durch mehr soziale und wirtschaftliche *Gleichheit*, größere soziale und wirtschaftliche *Sicherheit* und stärkeren Vorrang der *Gemeinschaftswerte* auszeichnet, als die spontane Entwicklung einer industriellen Marktwirtschaft unter dem Antrieb des Profitstrebens hervorbringt. Der gemeinsame Nenner für die Mittel, mit denen all diese Bewegungen sich jenem Ziel zu nähern suchen, ist das Streben nach einer oder der anderen Form wirksamer *gesellschaftlicher Kontrolle* über die Dynamik der Wirtschaft.

Drei Typen sozialistischer Bewegungen

Drei Haupttypen von Bewegungen, die unter diese breite Definition fallen, bestehen heute in modernen Gesellschaften. Sie unterscheiden sich voneinander nicht nur durch die verschiedene Gewichtung und Präzisierung verschiedener Aspekte des Ziels, sondern auch, was für ihre politischen Aussichten noch wichtiger ist, durch verschiedene Strategien zu seiner Erreichung.

Die *Kommunisten* glauben, daß das sozialistische Ideal nur in einer Gesellschaft ohne Klassen und ohne Staatsmacht verwirklicht werden kann; daß der Weg zu diesem Ziel notwendig über die Verstaatlichung oder Kollektivierung aller Produktionsmittel führt, mithin über die Zerstörung der Existenzbasis aller der Klassen, die durch ihr Privateigentum an Produktionsmitteln definiert sind, was nur durch wiederholte revolutionäre Umwälzungen möglich ist; und daß dieser Weg die Konzentration diktatorischer Vollmachten in den Händen der Partei für eine bedeutende Periode erfordert. Auch dort, wo sie geduldig im Rahmen bestehender, freiheitlich-demokratischer Institutionen mitarbeiten, ist ihre Vorstellung von gesellschaftlicher Kontrolle daher nicht demokratische Kontrolle in diesem Rahmen, sondern monopolistische Kontrolle durch ihre zentralistische Partei.[1]

Die *Sozialdemokraten* sehen eine klassenlose und »herrschaftsfreie« Gesellschaft als utopisch an, da sie unter modernen technischen Bedingungen schlechthin unmöglich ist. Nach ihrer Auffassung ist die Erhaltung der individuellen Freiheiten nicht minder wichtig als das sozialistische Ziel selbst, und eine pluralistische Demokratie die Vorbedingung sowohl für die Bewahrung dieser Freiheiten wie für wirksame gesellschaftliche Kontrolle. Sie verwerfen daher ein Programm totaler Verstaatlichung und Kollektivierung, das nur durch eine revolutionäre Diktatur erzwungen werden könnte, und suchen die gesellschaftliche Kontrolle des Wirtschaftssystems im Sinne des sozialistischen Ziels durch Reformen im Rahmen der politischen Demokratie zu verwirklichen, zu denen die Anwendung von Techniken der Wirtschaftsplanung, die Ausdehnung der öffentlichen Unternehmungstätigkeit, der sozialen Sicherheit und der Arbeitermitbestimmung sowie bildungspolitische Maßnahmen mit dem Ziel der Chancengleichheit und der Erziehung zu Gemeinschaftswerten gehören. Auch sie bedürfen der Regierungsmacht zur Durchsetzung dieses Programms, doch sie streben sie ausschließlich unter demokratischen Bedingungen an, in denen der Fortbestand konkurrierender Parteien ihren Besitz immer wieder in Frage stellen kann.

Die verschiedenen Strömungen der *neuen Linken* teilen mit den Kommunisten die Festlegung auf das Ziel einer klassenlosen und herrschaftsfreien Gesellschaft und die Kritik an der pluralistischen, repräsentativen Demokratie als einer bloßen Verkleidung kapitalistischer Klassenherrschaft. Sie neigen jedoch zum Mißtrauen gegen eine zentralistische Parteidiktatur, die sie als Hindernis wirksamer gesellschaftlicher Kontrolle und einer Entwicklung zum »Absterben des Staates« erkennen, und stellen ihr die revolutionär-demokratische Selbsttätigkeit der Massen als Weg zum Sturz der kapitalistischen Ordnung wie als politische Form der angestrebten Neuordnung entgegen. Sie sind daher auch nicht unbedingt auf die Verstaatlichung oder Kollektivierung des Eigentums aller Kleinproduzenten festgelegt, und ihre revolutionäre Strategie ist nicht primär auf die Übernahme der zentralen Organe der Staatsmacht ausgerichtet. Statt dessen konzentrieren sie sich darauf, die Massen zugleich zum Kampf um materielle Forderungen und um die »direkt-demokratische«, d. h. plebiszitäre, Kontrolle von Organen der öffentlichen Verwaltung, der Wirtschaftsleitung im Betrieb und der Erziehung und Meinungsbildung zu mobilisieren und so den Kampf um legale Reformen mit der Steigerung außerlegaler Teilkonflikte mit jenen Institutionen zu verbinden, die sie als Bastionen der physischen, wirtschaftlichen und ideologischen Macht der herrschenden Klasse ansehen. Durch diese »Doppelstrategie« hoffen sie, die Hebel der Manipulierung des Massenbewußtseins Schritt für Schritt in die Hand zu bekommen, die Hebel staatlicher Machtausübung zunehmend lahmzulegen und das Funktionieren der kapitalistischen Wirtschaft so weit zu desorganisieren, daß schließlich durch die Generalisierung der Konflikte die alte Staats- und Gesellschaftsordnung zusammenbricht und der Weg frei wird für eine neue Gesellschaft ohne Ausbeutung und Unterdrückung.

Der Wandel der gesellschaftlichen Probleme

Der Versuch, die politischen Aussichten dieser drei Typen sozialistischer Bewegungen zu beurteilen, erfordert zunächst eine Analyse der Hauptprobleme, die soziale Unzufriedenheit in industriell fortgeschrittenen Ländern verursachen, und eine Diskussion der Wirksamkeit der verschiedenen Strategien für die Lösung dieser Probleme. In der folgenden Skizze der Grundlinien einer derartigen Analyse gehe ich von dem umfassenden Wandel aus, den die erfolgreiche Lösung einiger einst zentraler Probleme dieser Gesellschaften und die Entstehung

anderer im Laufe der letzten Jahrzehnte hervorgebracht hat.
Von der Zeit der Entstehung von MARX' *Kapital* bis zu den dreißiger Jahren unseres Jahrhunderts bestand der mächtigste Faktor der Unzufriedenheit der Massen in modernen Industriegesellschaften in dem Krisenzyklus der unkontrollierten kapitalistischen Wirtschaft im allgemeinen und der wiederkehrenden Massenarbeitslosigkeit im besonderen. Mit der Instabilität der Wirtschaft waren Massenarmut und Mangel an sozialer Sicherheit eng verbunden, welche die industrielle Arbeiterklasse am schwersten trafen, aber sich auch auf die ständig vom Ruin bedrohten unabhängigen Kleinproduzenten und auf den Handel und seine Angestellten auswirkten. Während der gleichen Periode, die mit dem Höhepunkt der Macht der Nationalstaaten und Kolonialreiche zusammenfiel, beruhten die »imperialistischen« Konflikte zwischen den Großmächten sichtbar zum Teil auf wirtschaftlicher Konkurrenz um Märkte, Rohstoffe und Investitionssphären, so daß die beiden Weltkriege in den Augen vieler hauptsächlich als Folgen des Einflusses profitgieriger Privatinteressen auf die Politik der Regierungen erschienen. Die klassischen sozialistischen Massenbewegungen vom sozialdemokratischen und später kommunistischen Typus wandten sich demgemäß primär an die industrielle Arbeiterklasse; und ihre Aktionsprogramme konzentrierten sich – neben der Verteidigung oder dem Ausbau demokratischer Errungenschaften – auf die Forderungen nach stetigem Wirtschaftswachstum, stabiler Vollbeschäftigung, umfassender sozialer Sicherheit und internationaler friedlicher Zusammenarbeit mit Hilfe planender Eingriffe in die Wirtschaft und solcher Verstaatlichungs- oder sonstigen Interventionsmaßnahmen, die jeweils von einer Partei für notwendig und durchsetzbar gehalten wurden.
Unter dem Eindruck der Weltwirtschaftskrise von 1929–32 und des Zweiten Weltkrieges sind nun in den führenden westlichen Industriegesellschaften und in Japan viele dieser Probleme gelöst oder doch in ihrer Bedeutung entscheidend verringert worden – *ohne* revolutionäre Umwälzung der Eigentumsstruktur und häufig unter demokratischen Regimen. Techniken der Sicherung stabilen Wirtschaftswachstums bei hoher oder annähernd voller Beschäftigung, die zuerst gegen Ende der Depression von den schwedischen Sozialdemokraten, den amerikanischen New Dealern, aber auch den deutschen Nationalsozialisten experimentell erprobt wurden und sich dann un-

ter dem Einfluß der Aufrüstung und der Kriegswirtschaft verbreiteten, sind in der Nachkriegszeit in den fortgeschrittenen Demokratien allgemein geworden, und ihre Verwendung hat sich als weitgehend unabhängig von Kriegen oder kriegsähnlichen Bedingungen erwiesen. Der so produzierte wirtschaftliche Wohlstand einerseits, der Druck demokratischer Bewegungen andererseits hat in den gleichen Ländern bedeutsame, wenn auch ungleichmäßige Verbesserungen der sozialen Sicherheit ermöglicht und der Armut der Hauptmasse der Arbeiterschaft ein Ende gemacht. Der gleiche Wandel des Wirtschaftssystems hat einen Abbau der Kolonialreiche ohne den vorausgesagten Rückgang des Lebensstandards der Massen in den Mutterländern erlaubt, der in der Tat weiter gestiegen ist. Schließlich ist die wirtschaftliche Rivalität zwischen den demokratischen Industrieländern gewiß nicht verschwunden, aber hat an Gefährlichkeit wesentlich verloren – dank der gemeinsamen Prosperität, der wachsenden wirtschaftlichen Verflechtung und dem Bewußtsein einer politischen Interessengemeinschaft in der Abwehr des Drucks der kommunistischen Mächte: Die Entwicklung übernationaler wirtschaftlicher Institutionen in Westeuropa ist der schlagendste Ausdruck dieses Wandels.
Aufgrund dieser Entwicklung sind die meisten klassischen sozialistischen Bewegungen in den fortgeschrittenen Demokratien seit dem Kriege zunehmend »entradikalisiert« worden – zunächst in ihrer Praxis, dann zum Teil auch in ihrer Ideologie. Die Sozialdemokraten haben in der Nachkriegsumgestaltung Großbritanniens eine führende Rolle gespielt, doch sie haben die dauerhaftesten Erfolge in den skandinavischen Ländern erzielt, wo sie am wenigsten auf Verstaatlichungsforderungen festgelegt waren und sich ausschließlich auf Beschäftigungspolitik, soziale Sicherheit und Reform der Einkommensverteilung konzentrierten. In Westdeutschland haben sie erst nach einem scharfen Bruch mit den ideologischen Überresten doktrinärer Traditionen einen wachsenden Anteil an der Regierungsmacht erlangen können. In Frankreich und Italien, wo die Kommunisten traditionell die führende Partei der Arbeiterklasse waren, haben sie sich (nach der kurzen Übergangsperiode der antifaschistischen Nachkriegskoalitionen) von der bis zu Gewaltakten gehenden Opposition von 1948–49 im Laufe der fünfziger und frühen sechziger Jahre in eine nur noch verbal radikale, aber praktisch reformistische Opposition eines Typs verwandelt, der an die Sozialdemokratie von vor 1914 erinnert. In den

letzten Jahren haben sie zunehmende Anstrengungen gemacht, zu möglichen Partnern einer Koalitionsbildung zu werden – einschließlich Versicherungen, daß sie auch an der Macht fortfahren würden, die demokratischen Spielregeln zu respektieren.

Das Auftreten neuer Krisenfaktoren

Seit Mitte der 60er Jahre sind jedoch neue Faktoren der Unzufriedenheit mit dem politischen, wirtschaftlichen und sozialen Funktionieren der »kapitalistischen« Demokratien zunehmend wirksam geworden und haben begonnen, einen erneuten politischen Szenenwechsel herbeizuführen.

1. Die Empörung über den Vietnamkrieg hat unter den Intellektuellen und der Jugend zu einem weitverbreiteten Wiederaufleben des Glaubens an einen notwendigen Zusammenhang zwischen Krieg und Kapitalinteressen geführt, das sich zwar als nur vorübergehend erweisen mag, aber wahrscheinlich für den *Zeitpunkt* der neuen Radikalisierungswelle verantwortlich war. Der Schock von Vietnam gab der Furcht, der Ost-West-Konflikt und der damit verbundene Rüstungswettlauf müßten zu den Schrecken eines Weltkrieges führen, und der »Erklärung« des ganzen Konflikts aus den Intrigen des »militärisch-industriellen Komplexes« oder aus den Klasseninteressen der Kapitalisten im allgemeinen eine neue Glaubwürdigkeit. Die weltweite Sehnsucht nach Frieden wurde so abermals zur Begründung radikal antikapitalistischer Bestrebungen.

2. Der mächtigste unter den neuen Faktoren ist wahrscheinlich die kulturelle Revolte eines wichtigen Teils der jungen Generation gegen die Wohlstandsgesellschaft selbst: die Rebellion gegen ihren Kult marginalster materieller Konsumfreuden, gegen ihren Geist des Leistungswettbewerbs und gegen die Leere ihrer Freizeitgestaltung, die aus dem offenkundigen Fehlen gemeinschaftlicher Ziele entspringt. Indem die Rebellen die seelische Leere, an der sie leiden, aus der Vorherrschaft des Profitstrebens und des Wettbewerbs auf dem Markte ableiten, gelangen sie zu einer Abwertung der produktiven Leistung der modernen Gesellschaften und suchen nach einer sozialistischen Gemeinschaft der Opferbereitschaft als Alternative. So kom-

men sie zur totalen Ablehnung aller Autoritäten, die sich mit den vorherrschenden Werten identifizieren, und richten ihre Revolte nicht nur gegen das kapitalistische Eigentum, sondern gegen alle Formen etablierter Autorität und »Herrschaft«.[2]

3. Den traditionellen Gründen der Massenunzufriedenheit am nächsten sind die Erscheinungen einer Wiederbelebung des »Klassenkampfes« im Zuge der beschleunigten Inflation in den vorgeschrittenen Demokratien sowie die Herausbildung hartnäckiger, für die Gesamtwirtschaft peripherer, aber gesellschaftlich keineswegs belangloser Inseln von Armut. Die Lösung des Problems stetigen wirtschaftlichen Wachstums mit hohem Beschäftigungsniveau hat das neue, bisher ungelöste Problem geschaffen, wie solche Vollbeschäftigung gleichzeitig mit Gewerkschaftsfreiheit und Währungsstabilität vereint werden kann. Gewiß sehen viele Fachleute eine mäßige Inflationsrate als einen annehmbaren Preis für gesicherte Beschäftigung und Gewerkschaftsfreiheit an. Doch um die Inflation gemäßigt zu halten, ist auf seiten der Gewerkschaften wie der Unternehmer ein Maß von Selbstbeschränkung erforderlich, das in einem System voller politischer und organisatorischer Freiheit und in einer Atmosphäre von sonst unbeschränktem Materialismus kaum dauernd zu erreichen ist. Die beschleunigte Inflation bringt ihrerseits nicht nur jenem Land, das den anderen vorauseilt, Nachteile im Wettbewerb; sie bringt vor allem auch der Masse der kleinen Sparer und den Empfängern fester Gehälter, Sozialrenten und Wohlfahrtszahlungen Verluste im Realeinkommen – und gerade unter diesen Gruppen finden sich die hartnäckigsten Inseln echter Armut. Die Folge ist eine zunehmende Überzeugung, daß die Mechanik des »Systems« Vorteile für eine Gruppe – eine starke Zunftgewerkschaft von Facharbeitern etwa, oder eine mächtige Industriegewerkschaft, oder die Empfänger von Sozialleistungen – nur auf Kosten einer anderen erlaube und daß Selbstbeschränkung unter solchen Umständen nicht ein Verdienst, sondern eine Dummheit sei.

4. Entscheidend für das Schicksal des »Systems« wie jeder sozialistischen Alternative wird jedoch höchstwahrscheinlich das Problem der physischen und biologischen Grenzen wirtschaftlichen Wachstums werden. Dies Problem hat seit geraumer Zeit in der Gestalt der Sorge vor Umweltvergiftung wach-

sende Aufmerksamkeit erregt; doch es umfaßt auch die immer schwerer zu bewältigende Verschandelung unserer überfüllten Städte und ihr Verkehrschaos – und die mögliche Erschöpfung der natürlichen Rohstoff- und Energiequellen unserer endlichen Erde ist offenkundig von schlechthin lebenswichtiger Bedeutung. Auf kurze Sicht stellt der Ruf nach dem Schutz der Umwelt vor Verschmutzung und nach dem Ernstnehmen der Probleme städtischen Lebens eine mächtige Bestätigung des alten sozialistischen Arguments dar, daß privatwirtschaftliche Produktion schwere soziale Kosten verursachen kann, die im Kalkül des einzelnen Unternehmers nicht erscheinen, und daß darum eine gesellschaftliche Kontrolle der Investitionsentscheidungen notwendig ist: Die Forderung nach stärkerer öffentlicher Kontrolle der *Richtung* und nicht nur des *Umfangs* der Investitionen, die auch aus anderen sozialen und kulturellen Gründen erhoben wird, erhält so eine neue Dringlichkeit. Auf lange Sicht aber stellt die gegenwärtige Debatte über die eventuelle Notwendigkeit, das Wachstum der Produktion und auch der menschlichen Bevölkerung drastisch zu verlangsamen oder überhaupt zum Stehen zu bringen, die Zukunft der Grundform von industrieller Gesellschaft in Frage, die wir bisher kennen; denn diese Gesellschaft beruht bis heute sowohl in den »kapitalistischen« wie in den kommunistisch regierten Wirtschaftssystemen auf der Grundannahme wachsender Produktion.

Auf den ersten Blick begünstigen die neuen Faktoren der Unzufriedenheit, die im Laufe der letzten Jahre in den »kapitalistischen« Demokratien aufgetreten sind, ein Wiederaufleben der Anziehungskraft und des Kampfgeistes sozialistischer Bewegungen, denn sie verstärken offenkundig den Ruf nach einem stärkeren Vorrang der Gemeinschaftswerte auf Kosten des Profitmotivs und anderer Formen materiellen Eigeninteresses, und nach einer entsprechenden Verstärkung der gesellschaftlichen Kontrolle. Die Entgegenstellung der Gemeinschaftswerte zu dem materiellen Egoismus der einzelnen und Gruppen bildet geradezu den Kern der kulturellen Revolte der Jugend. Eine entsprechende Verschiebung in der Wirksamkeit der Motive vom Eigeninteresse zum Gemeinschaftsinteresse wird mehr und mehr als die Vorbedingung dafür angesehen, der beschleunigten Inflation Einhalt zu gebieten, ohne zu einer Rückkehr zur Massenarbeitslosigkeit oder zur Unterdrückung der Gewerkschaftsfreiheit Zuflucht zu nehmen; doch eine sol-

che Verschiebung kann offenkundig nicht durch noch so wohlgemeinte Moralpredigten erreicht werden, solange die Dynamik des Wirtschaftssystems auf dem unbeschränkten Gewinnstreben beruht.
Der Zusammenhang zwischen Kapitalismus, Wettrüsten und Krieg mag sich als weit fragwürdiger herausstellen, als in der Mythologie der radikalen Linken angenommen wird; wenigstens deuten sowohl die Dürftigkeit ihrer wirtschaftstheoretischen Argumente wie die Politik der konservativen Administration von NIXON und KISSINGER in den Vereinigten Staaten darauf hin. Doch je mehr die Spannungen des Kalten Krieges sich vermindern, desto mehr gewinnen die wirtschaftlichen Interessenkonflikte zwischen den fortgeschrittenen kapitalistischen Demokratien an Bedeutung als Hindernisse stabiler internationaler Zusammenarbeit – wenn sie auch weiterhin weit weniger explosiv sind als entsprechende Konflikte unter kommunistischen Staaten. Vor allem aber erscheint eine Anpassung von Industriegesellschaften an die Erkenntnis der Grenzen des Wachstums unvorstellbar ohne umfangreiche qualitative Eingriffe in die Richtung der Investitionen mit dem Ziel, den Primat des Überlebens der Gemeinschaft gegenüber der Freiheit der einzelnen Unternehmen zur Jagd nach Gewinn zu sichern.

Stärken und Schwächen der »Neuen Linken«

Unter den drei Hauptformen sozialistischer Bewegungen, die heute existieren, ist die »Neue Linke« von Natur aus am besten auf diese neuen Faktoren gesellschaftlicher Unruhe eingestellt. Sie ist in der Tat der direkte Ausdruck der Tatsache, daß viele junge Menschen sich zur Ablehnung eines Wertsystems entwickelt haben, das sich um materiellen Konsum, privaten Gewinn und wirtschaftliches Wachstum dreht, und daß sie darum auch die Notwendigkeit für Anstrengungen, Opfer und Disziplin zur Erreichung dieser Ziele verneinen. Im Laufe weniger Jahre haben die verschiedenen Bewegungen dieser »Neuen Linken« bemerkenswerte Erfolge in der Verwandlung des Klimas der öffentlichen Diskussion, der Untergrabung etablierter Autoritäten, der Gewinnung von Einfluß auf viele Bildungsinstitutionen und fallweise auch der Schwächung der Organe der Staatsmacht in einer Anzahl fortgeschrittener demokratischer

Gesellschaften erzielt. Durch ihr Beispiel eines neuen Typs militanter Aktionen und durch organisierte Arbeit in den »etablierten« Linksparteien und Gewerkschaften haben sie darüber hinaus dazu beigetragen, deren Politik im Sinne einer Erschütterung des reformistischen Konsensus der vorhergehenden Periode zu beeinflussen. So wurde in Frankreich die Studentenrevolte vom Mai 1968 zum Anlaß von Massenstreiks, die den kommunistisch geführten Gewerkschaften und damit auch der kommunistischen Partei selbst eine aggressivere Lohnpolitik aufzwangen. In Italien hat die kumulative Wirkung vieler »wilder« Streiks, die häufig von jüngeren Arbeitern unter dem Einfluß radikaler Splittergruppen geführt wurden, ein ähnliches Ergebnis gehabt. In der Bundesrepublik und Skandinavien hat die systematische Arbeit junger Aktivisten, in der sich das Wiederaufleben der radikalen Ideologie ausdrückt, zur Entstehung organisierter linker Fraktionen in den sozialdemokratischen Parteien geführt. Kurzum, die Aktivität der »Neuen Linken« hat mit den inflationären Tendenzen des Systems zusammengewirkt, um der westeuropäischen Arbeiterbewegung wieder eine stärker klassenkämpferische Haltung zu geben – und das, obwohl die »Neue Linke« zuerst außerhalb der industriellen Arbeiterklasse entstand.

Doch obwohl die Aktionen der »Neuen Linken« häufig sowohl im Hinblick auf ihre taktischen Ziele wie auf ihre strategische Richtung der Veränderung des Bewußtseins der Öffentlichkeit erfolgreich waren, fehlt den Bewegungen dieses Typs noch immer die organisatorische und programmatische Geschlossenheit, die das Kennzeichen politischer Kräfte mit Chancen selbständiger Machteroberung bildet. Im Gegenteil bleiben ein tiefes Mißtrauen gegen jede Form der Staatsmacht und eine Bevorzugung der »Massenaktion« von unten charakteristisch nicht nur für ihre Psychologie und ihr praktisches Verhalten, sondern auch für alle Ansätze politisch-strategischer Vorstellungen, die sie bisher entwickelt haben. Doch wirksame gesellschaftliche Kontrolle industriell fortgeschrittener Volkswirtschaften ist ernsthaft nicht ohne den Gebrauch der koordinierten Zwangsgewalt des Staates vorstellbar. Jeder Versuch, die Staatsgewalt in dieser Funktion durch Teilaktionen von unten zu ersetzen – sei es durch Streiks, Fabrikbesetzungen, Arbeiterkontrolle, Boykotte oder was immer –, muß notwendig die Tendenz zur wirtschaftlichen Desorganisation im ganzen um so mehr verstärken, je erfolgreicher er im einzelnen ist. Er bleibt

daher mit dem Risiko belastet, anstelle einer sozialistischen neuen Ordnung einen faschistischen Gegenschlag herbeizuführen, der die zielbewußt gesteigerten, doch im Grunde ziellosen Teilrevolten am Ende als Etappen eines langen Marsches in die totale Niederlage erweisen würde.
So ergibt sich, daß die Bewegungen der »Neuen Linken« in ihrer gegenwärtigen Form nicht in der Lage sind, aus eigener Kraft einen politischen Sieg des »Sozialismus« herbeizuführen. Ihre Auswirkung auf die Chancen eines solchen Sieges wird letzten Endes davon abhängen, ob sie sich zu neuen Parteien mit klareren Vorstellungen vom Weg zur Macht entwickeln, oder (was wahrscheinlicher ist und schneller wirksam werden kann) wieweit ihre Ideen und ihre Taktik die bestehenden sozialdemokratischen und kommunistischen Parteien beeinflussen.

Schwierigkeiten einer sozialdemokratischen Umgestaltung

Werden die sozialdemokratischen Parteien fähig sein, die neuen Faktoren der Massenunzufriedenheit zugunsten eines populären Programms der Erweiterung gesellschaftlicher Kontrolle durch demokratische Reformen zu mobilisieren? Eine solche Entwicklung ist denkbar, weil diese Parteien, aus einer Periode selbstzufriedener ideologischer Stagnation durch die Kritik der »Neuen Linken« aufgeschreckt, sich zunehmend neuen Ideen offen zeigen und weil einige der neuen Probleme auch ein viel breiteres Potential der Wähleranziehung haben als bloße Klassenfragen. Unter den gegenwärtigen Bedingungen muß jedoch jede Strategie der Ausdehnung der Staatskontrolle über die Wirtschaft mit den Mitteln friedlicher demokratischer Reformen mindestens drei große Schwierigkeiten überwinden.
Die erste Schwierigkeit besteht darin, daß eine Politik umfassenderer staatlicher Kontrolle der Wirtschaft weder sachlich noch taktisch mit einer Politik einseitiger Umverteilung zugunsten der industriellen Arbeiterklasse vereinbar ist, daß aber die »linken« Strömungen in der Sozialdemokratie und in der Gewerkschaftsbewegung auf beide zugleich festgelegt sind. Eine wirksame qualitative Kontrolle der Richtung der Investitionen und erst recht ein Versuch der Verlangsamung des Wirtschafts-

wachstums muß auf den erbitterten Widerstand der meisten Kapitaleigentümer und der meisten Bezieher von Einkommen ohne Erwerbstätigkeit stoßen, die an den freien Wettbewerb im Luxuskonsum gewöhnt sind. Diese Maßnahmen können nur durch die entschiedene Berufung auf solche Gemeinschaftswerte wie Gesundheit, Städtesanierung, Vorsorge für die Armen und letzten Endes auf die Notwendigkeiten unseres Überlebens auf lange Sicht gerechtfertigt werden; und ihre Durchsetzung erfordert die Unterstützung breiter Mittelschichten von Intellektuellen, Technikern und Angestellten ebenso wie die von Beziehern fester Geldeinkommen wie den Beamten, den kleinen Sparern und den Sozialrentnern. Doch keine Partei vermag die Unterstützung dieser Schichten zu gewinnen und die Argumente für verstärkte Kontrolle glaubhaft vorzutragen, wenn ihre Bindungen an die Gewerkschaften sie veranlassen, Lohnforderungen auch um den Preis beschleunigter Inflation zu bewilligen oder eine Politik steuerlicher Umverteilung ausschließlich auf die Interessen der Industriearbeiter zuzuschneiden. Da die industrielle Arbeiterklasse heute in allen fortgeschrittenen Ländern eine abnehmende Minderheit darstellt, ist einseitige Umverteilung zu ihren Gunsten ein Rezept zur Herbeiführung politischer Krisen, die vielleicht in Revolution, doch wahrscheinlicher in faschistischer Reaktion enden würden – doch keinesfalls ein Rezept für dauerhafte demokratische Reform.

Die zweite große Schwierigkeit betrifft den Kern jeder Politik, die auf eine Kontrolle der Richtung und unter Umständen auf eine Verlangsamung des Tempos wirtschaftlichen Wachstums zielt. Die große Leistung des ersten bedeutenden Fortschritts zur gesellschaftlichen Kontrolle kapitalistischer Volkswirtschaften bestand ja gerade darin, durch stetiges Wirtschaftswachstum ein gewisses Maß von Stabilität eines hohen Beschäftigungsniveaus zu sichern. Ungleichmäßig war dieses Wachstum nur insofern, als technische Fortschritte und neue Bedürfnisse zu plötzlichen Nachfrageschüben für neue Produkte bei gleichzeitigem Nachfrageabfall für andere führten.

Die Erkenntnis, daß das schnelle Wachstum gewisser Produktionszweige zu Umweltschädigungen führen kann, die außer jedem Verhältnis zum Nutzen ihrer Produkte für die einzelnen Käufer stehen, oder daß es zur schnellen Erschöpfung von Naturschätzen tendiert, die noch auf lange Zeit für unvergleichlich lebenswichtigere Zwecke gebraucht werden, macht solche

Produktionszweige nicht automatisch unrentabel. Das Urteil über den Wert oder die Schädlichkeit solcher Wachstumsrichtungen für die Gemeinschaft fällt nicht mit der Wertschätzung zusammen, die sich in der zahlungsfähigen Nachfrage auf einem von qualitativen Kontrollmaßnahmen unbeeinflußten Markt ausdrückt. Ein solches Urteil vom Standpunkt des gemeinen Wohls kann also nur durch spezifische Maßnahmen wirksam werden, die entweder die Kalkulationsdaten für den Markt verändern oder direkt administrativ in sein Funktionieren eingreifen. Das gleiche gilt erst recht für die Unterscheidung zwischen technischen Fortschritten, die zur Ersparnis oder zur Verschwendung knapper werdender Rohstoffe, zur rationalen Verwendung oder zur Zerstörung städtischen Lebensraums, zur Sicherung der langfristigen Befriedigung grundlegender Bedürfnisse mit weniger Produkten oder zur Stimulierung des Bedarfs an immer neuen Produkten führen.

Doch ganz abgesehen von dem natürlichen Widerstand gegen solche qualitativen Kontrollen (der nicht nur aus dem Profitstreben kapitalistischer Produzenten, sondern auch aus dem Wunsch vieler Konsumenten nach Vielfalt und Wahlfreiheit entspringt) muß ihre Gesamtwirkung dazu tendieren, das Durchschnittstempo des Wirtschaftswachstums der fortgeschrittenen Industrieländer zu verlangsamen, und dies mag sich in der Tat als unvermeidlich erweisen, wenn eine zunehmende Annäherung an die Erschöpfung von Naturschätzen vermieden werden soll. Da aber das Beschäftigungsniveau weitgehend von der Investitionsrate abhängt, kann eine solche Verlangsamung nicht ohne Einfluß auf Niveau und Verteilung der Beschäftigung bleiben. Zum einen muß der Entschluß, Investitionen für Wachstum in bestimmten Richtungen zu stoppen, notwendig Inseln struktureller Arbeitslosigkeit schaffen, die nur allmählich durch die Berufsumschulung der Arbeiter und die Verlagerung anderer Industrien absorbiert werden können; zum anderen bleibt solche Absorption nur in dem Maße möglich, wie der Wachstumsprozeß im ganzen weitergeht. In einer Marktwirtschaft kann dies nur gesichert werden, wenn es jeweils eine oder mehrere Investitionsmöglichkeiten in neuen »Wachstumsindustrien« gibt, die eine Grundlage für die Profiterwartungen anderer Kapitalanleger und daher einen Anstoß für die Gesamtbewegung bieten. Kurzum, Planung für ein stabiles, hohes Beschäftigungsniveau in einem Wirtschaftssystem mit begrenztem Wachstum wirft neue Probleme auf, die zwar nicht unlösbar, aber ihrer Natur nach weit komplizierter sind als die einer Planung, die auf die Stimulierung maximalen Wachstums gerichtet ist. Auf den ersten Blick kann zwar jedes einzelne dieser Probleme relativ leicht durch Einzelmaßnahmen der Stimulierung oder Hemmung wirtschaftlicher Aktivität geregelt werden; doch die Vervielfachung solcher Maßnahmen tendiert dazu, einen Verlust an Elastizität und Effizienz des Systems und damit eine Verarmung von der Art herbeizuführen, die uns aus der Erfahrung der Kriegswirtschaften oder einer Zentralverwaltungswirtschaft sowjetischen Typs bekannt ist.

Nun glaube ich tatsächlich, daß ein *gewisses Maß* an verringerter Befriedigung der Konsumenten aufgrund verstärkter Eingriffe in die Wirtschaft der Fortsetzung des unkontrollierten Wettlaufs zur Zerstörung der Umwelt und zur Erschöpfung der Naturschätze vorzuziehen ist: Es wird unter Umständen als ein unvermeidlicher Bestandteil jedes realistischen »sozialistischen« Programms für die kommende Periode akzeptiert werden müssen. Doch die Schwierigkeit, hier das richtige Maß zu halten und ein koordiniertes System von Maßnahmen vorzubereiten, das zugleich wirksam und demokratisch akzeptabel wäre, ist offenkundig.

Die dritte große Schwierigkeit liegt in der begrenzten Wirksamkeit jeder Politik wirtschaftlicher Wachstumskontrolle im nationalen Rahmen. Sie entspricht dem schon heute vertrauten Problem, die Beschäftigungs- und Wachstumspolitik verschiedener Länder zu harmonisieren, solange jedes von ihnen währungspolitisch souverän ist: Ein Land, das vorübergehend Deflationsmaßnahmen ergreift, kann durch Preisdruck Konkurrenzvorteile im Außenhandel gewinnen, oder es kann seine Konkurrenten zwingen, ebenfalls Deflationsmaßnahmen auf Kosten der Vollbeschäftigung vorzunehmen. Immerhin haben sich diese Komplikationen im Rahmen der Festlegung aller Industrieländer auf stetiges Wachstum bisher noch als regulierbar erwiesen; doch eine große politische Kehrtwendung zugunsten einer langfristigen Verlangsamung des Wachstums wäre im nationalen Rahmen offenbar undurchführbar. Man braucht nur auf die Gefahr hinzuweisen, daß sich zwischen Ländern, die an eine enge wirtschaftliche Zusammenarbeit gewöhnt sind, klaffende technologische Lücken auftun und zur Schaffung neuer Handelsschranken führen, um einzusehen, daß eine Politik der Verlangsamung des Wachstums nur aufgrund einer Verständigung unter den führenden Industrieländern der Welt, mithin nach einem Sieg der Anhänger solcher Kontrollen in den meisten von ihnen, durchgeführt werden könnte. Eine sozialistische Politik auf diesem Gebiet kann nur international sein. Überdies werfen die Konsequenzen einer Wachstumsverlangsamung für die Rüstungspolitik die Frage auf, wieweit sie in einer Welt praktikabel ist, die durch den langfristigen Konflikt rivalisierender Machtblöcke geteilt ist.

Jenseits dieser drei großen Schwierigkeiten einer Erweiterung der gesellschaftlichen Wirtschaftskontrolle innerhalb der fortgeschrittenen Industrieländer durch schwerwiegende Strukturreformen stellt sich das ungeheure Problem ihrer Auswirkungen auf die »Dritte Welt«.

Die armen und unterentwickelten Länder mit schnell wachsender Bevölkerung machen die Mehrheit der Menschheit aus. Natürlich kann und sollte man nicht erwarten, daß *diese* Länder ihr – ohnehin meist allzu langsames – Wirtschaftswachstum verlangsamen, von dem ja die Erreichung eines erträglichen Lebensstandards für ihre Massen abhängt: Keine politisch oder menschlich vorstellbare Umverteilung zwischen den »reichen« und »armen« Ländern könnte diese in die Lage versetzen, auf solches Wachstum zu verzichten. Überdies könnten sie zu dem Schluß kommen, daß eine Verlangsamung des Wirtschaftswachstums in den fortgeschrittenen Ländern ihre Chancen, hinreichenden Absatz für ihre Exporte zu finden und ausreichende Hilfe für ihre Wirtschaft zu erhalten, noch weiter vermindern würde.

Vor allem aber ist heute ein langfristiges Gleichgewicht auf dieser Erde nicht mehr vorstellbar ohne eine Verlangsamung, wenn nicht ein Ende der Bevölkerungszunahme, und das betrifft in erster Linie eben diese unterentwickelten Länder. Auch abgesehen von der grundsätzlichen Schwierigkeit, eine Art von Wachstum durch staatliche Maßnahmen zu beschränken, die nun einmal von der privatesten aller Initiativen abhängt, dürften viele der in Frage kommenden Regierungen ideologische Widerstände gegen die Einschränkung der Zunahme dessen haben, was sie als ein Machtpotential auf lange Sicht ansehen. Aber dies ist schließlich keine spezifische Schwierigkeit für eine sozialdemokratische Lösung der Probleme der modernen Gesellschaften, sondern eine Schwierigkeit für jede Lösung überhaupt.

Das Dilemma der Kommunisten im Westen

Auf den ersten Blick scheinen die meisten Hindernisse einer Erweiterung öffentlicher Kontrolle durch demokratische Reformen, die wir angeführt haben, die *kommunistische* Alternative zu begünstigen. Als grundsätzliche Gegner der Regierungsform der fortgeschrittenen Demokratien haben die Kommunisten es leicht, sich die Wendung der Volksstimmung in diesen Ländern gegen Krieg im allgemeinen und den »antikommunistischen« Kalten Krieg im besonderen zunutze zu machen. Sie brauchen auch nur zu ihrer klassenkämpferischen Tradition zurückzukehren, um die neue Strömung in den Gewerkschaften zu unterstützen, die sich gegen Mahnungen zur Selbstbeschränkung und gegen »konzertierte Aktion« wendet – und gleichzeitig die Beschleunigung der Inflation auf das Schuldkonto der Manöver der Monopole und allgemein des kapitalistischen Profitsystems zu schreiben. Sie sind schließlich im Einklang mit ihrer Doktrin ebenso wie mit ihrem sowjetischen Vorbild, wenn sie sowohl Verstaatlichungsmaßnahmen wie eine Zunahme planender Eingriffe in den Wirtschaftsmechanismus fordern. Sie haben daher gute Aussichten, Einfluß auf die Aktivisten der »Neuen Linken« (einschließlich ihrer Ableger in anderen sozialistischen Parteien) zu gewinnen, indem sie ihnen zeigen, wie man eine kämpferische, antikapitalistische und regierungsfeindliche Haltung mit einer auf Machteroberung gerichteten Strategie verbinden kann.
Doch die Kommunisten in den fortgeschrittenen Demokratien können diese Chance nur nutzen, wenn sie dafür den Preis zahlen, ihre jahrelangen Bemühungen um demokratische Respektabilität aufzugeben, durch die sie sich für die Mitgliedschaft in Regierungskoalitionen zu qualifizieren suchten. Dieses Ziel hat in Italien seit langem ihre Strategie bestimmt und hat sie neuerdings auch in Frankreich zunehmend beeinflußt; und es war gerade diese Strategie, die sie für die sowjetische Außenpolitik in einer Atmosphäre der Entspannung so wertvoll machte, daß die Sowjets sich – in einem ungewöhnlichen Kompromiß – gerade von diesen Parteien auch ein gewisses Maß öffentlicher Kritik gefallen lassen, solange sie nur an einer grundsätzlich prosowjetischen Orientierung festhalten. Eine Rückkehr dieser Parteien zu einem militanten Kurs ohne Rücksicht auf das Funktionieren des »Systems« würde die Kommunisten der fortgeschrittenen Demokratien zwangsläufig von ih-

ren potentiellen Koalitionspartnern isolieren. Sie würde kurzfristige Erfolge bei Teilen der Arbeiterklasse mit bitterem Ressentiment in breiten Mittelschichten und bei den Beziehern fester Einkommen erkaufen – aus den Gründen, die bei der Erörterung der Probleme der Sozialdemokratie genannt wurden. Sie würde sie also nicht nur jeder Chance berauben, eine demokratische Mehrheit zu gewinnen – sie würde auch mit Sicherheit dazu führen, daß in einer durch solche Militanz erzeugten Krise des demokratischen Systems die Hoffnungen der Mehrzahl der Opfer dieser Krise sich *nicht* den Kommunisten, sondern irgendeiner autoritären oder faschistischen Alternative zuwenden würden. Dieselbe Wirkung würde erst recht eintreten, wenn die Weigerung der Kommunisten, sich auf eine hemmungslos militante Strategie festzulegen, in diesem oder jenem Land zur Entstehung einer militanten Massenpartei mit den Ideen der »Neuen Linken« führen sollte.

Ob also die Kommunisten beschließen, an dem Bemühen um demokratische Respektabilität festzuhalten, oder ob sie eine Rückkehr zu »revolutionärer« Militanz vorziehen – sie bleiben in dem gleichen Dilemma zwischen einer engen Konzentration auf ihre traditionelle Basis in der Arbeiterklasse oder dem Werben um eine breite Mehrheit für gesellschaftliche Umgestaltung gefangen wie die Sozialdemokraten. Überdies wird auch das Problem der nationalen Grenzen gesellschaftlicher Kontrolle die Kommunisten in der besonderen Form jenes Mißtrauens großer Teile der öffentlichen Meinung verfolgen, das ihrer hartnäckigen grundsätzlichen Orientierung am Vorbild einer ausländischen Macht entspringt. Erst wenn wir einmal den Fall setzen, daß eine kommunistische Partei trotz all dieser Handikaps in einem fortgeschrittenen Industrieland demokratisch zur Macht käme (was bisher nie geschehen ist), würden sich für sie bei der *Behauptung* der Macht trotz aller Übergangsschwierigkeiten entscheidende Vorteile gegenüber jeder sozialdemokratischen Regierung ergeben: Die regierenden Kommunisten könnten – und würden – die demokratischen Spielregeln suspendieren und ihr Programm der gesellschaftlichen und wirtschaftlichen Umwälzung rücksichtslos verwirklichen. Ob ein derartiges System diktatorischer Staatskontrolle der Wirtschaft dann noch sinnvoll als *gesellschaftliche Kontrolle* im Sinne unserer einleitenden Definition des Sozialismus bezeichnet werden könnte, ist freilich unter Sozialisten seit langem und mit gutem Grund umstritten.

Veränderte Triebkräfte des Sozialismus

Unser Versuch, die politischen Chancen des Sozialismus in modernen Gesellschaften auszuloten, hat mehr Fragen aufgeworfen, als er beantworten konnte. Ein grundsätzliches Ergebnis scheint jedoch klar zu sein: Die geschichtlichen Triebkräfte, die auf eine sozialistische Umgestaltung von Industriegesellschaften drängen, sind heute von radikal anderer Art als jene, auf die sozialistische Denker im 19. und noch in der ersten Hälfte des 20. Jahrhunderts ihre Hoffnungen setzten.

KARL MARX glaubte, der Sozialismus würde siegen, wenn die kapitalistischen Produktionsverhältnisse zu Fesseln für die Weiterentwicklung der Produktivkräfte geworden wären. LENIN sah »parasitäre Stagnation« als ein Kennzeichen der imperialistischen Etappe des Kapitalismus und schloß daraus, die Zeit sei reif für die sozialistische Revolution im internationalen Maßstab. Die tatsächliche Entwicklung der kapitalistischen Wirtschaftssysteme hat sie völlig widerlegt, zum mindesten seit der teilweisen Transformation dieser Systeme durch eine auf stetiges Wachstum und hohes Beschäftigungsniveau gerichtete staatliche Politik: Die Zunahme der Produktivkräfte in den entwickelten Industriegesellschaften hat sich in den letzten Jahrzehnten zu einem Tempo beschleunigt, das sich weder die frühen Propheten noch die Kritiker des Kapitalismus hätten träumen lassen.

Was wirklich geschehen ist, ist jedoch, daß unter dem Antrieb des Profitstrebens die *Destruktivkräfte* parallel mit den Produktivkräften zugenommen haben – nicht nur in dem bekannten Sinn der zunehmenden Destruktivkraft moderner Waffen, sondern in dem neuen Sinn der zunehmend destruktiven Auswirkung der modernen industriellen Technik auf die Umwelt und die Naturschätze – bis zu dem Punkt, wo sie nun drohen, die Produktivkräfte zu überholen. Es scheint, als tendiere die Beschleunigung des technischen Fortschritts unter dem Profitsystem zur Zerstörung der eigenen materiellen Grundlagen. Der Ruf nach »Sozialismus« verwandelt sich so aus einer Forderung, die Produktivkräfte von den Fesseln des kapitalistischen Eigentums zu *befreien*, in eine Forderung, das von Profitantrieb hervorgerufene, unkontrollierte Anwachsen dieser Produktivkräfte zu *zügeln*, um ihre destruktiven Wirkungen unter Kontrolle zu bringen.

Doch wenn dies zutrifft, so bedeutet es nicht nur, daß die

gesellschaftlichen Kräfte, die auf eine sozialistische Entwicklung drängen, ihren Charakter geändert haben. Es bedeutet auch, daß das Verhältnis von materiellem Fortschritt und menschlichen Werten, das der bisherigen Entwicklung der modernen Gesellschaften zugrunde liegt, neu durchdacht werden muß – und mit ihm das Verhältnis zwischen der Freiheit des einzelnen und dem Überleben der Gesellschaft. Das 19. Jahrhundert war im Westen von der immer stärker werdenden Überzeugung beherrscht, der materielle Fortschritt sei die Grundlage alles menschlichen Fortschritts. Diese Überzeugung hat sich vom Westen her in allen Ländern verbreitet, die in den Prozeß der Modernisierung hineingerissen wurden – und sie hat in der MARXschen Geschichtsauffassung wohl ihren umfassendsten Ausdruck gefunden. Heute ist diese Ansicht nachweislich überholt: Sozialismus kann nicht mehr als ein System vorgestellt werden, das die Entfaltung der menschlichen Persönlichkeit *auf der Grundlage* unerhörten materiellen Fortschritts *garantiert* – er wird zu einer *möglichen* Entwicklung, deren Verwirklichung von einer Änderung in der Rangordnung menschlicher Werte *auf Kosten* des Primats des materiellen Fortschritts abhängt.

Überdies stellt diese Umwertung auch den Wertrang in Frage, den die liberale Tradition der Freiheit der Verfolgung des Eigeninteresses durch Einzelne und Gruppen zuerkennt. Gewiß hat nur der extreme Wirtschaftsliberalismus der Manchesterschule jemals den Standpunkt vertreten, diese Freiheit solle unbeschränkt sein. Doch eine viel breitere und einflußreichere Strömung hat seit dem späten 18. Jahrhundert die Auffassung begründet, unter der Voraussetzung eines gemeinsamen Rahmens von moralischen und rechtlichen »Spielregeln« sei die freie Verfolgung des Eigeninteresses durch Individuen und Gruppen eine unvergleichlich wirksame, dynamische Kraft zur Förderung des Gemeinwohls. Diese Auffassung, die auf den Erfahrungen des Verlaufs der Modernisierung im Westen beruhte, fand ihren wirtschaftstheoretischen Ausdruck in ADAM SMITH' Lehre von der »unsichtbaren Hand«. Doch in anderer Form lag sie auch dem Geschichtsoptimismus der HEGELschen »List der Vernunft« und selbst der MARXschen Dialektik des Klassenkampfes zugrunde: All diese philosophischen Konstruktionen dienen dem Nachweis, daß die Menschen durch die Verfolgung ihrer eigensüchtigen Interessen und Bestrebungen letztlich der Förderung des Gemeinwohls bzw. dem Endzweck

der Geschichte dienen – sei es auch meist unbewußt. (Dagegen steht LENINS Lehre, daß der Zweck der Geschichte nur erfüllt werden kann, wenn eine mit dem »richtigen« Bewußtsein ausgerüstete Elite ihre Führung durchsetzt, in radikalem Gegensatz zu dem materialistischen Optimismus des modernen Westens.)
Doch ganz wie die Vorherrschaft dieser optimistischen Denkschemata jene Hoffnungen widerspiegelte, die von der Erfahrung des Zusammenhangs zwischen der einzigartigen Handlungsfreiheit des westlichen Individuums und der von ihr entfesselten einzigartigen Dynamik des materiellen Fortschritts geweckt worden waren, so muß die zunehmende Erkenntnis des selbstzerstörerischen Potentials dieser Dynamik Zweifel an dem innersten Kern des modernen westlichen Optimismus hervorrufen: An der Erwartung, der »natürliche« Gang der Geschichte werde zu einer Versöhnung der Anforderungen individueller Freiheit und gesellschaftlicher Notwendigkeit führen. Denn wenn es zutrifft, daß wir in eine geschichtliche Phase eingetreten sind, in der die ungehemmte Verfolgung des individuellen Eigeninteresses zunehmend mit den Erfordernissen des Überlebens der Gemeinschaft in Widerspruch gerät, dann ist eine solche Versöhnung, vorsichtig ausgedrückt, in keiner Weise gesichert. Sie ist weder so gesichert in der gegenwärtigen Wirtschaftsordnung, wie die liberalen Optimisten, noch in einer künftigen sozialistischen Ordnung, wie die marxistischen Optimisten es verkündeten. Im Lichte der gegenwärtigen Problematik erhebt sich vielmehr die Frage, ob eine solche Versöhnung sich als unmöglich oder nur als außerordentlich schwierig erweisen wird.

Überleben der Gemeinschaft – Überleben der Freiheit

In letzter Instanz werden auch die politischen Chancen des Sozialismus in modernen Gesellschaften von der Antwort auf diese Frage abhängen. Um das einzusehen, muß man sich nur klarmachen, daß alle westlichen Formen der sozialistischen Idee, genau wie alle modernen westlichen Formen der demokratischen Idee, auf dem Bestreben beruhen, eine Synthese von liberal-individualistischen Werten und Gemeinschaftswerten zu finden. Dagegen führt der Glaube an die grundsätzliche Unvereinbarkeit beider Arten von Werten offenbar je nach

Wahl zu autoritär-faschistischen oder anarchistischen Konsequenzen.
Schon der Begriff der gesellschaftlichen Kontrolle in dem Sinne, wie er im westlichen Sozialismus verstanden wird, setzt eine Staatsform voraus, die eine wirksame Kontrolle und gegebenenfalls Ablösung der Regierenden durch die Bürger erlaubt. Alle moderne Erfahrung, zumal die Erfahrung der kommunistischen Einparteistaaten, hat gezeigt, daß dies nur in einer Demokratie vom freiheitlich-pluralistischen Typus möglich ist. Wenn die Notwendigkeiten des Überlebens der Gesellschaft nicht nur mit einer besonderen, eng selbstsüchtigen Auslegung der Freiheit des Individuums und einem besonderen Typ wirtschaftlicher Organisation in Widerspruch stehen, die auf diese enge Auslegung zugeschnitten ist, sondern mit jenen Grundrechten des autonomen, nach Selbstverbesserung strebenden Individuums, die sich in Jahrhunderten der westlichen Geschichte herausgebildet haben, dann freilich kann es weder für den Sozialismus im hier definierten Sinne noch für die westliche Demokratie eine Zukunft geben. Dann in der Tat gäbe es auch keine Zukunft für die westliche Zivilisation, sondern nur die Wahl zwischen ihrem Verfall in spätrömischer Anarchie und ihrer Erstarrung in der bürokratischen Stagnation eines neo-byzantinischen Despotismus. Wenn aber, wie ich es glaube, die individualistischen Grundwerte mit den gesellschaftlichen Notwendigkeiten unserer Zeit *weder* im Verhältnis einer prästabilierten Harmonie *noch* eines unüberbrückbaren Konfliktes stehen, dann ist es eine sinnvolle und lösbare Aufgabe, jene Grundwerte zu einem den heutigen Notwendigkeiten des Überlebens der Gemeinschaft entsprechenden Sinne neu zu interpretieren, die dafür angemessene institutionelle Verbindung von Wirtschaftsfreiheit und Wirtschaftslenkung zu entwickeln und eine wachsende Mehrheit der demokratischen öffentlichen Meinung für diese Grundhaltung und dieses Programm zu gewinnen: Die Aufgabe der Sozialisten in den hochentwickelten Gesellschaften.
Ein politischer Erfolg des Sozialismus in diesem Sinne könnte offenbar nur gegen gewaltige Widerstände durchgesetzt werden, und er bliebe weit davon entfernt, ein utopisches Paradies einzuläuten. Er würde »nur« das Überleben sichern – für eine von Selbstzerstörung bedrohte Menschheit, für unsere Form der Demokratie und für unsere Zivilisation.

Demokratie und Freiheit heute

Eine Auseinandersetzung mit Helmut Schelsky

Ist die Demokratie des gleichen Wahlrechts – die »Massendemokratie« – unter den Bedingungen der modernen Industriegesellschaft mit ihrem vielfältigen Netz organisierter Interessen auf die Dauer mit der Erhaltung eines gesicherten Freiheitsspielraums für den einzelnen vereinbar? Oder liegt in der zunehmenden Verflechtung zwischen Industriegesellschaft und demokratischem Staat schon die Entartung des letzteren zur totalitären Diktatur beschlossen?

Von der liberalen Kritik an der Französischen Revolution bis hin zur Auseinandersetzung mit den bolschewistischen und faschistischen Diktaturen unseres Jahrhunderts ist diese Schicksalsfrage der offenen Gesellschaft immer wieder gestellt worden. Anfang 1973 hat HELMUT SCHELSKY sie in seinem vielgelesenen Aufsatz »Mehr Demokratie oder mehr Freiheit« für die Bundesrepublik aufgeworfen. Die erneute Herausgabe dieses Aufsatzes in einer Schrift, gemeinsam mit seinem früheren Essay über »Die Strategie der Systemüberwindung« und einem kleineren Beitrag über »Die Gewaltenteilung in der Universität« gibt Anlaß zu einer grundsätzlichen Prüfung seiner These.[1]

Diese These ist, kurz gesagt, daß die freiheitlichen Demokratien des Westens auf zwei Prinzipien der Herrschaftsbeschränkung beruhen, die einander ergänzen, jedoch zugleich in einem notwendigen Spannungsverhältnis zueinander stehen: dem demokratischen Prinzip der Volkssouveränität und dem freiheitlichen Prinzip der Gewaltenteilung. Wo die Demokratie durch verstärkte Massenteilnahme am politischen Leben und durch Übergreifen auf mehr und mehr Bereiche des gesellschaftlichen Lebens erweitert wird, da werde ein Prozeß irrationaler Politisierung und Polarisierung ausgelöst; dieser Prozeß aber bedrohe den Freiheitsspielraum des einzelnen, weil er die Gewaltenteilung und die Autonomie einer Vielzahl von Institutionen untergrabe, die diesen Spielraum schützen sollen.

Ein solches Ausufern der Demokratie ist nun nach SCHELSKY in der Bundesrepublik durch Bundeskanzler BRANDTS Forderung eingeleitet worden, wir sollten »mehr Demokratie wagen«.

Damit sei eine Polarisierung des öffentlichen Lebens in zwei feindliche Lager in Gang gekommen, die alle Institutionen als ihr legitimes Kampffeld betrachten und sich schon heute in einem prä-totalitären Konflikt gegenüberstehen – einem latenten Bürgerkrieg, der in den offenen Bürgerkrieg umschlagen kann, sobald die Kräfteverhältnisse dem einen Lager den totalen Sieg zu versprechen scheinen. Dabei stehen auch die Gegner der »Demokratisierung« nach SCHELSKY dem Vorgang deshalb hilflos gegenüber, weil sie die Natur der Gefahr nicht begreifen. Den Beweis sieht er darin, daß alle Parteien den im Kern antiliberalen Begriff »Gesellschaftspolitik« übernommen haben, ohne zu bemerken, daß es eine totalitäre Vorstellung sei, die Gesellschaft als Ganzes mit den Mitteln staatlicher Politik planmäßig ändern zu wollen.

SCHELSKYS Kritiker haben bisher in der Hauptsache seine konkrete Diagnose der gegenwärtigen Lage der Bundesrepublik als eine ungerechtfertigte Dramatisierung von Randerscheinungen abgetan. Doch die Klarheit und Konsequenz, mit der SCHELSKY seine grundsätzliche Position entwickelt, erfordern die Begründung einer ebenso grundsätzlichen Gegenposition, die hier unternommen werden soll. *Der Kern unserer Gegenthese ist, daß unter den Bedingungen der entwickelten Industriegesellschaft der Freiheitsspielraum der einzelnen und Gruppen nur durch Erweiterung der Demokratie erhalten werden kann. Dies ist das einzige Mittel, die bei zunehmender Verflechtung von Gesellschaft und Staat unvermeidliche Beschränkung der Freiheit* von *öffentlichen Entscheidungen durch gleichzeitigen Ausbau der Freiheit* zur *Mitgestaltung dieser Entscheidungen zu kompensieren.* In der Bundesrepublik kommt hinzu, daß die hier besonders tiefgreifende Krise der traditionellen Autorität in vielen Bereichen die demokratische Neubegründung von Autorität dringlich gemacht hat.

Schließlich gilt allgemein, daß die Dynamik einer hochindustriellen Gesellschaft im Interesse ihrer Menschen ebensowenig ihren Eigengesetzen überlassen werden darf, wie sie durch staatliche Planung »aus dem Kopfe« ersetzt werden kann: *Die Alternative zur totalitären Utopie der totalen Gesellschaftsplanung ist nicht die reaktionäre Utopie der politikfreien Selbstentwicklung der Gesellschaft, sondern deren humane Korrektur durch demokratische Kontrolle in ständiger Wechselwirkung zwischen Gesellschaft und Staat.*

»Freiheit von« und »Freiheit zu«[2]

Die Kritik muß schon an SCHELSKYS Darstellung von Begriff und Funktion der Demokratie und der Gewaltenteilung ansetzen. Er sieht sie als zwei einander ergänzende Antworten auf die Frage, »wie die Herrschaft [. . .] so beschränkt werden kann, daß die Freiheit der individuellen Lebensführung nicht beeinträchtigt wird und daß die sozialen Grundüberzeugungen und Bedürfnisse des einzelnen in der politischen Herrschaft angemessen berücksichtigt werden«. Offenbar handelt es sich aber beim zweiten dieser Zwecke nicht nur um negative *Beschränkung* der Herrschaft im Sinne des Ausschlusses willkürlicher, dem Willen der Beherrschten widersprechender Herrschaftsakte, sondern um positive *Ausrichtung* der Herrschaft am Willen der Beherrschten.

Solche Einflußnahme auf die Entscheidungen derjenigen, die Herrschaft ausüben, durch ihre Abhängigkeit von Wahlen, in denen sie um die Herrschaftspositionen mit alternativen Kandidaten konkurrieren und sich für ihre Amtsführung vor den Wählern verantworten müssen, ist in der Tat der Kern der Demokratie (nicht die – notwendig fiktive – »Identität« von Herrschern und Beherrschten). Aber SCHELSKYS irreführende Unterordnung dieses Ziels der Herrschaftsausrichtung an den »sozialen Grundüberzeugungen und Bedürfnissen« unter den Oberbegriff der Herrschaftsbeschränkung – der *Freiheit zu* politischer Gestaltung unter die *Freiheit von* Willkür – führt dazu, daß dieser aktive Zweck der Demokratie in seinen ganzen weiteren Ausführungen keine Rolle spielt: Die Entscheidung, »mehr Freiheit« den Vorrang vor »mehr Demokratie« zu geben, entspringt nicht der Analyse der gegenwärtigen Situation der Bundesrepublik, wie der Autor meint, sondern ist schon in seinem theoretischen Ausgangspunkt enthalten.

Die Gewaltenteilung ist dagegen, wie SCHELSKY im Anschluß an die Klassiker des Liberalismus mit Recht betont, wesentlich ein Mittel der Herrschaftsbeschränkung – der Beschränkung und Kontrolle von Macht durch unabhängige Gegenmacht. Wo sie fehlt, gibt es keine wirksamen Freiheitsgarantien; sie unterscheidet alle freiheitlichen Staaten vom Absolutismus von Gottes Gnaden einerseits, von der auf den angeblich unteilbaren Volkswillen gegründeten Diktatur – zum Beispiel der »Volksdemokratie« – andererseits. Aber nicht alle freiheitlichen Staaten sind Demokratien: So gewiß es keine freiheitliche Demokratie im modernen, westlichen Sinne ohne Gewaltenteilung geben kann, so gewiß hat es Gewaltenteilung in Staaten gegeben, die keine Demokratien waren – in der englischen parlamentarischen Oligarchie des 18. Jahrhunderts, im französischen Bürgerkönigtum mit seinem Zensuswahlrecht, in der konstitutionellen Monarchie des preußisch-deutschen Kaiserreiches.

So erklärt sich, daß noch in der ersten Hälfte des 19. Jahrhunderts die Worte »Liberaler« und »Demokrat« überwiegend entgegengesetzte politische Haltungen bezeichneten, insofern die Liberalen sich mit Regierungsformen ohne gleiches Wahlrecht und zum Teil ohne volle Verantwortlichkeit der Regierung vor dem Parlament zufriedengaben, sofern sie nur eine rechtsstaatliche Gewaltenteilung besaßen, während die radikalen Demokraten – etwa in der Französischen Revolution – nicht nur für ein auf das gleiche Wahlrecht gegründetes Parlament eintraten, sondern die Regierung – ohne echte Gewaltenteilung – auf einen bloßen Ausschuß des Parlaments reduzieren wollten.[3] Erst im Zuge der industriellen Entwicklung und der mit ihr wachsenden wirtschaftlichen und sozialen Aufgaben des Staates ist das allgemeine, gleiche Wahlrecht auch von den Liberalen zunehmend akzeptiert und der freiheitsschützende Wert der Gewaltenteilung auch von den Demokraten der fortgeschrittenen Länder zunehmend anerkannt worden, bis die modernen Formen der »freiheitlichen Demokratie« sich in allen führenden westlichen Ländern durchsetzten.

Doch SCHELSKY, der die Demokratie stillschweigend ihrer aktiven Gestaltungsfunktion beraubt, dehnt auf der anderen Seite den Begriff der Gewaltenteilung über den Bereich der staatlichen Gewalten – der gesetzgebenden, ausführenden und richterlichen – hinaus auf alle Träger gesellschaftlicher Macht aus: Wie einst die Trennung von geistlicher und weltlicher Gewalt im Mittelalter, so diene heute die gegenseitige Unabhängigkeit von politischer und wirtschaftlicher Macht, aber auch von politischer Macht und Informationsmedien oder Bildungsinstitutionen der Sicherung des Freiheitsspielraums des einzelnen. So wird aus der alten, liberalen Vorstellung von der autonomen Entwicklung der gesellschaftlichen Lebenssphären einerseits, aus dem gewaltenteiligen Prinzip der Verhinderung von Machtkumulation im Interesse des Individuums andrerseits die Forderung abgeleitet, in einer freiheitlichen Ordnung müsse die Autonomie etwa der Wirtschaft oder des Bildungswesens gegenüber dem Staat institutionell gesichert bleiben – nicht nur im administrativen Sinne der Selbstverwaltung, sondern im prinzipiellen Sinne ausschließlicher Orientierung an bereichsspezifischen, »sachbezogenen« und daher nicht-politischen Gesichtspunkten.

Die Verflechtung von Staat und Gesellschaft

Diese altliberale These der prinzipiellen Autonomie der gesellschaftlichen Lebensbereiche kann jedoch von dem Soziologen SCHELSKY nur aufrechterhalten werden, weil er bei seinem Ausflug in die politische Theorie von seiner Kenntnis der Grundtatsachen der Industriegesellschaft keinen Gebrauch macht. Die Autonomie der Wirtschaft gegenüber dem Staat war dort, wo sie unter industriellen Verhältnissen bestanden hat, immer eine Einbahnstraße: Auf dem Höhepunkt des Wirtschaftsliberalismus hat keine institutionelle Schranke die Träger wirtschaftlicher Macht verhindert, durch ein auf beschränktem Zensuswahlrecht beruhendes Parlament auch politische Macht auszuüben – während jeder Eingriff der politischen Machtträger in die Wirtschaft als Verstoß gegen liberale Prinzipien galt.
Die Verteidigung *dieser* Art von Autonomie läuft daher in der Praxis nicht auf Beschränkung von Herrschaft, sondern auf den Versuch des Abbaus jener öffentlichen Kontrolle privater Machtpositionen hinaus, die sich im Zuge der Entwicklung der Demokratie des allgemeinen Wahlrechts in allen westlichen Industrieländern durchgesetzt hat. In allen diesen Demokratien ist das öffentliche Interesse an der wirtschaftlichen Entwicklung und damit das Recht des Staates zu Eingriffen in die Autonomie der Wirtschaft seit langem selbstverständlich geworden, ob es sich nun anfänglich um sozialpolitische »Eingriffe« zur Verhinderung von Kinderarbeit, zur Begrenzung des Arbeitstages und zur Unfallverhütung oder um zollpolitische »Eingriffe« zur Förderung aufsteigender und zur Stützung niedergehender Produktionszweige gegen die ausländische Konkurrenz handelte.
Umgekehrt ist es auch ein wesentlicher Bestandteil des politischen Prozesses in modernen Demokratien, dessen Legitimität nicht ernsthaft bestritten wird, daß wirtschaftliche Interessengruppen auf dem Wege über die politischen Institutionen die eigene Lage zu sichern oder zu verbessern suchen – und

zwar Großunternehmer und Großgrundbesitzer nicht weniger als Bauern und Mittelständler oder als die gewerkschaftlich organisierten Arbeiter: Wirtschaftliche Macht ist unter den Bedingungen der Industriegesellschaft *immer* auch politische Macht, und politische Macht beeinflußt *immer* auch die wirtschaftliche Entwicklung. SCHELSKY mag die *Formen* des Eingreifens etwa von Unternehmergruppen und Gewerkschaften in unserem letzten Wahlkampf mit Grund beklagen – die *Sache* selbst ist weder neu noch beklagenswert, sondern normal.
Doch auch abgesehen von der intensiven Verflechtung zwischen Politik und Wirtschaft, ist die Zunahme des Umfangs der als öffentlich anerkannten Angelegenheiten eine Grundtendenz der modernen Industriegesellschaft: Proteste im Namen einer überholten Sphärentrennung können sie nicht rückgängig machen – sie können nur die demokratische Kontrolle über die Verwendung öffentlicher Mittel in diesen neuen Bereichen erschweren. Das klassische Beispiel ist hier die internationale Entwicklung des Bildungswesens im Zeichen der allgemeinen Schulpflicht, der zunehmenden öffentlichen Verantwortung für die berufliche Ausbildung und der Expansion des Hochschulwesens mit der Zunahme von Anzahl und Umfang der Berufe, die eine wissenschaftliche Vorbildung erfordern, und schließlich des wachsenden Forschungsbedarfs der modernen Gesellschaft.
Die Erkenntnis, daß Bildung und Ausbildung notwendige Bestandteile der Infrastruktur jeder modernen Gesellschaft sind und die wissenschaftliche Forschung zu ihren entscheidenden Produktivkräften gehört, hat überall dazu geführt, daß sie ebensowenig vorwiegend oder gar ausschließlich der privaten (oder im Schulwesen kirchlichen) Initiative überlassen bleiben konnten, wie etwa das Gesundheitswesen. Doch Institutionen, die wegen ihrer öffentlichen Bedeutung aus öffentlichen Mitteln unterhalten und zum Teil durch öffentliche Teilnahmepflicht gestützt werden, können in bestimmten Grundfragen nicht von den Entscheidungen der demokratisch legitimierten öffentlichen Organe unabhängig sein: Ein maßgebender öffentlicher Einfluß auf die Mindestanforderungen der Schulbildung und der Berufsausbildung mit Einschluß der akademisch qualifizierten Berufe und auf die Prioritäten der Forschung ist in der Natur der Sache unvermeidlich.
Die »sachbezogene« Autonomie der fachlich qualifizierten Träger des Bildungswesens kann sich nur auf Fragen der inne-

ren Organisation und auf die *Methoden* der Vermittlung von Fähigkeiten und Kenntnissen, in den Hochschulen auf Grundlagenforschung, Forschungsmethoden und auf die Heranbildung und Auswahl des wissenschaftlichen Nachwuchses beziehen – nicht auf die Entscheidung über die im Interesse der Gesellschaft für den Schulabsolventen und für die verschiedenen Berufe als notwendig erachteten Fähigkeiten und Kenntnisse selbst und über die Schwerpunkte der angewandten Forschung.

Ganz allgemein gilt, daß Entscheidungen, in denen es um Konflikt und Ausgleich verschiedener Teilinteressen und um den Vorrang verschiedener Werte geht, ihrer Natur nach auch dann politisch sind, wenn sie in staatlich nicht direkt geregelten Bereichen des gesellschaftlichen Lebens getroffen werden, wie etwa im Bereich der Tarifautonomie der Sozialpartner oder der innerbetrieblichen Konflikte. Sie können also auch dort nur demokratisch legitimiert werden: durch offene Vertretung der verschiedenen Interessen oder Überzeugungsgemeinschaften und durch den Kompromiß zwischen ihnen. Die Vorstellung, solche Interessen- oder Wertentscheidungen würden am besten von Fachleuten »rein sachbezogen« getroffen, ist eine antidemokratische Ideologie, die der Tradition des wilhelminischen Beamtenstaates und dem Heimweh seiner einstigen Träger in der Zeit der Weimarer Republik entstammt; sie findet in älteren Demokratien keine Parallele.

Der Versuch, die gegenseitige Unabhängigkeit der staatlichen Politik und der verschiedenen Sphären des gesellschaftlichen Lebens für einen unabdingbaren Bestandteil der Gewaltenteilung des freiheitlichen Rechtsstaates zu erklären, widerspricht also den grundlegenden Tendenzen der modernen Entwicklung zu einer zunehmenden Verflechtung von Gesellschaft und Staat. Diese Feststellung widerlegt freilich nicht SCHELSKYS Sorge, daß diese Tendenzen den Freiheitsspielraum des einzelnen insoweit zunehmend einengen, wie er in den verschiedensten Lebenssphären indirekt von den Entscheidungen der gleichen Machtträger – in der Praxis von der gleichen jeweils regierenden Partei – abhängig wird. Auch die eigentliche Gewaltenteilung im staatlichen Bereich wird ja in der modernen parlamentarischen Demokratie insofern abgeschwächt, als Exekutive und Legislative von der gleichen Mehrheitspartei oder Koalition beherrscht werden und die Rolle der Gegengewalt im wesentlichen der Opposition und der unabhängigen

Presse zufällt. Und auch in Staaten, in denen die dritte, richterliche Gewalt eine unabhängige Spitze in einem obersten Verfassungsgericht hat, macht sich über längere Zeiträume der Einfluß der politischen Mehrheitsverhältnisse auf die Zusammensetzung dieses Gerichts (durch präsidentielle Ernennungen mit Zustimmung des Senats in den USA, durch parlamentarische Auswahl in der Bundesrepublik) bemerkbar und ist für den allmählichen Wandel der Rechtsauffassungen ein bedeutsamer Faktor.

Die von SCHELSKY kritisierte Tendenz zu »Mehr Demokratie – weniger Freiheit« ist also dem demokratischen Sozialstaat des Westens, wie er sich international im Zuge der zunehmenden Verflechtung von Staat und Gesellschaft und der Ausdehnung demokratisch legitimierten öffentlichen Einflusses auf früher völlig autonome gesellschaftliche Bereiche herausgebildet hat, in der Tat immanent und unter modernen industriellen Verhältnissen unausweichlich – solange man nämlich unter Freiheit ausschließlich die »Freiheit von« den Entscheidungen einer einheitlichen Macht versteht und die gleichzeitige Zunahme der »Freiheit zur« Einflußnahme auf diese Entscheidungen übersieht. Doch auch diese Kompensation würde – darin sind wir mit SCHELSKY einig – nichts helfen, wenn die Tendenz zur Einschränkung der »Freiheit vom« Staat in dem Sinne *unbegrenzt* wäre, daß schließlich *alle* Lebensbereiche der Politisierung unterworfen wären: Dem total eingespannten Individuum bliebe dann auch bei seiner demokratischen Einflußnahme keine echte Wahlfreiheit übrig – wir hätten es tatsächlich mit einer totalitären Entwicklung zu tun.

Doch in der wirklichen Entwicklung der westlichen Demokratien sind dieser Tendenz zur Einschränkung des individuellen Freiheitsspielraums wirksame institutionelle und traditionelle Grenzen gesetzt: Weder stehen hier die rechtlich geschützte private Sphäre des einzelnen, sein Familienleben, seine religiösen Überzeugungen dem staatlichen Eingriff offen, noch ist die Legitimität der oppositionellen »Gegengewalt« und der Schutz der Minderheiten umstritten, noch werden Meinungsbildung und Meinungsäußerung und die Entwicklung des geistigen Lebens zunehmend staatlich kontrolliert oder gar monopolisiert. Auch da, wo etwa die öffentlichen Rundfunk- und Fernsehanstalten nicht mit privaten Unternehmen zu konkurrieren haben, unterliegen sie in der Regel politisch ausgewogenen Kontrollorganen, die in der Lage sind, ihren Mißbrauch als Macht-

instrumente der Regierung zu verhindern und ein hohes Maß an redaktioneller Unabhängigkeit und Vielfalt zu sichern.
Es sind die in der öffentlichen Meinung verankerten Freiheitsgarantien der Grundrechte, die dem demokratischen Bürgerrecht zur Teilnahme an Entscheidungen die Grundlage einer echten Wahlfreiheit sichern: Nur wo diese Grundrechte bedroht oder verletzt werden, kann von einer Gefährdung des freiheitlichen Elements der modernen Demokratie im Ernst die Rede sein.

Politisierung und Polarisierung

Die Gefahr für die Freiheit des einzelnen, die SCHELSKY in einer Ausweitung der Demokratie sieht, beruht aber nicht nur auf ihrer Ausdehnung auf neue gesellschaftliche Bereiche: Auch die Aktivierung immer breiterer Wählerschichten, die von anderen Kommentatoren begrüßt wird, erfüllt ihn mit Sorge, denn sie zwinge alle Parteien zu einer Simplifizierung, Emotionalisierung und Personalisierung der Argumente und gehe daher notwendig mit einem Verlust an Rationalität im politischen Entscheidungsprozeß und mit einer Verschärfung der Konflikte bis zur völligen Polarisierung einher. Der Wahlkampf von 1972, unter dessen frischem Eindruck er schrieb, hat ihn überzeugt, daß »mehr Demokratie« im Sinne von mehr politischem Interesse und erhöhter Wahlbeteiligung nur um diesen Preis zu haben sei und daß ein höheres Maß an skeptischer Indifferenz für das Entscheidungsklima einer Demokratie gesünder wäre.
Was hier zunächst auffällt, ist die Wiederholung der klassischen massenpsychologischen und -soziologischen Argumente gegen die Einführung des allgemeinen, gleichen Wahlrechts. Auch hier geht SCHELSKY faktisch auf den Standpunkt des Altliberalismus vor seiner Anpassung an die Notwendigkeiten der Industriegesellschaft zurück; auch hier irrt er nicht in der Beschreibung der Erscheinungen, die ihn bedrücken, sondern im Unverständnis des Grades ihrer Unvermeidlichkeit und Ubiquität und in der Mißachtung der Fülle der vorliegenden Erfahrungen bei seinen Prognosen. Die Emotionalisierung und Personalisierung von Wahlkämpfen ist in der Tat so alt wie »Massendemokratie« – besonders in Ländern des annähernden oder vollständigen Zweiparteiensystems, wie England und den Vereinigten

Staaten –, aber sie hat die Stabilität dieser Demokratien niemals bedroht. Auch in Deutschland ist sie uns keineswegs nur aus den Wahlfeldzügen HITLERS vertraut, sondern zum Beispiel aus HINDENBURGS erstem Präsidentschaftswahlkampf 1925 (»Deutsche! *Den* oder *den?*« fragte ein Wahlplakat, das den Feldmarschall überlebensgroß und seinen demokratischen Hauptgegner, den Zentrumsführer WILHELM MARX, klein und dunkel schattiert zeigte) oder auch aus ADENAUERS Wahlkämpfen gegen KURT SCHUMACHER, den »Abkanzler«.

In der Tat geht der Vorwurf des »Verlustes an politischer Rationalität« schon deshalb ins Leere, weil die großen politischen Entscheidungen keine im strengen Sinne rationalen Entscheidungen sein können: Rational läßt sich über die Zweckmäßigkeit alternativer Mittel für ein gegebenes Ziel entscheiden – so in der Technik, in der Wirtschaft, in der Verwaltung, in der Strategie. Rational läßt sich auch in der Politik erörtern, ob ein bestimmtes Ziel überhaupt erreichbar ist, welche Mittel es erfordern und welche Konsequenzen seine Verfolgung haben würde. Aber wenn die Alternativen soweit geklärt sind, so geht die eigentliche politische Entscheidung zwischen ihnen um den Vorrang eines oder des anderen von verschiedenen Zielen, um die Rangordnung verschiedener Werte und Interessen – und die kann selbst *nicht* rational sein.

Die Mobilisierung von Emotionen, die jeden Bürger aufruft, sich für *das* Interesse, für *den* Wert einzusetzen, die ihm wichtiger sind als die Alternativen, ist daher nicht nur wahltechnisch unvermeidlich, sondern vom Sinn der Demokratie her legitim. Wer das verkennt, verfällt in den gleichen Fehler des Messens an idealisierten und sachfremden Maßstäben, wie seinerzeit CARL SCHMITT, als er seiner Kritik an der »Entartung« des modernen Parlamentarismus die Fiktion zugrunde legte, im »klassischen« (das heißt oligarchischen) Parlamentarismus sei es um das Überzeugen des Gegners in rationaler Diskussion und nicht um schnöde Interessen gegangen.[4]

Diese notwendige »Irrationalität« des politischen Kampfes um die Wähler führt aber keineswegs jederzeit zur Polarisierung, und die Perioden der Polarisierung enden keineswegs typischerweise in Staatskrisen. Vielmehr zeigt die Erfahrung der großen Demokratien, daß Perioden der politischen Leidenschaft und der Polarisierung immer dann auftreten, wenn die Entwicklung eines Landes an einem Wendepunkt angelangt ist und Grundsatzentscheidungen getroffen werden müssen – und daß die Gemeinsamkeiten der großen Parteien wieder in den Vordergrund treten und Beruhigung oder auch Langeweile das politische Leben kennzeichnen, wenn die Entscheidung eindeutig gefallen ist und in einer Periode der Konsolidierung allmählich auch von den ursprünglichen Gegnern akzeptiert wird.

Solche Perioden der dramatischen Polarisierung waren zum Beispiel der Kampf um die Einführung der progressiven Einkommensteuer in Großbritannien unter LLOYD GEORGE vor dem Ersten Weltkrieg oder um die Verstaatlichung einiger Grundindustrien und den gleichzeitigen Abbau des Kolonialreiches unter ATTLEE nach dem Zweiten; eine solche Periode war auch die soziale Umgestaltung der Vereinigten Staaten durch Präsident ROOSEVELTS *New Deal* in den dreißiger Jahren bei gleichzeitiger schrittweiser Abkehr vom Isolationismus. Und auch die formativen Jahre der Bundesrepublik unter ADENAUER, in denen die Entscheidungen für die Marktwirtschaft und für die Westintegration noch bitter umstritten waren, waren gewiß Jahre der Polarisierung und intensiver emotioneller Teilnahme der Wähler!

Keine dieser Entscheidungsphasen hat die betroffenen Demokratien in eine Staatskrise hineingeführt – alle haben sie zu Konsolidierungsphasen übergeleitet, in denen die Gemeinsamkeiten der großen Parteien stärker im Vordergrund standen: So entspricht es der Natur der pluralistischen Demokratien des Westens, die auf einem *Konsens* der übergroßen Mehrheit, und daher der tragenden Parteien, *über die Grundwerte* der Gemeinschaft beruhen, aber zugleich auf einem *Dissens* der Parteien *über die Rangordnung dieser Werte*, der sich vor allem in Zeiten großer Entscheidungen manifestiert.

Die Vorstellung, eine Phase der Polarisierung *müsse* zur Staatskrise führen, ignoriert die wesentlichen Erfahrungen der Geschichte der großen, alten Demokratien zugunsten des Alptraums der Erinnerung an die Weimarer Republik, die ihren Untergang tatsächlich weit eher der Handlungsunfähigkeit und Zersplitterung der Demokraten (und der Schlüsselrolle konservativer Antidemokraten) als einer echten Polarisierung verdankte. Sie zeigt darin eine ähnliche Provinzialität des politischen Horizonts auf der Rechten, wie sie auf der Linken in der weitverbreiteten Befürchtung zum Ausdruck kam, eine Phase der Annäherung der großen Parteien, gar der Großen Koalition, *müsse* über die »formierte Gesellschaft« in einen autoritären, wenn nicht totalitären Staat einmünden – und allgemein in der These, die »bürgerliche Demokratie« gehe in Krisenzeiten *notwendig* in den Faschismus über: Auch diese These[5] ignorierte die schlichte Tatsache, daß es in allen »bürgerlichen Demokratien« wiederholt schwere Wirtschaftskrisen, aber in keinem entwickelten Industrieland außer Deutschland jemals eine faschistische Diktatur gegeben hat.

Mit alldem soll nicht etwa umgekehrt behauptet werden, bestimmte Formen der Polarisierung *könnten* nicht zur Staatskrise führen; doch das sind nicht jene Formen, die sozusagen automatisch aus der demokratischen Mobilisierung der Massen zu großen Entscheidungen entstehen. Gefährliche Formen der Polarisierung ergeben sich vor allem dort, wo eine oder mehrere der großen politischen Kräfte eines Landes aus doktrinären Gründen sich in einer Haltung der Totalfeindschaft zu ihren Gegnern verfestigen, die sie grundsätzlich kompromißunfähig machen: Keine freiheitliche, auf Gewaltenteilung und Minderheitenschutz gegründete Demokratie kann auf längere Zeit ohne Kompromisse regiert werden.

Solche doktrinären Vorstellungen haben zum Beispiel Anfang der zwanziger Jahre den Hauptteil der italienischen Sozialisten – die sogenannten »Maximalisten« – an der Beteiligung an demokratischen Regierungen gehindert und dadurch zur Lähmung des demokratischen Systems und zur schließlichen Machtergreifung der Faschisten indirekt beigetragen; sie haben ein Jahrzehnt später die österreichischen Sozialisten so lange kompromißunfähig gemacht, bis die Konfrontation mit ihrer blutigen Unterdrückung durch den DOLLFUSSschen Staatsstreich endete.

Auch in Chile hat in unseren Tagen der Versuch des Präsidenten ALLENDE und seiner Regierung, im Rahmen der demokratischen Verfassung zu bleiben, aber trotz Fehlens einer parlamentarischen Mehrheit kompromißlos ihren Kurs zu verfolgen, zu ständiger Verschärfung der Konflikte und zur schrittweisen Hineinziehung des ursprünglich neutralen Militärs in den Entscheidungsprozeß geführt – bis schließlich der Staatsstreich einer antidemokratischen Militärjunta und ihr Terror die Krise einstweilen beendete.

In der Bundesrepublik hat auch in Perioden der Polarisierung keine der großen politischen Kräfte eine derart doktrinär kompromißfeindliche Haltung eingenommen, und keine nimmt sie heute ein. Die konstruktive Teilnahme der Gegner an der

Kleinarbeit der parlamentarischen Gesetzgebung ist nie unterbrochen worden. Noch die Vorwürfe, die Koalition und Opposition gegeneinander wegen der Duldung demokratiegefährdender, extremistischer Strömungen in ihren Reihen erheben, bestätigen indirekt den anhaltenden Fundamentalkonsens der beiderseitigen Führungen über die Notwendigkeit der Verteidigung der pluralistischen Demokratie.

Autoritätskrise und Demokratisierung

Und dennoch: Haben wir nicht durch unsere Darstellung der allgemeinen und langfristigen Entwicklungstendenzen der Demokratie das konkrete und aktuelle Problem der Bundesrepublik »wegdiskutiert«, das SCHELSKYS Reflexionen veranlaßt hat? Für ihn bilden ja die beiden Phänomene der Ausdehnung der Demokratie auf weitere gesellschaftliche Bereiche und der Polarisierung des Parteienkonflikts eine Einheit: Was ihm als die zentrale Bedrohung der Freiheit erscheint, ist das Hineintragen der parteipolitischen Auseinandersetzung in die innere Arbeit autonomer Institutionen unter dem Vorwand ihrer »Demokratisierung«.

Die Tendenz zur Politisierung autonomer Institutionen durch »Binnendemokratisierung«, die sich in den letzten Jahren in der Bundesrepublik – und in geringerem Grade auch in anderen westlichen Demokratien – ausgebreitet hat, ist in der Tat *keine* logische Folge der Ausdehnung der öffentlichen Verantwortung auf weitere gesellschaftliche Bereiche: Im Gegenteil, sie kann leicht zum Hindernis einer wirksamen Kontrolle der betroffenen Einrichtungen durch die legitimen Organe des demokratischen Staates werden. Sie ist aber, anders als es bei SCHELSKY erscheint, auch nicht primär eine Folge der parteipolitischen Polarisierung: Sie ist nicht von den großen Parteien und insbesondere nicht von BRANDTS Ruf nach *»mehr Demokratie«* ausgegangen, sondern hat Jahre vorher, als von Polarisierung noch keine Rede war, als Bewegung von unten *gegen* die staatstragenden Parteien und gegen jede Form von etablierter Autorität begonnen. Denn die Forderung nach »mehr Demokratie« in *diesem* Sinne ist gar nicht der Ausdruck einer spezifischen Fehlentwicklung im politischen Prozeß, sondern einer tiefen sozialen und kulturellen Krise aller überlieferten Formen von Autorität.

Hier ist nicht der Ort, um auf die weltweiten Wurzeln dieser Krise in der rasanten Veränderung der Lebensbedingungen einzugehen, die es der älteren Generation immer schwerer macht, der jüngeren bei der Gestaltung ihrer Lebensformen zu helfen, oder auch auf die internationalen Ereignisse, die den Zeitpunkt des Sichtbarwerdens der Krise als Revolte der intellektuellen Jugend bestimmten.[6] Wohl aber muß etwas über die besonderen Umstände gesagt werden, die dieser Autoritätskrise in der Bundesrepublik ihre besondere Tiefe und Dauer gegeben haben. Hier hat der Nihilismus des Dritten Reiches und sein schließlicher Zusammenbruch eine besonders tiefe Erschütterung aller traditionellen Lebensformen und Glaubensinhalte bewirkt; doch in der Sehnsucht nach Ordnung und Geborgenheit, die der Katastrophe folgte, ist die traditionelle Autorität in Verwaltung und Justiz, in Kirche und Erziehungswesen zunächst noch einmal »restauriert« worden – mit weniger Bereitschaft zu kontinuierlicher Erneuerung als in anderen westlichen Ländern, in denen die Kontinuität der Entwicklung weniger radikal unterbrochen worden war.[7]

Weil dieser Traditionalismus im wesentlichen oberflächlich blieb und zunehmend lebensfremd wurde, ist die antiautoritäre Revolte, als sie im Zuge des Generationswechsels kam, hier besonders tief und nachhaltig geworden: Der radikal aufklärerischen Kritik jeder bloß vorgefundenen Autorität folgte vorübergehend die Verneinung *jeder* Autorität, bei der keine Bewegung stehenbleiben kann, und dann die Forderung, nur noch »demokratisch« legitimierte, das heißt von den unmittelbar Beteiligten gewählte Autorität in allen Institutionen anzuerkennen. Zugleich wurde überdies die bürokratische Entfremdung der repräsentativen Demokratie und ihrer Parteien vom einzelnen Wähler zum Gegenstand einer ebenso radikalen Kritik, die nur noch »direkte«, das heißt plebiszitäre Demokratie gelten lassen wollte und diese naiv mit »Herrschaftsfreiheit« gleichsetzte, ohne zu bemerken, daß gerade die Formen der »direkten« Demokratie durch Beseitigung des Minderheitenschutzes der Diktatur straff organisierter Eliten Tür und Tor öffnen.

Aus dieser Krise führt kein Weg zurück zur traditionellen Autorität. Nur wenn alle denkbaren Mittel genutzt werden, um dem verantwortlichen Bürger den Zugang zum Entscheidungsprozeß zu erleichtern – durch echte Bürgerinitiativen und andere *ad-hoc*-Organisationen, durch stärkeren Kontakt der Par-

teien mit den Wünschen ihrer Wähler –, kann die freiheitliche, nämlich die repräsentative Demokratie wieder soviel Vertrauen gewinnen, wie in der Rekordwahlbeteiligung von 1972 bei gleichzeitig äußerster Schwäche der Extremisten zum Ausdruck kam. Nur wenn jeder Amtsträger, der Entscheidungen über den Vorrang verschiedener Werte und Interessen zu treffen hat, seine Autorität demokratisch legitimieren kann – je nach der Natur der Aufgabe durch Berufung auf die Organe des demokratischen Staates oder auf das Vertrauen der Betroffenen im Betrieb und so weiter –, kann auch die echte Sach- und Fachautorität für Zweckmäßigkeitsentscheidungen wieder zunehmende Anerkennung erringen.[8]
In diesem Sinne ist »mehr Demokratie« der einzige Weg zu mehr anerkannter, echter Autorität: BRANDTS Forderung, »mehr Demokratie zu wagen«, war nicht der Anstoß zu dieser Krise – sie war unter anderem auch der Versuch einer konstruktiven Antwort auf sie. Er hat seither – auf dem Parteitag in Hannover – Anlaß genommen, sie gegenüber Mißverständnissen zu präzisieren, vor allem, was die Unentbehrlichkeit der durch Leistung legitimierten Sach- und Fachautorität betrifft.[9]

Aktive Demokratie und passive Freiheit

Wir haben bisher von der Entwicklung von Demokratie und Freiheit in der Vergangenheit und von ihren Gefährdungen in der Gegenwart der Bundesrepublik gesprochen. Doch im Kern geht es in jeder solchen Auseinandersetzung um die Zukunft. Die Zukunft von Demokratie und Freiheit aber wird sich an der Weiterentwicklung des Verhältnisses von Staat und Gesellschaft entscheiden – an jener Grundfrage also, die SCHELSKY mit seiner abschließenden Kritik an dem Begriff der »Gesellschaftspolitik« aufgeworfen hat.
SCHELSKY spricht von »einem Begriff aus dem maskiert-totalitären Wortschatz soziologischer Herkunft«, da es bereits eine totalitäre Vorstellung sei, »die Gesellschaft als Ganzes in den Griff staatlicher Politik zu bekommen und sie planmäßig ändern zu wollen«! In Wirklichkeit meinen die meisten, die diesen Begriff gebrauchen, nicht mehr als die Fülle staatlicher Einzeleingriffe (etwa sozialpolitischer, zollpolitischer, steuerpolitischer Art) zugunsten dieses oder jenes Teilinteresses, wie sie seit über hundert Jahren selbstverständlich geworden sind.

Aber es gibt in der Tat auch einen neueren Sinn, der auf das Ganze des gesellschaftlichen Entwicklungsprozesses zielt, und gegen diesen umfassenderen Sinn richtet sich SCHELSKYS Kritik. Sie kann nur beantwortet werden, wenn es gelingt, einen grundsätzlichen Unterschied zwischen demokratischer Gesellschaftspolitik in diesem umfassenden Sinne und totalitärer Gesellschaftsplanung herauszuarbeiten.

Beginnen wir mit dem vertrauten totalitären Phänomen. Die kommunistisch regierten Staaten haben es unternommen, die Struktur der von ihnen beherrschten Gesellschaften planmäßig im Hinblick auf ein ideologisches Leitbild umzuwälzen, und sie rechtfertigen ihre außerordentliche und langfristige Machtkonzentration mit dieser außerordentlichen und langfristigen Aufgabe. Sie ist der Grund, warum sie sich nicht mit der einmaligen Brechung der Macht der alten herrschenden Klassen im Zuge der ursprünglichen Revolution begnügen können: Auch nach der Enteignung der Grundbesitzer und Kapitalisten wirken die spontanen Triebkräfte der gesellschaftlichen Entwicklung immer wieder dem Leitbild entgegen in der Richtung auf soziale Differenzierung, und wiederholte »Revolutionen von oben« erweisen sich als notwendig, um diese Tendenz zu bekämpfen.

Dieser Gegensatz zwischen den spontanen, individualistischen Triebkräften der Gesellschaft und dem utopischen Ziel der staatstragenden Partei ist für die Dynamik des Prozesses entscheidend: Letzten Endes muß das totalitäre Regime versuchen, diese »natürlichen« Antriebe der gesellschaftlichen Entwicklung durch ideologisch bestimmte und machtpolitisch durchgesetzte künstliche, der Gesellschaft aufgezwungene Antriebe zu *ersetzen.* Solange dieser Versuch mit zeitweisem Erfolg unternommen wird, führt er notwendig zu massivem Terror als seinem Mittel; wenn auf einer höheren Stufe der industriellen Entwicklung Massenterror als mit den Erfordernissen kontinuierlichen Produktionswachstums unvereinbar aufgegeben wird, so stößt der Versuch der Totalplanung der Gesellschaftsentwicklung auf zunehmende Schranken – und führt zu wachsenden Stagnationstendenzen.[10] (Selbstverständlich gilt Entsprechendes noch verstärkt für den Versuch einer rassistischen Diktatur, die *biologische* Entwicklung des beherrschten Volkes zu planen – nur daß dieser Versuch schon auf einer frühen Stufe auf Grund der gleichzeitig geplanten kriegerischen Expansion und ihres Scheiterns abgebrochen wurde.)

Demokratische Gesellschaftspolitik setzt sich keine utopischen, nur mit totalitärer Gewalt zu verwirklichenden Ziele: Sie will die spontanen Triebkräfte der Gesellschaftsentwicklung nicht unterdrücken und ersetzen, sondern *nutzen*, aber zugleich ihre immanenten Gefahren voraussehen und *korrigieren*. Ein klassisches Beispiel ist, mit allen ihren Unvollkommenheiten, die keynesianische Politik der Vollbeschäftigung und des stetigen Wirtschaftswachstums, die ohne Veränderung der grundlegenden Triebkräfte der Marktwirtschaft die früher unkontrollierte Gesetzmäßigkeit des Krisenzyklus überwunden und damit die Grundlagen des heutigen Massenwohlstandes gelegt hat. Diese Politik ist etwas qualitativ anderes als staatliche Teileingriffe zugunsten einzelner sozialer Gruppen: Sie ist planmäßige Einwirkung auf den Gesamtprozeß und also im strengen Sinne Gesellschaftspolitik. Aber sie bedurfte und bedarf ihrer Natur nach keiner totalitären Machtkonzentration und keines Terrors.

Die nächsten großen Probleme demokratischer Gesellschaftspolitik, die heute vor uns liegen, betreffen den Schutz der menschlichen Umwelt, die humane Stadtplanung und die rechtzeitige Anpassung der Produktion an die Grenzen des Wachstums. Die Lösung dieser Probleme wird in stärkerem Maße als seinerzeit der Übergang zur Vollbeschäftigung im Konflikt mit Teilinteressen durchgesetzt werden müssen.[11] Aber auch sie kann grundsätzlich eine Korrektur der spontanen Entwicklungstendenzen der Gesellschaft nur durch Änderung der Rahmenbedingungen für das Funktionieren ihrer natürlichen Triebkräfte, nicht durch deren gewaltsame Ausschaltung und Ersetzung erreichen. Um das demokratisch durchzusetzen, muß freilich eine breite Sammlungsbewegung geschaffen werden, die stark genug ist, die entgegenstehenden Teilinteressen zu überwinden – und diese Bewegung selbst kann nicht auf einer bloßen Koalition anderer Interessen, sondern muß auf für alle verständlichen Gemeinschaftswerten und Einsichten beruhen.

Hier mündet unsere Erörterung gesellschaftspolitischer Probleme wieder in die Frage nach der Zukunft von Demokratie und Freiheit ein. Eine Demokratie kann die Lösung solcher gesellschaftlichen Gestaltungsprobleme nur in Angriff nehmen, wenn sie mehr ist als ein »Interessentenhaufen« – wenn ihre Bürger nicht nur aktiv werden, um ihre besonderen Gruppeninteressen oder Einzelrechte zu verteidigen, sondern um die

Zukunft des Ganzen zu sichern.
Einer der Gründe, warum die Weimarer Demokratie an der Weltwirtschaftskrise zugrunde ging, war die Zersplitterung ihres Parteiensystems; *einer* der Gründe, warum die amerikanische Demokratie die gleiche Krise demokratisch überwand, war ihr Zweiparteiensystem: An der Spitze einer demokratischen Volkspartei konzentrierte Roosevelt auf sich die Hoffnungen, die sich in Deutschland um Hitler sammelten! Eine aktive Demokratie mit breiten Volksparteien, auch um den Preis zeitweiser Polarisierung, ist nicht der Weg zur Diktatur – sie ist in Zeiten großer Entscheidungen die einzige Alternative zu ihr.
Sie ist in unserer gesellschaftlichen und kulturellen Krise auch die echte Antwort auf die Tendenzen zur anarchischen Auflösung der Gesellschaft durch »antiautoritäre« Gewalt oder durch unkontrollierte »Selbstbestimmung« in funktionellen Institutionen, die dem Ganzen der Gesellschaft dienen sollen. Was der Jugendrevolte mit ihrem Kult der Selbstbestimmung kleinster Einheiten zugrunde lag, war die Sehnsucht nach einer aktiven, gestaltenden Freiheit; sie uferte anarchisch aus, weil der Weg zur aktiven Teilnahme an der großen demokratischen Gemeinschaft versperrt schien. In einer industriellen Welt, deren arbeitsteilige Komplexität und institutionelle Verflechtung den Spielraum für die passive Freiheit des einzelnen notwendig beschränkt, müssen wir die aktive Freiheit zur Teilnahme an der Kontrolle und Gestaltung der gesellschaftlichen Entwicklung erweitern – durch Aktivierung der Demokratie.[12]

Demokratie und Leistung

Zum Streit über Sinn, Ort und Grenzen einer »Demokratisierung« gesellschaftlicher Bereiche

Die Forderung nach Demokratisierung immer weiterer Bereiche und Institutionen des gesellschaftlichen Lebens ist in den letzten Jahren zu einem zentralen Thema der politischen Auseinandersetzung geworden – nicht nur in der Bundesrepublik, sondern auch in anderen westlichen Demokratien. Schärfer und entschiedener als an vielen anderen Streitfragen der Innen- und Gesellschaftspolitik scheinen sich an dieser Losung die politischen Richtungen, aber auch die politischen Generationen zu scheiden. Die deutsche Sozialdemokratie hat sich durch den Mund ihres Vorsitzenden WILLY BRANDT zur »Demokratisierung der großen Gesellschaftsbereiche« als einer »zwingenden Notwendigkeit« bekannt[1]; die CDU hat durch die Feder ihres Generalsekretärs BRUNO HECK die Ausdehnung des demokratischen Prinzips von der Staatsform auf das gesellschaftliche Leben grundsätzlich abgelehnt.[2] Innerhalb der SPD scheint heute für viele Jungsozialisten die »Radikaldemokratisierung« der Gesellschaft die Rolle eines Zentralbegriffs ihrer Sozialismuskonzeption einzunehmen, die einst der Forderung nach Verstaatlichung der Produktionsmittel zukam, während andere, meist ältere Sozialdemokraten vor der Entstehung eines neuen Mythus warnen und sich um eine präzisere Abgrenzung der Tragweite des Begriffs bemühen[3]; umgekehrt wird die grundsätzliche Ablehnung HECKS von den Sprechern der Jungen Union scharf kritisiert.[4] Dabei ist für den kritischen Beobachter offenkundig, daß die an der Auseinandersetzung Beteiligten mit dem gleichen Wort oft sehr verschiedene Vorstellungen von dem verbinden, was sie anstreben oder verwerfen: Wie immer, wenn eine Losung »die Massen ergreift«, verliert sie im gleichen Maße an Präzision und Eindeutigkeit des Inhalts, wie sie an Umfang und Intensität der emotionellen Anziehung oder Abstoßung gewinnt.

Diese Breiten- und Tiefenwirkung wäre jedoch nicht möglich, wenn die Losung der »Demokratisierung« nicht, ebenso wie ihr französisches Äquivalent der »Partizipation«, von vornherein geeignet wäre, eine ganze Reihe brennender realer Probleme unserer Gesellschaften ins Bewußtsein zu heben und als generelle Legitimation für eine Vielheit von Lösungsvorschlägen sehr verschiedener Tendenz und Qualität zu dienen. Der Versuch einer Präzisierung muß daher mit der Besinnung auf die zugrunde liegenden objektiven Probleme und subjektiven Bedürfnisse beginnen.

Ich sehe vor allem vier solcher wirksamer Wurzeln. Die älteste ist die bekannte Forderung der gewerkschaftlich organisierten Arbeitnehmer nach »Wirtschaftsdemokratie« oder nach innerbetrieblicher und überbetrieblicher Mitbestimmung. In ihrem elementarsten, heute kaum noch offen bestrittenen Kern bezieht sich diese Forderung auf den institutionellen Schutz der sozialen Rechte der Arbeitnehmer durch anerkannte Vertretungsorgane. In ihrer umfassenderen Form aber ist sie ein Versuch, die von der sozialistischen Arbeiterbewegung von jeher angestrebte, aber bisher nur ganz unzureichend durchgesetzte öffentliche Kontrolle des demokratischen Staates über das Wirtschaftsleben wenigstens teilweise und vorläufig durch eine Mitbestimmung der Gewerkschaften über wirtschaftliche Entscheidungen zu ergänzen bzw. zu ersetzen.
Die allgemeinste neuere Wurzel des Rufs nach Demokratisierung ist die Rebellion gegen die Abhängigkeit des einzelnen von den anonymen Zwängen der bürokratisierten Industriegesellschaft. In einer Zeit, in der stetiges Wirtschaftswachstum, hoher Beschäftigungsgrad und zunehmender Massenwohlstand in den meisten westlichen Industrieländern die marxistische Kritik an der kapitalistischen Ausbeutung ihrer Wirkung auf die Arbeiterschaft zunehmend beraubten, verschaffte gleichzeitig die wachsende Undurchsichtigkeit der politischen und wirtschaftlichen Entscheidungsprozesse der neomarxistischen Kritik an der »bloß formalen« parlamentarischen Demokratie zunehmendes Echo. Nicht die ökonomische Entfremdung des Arbeiters von seinem Produkt, sondern die bürokratische Entfremdung des Wählers und Parteimitglieds von seinen Vertretern und ihren Entscheidungen wurde nicht nur von der Minderheit aktiver Kritiker, sondern in weniger artikulierter Form auch von breiten, politisch apathischen Schichten als die Lebenslüge des westlichen Systems empfunden. Für die revolutionären Gegner dieses Systems wurde »Radikaldemokratisierung« zur Kampflosung, mit der sie naive Demokraten zu seinem Sturz im Namen einer utopischen »Rätedemokratie« zu mobilisieren suchten. Für seine reformerischen Anhänger be-

deutet die Forderung nach Demokratisierung umgekehrt den Versuch, die freiheitliche Demokratie durch wirksamere Beteiligung der Massen an der Beeinflussung der Entscheidungen und an der Kontrolle der Bürokratie zu verbessern und damit zu bewahren.
Eine dritte Quelle des Rufs nach Demokratisierung liegt umgekehrt in positiven Entwicklungen im Bereich der industriellen und administrativen Großorganisation selbst und in ihrer Verallgemeinerung durch die neuere Organisationswissenschaft. Die Erfahrung der modernsten amerikanischen Großkonzerne hat ebenso wie die moderne Verwaltungspraxis gezeigt, daß hierarchisch durchzentralisierte Kommandostrukturen gar nicht in der Lage sind, die Fähigkeiten ihrer Mitarbeiter rationell auszunutzen und die Fülle der für sachgemäße Entscheidungen auf allen Stufen notwendigen Informationen zu verarbeiten: Die Tendenz geht einmal zur Delegierung der zweit-, dritt- und viertrangigen Entscheidungen weg von der überlasteten Spitze an den Punkt der jeweils größten Information, zum anderen zur Vorbereitung aller Entscheidungen durch breite Konsultation. Dadurch wird einerseits die Verantwortung für die getroffenen Entscheidungen wenigstens nach außen hin wesentlich anonymer als beim alten, hierarchischen Organisationstypus; andererseits werden Dezentralisierung und Konsultation, die sich als eine der traditionellen Hierarchie leistungsmäßig überlegene Alternative erweisen, oft idealisierend als »Demokratisierung« beschrieben.
Eine vierte Quelle endlich, der trotz ihres ebenfalls internationalen Charakters in der Bundesrepublik besondere Bedeutung zukommt, ist die Krise der Autorität aller »etablierten« Eliten und mit ihr der Autorität schlechthin. Daß Amtsträger, Vorgesetzte und Experten fehlbar sind und nicht notwendig alles besser wissen als die Bürger, Untergebenen oder Laien, denen sie gegenüberstehen, ist keine Neuentdeckung; doch in stabilen Gesellschaften werden ihre Alltagsentscheidungen und Urteile nur relativ selten angefochten – im Zweifel werden sie akzeptiert, und eben dies *benefit of the doubt* macht die Autorität aus. Wo die gesellschaftlichen Eliten, nicht nur in Politik und Wirtschaft, sondern in Kirche und Rechtswesen, Erziehung und Wissenschaft allgemein an Autorität verloren haben, wo jede ihrer Äußerungen einem beträchtlichen Teil der Bevölkerung von vornherein als fragwürdig gilt, da erscheint »Demokratisierung« als radikale Alternative zu jeder Art von Amts- und

Sachautorität. In der Bundesrepublik, wo dem Zusammenbruch von 1945 zwar keineswegs die viel behauptete »Restauration« eines früheren Systems, wohl aber eine erhebliche Teilrestauration von »neodemokratischen« Eliten gefolgt ist, stand die Nachkriegsjugend zunächst vielen Vertretern des »Establishment« gegenüber, die durch ihre Mitarbeit im »Dritten Reich« in den Augen der Jüngeren kompromittiert und auch bei echter Bekehrung zur politischen Demokratie sonst weitgehend in traditionellen Haltungen erstarrt waren und die gerade darum auch einen »autoritären« Stil konserviert hatten; kein Wunder, daß solche Strapazierung von oft fragwürdigen Autoritätsansprüchen zu einer besonders tiefen Krise aller Autorität führte!

Diese Liste der Probleme, die dem heutigen Ruf nach Demokratisierung unserer Gesellschaften zugrunde liegen, erhebt keinen Anspruch auf Vollständigkeit. Sie genügt jedoch, um deutlich zu machen, daß sich in jenem Ruf Bestrebungen ganz verschiedenen Charakters – konstruktive und destruktive, realistische und utopische, freiheitliche und freiheitsfeindliche – miteinander vermengen, ganz wie auch bei seinen Gegnern sehr verschiedenartige Motive, von echter Sorge um die Leistungsfähigkeit unserer Institutionen bis zur Verteidigung leistungshemmender Standesprivilegien, eine Rolle spielen. Sie bestätigt auch, daß der Verwendung des Begriffs der »Demokratisierung« durch seine verschiedenen Anhänger ganz verschiedene Bedeutungen zugrunde liegen. Es wäre offenbar nicht aussichtsreich oder politisch fruchtbar, diese Vielfalt formal mit Hilfe der Durchsetzung einer »richtigen« Definition überwinden zu wollen. Statt dessen soll hier versucht werden, inhaltlich zu klären, in welchem Sinne »Demokratisierung« von gesellschaftlichen Bereichen und Institutionen den Entwicklungsbedürfnissen einer freiheitlichen Demokratie entspricht, die zugleich eine industrielle Leistungsgesellschaft ist, und in welchen Formen und an welchen Stellen sie zu einer Gefahr für die Funktionsfähigkeit dieser Demokratie und dieser Leistungsgesellschaft werden muß.
Unser Versuch wird sich nach drei Teilfragen gliedern. Zuerst soll die These geprüft werden, Demokratie sei ihrem Wesen nach eine Form der staatlichen Organisation und auf das gesellschaftliche Leben grundsätzlich nicht anwendbar. Dann soll gefragt werden, ob das Leistungsprinzip erfordert, daß eine

Grenze zwischen »demokratisierbaren« und nicht demokratisierbaren Einrichtungen oder Entscheidungen an anderer Stelle als zwischen dem politischen und dem gesellschaftlichen Bereich gezogen wird. Schließlich soll erörtert werden, ob »Demokratisierung« oder »Hierarchischer Aufbau« erschöpfende Alternativen für die Gestaltung moderner Großorganisationen oder nur Extremfälle sind.

Die Anwendbarkeit der Demokratie im gesellschaftlichen Bereich

Die These, Demokratie sei ein Prinzip staatlicher Organisation und auf das übrige gesellschaftliche Leben grundsätzlich nicht anwendbar, stößt schon auf den ersten Blick auf die Schwierigkeit, die Grenze zwischen dem staatlichen und dem gesellschaftlichen Bereich eindeutig zu bestimmen. Diese Schwierigkeit, die aus der Natur der Politik als einer spezifischen Form gesellschaftlicher Aktivität und aus der zunehmend intensiven Verflechtung zwischen der Politik und anderen Bereichen gesellschaftlichen Lebens entspringt, zeigt sich in doppelter Weise: Einmal ist der Umfang staatlicher Eingriffe in das gesellschaftliche Leben selbst Gegenstand politischer und gesellschaftlicher Konflikte und hat sich geschichtlich vor allem in neuerer Zeit bedeutend ausgedehnt. Zum anderen sind politische Entscheidungen, die demokratisch zustande kommen, selbst das Resultat von Auseinandersetzungen zwischen organisierten gesellschaftlichen Kräften, deren Willensbildung in der Regel nicht nach völlig anderen Prinzipien vor sich gehen kann.

Der zweite Punkt ist am deutlichsten sichtbar im Falle der unmittelbaren Träger des demokratischen Kampfes um politische Entscheidungen – der Parteien: Für sie haben daher Grundgesetz und Gesetzgebung der Bundesrepublik die Notwendigkeit des systemkonformen, also demokratischen Aufbaus ausdrücklich festgelegt. Doch die Parteien sind nach ihrer Funktion als Organe der »Interessenaggregation« im Sinne der modernen politischen Wissenschaft Bindeglieder zwischen einer Vielzahl gesellschaftlicher Interessen und der staatlichen Willensbildung. Die Einzelinteressen, die sie jeweils zu politischen Aktionsprogrammen zusammenfassen, werden dabei von mehr oder weniger organisierten gesellschaftlichen Gruppen vertreten; und wo diese Gruppen zahlreich sind, kann ihre

Organisation in der Regel ebenfalls nur demokratisch sein – ob es sich nun um Gewerkschaften, Bauernverbände oder Industrie- und Handelskammern, um ständische Berufsorganisationen oder um Weltanschauungsgemeinschaften handelt, die neben anderen Aktivitäten Einfluß auf Politik und Gesetzgebung ausüben wollen.

Was den ersten Punkt betrifft, so sind alle freiheitlichen Demokraten im Gegensatz zu den Anhängern totalitärer Diktaturen darin einig, daß der Staat nicht unbegrenzt in das Leben des einzelnen und der Gesellschaft eingreifen darf: Diese Überzeugung findet ihren Ausdruck in der Formulierung der Grundrechte, und insbesondere im rechtlichen Schutz der Persönlichkeitssphäre, der Familie, der Gewissensfreiheit und nicht zuletzt der Freiheit der Forschung und Lehre. Doch es ist offenkundig, daß sich auch in den freiheitlichsten Ländern der Bereich staatlicher Eingriffe in das gesellschaftliche Leben im Verlauf des Industriezeitalters außerordentlich erweitert hat: Das zeigt nicht nur die Entwicklung der staatlichen Wirtschafts- und Sozialpolitik, sondern z. B. auch die gesamte Entwicklung des öffentlichen Erziehungswesens, beginnend mit der allgemeinen Schulpflicht. Es waren immer die traditionell privilegierten oder durch Besitz begünstigten Schichten, die jeden Schritt dieser Ausdehnung der öffentlichen Verantwortung für die gesellschaftliche Entwicklung in Richtung auf größere soziale Sicherheit und Chancengleichheit als eine unzulässige Überschreitung der Grenze zwischen staatlichem und gesellschaftlichem Bereich bekämpften. Diese geschichtliche Erfahrung begründet die Vermutung, daß es sich auch bei der heutigen These von der grundsätzlichen Unanwendbarkeit demokratischer Prinzipien auf gesellschaftliche Bereiche um eine konservative Ideologie der gleichen Schichten handelt.

In dem einzigen Versuch, diese These systematisch zu begründen[5], hat WILHELM HENNIS die Tatsache ausdrücklich anerkannt, daß die neuere politische Geschichte großenteils die Geschichte des Kampfes um die wechselnde Grenze zwischen staatlichem und gesellschaftlichem Bereich gewesen ist[6]; er hat jedoch zugleich auf die fundamentale Bedeutung der Aufrechterhaltung einer Grenze, eines politikfreien Bereichs hingewiesen, die in der Tat nur von den Anhängern totalitärer Staatsallmacht bestritten werden kann. Die Originalität seiner Begründung liegt nun darin, daß er in Anlehnung an die klassische politische Philosophie den Bereich der Demokratie mit dem

Bereich der Entscheidungen gleichberechtigter Bürger, den unreduzierbaren gesellschaftlichen Bereich aber mit dem Bereich natürlicher Ungleichheit, insbesondere also der Familie und der Kindererziehung gleichsetzt, auf den der demokratische Grundsatz der Gleichberechtigung nicht ohne Absurdität angewandt werden kann. Doch HENNIS weiß genau, daß der tatsächliche Bereich gesellschaftlicher Autonomie auch heute größer ist; um die These der Unanwendbarkeit demokratischer Entscheidungen im ganzen gesellschaftlichen Bereich zu rechtfertigen, muß er daher seine Formel der unabänderlichen Ungleichheit auf diesen ganzen Bereich ausdehnen. So kommt er logisch zu der erstaunlichen Behauptung, daß »alle Sozialtatbestände und ihre Institutionen« – unter denen er neben Schule, Universitäten und Familie ausdrücklich auch »die Arbeitswelt« nennt – »in sich Ungleiche [...] vereinigen«.[7] Und er geht noch weiter:

> »Vereinigt die Familie in sich absolut und unaufhebbar Unfreie, die Neugeborenen, so sind alle Sozialtatbestände nicht nur durch Zusammenwirken von Ungleichen, sondern durch das Zusammenwirken von verschieden Freien gekennzeichnet. Dies ist meines Erachtens ein nicht aufzuhebender Tatbestand, der der Übertragung einer Kategorie, die kategorial nur paßt auf das Miteinander von Freien und Gleichen, unüberbrückbar entgegensteht.«[8]

Daß die biologische Ungleichheit in der Familie unaufhebbar ist, leuchtet ein. Daß jedoch die Ungleichheit der Angehörigen aller sozialen Institutionen, einschließlich der »Arbeitswelt«, von derselben, mit demokratischer Gleichberechtigung in ihrem Rahmen unvereinbaren Art ist, ja daß »alle Sozialtatbestände [...] durch das Zusammenwirken von verschieden Freien gekennzeichnet« sind, wird von HENNIS in keiner Weise begründet, und ist auch nicht zu begründen. Es handelt sich hier um nicht mehr und nicht weniger als eine willkürliche Übertragung des Begriffs der Unmündigkeit der Abhängigen aus der Familie auf alle Formen des gesellschaftlichen Zusammenwirkens außerhalb der Politik. Doch mit dieser willkürlichen Analogie fällt auch die These, die sie begründen soll: Die grundsätzliche Unanwendbarkeit des demokratischen Gleichheitsgrundsatzes auf »Sozialtatbestände«.

In der Tat kennt das gesellschaftliche Leben der demokratischen Staaten nicht nur die demokratische Gleichberechtigung der Individuen in freiwilligen Organisationen aller Art, von Interessenverbänden und weltanschaulichen Vereinigungen zu kulturellen und geselligen Assoziationen; es kennt auch seit langem die analoge Ausdehnung des Gleichheitsprinzips auf die Rechte der organisierten Gruppen selbst, von der Gleichberechtigung der Konfessionen zu der Gleichberechtigung der Sozialpartner im Rahmen der Tarifautonomie. Wer die Anwendbarkeit des demokratischen Prinzips außerhalb der staatlichen Sphäre grundsätzlich leugnet, der wendet sich nicht nur gegen die Forderung nach Demokratisierung weiterer gesellschaftlicher Bereiche – er bestreitet die Legitimität eines wesentlichen Teils der gesellschaftlichen Institutionen, die alle »kollektiven« oder pluralistischen Demokratien der Gegenwart kennzeichnen.[9]

Mit anderen Worten: Die Entwicklung der modernen pluralistischen Demokratie zeigt, daß Demokratie nicht nur eine Staatsform ist: Demokratie ist heute und hier eine Methode der Entscheidung aller Streitfragen unter Gleichberechtigten, die sich aus legitimen Verschiedenheiten der materiellen Interessen oder der Rangordnung der Werte ergeben. Legitim sind diese Konflikte insofern, als die pluralistische Demokratie – im Unterschied zur »totalitären Demokratie« in der Nachfolge ROUSSEAUS[10] – die Vertretung von Teilinteressen nicht als dem Gemeinwohl grundsätzlich schädlich ansieht, sondern umgekehrt das Gemeinwohl als Resultante der Konfliktaustragung und der Kompromisse zwischen ihnen begreift; die Legitimität der Teilgruppen hat ihre Grenze nur dort, wo die gemeinsame Grundlage der konkurrierenden Werte und Teilinteressen negiert und die Existenz der demokratischen Ordnung selbst durch einen »totalen Konflikt« in Frage gestellt wird. Demokratischer Entscheidung bedürfen legitime Interessen- und Wertkonflikte eben deshalb, weil es zwischen verschiedenen Interessen oder Wertskalen nicht beweisbar »richtige«, rational zwingend begründbare Entscheidungen geben kann: Darum kann in solchen Fragen der größtmögliche Konsens nur durch Mehrheitsbildung unter Rücksichtnahme auf die Minderheitsgruppen hergestellt werden. Da es Streitfragen dieser Art nicht nur im Bereich der Politik und der Tätigkeit staatlicher Einrichtungen gibt, kann und muß es auch demokratische Entscheidungen außerhalb dieses Bereichs geben.

Das Leistungsprinzip als Grenze der Demokratisierung funktionaler Einrichtungen

Aus dem Gesagten ergibt sich aber nicht nur die grundsätzliche Berechtigung der Anwendung des demokratischen Prinzips außerhalb des eigentlich politischen Bereichs, sondern auch die grundsätzliche Grenze, die das Leistungsprinzip der »Demokratisierung« sowohl im staatlichen wie im gesellschaftlichen Bereich setzt. Diese Grenze liegt in der Sinnwidrigkeit einer inneren Demokratisierung von Einrichtungen funktionalen oder exekutiven Charakters, deren Aufgabe nicht ist, über den Vorrang verschiedener Interessen oder Werte zu entscheiden, sondern einen ihnen von außen gegebenen Auftrag in zweckmäßiger Weise zu erfüllen. Solche Einrichtungen stehen nach außen unter dem Zwang von ihnen unabhängiger Situationen und ihnen vorgegebener Zwecke und im Falle staatlicher Exekutivorgane unter der demokratischen Kontrolle der Körperschaften, denen sie dienen. Nach innen stehen sie unter dem Gesetz der Zweckmäßigkeit für die von ihnen geforderte Leistung und daher der individuellen Verantwortung und der Unentbehrlichkeit von Sach- und Amtsautorität.
Ist die Demokratie ein Entscheidungsprinzip für die Rangordnung verschiedener möglicher Zwecke gesellschaftlichen Handelns, so erfordert das Leistungsprinzip den rationalen, also sachgerechten Einsatz der verfügbaren Mittel für jeweils gegebene Zwecke. Wir leben in einer demokratischen Leistungsgesellschaft, deren Selbstbehauptung als demokratische Gesellschaft nach innen und außen sowohl von der Offenheit und Zugänglichkeit ihrer politischen Institutionen für neue gesellschaftliche Bedürfnisse und neue Gruppen, die sich zu ihrer Vertretung bilden, wie von der Leistungsfähigkeit ihrer funktionalen Organe bei der Befriedigung der als gesellschaftlich bedeutsam anerkannten Bedürfnisse abhängt. Beide Prinzipien – Demokratie und Leistung – sind nicht nur miteinander vereinbar, sondern ergänzen einander in notwendiger Weise – aber nur dann, wenn jedes an der seiner Natur gemäßen Stelle angewandt wird: Die Entscheidung von Interessen- und Wertkonflikten durch eine demokratisch nicht legitimierte Leistungselite von »Technokraten« etwa wäre ebenso widersinnig wie die Entscheidung mathematischer Probleme oder technischer Zweckmäßigkeitsfragen durch demokratische Abstimmung. Werden insbesondere öffentliche funktionale Einrich-

tungen, deren Zweck durch übergeordnete politische Organe gesetzt worden ist, im inneren Aufbau »demokratisiert«, so widerspricht dies sowohl dem Prinzip der demokratischen Verantwortung wie dem Leistungsprinzip: Ein Verwaltungsorgan oder ein Heer, dessen Angehörige »demokratisch« über ihre Tätigkeit bestimmen, entzieht sich der effektiven Verantwortung gegenüber den demokratisch legitimierten politischen Instanzen, als deren Instrument es geschaffen wurde, und damit der demokratischen Kontrolle der Gesamtgesellschaft, der es dienen sollte. Und es wird gleichzeitig in seiner Leistungsfähigkeit notwendig herabgemindert – unter Umständen bis auf den Nullpunkt.

Die Feststellung, daß es sich bei der Tätigkeit funktionaler und exekutiver Organe um Zweckmäßigkeitsentscheidungen handelt, die im Gegensatz zu Entscheidungen über Interessenausgleich oder Wertvorrang objektiv »richtig« oder »falsch« sein können, begründet die Abhängigkeit ihrer Leistung von Sachverstand, Integrität und Leistungswillen derjenigen, die sie treffen. Daraus wiederum folgt die Notwendigkeit der individuellen Verantwortung auf allen Stufen solcher Institutionen, der Auswahl der Verantwortlichen nach den genannten Kriterien und der Anerkennung ihrer Autorität durch diejenigen, die wiederum für die Durchführung ihrer Weisungen verantwortlich sind. Das Prinzip der Auswahl der Verantwortlichen nach Sachkompetenz und der Anerkennung ihrer Autorität durch ihre Untergebenen bedeutet natürlich nicht die Fiktion ihrer Unfehlbarkeit oder ihrer Befähigung, immer die allein richtigen Entscheidungen zu treffen: Es bedeutet einerseits die durch Erfahrung begründete Wahrscheinlichkeit, daß sie in der großen Mehrzahl der Fälle eine richtige oder der richtigen nahekommende Entscheidung treffen und so eine gute Gesamtleistung hervorbringen; andererseits verlangt es, daß sie wirklich die Verantwortung für diese Leistung tragen und also entfernt werden können, wenn der Erfolg ihre Eignung für die Aufgabe nicht bestätigt. Diese begründete Erwartung der Sachkompetenz bis zum Beweis des Gegenteils ist die Grundlage der Amtsautorität.

Solche Autorität schließt in einer freiheitlichen Demokratie natürlich weder Diskussion noch Kritik aus; wir werden noch im einzelnen darauf zurückkommen, daß im Gegenteil die vorherige Diskussion auch exekutiver Entscheidungen mit den an ihrer Durchführung Beteiligten in hohem Grade sachdienlich sein kann. Aber auch vorherige Diskussion von Entscheidungen mit den Mitarbeitern ist etwas grundsätzlich anderes als ihre »Demokratisierung«, d. h. die Aufhebung der individuellen Verantwortung für die Entscheidung selbst und ihre Übertragung an die Mehrheitsbeschlüsse eines Kollektivs, dessen Mitglieder unabhängig von ihrer Sachkompetenz gleiches Stimmrecht genießen. Solche Demokratisierung exekutiver Entscheidungen war ein Kernelement der ursprünglichen LENINschen Theorie des »Rätesystems«, die ja die Vereinigung exekutiver und legislativer Aufgaben in den Händen der gleichen, demokratisch gewählten und demokratisch abstimmenden Organe forderte; und sie wurde bei LENIN ganz logisch mit der Erwartung begründet, daß unter den Bedingungen der »Diktatur des Proletariats« jede Köchin lernen könne, den Staat zu verwalten – daß also in einem Staat der Werktätigen Verwaltungstätigkeit ohne berufliche Spezialisierung und darauf gegründete Sachkompetenz ausgeübt werden könne.[11] In der Praxis des Sowjetstaates hat diese Erwartung sich bekanntlich nicht bestätigt; vielmehr hat das neue System nicht nur zu einer schnellen Verwandlung der Räte in bloße »Transmissionsriemen« der Parteiherrschaft geführt, sondern zu Lenins wachsender Besorgnis alsbald eine neue, rasch anwachsende und überdies wenig kompetente und schwer kontrollierbare Bürokratie hervorgebracht.[12] Trotzdem hat die gescheiterte Räteutopie als dogmatisch festgehaltene Zielvorstellung rätekommunistischer Sekten überlebt, um neuerdings unter dem Etikett der »Radikaldemokratisierung« zu einer zweiten ideologischen Blüte zu erwachen.

Doch während die begriffliche Grenze zwischen Entscheidungen, die nur demokratisch getroffen werden können, und solchen, die ihrer Natur nach in individueller Verantwortung auf der Grundlage von Sachkompetenz getroffen werden müssen, nach dem Gesagten grundsätzlich eindeutig gezogen werden kann, ist es in der Praxis oft nicht möglich, eine Institution als Ganzes dem »demokratisierbaren« oder dem »nicht demokratisierbaren« Bereich zuzuordnen – weil es in unserer Gesellschaft heute viele Institutionen gibt, innerhalb deren Entscheidungen von beiden Typen getroffen werden müssen. Der rein exekutive Charakter ist am eindeutigsten beim Militär: Auch für die Bolschewiki waren die Soldatenräte von 1917 ein Mittel nicht zur Demokratisierung, sondern zur Auflösung der zaristischen Armee, und sie haben in ihrer eigenen Armee niemals solche Räte geduldet. Doch schon bei der Ministerialbürokratie ist die Verschränkung der echten exekutiven Funktionen der Verwaltungsspitze mit Funktionen der Vorbereitung von Regierungspolitik und Gesetzgebung, die Abwägung von Interessen und Kontakt mit Interessenten erfordern, bekanntlich weit gediehen; und die Lage ist noch wesentlich vielschichtiger bei industriellen Unternehmungen, bei Institutionen des Bildungswesens und bei den Medien der Information und Meinungsbildung. Es kann offenbar nicht die Aufgabe des vorliegenden Versuchs sein, programmatische Vorschläge über Möglichkeiten und Grenzen der Demokratisierung in allen diesen Bereichen zu entwickeln und zu begründen. Notwendig erscheint jedoch, an einigen beispielhaften Überlegungen zu zeigen, wie die begriffliche Abgrenzung zweier Typen von Entscheidungen auf die komplizierte Wirklichkeit angewendet werden kann.

Im Falle der politischen Funktionen der Ministerialbürokratie ist die Lage insofern einfacher, als sie auf den ersten Blick erscheint, als erstens die Beamten nicht Vertreter der verschiedenen Interessen sind, die sie abzuwägen haben, und als sie zweitens mindestens grundsätzlich nicht die Aufgabe haben, politische Entscheidungen selbst zu treffen, sondern Entscheidungen der Politiker vorzubereiten. Aus dieser Rolle ergibt sich daher kein Argument für die »Demokratisierung« der Ministerien, wohl aber die Notwendigkeit, daß der Sachverstand der mit ihr befaßten Beamten politisches Verständnis einschließen muß, und die Rechtfertigung für die Regel, daß die Leiter der einschlägigen Abteilungen – eben die mit Recht so genannten »politischen Beamten« – die politische Grundeinstellung der jeweiligen Regierung teilen sollten. Von reinen Verwaltungsbeamten kann und muß eine Demokratie loyale Durchführung der Gesetze und Entscheidungen auch einer »andersfarbigen« Regierung erwarten. Von Beamten, die wesentlich Berater der Regierung bei der Vorbereitung von Entscheidungen sein sollen, kann und darf man nicht einen Rat erwarten, der ihren eigenen politischen Überzeugungen widerspricht.

In dem umstrittenen und vielfältigen Gebiet der Mitbestimmung in der Wirtschaft – der »Wirtschaftsdemokratie« im Sinne der älteren Terminologie der Arbeiterbewegung – wird die Anwendung unserer Kriterien durch den typischen Doppel-

charakter wirtschaftlicher Unternehmungen und Betriebe erschwert. Einerseits ist der einzelnen Unternehmung der Zweck der Maximierung des Ertrags vorgegeben; das gilt nicht nur im Bereich des kapitalistischen Privateigentums, sondern innerhalb der Unternehmung auch bei Staatseigentum und Planwirtschaft, die nur andere äußere Bedingungen setzen – auch hier nimmt das Leistungsprinzip die Form der Ertragsrechnung an. Überdies operiert die Unternehmung, und erst recht die Produktionseinheit, der Betrieb, nach diesen Rationalitätskriterien in Anpassung an eine jeweils vorgegebene Marktlage bzw. einen gegebenen Plan. Andrerseits gibt es innerhalb der Unternehmung den klassischen Interessenkonflikt zwischen Arbeitgeber und Arbeitnehmer – ebenfalls bei jeder Art von Eigentumsverhältnissen – bzw. zwischen Profitinteresse und Arbeiterinteresse; man denke etwa für kommunistische Planwirtschaften an die Festsetzung der als Entlohnungsgrundlage dienenden »Arbeitsnormen« oder an die Vorschläge der Betriebe für ihr eigenes »Plansoll«. Dieser »innerbetriebliche« Konflikt ist wiederum untrennbar verbunden mit den »überbetrieblichen« Konflikten um die autonomen Abmachungen der Tarifpartner und um die staatliche Wirtschafts-, Sozial- und Finanzpolitik.
Aus dem für die Industriegesellschaft konstitutiven Interessenkonflikt ergibt sich die »soziale Mitbestimmung« im Betrieb – also in Fragen der Arbeitsbedingungen, der Einstellungspraxis und der Kontrolle der Anwendung der Sozialgesetze – als notwendiger Bestandteil einer sozialen Demokratie ebenso wie die »Mitbestimmung« der Gewerkschaften über Lohnniveau, Sozialleistungen und Beschäftigungsniveau – sei es auf dem Wege der Tarifverhandlungen und Arbeitskämpfe, sei es durch Beeinflussung der staatlichen Wirtschaftspolitik im Rahmen einer »Konzertierten Aktion« oder einer weitergehenden demokratischen Planung. Es ergibt sich weiter aus der Tatsache, daß die Ertragsbedingungen und damit die wirtschaftlichen Möglichkeiten für Beschäftigung und Entlohnung weitgehend außerhalb des einzelnen Betriebs entschieden werden, daß aber die staatliche Wirtschaftspolitik und Planung diese Bedingungen in der Privatwirtschaft nur partiell beeinflußt, ein Argument für den überbetrieblichen Einfluß der Gewerkschaften auf die wirtschaftlichen Grundsatzentscheidungen der Unternehmungen, vor allem die Investitionspolitik, durch Vertretung in den Aufsichtsräten.
Demgegenüber ergibt sich aus der Zweckgebundenheit, dem

funktionalen Charakter der laufenden Operation von Unternehmung und Betrieb, daß die operative Leitungsfunktion selbst nicht effektiv demokratisierbar ist. Daran ändert sich auch nichts, wenn etwa ein so wichtiger Funktionär der Unternehmensleitung wie der »Arbeitsdirektor« aus der Gewerkschaft oder dem Betriebsrat hervorgegangen ist: Er kann in seiner laufenden Arbeit nicht als weisungsgebundener Vertreter einer demokratisch organisierten Interessengruppe handeln, so wenig wie der auf Vorschlag oder mit Zustimmung des Arbeiterrats ernannte Direktor eines jugoslawischen Betriebs. Auch hier schlägt in der exekutiven Funktion das Leistungsprinzip durch – sonst ist Leistungsabfall mit allen wirtschaftlichen Konsequenzen unvermeidlich.

Der Vorrang der öffentlichen Kontrolle

Ein weiterer Gesichtspunkt bei allen solchen Überlegungen ist das Verhältnis zwischen dem demokratischen Recht der Interessenvertretung der Angehörigen eines Betriebs, Produktionszweigs oder einer Institution einerseits und der demokratischen Kontrolle der Öffentlichkeit andererseits, die in einer Demokratie grundsätzlich Vorrang haben muß. Von diesem Standpunkt ließ sich der Anspruch der Gewerkschaften auf überbetriebliche wirtschaftliche Mitbestimmung in den Aufsichtsräten nur mit der ungenügenden Kontrolle der privatkapitalistischen Unternehmungen durch die Öffentlichkeit begründen: Sie ist ein partieller und notwendig unvollkommener Ersatz für einen stärkeren wirtschaftspolitischen Einfluß des demokratischen Staates. Daraus folgt, daß eine »Demokratisierung« der wirtschaftlichen Leitung öffentlicher Betriebe, die etwa zu einer Entscheidung der Beschäftigten in öffentlichen Verkehrs- und Versorgungsunternehmungen über deren Tarife führen würde, dem Sinn des staatlichen oder kommunalen Eigentums als Instrument öffentlicher, der Gesamtheit der Bürger demokratisch verantwortlicher Politik widerspräche.

Das gleiche Problem zeigt sich sehr deutlich bei den Vorschlägen zu einer »Demokratisierung« der Massenmedien im Sinne einer Entscheidung der Redaktionskollegien über ihre Informationspolitik und politische Linie. Der allen westlichen Demokratien inhärente Widerspruch zwischen der auf Rechtsgleichheit und soziale Chancengleichheit ausgerichteten politischen Ordnung und der ungleichen Verteilung wirtschaftlicher Macht auf Grund der Eigentumsordnung tritt dort besonders kraß zutage, wo sich die wirtschaftliche Macht des Eigentümers direkt in Einfluß auf die politische Meinungsbildung umsetzt, wie in der Presse. Die Diskussion über die Gefahren des Mißbrauchs solchen auf Kapitalmacht gegründeten Einflusses und insbesondere der Pressekonzentration leidet bis heute an dem Mangel plausibler und politisch aussichtsreicher Alternativen: Ein staatliches Pressemonopol wäre mit den Prinzipien einer pluralistischen Demokratie unvereinbar; eine Ersetzung der privaten Presse ausschließlich durch Organe von Parteien und Verbänden würde nach allen Erfahrungen zu einer inhaltlich gegängelten und formal unlesbaren Presse führen und wäre politisch ebensowenig durchsetzbar wie das Staatsmonopol. Unter diesen Umständen erscheint das System einer Beschränkung der Eigentümer auf wirtschaftliche Funktionen bei gleichzeitigem Schutz der Unabhängigkeit der Redaktionen durch ein Treuhändergremium, das sich in einigen bedeutenden englischen Zeitungen bewährt hat, als die erstrebenswerteste Lösung; und der Kampf einiger Redaktionen um »Demokratisierung« ist insoweit begrüßenswert, als er eine Form des Kampfes um redaktionelle Unabhängigkeit vom privaten Verleger ist. Aber abgesehen davon, daß auch Redaktionstätigkeit bei allem Wert der Diskussion unter Kollegen nicht im vollen Sinne (also über allgemeine Richtlinien hinaus) demokratisierbar ist und Chefredakteure und Ressortleiter aus Leistungs- und Verantwortungsgründen unentbehrlich bleiben, ist die Forderung nach völliger Unabhängigkeit des Redakteurkollektivs dort *keine* demokratische Forderung, wo es sich um öffentliche Medien handelt – beim Rundfunk und Fernsehen. Eine relativ hohe Unabhängigkeit vom Einfluß einzelner Parteien oder Interessengruppen oder von Eingriffen Unkundiger in die Redaktionstechnik wird hier durch die Art der Zusammensetzung der Rundfunkräte garantiert, die zwar im einzelnen oft verbesserungsbedürftig, im Prinzip aber auf Ausgewogenheit unter den demokratischen Parteien und den Hauptgruppen unserer Gesellschaft gerichtet ist. Direkte Eingriffe in die Redaktionstätigkeit sind dementsprechend selten. Doch die Tatsache, daß Intendanten und Redaktionen über die Rundfunkräte letzten Endes der demokratischen Öffentlichkeit verantwortlich sind, setzt eine Grenze für ideologische Verzerrungen oder staatsfeindliche Verirrungen, die in völlig unkontrollierten, in sich

»demokratisierten« und sich womöglich selbst ergänzenden Redaktionen leicht verlorengehen könnte. Dabei ist die Sonderstellung von Rundfunk und Fernsehen durch ihre Konkurrenzlosigkeit und Breitenwirkung ein zusätzlicher Grund, auf diese Grenze eher stärker zu achten als bei einer trotz aller Konzentrationen noch immer konkurrenzabhängigen Presse.

Der Vorrang des öffentlich gesetzten Zwecks ist schließlich auch entscheidend zur Beurteilung aller Bestrebungen zur »Demokratisierung« von Schule und Hochschule. Der Anspruch der Gesellschaft, einheitliche Mindestanforderungen für die Kenntnisse und Fähigkeiten ihrer heranwachsenden Mitglieder und einheitliche Grundnormen ihrer politischen »Sozialisierung« aufzustellen, ist der Kern des Arguments für die allgemeine Schulpflicht, die eine entscheidende Voraussetzung für die Entwicklung der Industriegesellschaft wie der modernen Demokratie geschaffen hat. Autonome Variationen der Lehrpläne und Lehrmethoden der einzelnen Schulen müssen sich im Rahmen dieser Mindestanforderungen und Grundnormen halten, wenn diese entscheidende Voraussetzung nicht zerstört werden soll; und alle Vorschläge für die »Demokratisierung« der Schule durch Mitbestimmung von Lehrern, Eltern und Schülern können sich sinnvoll nur auf diesen notwendig beschränkten Bereich autonomer Variationen in den Methoden der Erreichung staatlich gesetzter Erziehungsziele beziehen. Darüber hinaus steht echter Demokratisierung auch in diesem beschränkten Bereich der grundsätzliche Unterschied der Sachkenntnis der Lehrer gegenüber Eltern und Schülern und der Reife von Lehrern und Eltern gegenüber den Schülern entgegen, soweit es sich um Zweckmäßigkeitsentscheidungen handelt, die Sachkompetenz erfordern; wirkliche Mitentscheidung der Eltern und Schüler, im Unterschied zu ihrer notwendigen Information und Konsultation, muß auf den noch engeren Bereich autonomer Wertentscheidungen – wie etwa die Einrichtung von Wahlfächern oder die Durchführung von Studienreisen im Rahmen der zeitlichen und finanziellen Möglichkeiten – beschränkt bleiben. Vor allem ist eine »demokratische« Wahl der Schulleiter nach diesem oder jenem Schlüssel mit deren Verantwortung gegenüber dem demokratischen Staat grundsätzlich nicht vereinbar – so gewiß umgekehrt ein breiter Widerstand gegen einen staatlich ernannten Schulleiter in einer oder mehreren Gruppen oft als Anzeichen einer Fehlleistung und Grund zu seiner Versetzung zu deuten sein wird.

In den Hochschulen muß der gleiche Primat der staatlichen und gesellschaftlichen Anforderungen gegenüber aller inneren Demokratisierung gelten, soweit es sich um Prüfungsordnungen und Studiengänge für die Berufsausbildung handelt: Was ein Lehrer oder Arzt, ein Richter oder Betriebswirt können muß, ist keine innere Angelegenheit der Hochschulen. Doch ist in den Hochschulen der autonome Bereich nicht auf die Variation der Lehrpläne und Lehrmethoden in diesem Rahmen beschränkt; vielmehr fordert die Natur der wissenschaftlichen Forschung, Nachwuchsausbildung und Personalauswahl autonome Entscheidungen über Forschungsmethoden und über die Qualifikation von Nachwuchswissenschaftlern, die freilich nur von denen sachgerecht getroffen werden können, die selbst die betreffende Qualifikation schon besitzen. Auch autonome Entscheidungen über Bildung neuer wissenschaftlicher Schwerpunkte können sinnvoll nur von bereits ausgewiesenen Wissenschaftlern getroffen werden: Sie sind zwar Wertentscheidungen, setzen zugleich aber methodischen Sachverstand voraus; keinesfalls sind sie ihrer Natur nach Entscheidungen zwischen ständischen Interessengruppen. »Demokratisierung« im Sinne der Mitbestimmung nach »Gruppen« hat ihren sinnvollen Platz im wesentlichen bei der Ausgestaltung der Lehrpläne im Rahmen der öffentlich festgelegten Studiengänge und bei der Entwicklung der Lehrmethoden, und auch hier muß ein sachgerechter Vertretungsschlüssel die ungleiche Fachkenntnis und Erfahrung von ständigen Hochschullehrern, Hochschullehrern auf Probe und Lernenden berücksichtigen. Werden die Entscheidungen über Prüfungsanforderungen einer demokratisierten »Gruppenuniversität« überlassen, oder werden wissenschaftliche Sachentscheidungen »demokratisiert«, wie das in einer Reihe von Hochschulgesetzen geschehen ist, so wird im einen Fall die demokratische Kontrolle der Gesellschaft über die Organe ihrer Berufsausbildung, im anderen die Voraussetzung sachgerechter Entscheidungen über die Fortentwicklung der Wissenschaft zerstört: Ideologische Emanzipation der Hochschulen von der Gesellschaft, der sie dienen sollten, und Verfall der wissenschaftlichen und beruflichen Leistungsmaßstäbe sind die notwendigen Folgen.[13]

Die Alternative zu hierarchisch-autoritären Strukturen

Wer die Gründe dafür aufzeigt, daß bestimmte Zweckmäßigkeitsentscheidungen funktionaler Institutionen ihrer Natur nach nicht »demokratisierbar« sind, sondern sachgemäß nur in persönlicher Verantwortung getroffen werden können und daher der Sach- und Amtsautorität bedürfen, setzt sich damit heute dem Vorwurf aus, er verteidige überlebte »autoritäre« oder hierarchische Strukturen – also den Anspruch der Amtsträger oder Vorgesetzten, sich unter Berufung auf ihren »Rang« der Notwendigkeit der Begründung ihrer Entscheidungen und ihrer kritischen Diskussion zu entziehen. Der Vorwurf ist plausibel nur unter der unausgesprochenen Voraussetzung, die einzige Alternative zur »Demokratisierung« funktionaler Organe sei eine hierarchische Kommandostruktur traditionellen Stils. Doch die Erfahrung aller modernen Großorganisationen beweist, wie völlig falsch diese Voraussetzung ist: Gerade die leistungsfähigen Großunternehmen und Verwaltungen sind weder autoritär und hierarchisch, noch »demokratisiert«, sondern verbinden persönliche Verantwortung auf allen Stufen mit weitestgehender Konsultation und Dezentralisierung. Ausgehend vor allem von der amerikanischen Großindustrie hat sich dieser Typ der funktionalen Organisation in der ganzen westlichen Welt verbreitet; nach seiner Verallgemeinerung durch die wissenschaftliche Analyse des »Management« ist er auch in die moderne Verwaltungslehre und – vorerst mehr ansatzweise – in die Verwaltungspraxis eingedrungen. Schließlich hat die kybernetische Informationstheorie mit dem Begriff der »lernenden Systeme« eine weitere Verallgemeinerung gebracht.

Die industrielle Organisationspraxis und ihr folgend die Theorie haben vor allem zwei miteinander verflochtene Faktoren der Überlegenheit von Konsultation und Dezentralisierung über hierarchische Kommandostrukturen deutlich gemacht: Die Verbesserung der Informationsgrundlage für Entscheidungen, und die Verbesserung der »Motivation« aller an ihrer Durchführung Beteiligten durch vorherige Konsultation.[14] An Stelle eines überwiegend in einer Richtung laufenden Stroms von Anweisungen, dem zu wenige und oft durch Anpassung oder Gleichgültigkeit verzerrte Informationen von »unten« ergänzend und korrigierend begegnen, schafft ein auf Konsultation gegründetes System einen allseitigen, auch von »unten«

und von den Nachbarabteilungen breit fließenden Informationsstrom, während zugleich durch das Bewußtsein der Mitwirkung am Entscheidungsprozeß das Betriebsklima verbessert und das Interesse der Untergebenen an der Weitergabe sorgfältiger und wenn nötig kritisch-korrigierender Information erhöht wird. (Dies Interesse kann oft zusätzlich durch besseren Überblick über die allgemeinen Probleme der Organisation und Heranziehung zu ihrer Diskussion auch bei denen gesteigert werden, die zu ihrer Entscheidung nicht direkt beitragen können.) Ferner ist die Zentralisierung einer großen Anzahl von Entscheidungen an der Spitze einer Organisationspyramide zwangsläufig mit Überlastung dieser Spitze und mit zahlreichen Fehlentscheidungen aus ungenügender Detailkenntnis verbunden, weil die Verantwortlichen der Spezialbereiche auch bei bestem Willen nicht ihre gesamte Sachkenntnis nach »oben« weitergeben können und die zentrale Leitung nicht alle Einzelinformationen verarbeiten kann; daher ist die Beschränkung der Spitze auf Entscheidungen von grundsätzlicher Bedeutung und die Delegierung anderer Entscheidungen an den Punkt jeweils maximaler Information die überlegene Methode zur Erzielung sachgerechter Entscheidungen – und sie steigert zugleich mit dem Spielraum für Selbständigkeit sowohl die Verantwortungsfreude der jeweils nachgeordneten Entscheidungsträger als auch die Kontrollierbarkeit ihrer Leistung anhand der Ergebnisse.

In der modernen öffentlichen Verwaltung mit ihren an Umfang und Vielfalt ungeheuer gewachsenen Aufgaben spielt nun das Bedürfnis nach Information von »außen« und »unten« und nach Initiative der untergeordneten Organe keine geringere Rolle als in der Großindustrie. Was für diese die rechtzeitige und exakte Information über technische oder organisatorische Mängel in der Produktion oder Veränderungen in der Marktlage und die schnelle und sachgemäße Reaktion auf beide bedeutet, das sind für jene die Information über neuauftretende Schwierigkeiten bei der Durchführung veralteter Gesetze und unvorhergesehene Probleme bei der Einführung geplanter neuer, über neue Lücken im Funktionieren der sozialen Dienste oder vorhersehbare Reaktionen interessierter Gruppen auf Maßnahmen der Wirtschaftspolitik, über die Auswirkungen demographischer Veränderungen auf Altersversorgung und Bildungshaushalt und vieles andere mehr – und ebenfalls Vorschläge für die praktische Bewältigung solcher Veränderungen. Gewiß wird jede, auch die starrste und schlechtest informierte Verwaltung eines demokratischen Staates auf solche Probleme und mögliche Lösungen früher oder später durch die öffentliche Kritik und die Vorschläge der Interessenten und der Politiker gestoßen: doch ihre Leistungsfähigkeit wird heute eben nicht mehr nur nach der Fähigkeit zur Durchführung von Gesetzen und Anweisungen, sondern auch nach der Fähigkeit zur Voraussicht der Probleme und zur sachkundigen Hilfe bei der Vorbereitung der Regierungsentscheidungen beurteilt – und die hängt vom Informationsfluß aus relativ autonomen Spezialorganen und Außenstellen und damit von deren Konsultation ab, ebenso wie von der direkten Konsultation gesellschaftlicher Gruppen durch die Spezialisten der Ministerien. In einzelnen Zweigen der staatlichen »Exekutive« ist diese faktisch nicht exekutive, sondern informative und urteilsbildende Rolle immer von vitaler Bedeutung gewesen – man denke nur an die diplomatischen Missionen, aber auch an die Nachrichtendienste – und hat dort immer ein hohes Maß an Autonomie und Kritikrecht der nachgeordneten Stellen als Bedingung maximaler Leistung erfordert. Mit dem zunehmenden Umfang der staatlichen Eingriffe in das gesellschaftliche Leben und dem zunehmenden Tempo der Veränderung aller Lebensbedingungen ist auch die Abhängigkeit der inneren Verwaltung von Informationsfluß und Initiative entsprechend gewachsen.

Vom Standpunkt der Informationstheorie und Systemanalyse sind all diese Erkenntnisse der Organisations- und Verwaltungswissenschaft heute schon zu Binsenwahrheiten geworden: Sie werden dort auf die Formel reduziert, daß es sich bei solchen Großorganisationen, die sich in einer sich ständig verändernden Umgebung erhalten wollen, um »lernende Systeme« handelt, deren Leistungsfähigkeit von der Fähigkeit zur Aufnahme, Selektion und Verarbeitung von Information abhängt und deren Funktionsweise selbst auf Grund der aufgenommenen Information immer wieder modifiziert wird.[15] Doch lernende Systeme können effizient nicht autoritär und hierarchisch organisiert sein – weil auf Grund des hierarchischen Charakters nur die der Spitze zufließende Information für ihr Funktionieren relevant werden könnte und weil zugleich der autoritäre Charakter die Aufnahmefähigkeit der Spitze für neue Information fatal einschränken würde.

Den Vorkämpfern der modernen Organisationsformen in Industrie und Verwaltung, die sich mit verfestigten hierarchischen und autoritären Traditionen auseinanderzusetzen hatten, ging es aus ihrer Situation heraus vor allem um den Gegensatz ihrer neuen Modelle zu den bis dahin herrschenden Vorstellungen. Da sie noch keiner ideologischen Bewegung für »Radikaldemokratisierung« gegenüberstanden, brauchten sie sich über den grundsätzlichen Unterschied zwischen ihren Forderungen nach Konsultation und Dezentralisierung und einer echten »Demokratisierung« funktionaler und exekutiver Organisationen keine Gedanken zu machen; und da die Grundwerte der Demokratie ihnen selbstverständlich waren, haben manche von ihnen mit der Bezeichnung der von ihnen als leistungsfähig empfohlenen, auf Freiheit der Diskussion und Kritik und gegenseitige Achtung der Diskussionsteilnehmer ohne Rangunterschied gegründeten Organisationsform als »demokratisch« kokettiert. So wurde etwa die – nur vage definierte – »Partizipation« als höchste Form der Konsultation empfohlen[16], lange bevor dies Wort besonders in Frankreich zum Äquivalent unserer »Radikaldemokratisierung« wurde. Ein so angesehener Industriesoziologe wie J. K. GALBRAITH kam bei der Analyse der modernen Großunternehmungen zu dem Schluß, weil die Entscheidungen auf allen Stufen in kollegialer Diskussion bis zum Konsens getroffen würden, gäbe es keine Chefs mehr, sondern die Unternehmungen würden kollektiv von den Angehörigen der »Technostruktur« geleitet[17] – eine Idealisierung der tatsächlichen Praxis, die übersieht, daß in der harten Wirklichkeit auch entschieden werden muß, wenn kein Konsens erzielt wird, daß auch in den »demokratischsten« Diskussionen exekutiver Natur der Widerspruch abklingt, wenn klar wird, daß der Chef sich endgültig entschieden hat, und daß keine Unternehmung bestehen könnte, ohne einzelne für Fehlschläge verantwortlich zu machen und für Erfolge zu belohnen. Tatsächlich werden in der industriellen »Technostruktur« weder die Vorgesetzten gewählt, noch die Entscheidungen durch Abstimmung getroffen – so wenig wie in der öffentlichen Verwaltung. Damit aber, und mit dem Festhalten an persönlicher Verantwortung auf allen Stufen, ist die hier geschilderte Form moderner funktionaler Organisation von wirklicher »Demokratisierung« nicht minder grundsätzlich verschieden, als sie durch das Prinzip der echten Konsultation, also der freien kritischen Diskussion, von autoritären Methoden und durch ihre weitgehende Dezentralisierung von hierarchischen Strukturen entfernt ist.

Das wichtigste Beispiel einer industriellen Großmacht, deren Industrie und Verwaltung auch heute noch autoritär und hierarchisch organisiert sind und dadurch in ihrer Leistungsfähigkeit gehemmt werden, ist die Sowjetunion. Niemand hat das eindringlicher dargelegt als der Physiker SACHAROW und seine Freunde in ihrem Brief an das Zentralkomitee der KPdSU vom 19. März 1970, in dem sie das neuerliche Zurückbleiben der Sowjetunion hinter dem Westen in der »zweiten industriellen Revolution« direkt auf den allgemeinen Mangel an Öffentlichkeit und Informationsfreiheit in der sowjetischen Gesellschaft zurückführten.[18] Die Mängel im sowjetischen System der Wirtschaftsplanung, der Ertragsrechnung und der Produktionsanreize, die Widerstände gegen die Einführung neuer Produktionsmethoden und gegen die notwendige Hebung der Qualität der Produkte, so heißt es da, seien nicht durch rein wirtschaftliche Reformen zu überwinden. Die wirksame Lösung der Probleme rationaler Wirtschaftsorganisation und Verwaltung erfordere vielmehr die Beteiligung von »Millionen« am Informationsaustausch auf allen Ebenen, dem die aus der Stalinzeit überkommenen antidemokratischen Traditionen und Normen der Geheimhaltung von Mängeln, der Unterdrückung kritischer Vorschläge und der Abschließung vom Ausland ebenso wie die autoritären Erziehungsmethoden und der autoritäre Druck von oben auf die mittleren Kader entgegenstünden: Ohne ein wissenschaftliches Herangehen an die Reform der Organisation und Verwaltung auf der Grundlage von Informations- und Kritikfreiheit sei eine effektive Wirtschaftsreform unmöglich.
Auch SACHAROW bezeichnet seine Forderung nach Organisations- und Verwaltungsreform auf der Grundlage der Informations- und Kritikfreiheit als ein Programm der »Demokratisierung«; doch allein die Tatsache, daß er diese Forderung in einem Brief an das Zentralkomitee erhebt und für im Rahmen des sowjetischen Einparteisystems durchführbar hält, zeigt deutlich, daß er unter diesem Begriff etwas wesentlich anderes versteht, als in der heutigen westlichen Diskussion darunter verstanden wird. »Demokratisiert« im Sinne dieser westlichen Diskussion war die sowjetische Industrie in den Anfangsjahren von Bürgerkrieg und Kriegskommunismus, als der Versuch

gemacht wurde, die operative Leitung der Betriebe in die Hände gewählter Arbeiterräte zu legen – ein Versuch, den LENIN nach seinem Scheitern mit der Wiederherstellung des Prinzips der persönlichen Verantwortung beendete;[19] und nichts in SACHAROWS Dokument deutet darauf hin, daß er diesen Versuch wiederholen will.

Wiederholt worden ist der Versuch freilich mehrmals im kommunistischen China, einmal während der Zurückdrängung der Betriebsleiter durch die Betriebsparteikomitees in der Phase des »Großen Sprungs« von 1958/59, das zweite Mal mit der »Machtübernahme« von Revolutionskomitees in Betrieben und Verwaltungen im Zuge der »Kulturrevolution«.[20] Auch diese beiden Versuche sind eindeutig gescheitert – der erste an der allgemeinen Desorganisation der Produktion, der zweite auf Grund der Gefahr der totalen Auflösung der Staatsgewalt: Er mußte auf MAOS Weisung von der einen Institution beendet werden, die von der »Demokratisierung« ausgenommen und deren Funktionsfähigkeit daher intakt geblieben war – der Armee. Doch SACHAROW empfiehlt als Alternative zum autoritär-hierarchischen System der sowjetischen Industrie und Verwaltung nicht die gescheiterten Demokratisierungsexperimente des unterentwickelten China, sondern ein öffentliches Klima freier Information und Kritik und jene Form industrieller Organisation, die allseitige Konsultation mit persönlicher Verantwortung verbindet – und er entnimmt dies Alternativmodell für die Erreichung von Höchstleistungen ganz logisch dem hochentwickelten Lande, das er als sowjetischer Patriot einholen will: den Vereinigten Staaten.

Schlußbemerkungen

Wir haben nur einen Teil der Probleme behandeln können, die heute unter dem Sammelbegriff der »Demokratisierung« angesprochen werden, und auch diesen Teil nur in den Grundzügen. Ganz verzichten mußten wir auf die Erörterung aller Vorschläge, in denen es um die Wiederbelebung der demokratischen Partizipation im politischen Leben selbst – um Wählerinitiativen, Volksbegehren, Parteidemokratie, Primärwahlen, Erfassung bisher unorganisierter Interessengruppen oder gewählte Kontrollorgane zur Überwachung von Verwaltungsapparaten geht. Auch in diesem Bereich gibt es zweifellos Vorschläge von sehr verschiedenem Wert, sowohl was die Durchführbarkeit wie die Vereinbarkeit mit den Grundprinzipien einer freiheitlichen Demokratie betrifft. Doch sie verdienen eine gründliche Prüfung um so mehr, als eine Überwindung oder mindestens Abschwächung des gefährlichen Phänomens der »bürokratischen Entfremdung« des einzelnen vom demokratischen Staat in hohem Maße gerade von Verbesserungen in dieser Richtung abhängen dürfte.

Wir haben uns an dieser Stelle auf die Bestrebungen zur Ausdehnung des demokratischen Entscheidungsprinzips auf neue Bereiche und Institutionen beschränkt, weil uns gerade hier eine grundsätzliche Scheidung zwischen wünschbaren demokratischen Reformen einerseits, bedenklichen Gefährdungen der Leistungsfähigkeit funktionaler Institutionen und ihrer Kontrolle durch die demokratisch legitimierten Organe des Staates andererseits dringend schien. Unsere Untersuchung hat zu einer eindeutigen Bejahung der Möglichkeit und Notwendigkeit demokratischer Entscheidungen auch in gesellschaftlichen Bereichen überall da geführt, wo es sich um die Austragung von Konflikten über den Vorrang verschiedener Werte und Interessen handelt, aber zu einer ebenso eindeutigen Ablehnung der »Demokratisierung« funktionaler Zweckmäßigkeitsentscheidungen, sei es nun im staatlichen oder gesellschaftlichen Bereich. Eine weitere grundsätzliche Unterscheidung, um deren Klärung wir uns bemüht haben, ist die zwischen der Unentbehrlichkeit einer auf der begründeten Erwartung von Sachkenntnis und persönlicher Integrität beruhenden Sach- und Amtsautorität im Bereich solcher funktionaler Entscheidungen und der Schädlichkeit eines autoritären Anspruchs, der sich der Notwendigkeit der Begründung und kritischen Prüfung von Sachentscheidungen unter Berufung auf sein Amt zu entziehen sucht. Es zeigte sich insbesondere, daß die Ergebnisse der modernen Organisations- und Verwaltungslehre die Forderung nach Überwindung autoritärer Haltungen und hierarchischer Strukturen rechtfertigen, nicht aber die Forderung nach Beseitigung der persönlichen Verantwortung und Autorität in funktionalen Einrichtungen im Namen von deren »Demokratisierung«.
Die naheliegende Erwartung, daß bei den Forderungen der Vertreter einer so vieldeutigen Sammellosung legitime Erweiterungen des Wirkungsbereichs des demokratischen Prinzips sich mit Vorstellungen vermengen, die der freiheitlichen De-

mokratie fremd sind, und daß leistungssteigernde Reformvorschläge hier oft mit leistungsfeindlichen Utopien durcheinandergehen, hat sich im Laufe der Untersuchung bestätigt. Das ist ein unbefriedigendes Ergebnis für jene, die im Begriff der »Demokratisierung« eine neue Art von Fahne sehen, um die sich die verschiedensten Bestrebungen und Elemente zu einer militanten und potentiell revolutionären Massenbewegung sammeln könnten und sollten. Für alle diejenigen aber, die verantwortliche demokratische Reformpolitik treiben wollen, beweist es nur, daß sich ein so schillernder und vieldeutiger Begriff nicht als Gesamtformel für ihre Bestrebungen eignet. Nicht alles, was Demokratisierung genannt wird, ist sinnvolle demokratische Reform – und vieles, was als demokratische Reform dringend ist, wird in seiner Bedeutung nur verdunkelt, wenn man versucht, es unter diesen Allerweltsbegriff zu subsumieren. Das große und dringliche Ziel sozialer Chancengleichheit im Bildungswesen etwa, von dessen Erreichung wir in der Bundesrepublik noch so weit entfernt sind, ist nicht zufällig von vielen Befürwortern einer »Demokratisierung« der Bildungseinrichtungen in verhängnisvoller Weise vernachlässigt worden. Die ernüchternde Erkenntnis, daß »Demokratisierung« kein Universalrezept ist, scheint mir eine gute Grundlage für das Bemühen, den Forderungen nach sozialer Sicherheit und sozialer Chancengleichheit wieder ihren zentralen Platz an der Spitze jedes demokratischen und sozialen Reformprogramms, gleichrangig mit der Forderung nach demokratischer Kontrolle der Wirtschaftsentwicklung, zurückzugeben.

Die Deutsche Sozialdemokratie in Weimar und heute

Zur Problematik der »versäumten« demokratischen Revolution

Bei der Entstehung und Gestaltung der Weimarer Republik hat die Führung der sozialdemokratischen Mehrheitspartei unter FRIEDRICH EBERT, die in der Hauptsache auch die Führung der späteren wiedervereinigten Sozialdemokratie gestellt hat, eine entscheidende Rolle gespielt. Sie hat das Hauptverdienst daran, daß Deutschland nach dem militärischen Zusammenbruch von 1918 nicht das Opfer staatlichen Zerfalls, langdauernden Bürgerkrieges oder einer Diktatur wurde, sondern als parlamentarische Demokratie seine neue verfassungsmäßige Ordnung fand. Sie trägt aber auch die Hauptverantwortung dafür, daß die demokratische Revolution unvollendet und ein antidemokratischer Staatsapparat erhalten blieb, der in einer späteren Krise den nationalsozialistischen Zerstörern das Tor zur Macht öffnen konnte. Es waren Sozialdemokraten an der Spitze des Staates, die 1918 und nachher das Reich zusammenhielten, die Probleme der Demobilisierung und Ernährung notdürftig lösten und die schnelle Wahl einer verfassungsgebenden Nationalversammlung durchsetzten. Aber es waren die gleichen Sozialdemokraten, die mitten im Zerfall des kaiserlichen Heeres mit dessen Oberkommando nicht nur für die Durchführung der Demobilisierung, sondern auch für die Aufrechterhaltung der Ordnung zusammenarbeiteten und die neue bewaffnete Macht aus antidemokratischen Freikorps aufbauten; und sie waren es auch, die im Frühjahr 1920 vor der Forderung der Gewerkschaftsführung nach radikaler Säuberung von Reichswehr und Bürokratie zurückschreckten, nachdem der KAPP-Putsch die antidemokratische Grundhaltung des Offizierskorps erwiesen hatte.

Die deutsche Geschichtsschreibung nach dem Zweiten Weltkrieg hat Verdienst und Verhängnis dieser Politik je nach ihrem politischen und zeitlichen Standort sehr verschieden gegeneinander abgewogen. In der Bundesrepublik bestand in den 50er Jahren überwiegend die Neigung, die Politik EBERTS mit der Rolle der wiedererstandenen Sozialdemokratie nach 1945 unter KURT SCHUMACHER und ERNST REUTER in Parallele zu setzen –

als entschlossene Abwehrleistung gegenüber der drohenden Gefahr einer kommunistischen Diktatur. In der Geschichtsschreibung der DDR und bei den ihr nahestehenden Autoren im Westen wurde die Parallele mit umgekehrtem Wertakzent akzeptiert: Wie nach dem Ersten, so nach dem Zweiten Weltkrieg hätten die sozialdemokratischen Führer aus Furcht vor der sozialistischen Revolution mit allen Mitteln die Herrschaft der Bourgeoisie da, wo sie konnten, befestigt und damit nicht nur die sozialistischen, sondern auch die demokratischen Ziele ihres Programms verraten. Erst in den 60er Jahren ist in der westlichen Diskussion zunehmend der fundamentale Unterschied der beiden Nachkriegssituationen deutlich geworden: Während nach 1945 die sowjetische Militärverwaltung ihre Machtstellung zielbewußt ausnutzte, um in ihrer Besatzungszone zuerst die Sozialdemokratie durch Zwangsfusion mit den Kommunisten zu liquidieren und später einen kommunistischen Einparteistaat zu errichten, so daß die Erhaltung der wiedergewonnenen politischen Freiheit in den Westzonen und Berlin nicht zuletzt dem entschlossenen Widerstand der Sozialdemokratie gegen eine Ausdehnung der »Einheitspartei« zu verdanken war, hat die neuere westliche Forschung das Bestehen einer ernsten kommunistischen Drohung in Deutschland nach 1918 mit guten Gründen in Zweifel gezogen. Damals war Sowjetrußland nicht eine siegreiche Weltmacht, sondern ein im Kriege geschlagenes, vom Bürgerkrieg zerrissenes und von der Außenwelt weitgehend isoliertes Land. Die junge Kommunistische Partei war bis 1920 eine organisatorisch ungefestigte Splittergruppe, deren Führer – erst ROSA LUXEMBURG und LEO JOGICHES, dann PAUL LEVI – sich über die Aussichtslosigkeit eines Versuchs der gewaltsamen Machtergreifung völlig klar waren; die tatsächlichen Gewaltaktionen, in die ihre Organisationen während dieser Jahre planlos aus lokalen Anlässen und nicht selten durch militärische Provokation hineingerissen wurden, endeten durchweg mit hoffnungslosen Niederlagen des kleinen Häufleins der Kämpfer. Weit entfernt davon, für die Unterdrückung einer zur gewaltsamen Machtergreifung entschlossenen kommunistischen Massenbewegung unentbehrlich zu sein, wie EBERT und NOSKE es sahen, waren die Freikorps aus Offizieren und nationalistischen Studenten durch ihre offen antidemokratische und arbeiterfeindliche Haltung ein wesentlicher Faktor jener wachsenden Radikalisierung der deutschen Arbeiterschaft, der erst zu einer zunehmend »systemfeindlichen« Haltung des linken Flügels der Unabhängigen und im Herbst 1920 zu dessen Verschmelzung mit den Kommunisten zu einer antidemokratischen Massenpartei der Linken führte: Durch die Enttäuschung weiter Teile der Arbeiterschaft am demokratischen Staat schufen diese Formationen erst die kommunistische Gefahr, zu deren Bekämpfung sie aufgestellt worden waren.

Mit der Durchsetzung dieser Auffassung ist auch im Westen auf die Neigung der 50er Jahre zu einer Art von EBERT-Kult eine wesentlich kritischere Bewertung[1] des ersten Reichspräsidenten und seiner Partei gefolgt. Doch die Sozialdemokratie von 1918 – auch die Mehrheitspartei – war Erbe einer großen Tradition demokratischen Kampfes. Eine kritische Auffassung ihrer Rolle muß sich daher der Frage stellen, *warum* die sozialdemokratische Führung damals eine Politik verfolgt hat, die im Namen der Sicherung der neuen, demokratischen Ordnung die Vollendung der demokratischen Revolution verhinderte und die Zukunft der Republik schwer belastete, und warum eine Mehrheit der organisierten Arbeiter und der Arbeiterwähler dennoch dieser Partei treu blieb und ihr bei allen Wahlen folgte. Dabei genügt es nicht als Erklärung, daß die sozialdemokratischen Führer den Ernst der kommunistischen Gefahr eben überschätzt hätten; das mag für einige von ihnen gewiß zugetroffen haben, aber kaum für alle und keinesfalls für die Masse ihrer Anhänger. Es genügt auch nicht, auf die Zusammenarbeit dieser Führer mit dem Staats- und Militärapparat des kaiserlichen Deutschlands während der vorhergehenden Kriegsjahre zu verweisen. Diese Zusammenarbeit – die von Kritik und Konflikten ja nicht frei war – ist gewiß ein wichtiger Faktor, um die Bereitschaft der gleichen Führer zur Zusammenarbeit mit dem Oberkommando in den Wochen nach dem Zusammenbruch zu erklären; sie mag auch verständlich machen, daß die sozialdemokratische Führung in Deutschland – im Unterschied zu Österreich – so rasch vor den Schwierigkeiten des Versuchs kapitulierte, sozialdemokratische Arbeiter für den Waffendienst zur Sicherung der republikanischen Ordnung zu gewinnen, und so leicht bereit war, diese Sicherheit neuen Formationen von Berufsmilitärs anzuvertrauen. Für eine volle Erklärung der Durchsetzung dieser Politik müssen wir jedoch auf Vorstellungen zurückgehen, die den Führern der Mehrheitssozialdemokratie mit der Masse ihrer Anhänger *gemeinsam* waren – und das war gewiß nicht die Neigung zur Zusammenarbeit mit den »Militaristen« des alten Offizierskorps, denen die große Mehrheit dieser Anhänger mit einem ebenso tiefen wie gesunden Mißtrauen gegenüberstand: Man denke nur an die Beschlüsse des ersten Kongresses der Arbeiter- und Soldatenräte im Dezember 1918, der gerade in diesem und nur in diesem Punkt sich eindeutig in Gegensatz zur Politik EBERTS stellte.

Tatsächlich gab es 1918 solche gemeinsamen Vorstellungen der Führer der Mehrheitssozialdemokratie und der Masse ihrer Anhänger, die geschichtliche Folgen gezeitigt haben. Die erste war eine übertrieben formalistische Vorstellung von den Bedingungen des Aufbaus einer Demokratie in Deutschland. Das ist hier natürlich nicht im Sinne der kommunistischen Kritik an der »bloß formalen, bürgerlichen Demokratie« gemeint: Jede Demokratie, die nicht bloße Fassade der Diktatur einer Minderheit ist, muß die Freiheitsrechte der einzelnen und Gruppen durch die formalen Prozeduren des freien und geheimen Wahlrechts, der Verantwortlichkeit der Regierung vor dem Parlament, der Unabhängigkeit der Richter etc. sichern. Hier geht es vielmehr darum, wie eine solche Demokratie geschaffen werden kann, wo sie noch nicht bestanden hat – d. h. welche Veränderungen der Machtverhältnisse *vorausgehen* müssen, bevor die neuen formalen Institutionen gesichert funktionieren können: Das eben ist die Kernfrage einer demokratischen Revolution. Die Weimarer Republik hätte mit genau der gleichen Verfassung – trotz aller Gefahren des Artikels 48 – wesentlich stabiler und gesicherter funktionieren können, wenn vor Inkrafttreten dieser Verfassung – oder äußerstenfalls nachher, aufgrund der Lehren des KAPP-Putsches – die entscheidenden Machtpositionen der Gegner der Demokratie zerschlagen worden wären. Das hätte den völligen Neuaufbau der Armee und die einmalige Umbesetzung der leitenden Beamtenstellen einschließlich der Richterschaft im Zuge der Revolution erfordert, dazu mindestens die Enteignung des ostelbischen Großgrundbesitzes und Maßnahmen zur Kontrolle der Schwerindustrie. Die Vorstellung der Mehrheitssozialdemokratie von der Begründung eines demokratischen Staates war in unserem Sinne formalistisch, nicht weil sie auf die freie Wahl einer verfassunggebenden Nationalversammlung drängte, sondern weil sie den Gedanken vorhergehender Änderungen der Machtverhältnisse im Zuge des revolutionären Prozesses ablehnte, soweit er überhaupt in ihren Gesichtskreis trat. Hier rächte sich das Fehlen jeder erfolgreichen revolutionären Erfahrung in der deutschen

Geschichte, und zwar nicht nur bei den Führern, sondern auch bei den Anhängern: Auch die Mehrheit der deutschen Arbeiterschaft, die Maßnahmen zur Brechung der Macht der alten Militärkaste wollte, ließ sich 1918/19 und letzten Endes auch 1920 überzeugen, daß solche Maßnahmen nicht revolutionär, sondern nur von einem ordnungsgemäß gewählten Parlament durchgeführt werden dürften. Sie wollten in einer freiheitlichen Demokratie leben, ohne gegen das vorhergehende Regime der Unfreiheit eine demokratische Revolution durchgeführt zu haben.

Die industrielle Gesellschaft als Hindernis der Revolution

Doch hinter der formalistischen Auffassung von den Bedingungen des Aufbaus einer Demokratie steckte ein noch grundlegenderer Faktor, der bei Führern und Anhängern gleich wirksam war: die Sorge um die technisch-organisatorische Kontinuität der Ordnung des täglichen Lebens. Wichtiger als die unbegründete Furcht vor einer Machtergreifung des »Bolschewismus« in Deutschland, wichtiger auch als die zeitweilig eher begründete Furcht vor einem äußeren Zerfall des Reiches durch separatistische Bewegungen im Westen und Angriffe polnischer Insurgenten im Osten war Ende 1918 die Angst vor dem »Chaos«: vor dem Zusammenbruch von Lebensmittel- und Brennstoffversorgung, von Transport- und Gesundheitswesen im Zuge einer unkontrollierten Demobilisierung der heimkehrenden Truppen und bei Fortdauer der alliierten Blokkade. Gerade weil Deutschland ein hochentwickeltes und hochorganisiertes Industrieland mit komplizierter Arbeitsteilung und einem Netz vielseitiger Verwaltungen war, gerade darum erzeugte die Vorstellung, das Funktionieren dieser Verwaltungsorganisation könne unterbrochen werden, Angst und Schrecken sowohl bei den politisch Verantwortlichen wie bei Millionen einfacher Menschen, deren Leben – Beschäftigung, Ernährung, Gesundheit – buchstäblich von diesem Funktionieren abhing. Revolution aber, die mehr ist als eine Veränderung der rein politischen Institutionen und ihrer Symbolik, Revolution, die Machtverhältnisse verändern will und daher Machtapparate zerschlagen muß, ist notwendig mit dem Risiko verbunden, das Funktionieren der Verwaltung zu unterbrechen und damit die Kontinuität der Lebensordnung zu gefährden. So gewiß der Gedanke der Revolution in vielen Ländern Begeisterung hervorruft, so gewiß erzeugt daher die tatsächliche Annäherung einer Revolution in allen entwickelten Industrieländern Angst – und dies keineswegs nur bei denen, die Besitz und Vorrechte zu verlieren haben, sondern bei all denen, die um die Sicherheit ihrer Existenz bangen.

Dies ist nicht nur einer der wesentlichen Gründe, warum es bis heute in keinem entwickelten Industrieland eine »proletarische Revolution« im MARXschen Sinne oder eine revolutionäre Machtergreifung der einheimischen Kommunisten aus eigener Kraft gegeben hat. Es erklärt auch die in unserem Zusammenhang zentrale Tatsache, daß Länder, die ohne demokratische Revolution die Stufe der modernen Industriegesellschaft erreicht hatten, *nirgends* auf dieser Stufe eine demokratische Revolution nachgeholt haben. Diese Tatsache ist von der politischen Theorie bisher nicht zur Kenntnis genommen worden: Das Scheitern der demokratischen Revolution in Deutschland nach 1918 erscheint vielmehr den meisten Beobachtern im In- und Ausland als eine halb lächerliche, halb tragische Singularität – ein Ausdruck des spießbürgerlichen deutschen Volkscharakters. Keiner der Kommentatoren und Historiker, die jene endlosen Anekdoten über die Unfähigkeit der Deutschen, im Bürgerkrieg ohne Lösung einer Bahnsteigkarte einen Bahnhof zu besetzen, selbstzerfleischend oder genüßlich kolportieren, scheint sich jemals gefragt zu haben, in welchem anderen Industrieland denn eine demokratische Revolution *gegen* den Staatsapparat – im Unterschied zu einer faschistischen »Revolution« *mit Hilfe* des Staatsapparats – stattgefunden hat. Die Revolution als Idee ist ein Lieblingsthema intellektueller Diskussion in der modernen industriellen Welt. Die Revolution als Ereignis ist, soweit wir sehen können, ein Bestandteil einer früheren Periode der gesellschaftlichen Entwicklung.

Blicken wir um uns. Nicht nur die großen demokratischen Revolutionen des Westens – die niederländische, englische, französische, amerikanische Revolution – gehören dem vorindustriellen Zeitalter an. Auch die europäischen Revolutionen von 1848, auch die demokratischen Revolutionen des 20. Jahrhunderts in Rußland und Spanien fanden in Ländern mit überwiegend agrarischer Bevölkerung statt, die noch in einem Frühstadium ihrer Industrialisierung begriffen waren – von den Revolutionen in den Entwicklungsländern zu schweigen. Für Deutschland erklären diese Erfahrungen, daß die demokratische Revolution, die 1848 mißlang und 1866–1871 durch BISMARCKS »Revolution von oben« ersetzt wurde, auf einer höheren Entwicklungsstufe 1918 nicht leichter, sondern schwerer nachzuholen war.

Damit soll nicht etwa behauptet werden, die Entscheidungen der deutschen Mehrheitssozialdemokratie unter EBERTS Führung seien so, wie sie waren, aufgrund »historischer Gesetzmäßigkeiten« unvermeidlich gewesen. Ein Vergleich mit den gleichzeitigen Ereignissen in Österreich genügt, um zu zeigen, daß mindestens das Bündnis mit dem Oberkommando des kaiserlichen Heeres und der Aufbau von Freikorps *nicht* unvermeidlich waren: Der Versuch, eine neue, demokratisch zuverlässige Truppe unter wesentlicher Beteiligung sozialdemokratischer Arbeiter aufzustellen, ist in Österreich gelungen – begünstigt freilich dadurch, daß dort der Zerfall des alten staatlichen Rahmens aufgrund der Loslösung der Nationalitäten und mit ihm der Zerfall des kaiserlichen Heeres dem Neuaufbau vorgegeben waren.[2] Was unsere Überlegungen über die allgemeinen Hindernisse einer Revolution in entwickelten Industrieländern erklären, sind nicht die einzelnen Entscheidungen der Führer, wohl aber die Durchsetzung ihrer Gesamtpolitik und das Scheitern der demokratisch-revolutionären Alternative: Der Versuch, eine freiheitlich-demokratische Verfassung *ohne* Angriff auf den vordemokratischen und im Effekt antidemokratischen Staatsapparat einzuführen, entsprach in all seiner Widersprüchlichkeit den widersprüchlichen Bedürfnissen breiter Massen, die sich zugleich nach einer neuen Freiheit und nach Kontinuität ihrer Lebensordnung und des sie sichernden (alten) administrativen Rahmens sehnten. Um dieses überstarken Bedürfnisses nach Kontinuität willen, das alle hochindustriellen Gesellschaften kennzeichnet, wurde 1918/19 und abermals 1920 das versäumt und direkt verhindert, was Deutschland zu einer wirklich lebensfähigen Demokratie hätte machen können.

Die Sozialdemokratie in der Defensive

Mit dem Ende der Nachkriegskrise und nach der Wiedervereinigung mit dem gemäßigten Flügel der Unabhängigen hat sich die Sozialdemokratie dann von jenem verhängnisvollen Anfangsbündnis mit der Militärgewalt gelöst: Sie wurde zunehmend zum entschiedensten Kritiker der politischen Eigenwilligkeit einer Reichswehr, die sich keiner wirksamen Kontrolle durch die Zivilinstanzen einer Demokratie unterwerfen wollte, wie umgekehrt die Reichswehr – zumal unter HINDENBURG als Präsidenten – zur entscheidenden Reserve aller autoritären Tendenzen und antidemokratischen Kräfte wurde. Weit entfernt, sich zum »Sozialfaschismus« zu entwickeln, fand die Sozialdemokratie so gerade in jenen Jahren zu ihren demokratischen Traditionen zurück, als die Weimarer Republik mehr und mehr von rechts her bedroht war, und wurde schließlich zum letzten Sammelpunkt der Verteidiger der Demokratie. Doch sie hat die Folgen der in den Gründerjahren der Republik entschiedenen Konsolidierung der antidemokratischen Kräfte im Staatsapparat später nicht mehr ungeschehen machen können, als diese Kräfte sich mit verheerendem Effekt gegen sie wandten; und sie hat auch in den Jahren der Endkrise niemals das Selbstvertrauen zu einer gestaltenden und umgestaltenden Initiative gewonnen, wie sie politisch von den jüngeren, kritischen Aktivisten in der Partei und wirtschaftlich von den Schöpfern des Arbeitsbeschaffungsprogramms der Gewerkschaften gefordert wurde. Sie blieb im Grunde bis 1933, was sie schon vor 1914 gewesen war: Eine »Klassenpartei« der Arbeiter nicht im Sinne des revolutionären Marxismus, sondern im Sinne der Beschränkung auf die Verteidigung von Arbeiterinteressen – den Grundsätzen der Demokratie verpflichtet, aber ohne Konzept für die Fortentwicklung und Umgestaltung der Gesellschaft im ganzen.

Die Katastrophe von 1933 und die Periode der nationalsozialistischen Diktatur haben dann einen tiefen Einschnitt nicht nur in der Geschichte Deutschlands und der deutschen Arbeiterschaft bewirkt, sondern auch in der Geschichte der Sozialdemokratie. In ihr trat nach 1945 zunehmend eine Generation in den Vordergrund, die durch das Erlebnis dieser Katastrophe und durch die kritische Auseinandersetzung mit der vorhergehenden Politik der eigenen Partei geformt worden war. Doch die Chance dieser Erneuerung der Sozialdemokratie durch neue Führer kann nur voll verstanden werden, wenn sie zu der beispiellosen Situation in Beziehung gesetzt wird, die sie bei der Wiederbegründung im besetzten und geteilten Deutschland vorfand.

Die Voraussetzungen der zweiten Demokratie

Auch 1945 stellte die Schaffung einer demokratischen Ordnung in Deutschland, ähnlich wie 1918, objektiv die doppelte Aufgabe, die Reste des antidemokratischen Machtapparates des Nationalsozialismus zu zerschlagen und die Kontinuität der Versorgung der Menschen mit den Notwendigkeiten des Lebens zu sichern oder besser wiederherzustellen. Beide Aspekte waren noch weitaus schwieriger als 1918, weil einerseits der Nationalsozialismus alle Zweige der öffentlichen Organisation mit seinen Anhängern und seinen Prinzipien durchdrungen hatte, und andererseits aufgrund der physischen Zerstörung des Landes Wohnungsnot und Flüchtlingselend, Hunger, Transportchaos und Seuchengefahr ganz andere Ausmaße angenommen hatten als nach dem Ersten Weltkrieg. Doch die politische Entscheidungsgewalt über die Art der Lösung dieser Probleme, und damit die primäre Verantwortung für sie, fiel diesmal nicht der Sozialdemokratie und überhaupt keiner deutschen Partei, sondern den Besatzungsmächten zu: Sie waren es, die überall zunächst ihren intakten Kommandoapparat anstelle der höheren Ränge des zerfallenen Partei- und Regierungsapparates des Dritten Reiches setzten und ihn dann schnell und notdürftig durch Heranziehung deutscher Mitarbeiter ergänzten, die wenn möglich als demokratisch zuverlässig, sonst immerhin als nicht durch aktive Tätigkeit für das Regime kompromittiert oder wenigstens als leicht kontrollierbar erschienen. Die Wehrmacht insbesondere, durch ihre Verflechtung mit dem Parteiregime verwandelt und diskreditiert und durch die totale Niederlage zerschlagen, kam als Element der Kontinuität diesmal nicht in Frage; die öffentliche Ordnung wurde Sache neugeschaffener Polizeieinheiten mit den Besatzungstruppen im Hintergrund. Die Bürokratie konnte ihre organisatorische Kontinuität weit besser bewahren, aber auch sie wurde personell zunächst erheblich durcheinandergeschüttelt; ihre spätere weitgehende Restauration in der Bundesrepublik nach Ablösung der alliierten Kontrolle vollzog sich diesmal gegen den Widerstand der Sozialdemokratie. Im ganzen vermochten es die Siegermächte dank ihrer eigenen intakten Organisation und ihrer außerordentlichen Machtfülle, nach einer anfänglichen Notperiode die dringendsten Probleme der Lebensordnung ohne Rückgriff auf die Machtstrukturen und bei relativ beschränktem Rückgriff auf das Personal des zerschlagenen

Feindstaates zu lösen: Ein wesentlicher Teil der Leistungen einer demokratischen Revolution wurde so auf nichtrevolutionäre Weise nachgeholt. Freilich blieb, weil dies ohne die aktive Teilnahme des Hauptteils der Bevölkerung geschah, trotz aller »Umerziehung« die typische Wirkung einer demokratischen Revolution auf deren Bewußtsein aus: Auf die quasi-revolutionäre Zerstörung traditioneller Machtstrukturen folgte eine Periode der Restauration traditioneller Autorität.
Völlig verändert im Vergleich zu 1918 war schließlich 1945 in den Westzonen die Rolle der kommunistischen Gefahr: Sie war diesmal weit ernster, aber sie kam im wesentlichen von außen. Eine antikommunistische Grundeinstellung war in den vorhergehenden Jahren nicht so sehr durch die – oft fragwürdige – Wirkung der nationalsozialistischen Propaganda, wie durch die Berichte der Soldaten über die sowjetischen Lebensverhältnisse, aber auch durch deren schlechtes Gewissen über die miterlebten nationalsozialistischen Greuel und die damit verbundene Angst vor Vergeltung im Fall der Niederlage geschaffen worden; nun bestätigten die Berichte der Flüchtlinge aus den Ostgebieten und der sowjetischen Besatzungszone viele der schlimmsten Befürchtungen. Hinzu kam die systematische sowjetische Unterstützung der deutschen Kommunisten bei der Durchführung einer neuen Gleichschaltung, deren Opfer gerade die bewährten nichtkommunistischen Antifaschisten wurden, die sich der Besatzungsmacht anfänglich zur loyalen Zusammenarbeit zur Verfügung gestellt hatten. Die Folge war, daß die Kommunisten in den Westzonen – trotz anfänglicher Begünstigung auch durch die Westmächte, die sie zusammen mit Angehörigen demokratischer Parteien zu Landesministern und Lizenzträgern von Zeitungen ernannten – rasch an Boden verloren und für deren innere Ordnung niemals eine Gefahr bildeten. Doch die Propaganda der »Sozialistischen Einheitspartei« aus dem Osten durch eine Besatzungsmacht bei anfänglichem Willen der Westmächte zur Zusammenarbeit, der sich zunächst auch in der Zensur »antisowjetischer» Presseäußerungen ausdrückte, warf die Frage auf, wieweit die wiedererstandene Sozialdemokratie in Berlin und den Westzonen sich zum Vehikel dieser Art von »proletarischer Einheit« hergeben oder dem Einheitsargument im Namen freiheitlich-demokratischer Prinzipien widerstehen würde. So wurden der Aufbau einer freiheitlichen Demokratie in den Westzonen und Berlin, in denen er allein möglich war, und seine Sicherung gegen

kommunistische Lockungen und Drohungen diesmal nicht zu einem polizeilichen Ordnungsproblem, sondern zur Frage einer politischen Grundsatzentscheidung, in der der Sozialdemokratie die Schlüsselrolle zufiel. In der nicht bewaffneten, sondern geistigen Auseinandersetzung mit der Macht im Osten konnte die Führung der Partei die Grundlagen eines nicht nur passiv rezipierten, sondern im aktiven politischen Kampf bewährten Bekenntnisses zu Demokratie und Unabhängigkeit legen. Es ist wesentlich die Frucht dieser Auseinandersetzung, daß die Arbeiterbewegung der zweiten deutschen Demokratie bis heute ungespalten geblieben ist.

Diese zweite Demokratie, die Bundesrepublik Deutschland, hat sich dank ihrer andersartigen Grundlage als wesentlich stabiler erwiesen als die Weimarer Republik. Eine solche Feststellung ruht nicht auf der bloßen Tatsache der nunmehr 25jährigen Dauer des »Provisoriums«, sondern auf der erwiesenen Integrationskraft seiner Ordnung, die keinen Anlaß für die Abkapselung starker gesellschaftlicher Kräfte in Feindschaft zum »System« gegeben hat. Das konservative Bürgertum einschließlich der Bürokratie steht heute, im Gegensatz zu Weimar, auf dem Boden der demokratischen Ordnung. Auf der andern Seite gibt es, anders als damals, auch keinen breiten staatsfeindlichen Flügel der Arbeiterschaft. Gelegentliche Wellen des Rechts- wie des Linksextremismus sind gleichermaßen marginal geblieben; nur die Sezession der jungen Intelligenz in linksradikaler Richtung seit Ende der 60er Jahre zeigt Anzeichen von dauerhafter Verhärtung, nicht aber von breiter Massenwirkung. Die als Bundeswehr wiedererstandene bewaffnete Macht ist kein Staat im Staate, sondern selbstverständlich der verfassungsmäßigen Zivilgewalt unterstellt. Unabhängig vom Wechsel zwischen Perioden bitterer Polarisierung und zeitweiser Annäherung der großen Parteien haben sich eine ungebrochene Tradition demokratischer Kompromisse in der gesetzgeberischen Alltagsarbeit und ein Maß gegenseitiger Toleranz herausgebildet, die den Vergleich mit den traditionsreichen älteren Demokratien des Westens nicht zu scheuen brauchen. So hat sich denn auch nach einer langen, vorwiegend konservativ bestimmten Anfangsperiode der erste Machtwechsel zu sozialdemokratisch geführten Regierungen in den zwei Wahlkämpfen von 1969 und 1972 unter leidenschaftlicher politischer Anteilnahme der Bevölkerung, aber ohne Staatskrise vollzogen.

So falsch es angesichts dieser Tatsachen wäre, den neuen demokratischen Staat der Deutschen mit dem gescheiterten alten gleichzusetzen, so falsch wäre dies auch für die neue Sozialdemokratie. Gerade weil diese Partei eindeutig aufgehört hat, eine »Klassenpartei« in dem oben beschriebenen, restriktiven Sinne der bloßen Interessenvertretung zu sein, und zur Volkspartei geworden ist, die an alle Schichten appelliert, um das Ganze der Gesellschaft zu gestalten, gerade darum ist sie auch selbstbewußter und kämpferischer geworden als die Sozialdemokratie der späteren Weimarer Zeit. Es ist eine häufige Fehldeutung der Geschichte der Sozialdemokratie, die Entwicklung zur Volkspartei und die Befreiung vom engen Klassendenken im wesentlichen als einen Sieg der »gemäßigten« Reformisten über die »radikalen« Marxisten zu sehen. Was an überwiegend nur noch verbalem Marxismus in den *politischen* Überlegungen der Weimarer Sozialdemokratie mitspielte (wir sprechen hier nicht von dem möglichen *analytischen* Wert marxistischer Einsichten damals oder heute), wirkte nicht militant, sondern lähmend. Das wird besonders deutlich etwa bei der Rolle »marxistischer« Argumente gegen einen Eingriff in die Krise des Kapitalismus durch Arbeitsbeschaffungsprogramme; aber es gilt auch für die negative Haltung zum »bürgerlichen Staat« und seiner Verteidigung, die ja niemals in der Geschichte der Sozialdemokratie zum Angriff auf diesen Staat geführt, sondern sich praktisch immer nur als Hemmung des Willens zur Nutzung demokratischer Regierungsmacht für die Umgestaltung der Gesellschaft ausgewirkt hat. Umgekehrt ist die neue, den demokratischen Staat und seine Verteidigung konsequent bejahende Volkspartei nicht »reformistisch« im engen Sinn der Beschränkung auf schrittweise Verbesserungen von Einkommen und sozialer Sicherheit der Arbeiterschaft, so wichtig diese ihr sind: Sie hat mit der Politik der Vollbeschäftigung und des stabilen Wachstums, die von den schwedischen Sozialdemokraten 1932 begonnen wurde, das Prinzip demonstriert, daß mit den Mitteln des demokratischen Staates planmäßige Eingriffe in den Gesamtprozeß der wirtschaftlichen und gesellschaftlichen Entwicklung möglich sind, und ist entschlossen, diesen Spielraum aktiver Gestaltung soweit zu nutzen, wie das Vertrauen der Wähler aller Schichten sie trägt.

Der Wandel der deutschen Sozialdemokratie zu einer den demokratischen Staat aktiv bejahenden Volkspartei in diesem Sinne ist seit dem Godesberger Programm allen sichtbar gewor-

den; doch er hat nicht erst in Godesberg, sondern schon unmittelbar nach dem Kriege unter der Führung KURT SCHUMACHERS begonnen. Daß er in der Bundesrepublik möglich wurde, lag denn auch nicht nur an der – verglichen mit Weimar – veränderten Konstellation von deren Entstehung: es lag ebensosehr am Entwicklungsgang einer neuen Generation führender Sozialdemokraten, die durch den Zusammenbruch der ersten Republik und durch die kritische Auseinandersetzung mit der Weimarer Sozialdemokratie geprägt worden waren. Das gilt z. T. schon für jene Generation des Übergangs, aus der Schumacher selbst kam: Er hatte als junger Abgeordneter gegen Ende der Weimarer Republik zusammen mit CARLO MIERENDORFF, THEO HAUBACH und JULIUS LEBER zu dem Kreis kritischer Aktivisten in der Reichstagsfraktion und der Führung der Eisernen Front gehört, wurde nach kurzer Widerstandstätigkeit gegen das NS-Regime ins Konzentrationslager geworfen und war 1945 der letzte Überlebende dieses Kreises. Wie seine Kritik an der Weimarer SPD zugleich undogmatisch, staatsbejahend und militant gewesen war, so suchte er die neue Partei von Anfang an in diesem Geiste zu formen – und es war typisch für sein Konzept, daß er einsatzwillige neue Mitkämpfer, ob sie nun von den linkssozialistischen Gruppen oder von den Kommunisten, aus der liberalen Intelligenz oder aus der Bekennenden Kirche herkamen, sofort Seite an Seite mit bewährten Sozialdemokraten zu Schlüsselpositionen in der neuen Partei heranzog.
Zu diesen »neuen« Sozialdemokraten aber gehörten nicht wenige Jüngere aus der eigentlichen Widerstandsgeneration – der jüngsten Generation der Arbeiterbewegung von vor 1933. Sie hatten im eindrucksfähigsten Alter erlebt, wie die von Sozialdemokraten geschaffene Reichswehr im Juli 1932 die sozialdemokratisch geführte Preußenregierung im Auftrage PAPENS absetzte und später wesentlich zur Machtergreifung HITLERS beitrug und wie die sozialdemokratische Parteiführung einen organisierten Widerstand gegen PAPENS Staatsstreich für aussichtslos erklärte und auch nach der Machtergreifung zunächst glaubte, die Legalität der Partei wahren zu können und zu müssen. Sie waren dadurch – und durch die gleichzeitige Erfahrung der blinden Konzentration der Kommunisten auf den Kampf gegen den »sozialfaschistischen« Hauptfeind, die soviel zur Erleichterung der Machtergreifung der wirklichen Faschisten beitrug – in kleine revolutionär-marxistische Gruppen getrieben worden, die eine – oft dogmatische – radikale Kritik an

den alten Parteien mit Entschlossenheit zum Widerstand verbanden, und waren in deren Reihen in die Illegalität und später ins Zuchthaus oder in die Emigration gegangen. Im Laufe des folgenden Jahrzehnts der nationalsozialistischen Herrschaft, das mit dem Höhepunkt des STALINschen Terrors zusammenfiel, hatte sich ihr grundsätzlicher Gegensatz zum sowjetischen Kommunismus weiter gefestigt. Zugleich aber hatten viele von ihnen im Ausland erfahren, wie die alten westlichen Demokratien funktionierten und wie etwa die britische Labour Party und die skandinavischen sozialdemokratischen Parteien im Rahmen gefestigter demokratischer Staaten die Regierungsmacht zur Umgestaltung der Gesellschaft nutzten. Durch diese neue Erfahrung wurde ihre frühe Kritik an der Weimarer Sozialdemokratie nicht widerlegt, wohl aber wurden ihre Schlußfolgerungen verändert: An die Stelle einer dogmatischen Ablehnung des »bürgerlichen Staates« war eine kühnere Vorstellung von den Möglichkeiten aktiver, demokratisch-sozialistischer Politik getreten.

Es waren die »Jungen« aus dieser Widerstandsgeneration, wie WILLY BRANDT und FRITZ ERLER, die nach dem Tode KURT SCHUMACHERS den Kampf um das endgültige Bekenntnis der deutschen Sozialdemokratie zum demokratischen Staat, zu seiner Verteidigung und zur Umgestaltung der Gesellschaft mit Hilfe dieses Staates aufnahmen und zu Ende führten. Die Dogmen ihrer Jugend waren unter dem Eindruck der Kriegs- und Nachkriegserfahrung von ihnen abgefallen, doch der Wille zu einer selbstbewußteren und aktiveren Nutzung der demokratischen Möglichkeiten war ihnen geblieben. In einem mehrjährigen und nicht immer leichten Durchsetzungskampf gegen die Tendenz zum Rückfall in die Selbstzufriedenheit der bloßen Interessenpartei und zum Sich-Einrichten in der permanenten Opposition, die manchmal – aber durchaus nicht immer – auch mit »linken« Argumenten verbrämt wurde, bewirkten sie, daß das Godesberger Programm zum nicht mehr überhörbaren Signal der neuen Haltung wurde und daß anstelle immer neuer Wiederholung der Kontroversen der Gründerjahre der Bundesrepublik eine vorwärtsgewandte Politik trat. Schließlich vollendete die personelle Erneuerung der Parteispitze die Transformation der deutschen Sozialdemokratie, die sie zur Eroberung der Führung im Staat befähigte.

Heute steht diese Partei als führende Kraft einer Reformkoalition vor einer Vielfalt schwerer und zum Teil auch neuer innerer und äußerer Probleme. Sie steht zugleich im Zwang zum Koalitionskompromiß und unter dem Druck nachdrängender radikaler Forderungen einer neuen, linken Jugend in den eigenen Reihen. Noch kann niemand voraussagen, wie erfolgreich und wie lange sie sich in der Auseinandersetzung mit diesen Problemen bewähren wird. Gewiß ist nur dies, daß sie an diese Auseinandersetzung als eine Partei herangeht, die nicht nur im Namen die älteste in Deutschland ist, sondern die als einzige die Tradition von mehr als einem Jahrhundert demokratischen Kampfes verkörpert.

Nationalbewußtsein, Staat und Demokratie in der Bundesrepublik

Gegenstand dieser Überlegungen ist das Selbstverständnis der Bundesrepublik Deutschland als Staat in ihrem Verhältnis zur deutschen Nation und zur deutschen und europäischen Geschichte und die Bedeutung dieses Selbstverständnisses für ihren Zusammenhalt und ihre Entwicklungsfähigkeit als demokratische Gemeinschaft, für die Rolle der Bundesrepublik im Prozeß der europäischen Integration und für die Beziehungen zwischen den Deutschen in der Bundesrepublik und der DDR.

Unmittelbarer Anlaß ist die veränderte offizielle Formulierung dieses Selbstverständnisses – als einer von zwei gleichberechtigten, wenn auch keineswegs gleichartigen Staaten einer fortbestehenden deutschen Nation – und die dadurch aufgeworfene Problematik. Gefragt wird, warum ein geschichtlich fundiertes Gemeinschaftsbewußtsein für eine moderne Demokratie nötig ist, wieweit das neuformulierte offizielle Selbstverständnis der Bundesrepublik dem tatsächlichen Staats- und Nationalbewußtsein ihrer Bürger entspricht, in welchem Sinn seine Aufrechterhaltung aus innen- und außenpolitischen Gründen wünschbarer ist als denkbare Alternativen und was der Inhalt eines von Chauvinismus und Nihilismus gleich weit entfernten, zugleich kritischen und integrierenden, deutschen und europäischen Geschichtsbewußtseins sein könnte. Abschließend wird erörtert, welche Konsequenzen sich aus dieser Analyse für die Geschichtswissenschaft in Forschung und Lehre ergeben.

Ausgangspunkt: Die neue Situation

Seit der Regierungserklärung der ersten Regierung Brandt geht die Bundesrepublik offiziell von der Existenz zweier deutscher Staaten aus. Seit dem Moskauer Vertrag ist diese Anerkennung der Realität der deutschen Teilung rechtlich bindend geworden; durch den Grundvertrag mit der DDR wurden aus ihr die Konsequenzen der Herstellung von gleichberechtigten Beziehungen zwischen beiden deutschen Staaten auf der Grundlage des Völkerrechts gezogen. Die Bundesrepublik hat dabei an ihrem Standpunkt, daß es sich um zwei Staaten einer deutschen Nation handelt, ausdrücklich festgehalten und sich das Recht vorbehalten, mit friedlichen Mitteln dafür einzutreten, daß die Deutschen die Freiheit wiedererlangen, auf dem Wege der Selbstbestimmung über die Formen ihrer staatlichen Zukunft einschließlich der Wiedervereinigung zu entscheiden. Es ist jedoch unbestritten, daß das Ziel der Selbstbestimmung für die Deutschen der DDR nur langfristig und unter völlig veränderten internationalen Bedingungen erreichbar ist, deren Eintreten nicht primär vom Willen und der Politik der Bundesrepublik abhängt, und daß die Wiedervereinigung der Deutschen in einem Nationalstaat, insofern sie an den nach ungewiß langer Zeit durch Selbstbestimmung ausgedrückten Willen der Bürger beider Staaten gebunden ist, kein unbedingtes und kein aktuelles, geschweige denn ein vorrangiges Ziel der Außenpolitik der Bundesrepublik mehr darstellt.

Damit ist die Formel von der Bundesrepublik als »Staatsprovisorium«, die sich im Bewußtsein ihrer Bevölkerung längst überlebt hatte, vollends politisch inhaltslos geworden. Die Bundesrepublik wird mindestens so lange bestehen, bis eine Selbstbestimmung aller Deutschen möglich wird – und das heißt, bis heute unvorhersehbare Veränderungen der Politik der Sowjetunion zu einem Verzicht auf ihre heutigen Konformitätsanforderungen in ihrer mittel- und osteuropäischen Einflußsphäre führen und damit eine »europäische Friedensordnung« im Sinne einer Aufhebung der Grenze zwischen zwei radikal verschiedenen politischen Systemen ermöglichen, die Europa und Deutschland heute teilt. Auch in diesem günstigsten, aber zeitlich nicht absehbaren Falle ist kaum wahrscheinlich, daß freie Selbstbestimmung in zwei Staaten, deren divergente wirtschaftliche, gesellschaftliche und geistige Entwicklung heute schon ein Vierteljahrhundert dauert, zu einer Entscheidung für Wiedervereinigung in einem Nationalstaat führt: Eine Bereitschaft zu engerer Zusammenarbeit im größeren europäischen Rahmen wäre eher zu erwarten, würde aber voraussichtlich mit den inzwischen entstandenen Bindungen beider Staaten an regionale Integrationsformen im Westen und Osten in Einklang gebracht werden müssen.[1]

Die Bundesrepublik kann sich also nicht mehr auf die Wiedervereinigung hin, als Kern eines unbedingt angestrebten und gläubig erwarteten Nationalstaats, definieren. Dennoch hält die Bundesregierung an der Formel von den »zwei Staaten einer Nation« fest – im vollen Bewußtsein, daß damit der Streit mit dem kommunistischen Nachbarstaat um die »deutsche Frage« nicht beendet, sondern nur auf eine neue Ebene verlagert wird, da die DDR diese ursprünglich von ihr geprägte Formel heute zurückweist. Nach Auffassung der Bundesregierung kann nämlich das Selbstverständnis der Bundesrepbulik nicht von ihrem Bezug auf die deutsche Nation gelöst werden – auch wenn dieser Bezug *nicht* mehr der Identitätsbezug des Nationalstaats ist: Vielmehr sieht sie die Gemeinsamkeit der deutschen Geschichte und ihres Erbes als eine auch heute und künftig wirksame Realität an und hat den Willen, das darauf gegründete nationale Gemeinschaftsbewußtsein in beiden Teilen Deutschlands zu erhalten. Sie sieht darin ein politisches Potential sowohl für die innere demokratische Integration der Bundesrepublik wie für ihre Beziehungen zur DDR – ein Potential, das weder einer künftigen strategischen Wendung von deren kommunistischer Führung noch einer künftigen »nationalen Opposition« im eigenen Lande überlassen werden darf. Darum hat die Bundesregierung in den Verhandlungen über den Grundvertrag mit der DDR an ihrer Auffassung festgehalten, der andere deutsche Staat sei für uns »nicht Ausland«, und an dem entsprechenden Titelunterschied der gegenseitigen Vertreter von Botschaftern. Darum hat sie die Fortdauer von Souveränitätsbeschränkungen durch Viermächterechte trotz des gewachsenen Gewichts und der gewachsenen politischen Bewegungsfreiheit der Bundesrepublik nicht nur hingenommen, sondern als verbleibende völkerrechtliche Klammer zwischen den beiden deutschen Staaten begrüßt. Darum erhält sie die Sonderrechte der DDR im innerdeutschen Handel auch um den Preis gewisser Schwierigkeiten mit ihren Partnern in der Europäischen Gemeinschaft aufrecht. Darum sieht sie vor allem in den bisher erreichten und noch angestrebten Verbesserungen der Verkehrs-, Besuchs- und Kontaktmöglichkeiten zwischen den Deutschen hüben und drüben, über den humanitären Eigenwert solcher »menschlichen Erleichterungen« hinaus, ein *politisches* Mittel, durch schrittweisen Abbau der in über zwanzig Jahren aufgetürmten Schranken die Tendenz zur Erosion des nationalen Gemeinschaftsbewußtseins aufzuhalten und in eine Tendenz zur Wiederbelebung und Bewahrung der gemeinsamen nationalen Substanz umzukehren.

Der Entschluß der Bundesregierung, die Realität der Existenz zweier deutscher Staaten anzuerkennen, doch am Fortbestand der einen deutschen Nation festzuhalten, hat die Bundesrepublik zweifellos von der früheren Verstrickung in ein Netz unhaltbarer Fiktionen befreit; er hat jedoch zugleich eine Reihe von neuen Problemen für ihre Politik geschaffen. Auf der einen Seite sucht die kommunistische Führung der DDR die Fortexistenz einer gemeinsamen deutschen Nation mit ideologischen Argumenten über die Entstehung einer »sozialistischen Nation« in der DDR und den Fortbestand einer »imperialistischen Nation« in der Bundesrepublik zu bestreiten, weil sie darin eine Gefahr für die ungeteilte Loyalität ihrer Untertanen und damit für die innere Stabilität ihres Regimes sieht. Auf der anderen Seite sehen nicht wenige Bürger der Bundesrepublik in der These vom Fortbestand der einen deutschen Nation eine bloße Restfiktion, die der Herausbildung eines neuen realitätsgerechten Staats- und Gemeinschaftsbewußtseins unserer Demokratie nur im Wege stehe und überdies den Prozeß der Integration der Bundesrepublik in die Europäische Gemeinschaft behindern müsse. Damit erhebt sich die Frage nach der Notwendigkeit wie nach der Haltbarkeit der offiziellen These. Ist es tatsächlich möglich, ein glaubwürdiges, dauerhaft integrierendes demokratisches Staatsbewußtsein der Bundesrepublik *ohne* Bezug auf die deutsche Nation und ihre Geschichte aufzubauen? Oder bedarf diese materiell erfolgreiche und politisch bisher stabile, aber historisch wurzellose Demokratie zu ihrer langfristigen Krisenfestigkeit und Entwicklungsfähigkeit auch eines Bewußtseins ihrer geschichtlich gewordenen Identität, das nur ein *gleichzeitig* nationales und europäisches sein kann? Kann eine demokratische Gemeinschaft die Probleme der Zukunft aktiv bewältigen, ohne sich bewußt mit der Vergangenheit auseinanderzusetzen, auf der ihre Existenz als Gemeinschaft beruht? Die Antwort erfordert, vor jeder Diskussion der Rolle des Nationalbewußtseins im allgemeinen und in Deutschland im besonderen, eine Besinnung auf die Natur der Aufgaben, vor denen die Demokratie in industriell fortgeschrittenen Staaten in der Gegenwart und voraussehbaren Zukunft steht.

Freiheitliche Demokratie und Gemeinschaftsbewußtsein

Die freiheitlichen oder pluralistischen Demokratien, in deren einer oder anderer Variante alle modernen Industriegesellschaften des Westens ihre politische Form gefunden haben, sind durch das Recht der Individuen und der frei gebildeten Gruppen gekennzeichnet, ihre verschiedenen Meinungen und Interessen, die vom Standpunkt der Gesellschaft Teilinteressen sind, offen und organisiert zu vertreten und ihre Konflikte in institutionell geregelten Formen demokratisch auszutragen. Den politischen Parteien fällt dabei die Aufgabe zu, wechselnde Koalitionen solcher Teilinteressen um alternative Wahl- und Regierungsprogramme und alternative Führungen zu sammeln und auf dieser Grundlage periodische Entscheidungen der Wähler zu ermöglichen.

Von ständestaatlichen Konzepten unterscheidet sich dieses System durch die Erkenntnis, daß kein Staatsbürger durch ein einzelnes, seinen Status bestimmendes Teilinteresse ausschließlich und für immer definiert ist, daß vielmehr jeder in vielfältigen Zusammenhängen sich einer Vielzahl zum Teil wechselnder wirtschaftlicher und sozialer, weltanschaulicher und regionaler Gruppen zugehörig fühlen kann und daß die Möglichkeit klarer politischer Entscheidungen eben auf der Freiheit der Wähler beruht, je nach der Situation dem einen oder anderen ihrer Teilinteressen den Vorrang zu geben und damit, wenn sie es wollen, wechselnde Mehrheiten herbeizuführen.

Vom Konzept der »Identitätsdemokratie« mit seiner Fiktion eines unteilbaren »wahren« Volkswillens wie von autoritären und totalitären Vorstellungen eines objektiv erkennbaren und der »richtigen« (traditionellen, gottgegebenen, vom völkischen Instinkt geleiteten oder marxistisch-wissenschaftlich aufgeklärten) Führung bekannten Gemeininteresses unterscheidet es sich durch die Grundauffassung, daß Teilinteressen nicht an sich gemeinschaftsschädlich, sondern normal und legitim sind und daß »kein höh'res Wesen, kein Gott, kein Kaiser noch Tribun« einen vorgegebenen Anspruch auf die Definition des Gemeinwillens oder des Gemeinwohls besitzt. Der extreme liberale Positivismus hat daraus die Folgerung gezogen, daß das Gemeinwohl nur als die empirisch sich ergebende Resultante der Teilinteressen definiert werden könne.

Das Funktionieren dieses Systems von freiheitlicher Demokra-

tie ist, gleich dem Funktionieren des klassischen Systems der freien Marktwirtschaft, problemlos unter der doppelten Voraussetzung, daß sich erstens alle Beteiligten aufgrund gemeinsamer moralischer und rechtlicher Grundvorstellungen bei der Vertretung ihrer Interessen an gemeinsame »Spielregeln« halten und daß zweitens keine Existenzfragen der Gemeinschaft von der Art auftreten, die ein systematisches Eingreifen des Staates in die Eigendynamik der gesellschaftlichen Gesamtentwicklung notwendig machen. Daher ist dieses System in den führenden westlichen Ländern in einer Phase entwickelt worden, in der das Wahlrecht an Besitzanforderungen gebunden war und die wirtschaftlichen Aufgaben des Staates weitgehend auf die Sicherung des rechtlichen Rahmens und allenfalls die Förderung der Infrastruktur beschränkt waren: Wirtschaftlicher und politischer Liberalismus bildeten damals zwei Seiten eines Systems der im strikten Sinne »bürgerlichen« Demokratie. Doch die doppelte Transformation dieses Systems durch das allgemeine Wahlrecht und die Entstehung von Massenparteien der Besitzlosen einerseits, durch die Zunahme von protektionistischen, sozialpolitischen und anderen Teileingriffen des Staates in Produktion und Verteilung unter dem Druck organisierter Teilinteressen andererseits, die seit dem letzten Viertel des 19. Jahrhunderts die Ära des wirtschaftlichen Liberalismus beendete, hat die hier definierten Grundzüge der freiheitlichen Demokratie zunächst weitgehend intakt gelassen: Weder die Legitimierung der Arbeiterinteressen durch den Übergang zur »Massendemokratie« noch das Auftreten neuer Anforderungen an den Entscheidungsmechanismus durch den Übergang zum Subventions- und Sozialstaat haben bis zum Eintritt der Weltwirtschaftskrise von 1929–32 die pluralistische Demokratie vor potentiell unlösbare Konflikte gestellt.
In jener Krise erwies sich jedoch zum ersten Mal, daß die moderne Industriegesellschaft vom marktwirtschaftlichen Typ in eine postliberale Phase eingetreten ist, in der ihr Funktionieren nur durch staatliche Eingriffe gesichert werden kann, die sich nicht mehr lediglich am Schutz von Gruppeninteressen, sondern unmittelbar an den Bedürfnissen der wirtschaftlichen Gesamtentwicklung orientieren. Wo demokratische Kräfte über die Verteidigung unmittelbarer Teilinteressen hinaus solche Gesamtkonzepte für die staatliche Steuerung der wirtschaftlich-sozialen Entwicklung vorlegten und verwirklichten, wie die Sozialdemokraten in Schweden und die New Dealer

in den Vereinigten Staaten, ist die freiheitliche Demokratie auch bei schwierigster Ausgangslage erhalten geblieben. In Deutschland dagegen, wo alle demokratischen Parteien sich im wesentlichen auf die Verteidigung von Teilinteressen beschränkten und so im Dilemma zwischen der Abwehr staatlicher Eingriffe in den eigenen »Besitzstand« und der Forderung nach erhöhten staatlichen Leistungen zu ihren Gunsten gefangen blieben, ist die bis zur Entscheidungsunfähigkeit gelähmte Demokratie erst von autoritären Präsidialregierungen suspendiert und dann vom totalitären Faschismus Hitlers zerschlagen worden. So erwies sich, daß zwar auf dem Hintergrund verschiedener Gruppeninteressen und politischer Weltanschauungen *verschiedene,* einander scharf widersprechende Konzepte des Gemeinwohls – und nicht nur *ein* »objektiv richtiges« Konzept – möglich sind, daß aber *ohne* ein solches Gesamtkonzept, in der bloßen Beschränkung auf Konflikt und Kompromiß der Teilinteressen, die Probleme der erreichten Stufe der Industriegesellschaft nicht mehr zu lösen waren.
Diese Erfahrung ist seither keineswegs auf Krisensituationen beschränkt geblieben. Vielmehr ist die Verantwortung des Staates für Vollbeschäftigung und stabiles Wirtschaftswachstum seit dem Ende des Zweiten Weltkrieges in allen demokratisch regierten Industrieländern grundsätzlich anerkannt und das wirtschaftspolitische Instrumentarium zur Lösung dieser Aufgabe geschaffen worden; und der grundsätzliche Übergang zur Ergänzung und Korrektur des Automatismus der Marktwirtschaft nicht nur durch Teileingriffe zugunsten einzelner Gruppen, sondern durch auf die wirtschaftliche Gesamtentwicklung gerichtete, kontinuierliche staatliche Steuerung, der darin liegt, ist die politisch-institutionelle Grundlage für die beispiellose Steigerung von Produktion, Wohlstand und sozialer Sicherheit, die sich im letzten Vierteljahrhundert in den entwickelten demokratischen Industrieländern vollzogen hat. Überdies sprechen alle Anzeichen dafür, daß die neuen Probleme der Umweltgefährdung und der drohenden Erschöpfung wichtiger Rohstoff- und Energiequellen – der »Grenzen des Wachstums«, sei es auch nur in bestimmten Richtungen – den Prozeß des Strukturwandels im Verhältnis von Staat und Gesellschaft dieser Länder noch weiter treiben werden; denn sie sind nur mit den Mitteln einer Politik der qualitativen Wachstumskontrolle zu bewältigen, die auch bei größter Rücksichtnahme auf die Flexibilität des Marktes und die Initiative der

Unternehmer zwangsläufig zu einer Verstärkung der steuernden öffentlichen Eingriffe in die Eigendynamik der wirtschaftlichen Entwicklung führen muß.
Nun ist es aber das Merkmal von steuernden Eingriffen, die sich an einem Konzept des Gemeinwohls oder Gesamtinteresses orientieren, daß sie um dieses Gesamtinteresses willen von vielen Bürgern Opfer gewisser Teilinteressen fordern. Das gilt selbst für ein so offenkundig der Allgemeinheit dienendes Konzept wie die Vollbeschäftigungspolitik: Sie zwingt dem Unternehmer erhöhte Lohnkosten auf, verlangt aber gleichzeitig von den Gewerkschaften eine Beschränkung ihrer Forderungen, wenn die Gesamtpolitik nicht an sich stetig beschleunigender Inflation scheitern soll. Ungleich akuter dürfte das Problem aber bei einer Politik der qualitativen Wachstumskontrolle werden, deren Vorteile nicht in einer fühlbaren Verbesserung des Lebensstandards, sondern neben einer möglichen Verbesserung der »Lebensqualität« durch Umweltschutz vor allem in der Verhinderung künftiger allgemeiner Verarmung durch Rohstoff- und Energieerschöpfung liegen würden, während die Nachteile sich als direkter Niedergang einzelner Produktionszweige und damit eventuell auch als Verlangsamung des allgemeinen Wachstums auswirken könnten. Solche Opfer können zwar im Grenzfall auch den Unwilligen durch Gesetz aufgezwungen werden – demokratisch sind sie aber nur durchzusetzen, wenn sie die Zustimmung einer Mehrheit der Bürger finden; und das heißt in aller Regel, daß auch viele derjenigen, die unmittelbar von den Nachteilen der öffentlichen Steuerungspolitik betroffen werden, dem Opfer um des überragenden Interesses an der Zukunft der Gemeinschaft willen freiwillig zustimmen müssen.
Mit anderen Worten: *Die freiheitliche Demokratie kann die Probleme der hochindustriellen Gesellschaft nur lösen, soweit sich Parteien und Regierungen finden, die willens und fähig sind, am Gemeinwohl orientierte Konzepte für die öffentliche Steuerung der wirtschaftlichen und gesellschaftlichen Gesamtentwicklung zu entwerfen und durchzusetzen. Sie kann aber Demokratie nur bleiben, solange die Vertreter solcher Konzepte genötigt sind, für sie – und für die damit verbundenen Opfer – in Auseinandersetzung mit alternativen Konzepten und auch mit bloß negativer Ablehnung eine Mehrheit zu finden. Das bedeutet, daß sie zunehmend an ein Gemeinschaftsbewußtsein der Bürger appellieren müssen* – nicht im Sinne eines bloß mora-

lischen Appells zur Opferbereitschaft, sondern im Sinne der Erziehung zur Einsicht in die unlösliche Verquickung der eigenen Zukunftschancen mit der Gesamtentwicklung der Gemeinschaft.[2]

Angesichts der Schwierigkeit der Erweckung eines solchen Gemeinschaftsbewußtseins, das allein die Grundlage einer in der Selbststeuerung einer modernen Industriegesellschaft aktiven Demokratie bilden kann, erhebt sich die Frage nach den Alternativen im Falle ihres Scheiterns. Die Dringlichkeit der Probleme der gesellschaftlichen Gesamtentwicklung bedeutet zunächst einmal mit Sicherheit, daß eine Rückkehr zu einem wirtschaftlichen Quasi-Liberalismus – also zu einer durch *Ad-hoc*-Eingriffe zugunsten einzelner Interessengruppen »korrigierten« (oder verzerrten) freien Marktwirtschaft – keine praktikable Alternative ist. Eine reale Alternative ist demgegenüber eine autoritäre, wenn nicht totalitäre Steuerung der wirtschaftlichen Gesamtentwicklung »von oben«, aufgrund eines vorgegebenen, keiner demokratischen Diskussion und Kontrolle unterworfenen Konzepts der Gesamtentwicklung. Ein solches System würde aufgrund des Fehlens von Gegengewichten dazu tendieren, den spontanen Verlauf der Wirtschaftsentwicklung nicht zu ergänzen und zu korrigieren, sondern durch dekretierte Pläne zu ersetzen, und es wäre frei, ohne rechtliche Schranken willkürlich in das Leben der einzelnen einzugreifen. Diese Methode der Steuerung der Wirtschaftsentwicklung ausschließlich durch Befehl von oben hat sich jedoch in der sowjetischen und osteuropäischen (und übrigens auch in der nationalsozialistischen) Praxis nicht nur als ungleich brutaler, sondern auch als weniger effektiv erwiesen als die westlich-postliberale Kombination von spontaner Selbstentwicklung und demokratischer Steuerung der Gesellschaft: Es ist kein Zufall, daß die von oben geplante gesellschaftliche Veränderung im Sowjetblock sich auf wichtigen Gebieten – am auffälligsten, aber durchaus nicht ausschließlich in der Landwirtschaft – wesentlich langsamer vollzieht als die vorwiegend auf der Mobilisierung des Eigeninteresses beruhende und vom Staat in erster Linie durch Anreiz geförderte Veränderung auf den gleichen Gebieten im Westen.

Die andere Alternative zu einer an Gesamtkonzepten orientierten Politik demokratischer Selbststeuerung ist das Auftreten von Versuchen der Selbststeuerung von Teilbereichen, die unter dem Druck vom Staat ungelöster Probleme eine quasi-feudale Autonomie beanspruchen und Fragen, die vitale Interessen der Gesamtgesellschaft berühren, »binnendemokratisch« zu regeln unternehmen. So gewiß es etwa in der freiheitlichen Demokratie legitim und systemkonform ist, daß auch Interessenkonflikte zwischen Eigentümern, Arbeitnehmern und Management innerhalb einer Unternehmung durch demokratische Mitbestimmung entschieden werden, so wenig kann die Tarifpolitik öffentlicher Unternehmungen – oder die Redaktionspolitik öffentlicher Informationsmedien – solcher »demokratischen« Mitbestimmung der im Betrieb Tätigen unterworfen werden, ohne ihre Verantwortlichkeit gegenüber den demokratischen Organen der Gesamtgesellschaft zu untergraben und damit ihre eigentliche öffentliche Aufgabe zu verletzen. So wenig kann auch gewerkschaftliche Mitbestimmung über die Investitionen einer Industrie deren öffentliche Kontrolle im Gesamtinteresse, wo sie notwendig wird, ersetzen. Die Gefahr in diesen und vielen anderen Fällen ist eine Zweckentfremdung der Mitbestimmung derart, daß sie über die notwendige demokratische Regelung innerbetrieblicher und innerindustrieller Konflikte hinaus zur Institutionalisierung gesellschaftlicher Zerfallstendenzen aufgrund des Ausbleibens einer wirksamen Regelung gesamtgesellschaftlicher Aufgaben durch den Staat führt.[3]

Soll die zunehmende Dringlichkeit der gesamtgesellschaftlichen Entwicklungsprobleme nicht zum Zerfall der Gesellschaft in quasi-feudale, autonome Teilbereiche oder zur Ersetzung der freiheitlichen Demokratie durch autoritäre oder totalitäre Regime führen, so muß die freiheitliche Demokratie *aktive* Demokratie im Sinne der zunehmend bewußten Beteiligung der Bürger an der Entscheidung dieser Gesamtprobleme werden. Ihre Parteien müssen, bei aller Anerkennung der Legitimität der Teilinteressen, aufhören, sich als bloße Koalitionen von Interessengruppen zu verhalten; sie müssen zunehmend als Träger alternativer Konzepte der Gesamtentwicklung auftreten und die Bürger dafür gewinnen, ihre Wahl primär anhand der Existenzfragen der Gemeinschaft zu treffen, wenn solche Fragen zur Entscheidung stehen. *Die Aktivierung der freiheitlichen Demokratie durch ein zunehmendes Gemeinschaftsbewußtsein der Bürger ist zur Grundbedingung ihres Überlebens in den hochindustriellen Gesellschaften geworden.*

In einer latenten Form existiert ein solches Gemeinschaftsbewußtsein bei der großen Mehrheit der Bevölkerung aller mo-

dernen Demokratien – als Bewußtsein eines umfassenden, arbeitsteiligen Lebenszusammenhangs, in dem alle trotz ihrer Gruppenkonflikte letzten Endes aufeinander angewiesen sind; als Gefühl der Verbundenheit mit dem Mitmenschen und der Verpflichtung ihm gegenüber, das auch in seiner verweltlichten Form letzten Endes auf christliche Wurzeln zurückgeht; auch als Bewußtsein gemeinsamer Lebensformen und Institutionen und – mehr oder weniger klar – der ihnen zugrunde liegenden gemeinsamen Werte und ganz überwiegend auch als Bejahung dieser Lebensformen in ihren Grundzügen. Diese Form des Gemeinschaftsbewußtseins, die nicht an Staatsgrenzen gebunden ist, hat grundlegende Bedeutung sowohl für das Alltagsleben der freien modernen Gesellschaften wie für den inneren Zusammenhalt der entwickelten westlichen Welt. Sie reicht jedoch als Grundlage für die Aktivierung der freiheitlichen Demokratien im hier behandelten Sinne nicht aus – eben weil sie von Staatsgrenzen unabhängig ist.
Das politische Gemeinschaftsbewußtsein, von dem hier die Rede ist, kann und muß auf dieser Grundlage der Bejahung der gemeinsamen Lebens- und Gesellschaftsformen aufbauen; doch es muß darüber hinaus Bewußtsein der jeweils konkreten Gemeinschaft sein, in der erzwingbare politische Entscheidungen über die gesellschaftliche Entwicklungsrichtung wirksam getroffen werden können und demokratisch getroffen werden sollen. Die Weltgesellschaft, oder auch die entwickelte westliche Gesellschaft, wird in absehbarer Zeit kein Subjekt direkter demokratischer Entscheidungen sein. Solche Subjekte sind heute in vollem Sinne nur die einzelnen Staaten, darüber hinaus indirekt schon heute und direkt in potentiell naher Zukunft auch die Institutionen der Europäischen Gemeinschaft. *Das demokratische Gemeinschaftsbewußtsein, um dessen Aktivierung es sich für uns heute handelt, muß daher zugleich Staatsbewußtsein und europäisches Bewußtsein sein – Bewußtsein der gemeinsam zu lösenden Lebensprobleme der Menschen in der Bundesrepublik und in der Europäischen Gemeinschaft.*
Ein wirklich tragfähiges Gemeinschaftsbewußtsein, so gewiß es auf die in der Gegenwart zu lösenden Probleme und auf die Richtung der zukünftigen Entwicklung bezogen sein muß, kann jedoch niemals ausschließlich auf der gegenwärtigen Situation und der Orientierung auf die Zukunft beruhen. Es hat explizit oder implizit immer seine Grundlage in der historischen Identität der konkreten Gemeinschaft, um deren Probleme es sich

handelt, also in ihrer gemeinsamen Geschichte und den in ihr entwickelten gemeinsamen Werten, die weiterhin als bindende Klammer der Gemeinsamkeit empfunden werden. Gewiß sind solche historischen Traditionen vielfältig und daher in der praktischen Konsequenz vieldeutig; gewiß haben sie in allen westlichen Nationen in einer Mehrzahl von Weltanschauungen oder *familles spirituelles* ihren Ausdruck gefunden – doch auch in dieser Vielfalt steckt, sofern sie einer gemeinsamen Geschichte und Kultur entstammt, eine Gemeinsamkeit der grundlegenden Werte bei jeweils verschiedener Rangordnung, und deshalb macht die Vieldeutigkeit die gemeinsame Geschichte nicht irrelevant. Das gilt erst recht, wo die Geschichte nicht bewußt verarbeitet, sondern als angeblich abgetan verdrängt wird, wie es heute in der Bundesrepublik so oft der Fall ist: Sie wirkt dann unbewußt und von ihren zerstörerischen Momenten ungereinigt nach. *Für die aktive, konstruktive Fruchtbarmachung eines Gemeinschaftsbewußtseins ist aber die bewußte Verarbeitung der gemeinsamen Geschichte ein notwendiges Element. Im Falle der Bundesrepublik Deutschland heißt das, daß ein demokratisch fruchtbares Gemeinschaftsbewußtsein auf eine Verarbeitung sowohl der europäischen wie der deutschen Geschichte wie ihrer spezifischen Verflechtung gegründet sein muß – und die deutsche Geschichte ist nun einmal die Geschichte der ganzen deutschen Nation als Teil der Geschichte Europas.*

Nationalbewußtsein, Staatsbewußtsein und europäisches Bewußtsein in der Bundesrepublik

In der heutigen Wirklichkeit der Bundesrepublik bestehen für ein zugleich deutsches und europäisches Gemeinschaftsbewußtsein zwar viele Elemente, aber diese werden von den Anhängern verschiedener Ideologien und den Angehörigen verschiedener Altersgruppen häufig gegeneinander ausgespielt und haben bisher keine von einer breiten Mehrheit akzeptierte Synthese gefunden. Angesichts des radikalen Abreißens aller nationalen Traditionen erst durch ihre antihumane und antiwestliche Pervertierung im Dritten Reich und dann durch dessen Katastrophe und die ihr folgende Teilung und primär fremdbestimmte »Umerziehung« in Ost und West und angesichts der lang dauernden Polarisierung der öffentlichen Meinung der Bundesrepublik zwischen Anhängern des Primats der

»Wiedervereinigung« oder der »Westintegration« ist das kaum verwunderlich.

Für viele Angehörige jener älteren Generation, die noch vor HITLERS Machtergreifung im deutschen Nationalstaat aufgewachsen ist, bleibt die Wiedervereinigung in einem solchen Staat auch heute noch das selbstverständliche Ziel nationaler Politik – zumal für die Vertriebenen und einen großen Teil der Protestanten unter ihnen. Während diese Gruppe heute von rasch abnehmender Bedeutung ist, ist die mittlere, unter Hitler aufgewachsene Generation, die heute überall in die maßgebenden Stellen einrückt, entscheidend vom Schock des Zusammenbruchs des Dritten Reichs und der Enthüllung seiner Verbrechen geprägt, den ihre Angehörigen als junge Patrioten, wenn nicht als junge gläubige Nationalsozialisten erlebt haben – mit dem Ergebnis, daß viele von ihnen sich nie wieder haben mit der deutschen Nation identifizieren können. Sie sind gute Europäer und gute, loyale Bürger der Bundesrepublik geworden und sehen zwischen ihrem europäischen Bewußtsein und einem pragmatischen Staatsbewußtsein keinerlei Konflikt. Aber sie sind an ihrer historischen Identität als Deutsche nicht interessiert, ja, sie wollen nicht daran erinnert werden – so wenig wie die assimilierten Juden Deutschlands und Westeuropas vor HITLERS Zeiten an ihre historische Identität als Juden erinnert werden wollten. Eine wichtige Ausnahme bildet auch in dieser Generation die Gruppe derjenigen, die durch ihre Herkunft oder durch Familien- oder Freundschaftsbande mit Menschen in der DDR verbunden sind.[4] Für viele andere aber, denen die DDR und ihre Menschen von Jahr zu Jahr fremder geworden sind, erscheinen europäisches Bewußtsein und deutsches Nationalbewußtsein schlechthin als Gegensätze, und sie sehen in der Formel von den »zwei Staaten einer Nation« nur einen ideologischen Ballast, der für ihr demokratisches Staatsbewußtsein nicht nötig ist und die notwendige Fortführung der westeuropäischen Integration um der fiktiven Gemeinsamkeit mit einem kommunistischen Diktaturstaat willen zu behindern droht.

Es ist den Vertretern dieser Auffassung im allgemeinen nicht bewußt, wie einzigartig ihre Entgegenstellung von europäischem und nationalem Bewußtsein im heutigen Westeuropa ist. Auch wenn wir von der heute noch maßgebenden, aber wahrscheinlich tendenziell schwindenden Mehrheit der französischen und englischen Bevölkerung absehen, die der nationalen Loyalität ganz eindeutig den Vorrang vor der europäischen Integration gibt, bleibt das typischere und für die Zukunft bedeutsamere Faktum, daß gerade die Öffentlichkeit der betont »proeuropäischen« Länder, wie Holland oder auch Italien, und die wachsenden, betont proeuropäischen Minderheiten in Frankreich und England eine solche Entgegenstellung strikt ablehnen: Es ist ihnen selbstverständlich, daß sie *als* Holländer, Italiener, Franzosen oder Engländer, als Konsequenz ihrer nationalen Tradition und auf der Grundlage ihres nationalen Gemeinschaftsbewußtseins und nicht im Gegensatz zu diesem sich für Europa entschieden haben. Die Vorstellung, man könne oder müsse die übergreifende europäische Loyalität auf der Negation der nationalen Bindung, statt auf ihrer »Aufhebung« in einem größeren Rahmen aufbauen, ist eine deutsche Singularität.

Noch stärker ist diese Negation des Nationalbewußtseins bei Teilen der jüngeren Generation, die nach dem Kriege im bereits geteilten Deutschland herangewachsen ist. Zu ihren formativen Erlebnissen gehört keine Erfahrung der nationalen Einheit als »Normalzustand«, wohl aber zuerst die Rebellion gegen die Versuche vieler älterer Lehrer, an einer ungereinigten nationalen Tradition festzuhalten und am Nationalsozialismus »vorbeizulehren«, und später die Revolte gegen eine auf nationale Fiktionen gegründete offizielle Politik, die ihre Haltung zu dem andern Teil Deutschlands an oft unaufrichtigen und in jedem Fall zunehmend unrealistischen Erwartungen einer nationalstaatlichen Wiedervereinigung orientierte. Überdies ist bei den jüngeren Nachkriegsjahrgängen anstelle jener gewollten Verdrängung der nationalen Geschichte, die häufig für ihre Eltern in der mittleren Generation kennzeichnend war, oft eine echte und in ihrem Ausmaß erschreckende geschichtliche Unwissenheit getreten: Die Deutschen der Bundesrepublik scheinen auf dem besten Wege, *die* spezifisch geschichtslose Nation der Gegenwart zu werden.

Dieser singuläre Vorgang des Geschichtsverlustes, der selbst nur geschichtspathologisch als eine Spätfolge der nationalsozialistischen Katastrophe zu verstehen ist, wird zwar von den verantwortlichen politischen Führern als gefährlich erkannt[5], aber von vielen »aufklärerischen« Pädagogen und Soziologen als Fortschritt gepriesen und mit dem Hinweis auf die mangelnde »Relevanz« geschichtlichen Wissens im allgemeinen und die Gefährlichkeit nationalen Geschichtsbewußtseins in

Deutschland im besonderen gerechtfertigt. So wird von Reformern des Schulcurriculums vorgeschlagen, den Geschichtsunterricht derart in die Gesellschaftskunde zu vereinnahmen, daß von der Geschichte nur »Beispiele« für gesellschaftliche Gesetzmäßigkeiten übrigbleiben, jeder Sinn für den Gesamtprozeß der geschichtlichen Entwicklung, geschweige für die eigene geschichtliche Herkunft und Identität aber verlorengeht.[6] Diese Haltung findet Unterstützung bei jenen Soziologen der Bundesrepublik, die MAX WEBERS mit geschichtlichem Material gesättigte Fragestellungen unter dem Einfluß des geschichtsfremden Behaviorismus einer Generation amerikanischer Sozialwissenschaftler einerseits, eines durch Amputation seiner historischen Elemente auf die bloße Soziologie ökonomischer Interessen reduzierten Vulgärmarxismus andererseits preisgegeben haben.

Die singuläre historisch-nationale »Heimatlosigkeit« einer großenteils ohne Kenntnis der nationalen Geschichte und ohne Interesse an ihr aufgewachsenen Jugend dürfte einer der wesentlichen Gründe zwar nicht für das *Entstehen* der Generationsrevolte in den späten 60er Jahren – diese war ein der ganzen westlichen Welt gemeinsames Phänomen –, wohl aber für deren besondere Hartnäckigkeit und die Tiefe ihrer Nachwirkungen in der Bundesrepublik sein: Sie begünstigt in besonderem Grade die Neigung zu Ersatzidentifizierungen mit dem »revolutionären Weltproletariat« oder den unterentwickelten Völkern. Insofern liefert die Persistenz der Revolte eine indirekte Bestätigung unserer These, daß ein Bewußtsein der eigenen historischen Identität für jede Nation ein wichtiges Element des Gemeinschaftsbewußtseins ist, dessen Fehlen die Krisenanfälligkeit erhöht.

Im Falle der Bundesrepublik wird die Krisenanfälligkeit einer derart geschichtlich entwurzelten Gemeinschaft dadurch potentiell noch gefährlicher, daß ihre Angehörigen nunmehr in eine Periode verstärkter Kontakte mit Menschen der DDR, damit aber auch zunehmender Auseinandersetzungen mit dem von dieser verbreiteten Geschichtsbild eintreten – einem Geschichtsbild, das künstlich und durch ideologische Selektion verzerrt ist, aber immerhin den Vorteil hat, in expliziter Form zu existieren. Diese von uns gewollte, aber von der DDR-Führung nach Möglichkeit einseitig gesteuerte Zunahme der Kontakte zwischen den Deutschen hüben und drüben muß zunehmend zu Diskussionen und Reflexionen darüber Anlaß geben, was ihnen über die Sprache und familiäre Bindungen hinaus an geschichtlich wirksamen Werten und kulturellem Erbe gemeinsam ist. Das fehlende Bewußtsein in diesen Fragen bei vielen Bürgern der Bundesrepublik muß einerseits die anders erzogenen Menschen aus der DDR abstoßen und dahin wirken, das von ihrer offiziellen Propaganda erzeugte Bild einer durch »Amerikanisierung« der nationalen Kultur entfremdeten westdeutschen Bevölkerung, mit der keine wesentlichen Gemeinsamkeiten mehr bestehen, zu bestätigen. Es muß andererseits ihre Gesprächspartner aus der Bundesrepublik in der geistigen Auseinandersetzung mit der vulgärmarxistischen Geschichtsdeutung der anderen Seite insoweit entwaffnen, als viele von ihnen bewußt oder unbewußt selbst auf dem Boden einer ungeschichtlichen und insofern unterlegenen Form des Vulgärmarxismus stehen – und daher nicht in der Lage sind, die Herkunft der eigenen, freiheitlichen Werte aus der gemeinsamen, »westlichen« Geschichte der europäischen Völker und die unzertrennliche Verflechtung der deutschen Nation und Geschichte in die Geschichte Europas zu erkennen, geschweige denn anderen begreiflich zu machen. Doch nur diese Erkenntnis kann dem Anspruch auf Erhaltung der nationalen Gemeinsamkeit und Wiedergewinnung der nationalen Selbstbestimmung Inhalt und Lebenskraft geben.

Hinweise zur europäischen und deutschen Geschichte

Wer, wie es hier geschehen ist, ein Verständnis der Geschichte der deutschen Nation als Teil der Geschichte des freiheitlichen Europas zum notwendigen Bestandteil eines aktiven demokratischen Gemeinschaftsbewußtseins in der Bundesrepublik erklärt und sein Fehlen kritisiert, der ist verpflichtet, wenigstens skizzenhaft anzugeben, wie er sich die Grundzüge eines derartigen europäisch-deutschen Geschichtsbildes vorstellt.

1. Ein möglicher Ausgangspunkt dafür ist *die Frage nach den geschichtlichen Wurzeln der einzigartigen Dynamik des Westens, die nur in Europa und einigen europäischen Siedlungsländern in Übersee, in erster Linie den USA, originär die Grundzüge der modernen Welt geschaffen hat:* Überall sonst, insbesondere im kommunistisch regierten Osten, hat die politisch nachgeholte Modernisierung ursprünglich relativ statischer

Gesellschaften die Reaktion auf westlich-kapitalistische oder (später) die Rezeption westlich-kommunistischer Anstöße zur Triebkraft, wobei gerade die kommunistisch modernisierten Staaten neben großen Leistungen der Umwälzung immer wieder Rückfälle in Erstarrungstendenzen zeigen. Diese einzigartige Dynamik des Westens beruht auf dem einzigartigen Antrieb und Spielraum für die – materielle und soziale, aber auch moralische und intellektuelle – Selbstverbesserung der Individuen, die eine einmalige Kombination kultureller und struktureller Voraussetzungen hier und nur hier geschaffen hat.[7]

Zu den kulturellen Voraussetzungen, die aus der für den Westen konstitutiven Synthese antiken und jüdisch-christlichen Erbes entstanden sind, gehören die positive Bewertung des Individuums (Persönlichkeitsideal, unsterbliche Seele), der Ratio (rationale Philosophie, rationale, d. h. nicht-magische, Prophetie), des freiwilligen, Blutsbande transzendierenden Zusammenschlusses (Polis, christliche Gemeinde) und der schöpferischen, die diesseitige Welt umgestaltenden Arbeit einschließlich der körperlichen Arbeit (eindeutig zuerst in den westlichen Mönchsorden entwickelt). Diese humanistischen Grundwerte und die in ihnen enthaltenen dynamischen Antriebe liegen allen im Lauf der Geschichte entwickelten spezifisch westlichen Weltanschauungen – als christlicher, liberaler oder sozialistischer Humanismus – zugrunde.

Zu den frühen, Spielraum schaffenden Voraussetzungen der westlichen Dynamik gehört die für das westliche Mittelalter, im Unterschied zu Byzanz und seinen russischen Erben, kennzeichnende Trennung der obersten weltlichen und geistlichen Gewalt und ihr immer wieder aufbrechender Antagonismus; die Entwicklung der mittelalterlichen Städte als sich selbst regierende und verteidigende, verschworene Gemeinschaften freier Bürger, die sich im Osten nur am Rande Rußlands entwickeln konnten und frühzeitig erstickt wurden; die frühe Entstehung autonomer Universitäten und ihre schrittweise Emanzipation von dogmatischer geistlicher oder weltlicher Kontrolle; und schließlich die Herausbildung des bürokratischen Rechtsstaates, der auch in seiner westlich-absolutistischen Form – im Unterschied zum orientalischen Despotismus – die Kalkulierbarkeit einer an rationale Verfahrensregeln gebundenen Bürokratie mit der Anerkennung einer autonomen Sphäre des bürgerlichen Vertragsrechts und der Rechte des einzelnen auch gegenüber dem Staat verband.

Zu den dynamischen Resultaten dieses intensiven inneren Antriebs und relativ gesicherten Spielraums für die »Selbstverbesserung« der einzelnen gehören in stetiger Wechselwirkung und zunehmender Beschleunigung die Veränderungen der Sozialstruktur (Bauernbefreiung und teilweise Bauernlegen, kapitalistische Unternehmer und besitzlose Proletarier, neue technische, administrative und wissenschaftliche Intelligenz), der Produktionstechnik (Manufaktur, Maschinerie, Automation), der politischen Systeme (Absolutismus, liberaler Parlamentarismus, »Massendemokratie«), aber auch die ebenfalls nur im Westen originär entstandenen großen geistigen, politischen und sozialen Erneuerungsbewegungen – Reformation und Gegenreformation, Aufklärung und Universalisierung wissenschaftlicher Methoden auf der einen, liberale, demokratische und sozialistische Bewegung auf der anderen Seite. Die Vorstellung eines logischen oder gesetzmäßigen Gesamtverlaufs der Geschichte als Fortschritt der menschlichen Emanzipation, wie sie von der Geschichtsphilosophie des frühen 19. Jahrhunderts und insbesondere von der deutschen Geschichtsphilosophie bis zu MARX hin entwickelt wurde, ist selbst Reflex dieser in ihrem Ursprung spezifisch westlichen Dynamik und Element ihrer beginnenden Ausbreitung auf die übrige Welt.
Die Annahme einer logischen Zwangsläufigkeit dieses Geschichtsverlaufs übersieht jedoch, daß der »Fortschritt« zu immer neuen Transformationen voraussetzt, daß die grundlegenden Werte, die den Antrieb dynamischen Handelns und zugleich die Klammer des gesellschaftlichen Zusammenhalts bilden, bei aller Veränderung erhalten bleiben – und das erfordert, daß der konkrete Ausdruck dieser Werte in Verhaltensnormen und Institutionen mehr oder weniger kontinuierlich den sich beschleunigt verändernden Lebensbedingungen angepaßt wird. Daß dies immer wieder gelingt, ist von keiner übergeordneten Instanz, keiner geschichtlichen Theodizee garantiert – es hängt jeweils vom Ausgang der Kämpfe zwischen sozialen, religiösen, politischen Bewegungen ab, die durch die veränderten Bedingungen hervorgerufen werden. Wo längere Zeit keine adäquaten Lösungen für die Anpassung der Verhaltensnormen und Institutionen an neue Bedingungen gefunden werden, verlieren die grundlegenden Werte selbst ihre Glaubwürdigkeit und damit ihre bindende Kraft – es tritt eine Krise der »Anomie«, eine fundamentale Kulturkrise ein.
Wir kennen derartige Situationen nicht nur aus den Zerfallskri-

sen großer nichtwestlicher Kulturen nach dem im Rahmen ihrer traditionellen Werte nicht mehr zu verarbeitenden Einbruch westlicher militärischer und wirtschaftlicher Macht, westlicher Technik und westlicher Ideen, sondern auch aus der eigenen Geschichte des Westens: Die Renaissance war eine solche tiefe Kulturkrise, in der zumal in den damals entwickeltsten Gebieten Europas die Verhaltensnormen des mittelalterlichen Katholizismus offenbar versagten und zu weitverbreiteter Anomie führten, bis nach Jahrhunderten Reformation und Gegenreformation die Leistung vollbrachten, diese Normen auf der Grundlage der Kontinuität der tragenden Werte in ihrem konkreten Inhalt zu erneuern. In unserem Jahrhundert hat das zeitweise Versagen der westlichen Wirtschaftssysteme in der Lösung der Probleme von Krisenzyklus und Massenarbeitslosigkeit und das zeitweise Versagen der westlichen Großmächte in der Lösung der Probleme der internationalen wirtschaftlichen Zusammenarbeit zu jener Krise geführt, in der das von der Kombination beider Ursachen am schwersten betroffene Land, Deutschland, sich in die Arme einer anomischen, in offener Zerstörungswut gegen die Grundwerte des europäischen Humanismus gerichteten Bewegung warf; und auch diese Krise ist nicht durch die bloße militärische Niederlage des Dritten Reiches, sondern erst durch die konstruktive Lösung der zugrunde liegenden Probleme im Rahmen des Westens überwunden worden. Gerade weil die westliche Kultur eine so einzigartige Dynamik besitzt, ist sie also auch in einzigartiger Weise durch sich selbst gefährdet: Sie produziert für sich immer neue Probleme, deren Lösung nie im voraus gesichert ist.

2. *Aufgrund der verschiedenen Art, in der verschiedene Stämme und Völker in diese gemeinsame europäische Entwicklung eingetreten oder hineingezogen worden sind und in der sie die Probleme dieser Entwicklung auf verschiedenen Stufen gelöst haben, sind nationalkulturelle Teilgesellschaften mit verschiedenen Traditionen, Sitten und Wertakzenten und darauf gegründetem Gemeinschaftsbewußtsein entstanden.* Die Entstehung der Anfänge staatlicher und rechtlicher Ordnung direkt aus dem Zusammenwachsen der Stämme oder aus der Übernahme römischer Institutionen; die Übernahme des Christentums mit dessen allmählicher Ausbreitung im spätrömischen Reich »von unten« oder seine Einführung durch Herrscher »von oben« auf friedliche oder gewaltsame Art, in ursprünglich autonomer

oder sofort von Rom bestimmter Form; die Dauer und Intensität des Konfliktes zwischen der überwölbenden geistlichen Autorität Roms und der partikularen weltlichen Macht; der Grad der Ausbildung der Stadtfreiheit und die Form ihrer späteren Einschränkung mit oder ohne lang dauernde Kämpfe zwischen Städtebünden und der aufkommenden Territorialgewalt oder durch die Entwicklung von Stadtstaaten mit eigenem Territorium; Zeitpunkt und Form der Auflösung der bäuerlichen Leibeigenschaft und ihre Ablösung durch freie Bauernwirtschaft oder durch Bauernlegen und marktorientierte Gutswirtschaft mit oder ohne rechtliche Freiheit der Arbeitenden; der Sieg der einen oder anderen Gestalt der Reformation oder der Gegenreformation oder die dauernde Spaltung einer Nation durch ihren Konflikt und die dadurch bedingten verschiedenen (protestantischen, anglikanischen, »gallikanischen« etc.) Formen der Loslösung souveräner Staaten aus der mittelalterlichen Einheit des »Abendlandes«; die Brechung der feudalen Selbständigkeit des Adels durch ein Bündnis des entstehenden Absolutismus mit den Städten und die Errichtung von Söldnerheeren, seine Zähmung in einem Bündnis mit dem Absolutismus auf Kosten der Städte unter Schaffung stehender Heere mittels des Kantonnementsystems oder das Scheitern des Absolutismus und die Bewahrung (ursprünglich ständischer) parlamentarischer Freiheiten im Rahmen einer Oligarchie; die Entwicklung des industriellen Kapitalismus in größerer oder geringerer Abhängigkeit von kolonialen Handelsprivilegien oder von staatlicher Förderung; die politische Weiterentwicklung durch demokratische Revolutionen gegen den Absolutismus, durch schrittweise Verbreiterung des parlamentarischen Wahlrechts oder durch begrenzte Modernisierung im Rahmen einer »Revolution von oben« oder durch revolutionäre Loslösung einer Siedlungskolonie ohne feudale Tradition von der heimischen Macht – das sind einige der wichtigsten differenzierenden Faktoren, die zur individuellen Ausformung der europäischen oder von Europa herstammenden Nationen im Lauf ihrer Geschichte beigetragen haben.

Identität und Charakter der Nationen sind also im Gegensatz zu den im 19. und 20. Jahrhundert entwickelten nationalistischen Ideologien weder durch ihre ethnische Zusammensetzung noch durch ihre Sprache ein für allemal gegeben, sondern geschichtlich geworden und geschichtlich veränderlich. Die gemeinsame Sprache ist zwar normalerweise die Grundlage der Entstehung einer national-kulturellen Identität, aber sie war nicht immer entscheidend: So war in der europäischen Frühzeit der Sieg einer oder der anderen Sprache oder ihre Vermischung in einem Gebiet ethnischer und kultureller Überlagerung oft durch politische Ereignisse bestimmt – man denke an die Bedeutung der Erbteilung des Reiches KARLS DES GROSSEN für die entstehende Identität Frankreichs einerseits, des künftigen »Heiligen Römischen Reiches Deutscher Nation« andererseits, und an die Entstehung der englischen Nation und Sprache aus der normannischen Unterwerfung der Angelsachsen. *Auch später noch konnten geschichtliche Entscheidungen ein neues, nicht primär sprachlich abgegrenztes Nationalbewußtsein schaffen – vorausgesetzt, daß sie dem eigenen Wollen und Handeln der beteiligten Völker entsprangen.* So haben die Schweizer, indem sie als einzige Europäer des ausgehenden Mittelalters der Entwicklung der territorialen Staatsgewalt erfolgreich widerstanden und ihre kommunale und kantonale Autonomie im Rahmen einer freiwilligen Konföderation behaupteten, damit auch eine selbstbewußte eigene Nation geschaffen und sie sogar über die Sprachgrenzen hinweg ausgedehnt. Auch die Niederländer haben sich erst durch ihren erfolgreichen Unabhängigkeitskampf gegen Spanien endgültig zu einer eigenen Nation konstituiert und zugleich ihren niederdeutschen Dialekt zu einer selbständigen Sprache erhoben.

Doch bei gegebener Identität ist die gemeinsame Sprache das Medium gewesen, in dem sich eine nationalkulturelle Gemeinschaft ihrer geschichtlich gewordenen Eigenart bewußt wurde. Ein solches Gemeinschaftsbewußtsein erwuchs, zumal in der städtischen Bevölkerung und den Anfängen einer weltlichen Intelligenz, durchaus schon im Rahmen der mittelalterlichen Einheit des Abendlandes und lange vor der Entstehung eines aktiven politischen Willens zum Nationalstaat. Das gilt nicht nur für Nationen, die schon früh in den Grenzen eines Staates zusammengefaßt waren, wie England und Frankreich, sondern auch für solche, die während des größten Teils ihrer Geschichte in viele territoriale Einheiten aufgeteilt blieben: Schon DANTE und WALTHER VON DER VOGELWEIDE sprachen bewußt zu einem »nationalen« Publikum. Mit der Entstehung souveräner Staaten auf nationaler Grundlage, beginnend in Westeuropa, wurde dies Nationalbewußtsein intensiver, mit der aktiven Beteiligung der Volksmassen am staatlichen Leben im Verlauf der demokratischen Revolution, der Erweiterung des Wahlrechts, aber auch der Ausbreitung von Wehrpflicht und Schulpflicht wurde es allgemein – ein Prozeß, der in der Tat schon mit der erwähnten Durchsetzung der Unabhängigkeit der Schweizer Eidgenossenschaft und der niederländischen Provinzen begann und nicht erst mit der Französischen Revolution, wie es oft schematisch dargestellt wird.

Auf dem Höhepunkt dieser Entwicklung hat die ideologische Hypostasierung des Nationalbewußtseins zu einem Nationalismus, der die Nation als angeblich höchsten Wert von den gemeinsamen Grundlagen der europäischen Kultur löste und ihnen entgegenstellte, und der manipulative Mißbrauch des derart ideologisch verformten Nationalgefühls für machtpolitische Zwecke wesentlich dazu beigetragen, Europa und insbesondere Deutschland in zwei Weltkriege hineinzutreiben. Erst nach der zweiten dieser Katastrophen, die in einem dramatischen Machtverlust Europas und einem totalen Zusammenbruch Deutschlands mündete, hat allgemein eine Rückbesinnung auf die übergreifenden Gemeinsamkeiten Europas begonnen; in der Bundesrepublik Deutschland ist darüber hinaus die oben beschriebene Tendenz zu einem nationalen Nihilismus aufgetreten, der an die Stelle einer kritischen Auseinandersetzung mit nationalen Traditionen die pauschale Leugnung jeder fortwirkenden positiven Bedeutung der nationalen Gemeinschaft setzt. Ein realistisches Geschichtsbewußtsein muß demgegenüber versuchen, die ideologische Hypostasierung abzubauen, aber auch die wirkliche positive Rolle der Nationen in der europäischen Gesamtentwicklung klarzustellen.

Ein solcher Versuch muß zunächst herausarbeiten, *daß die Geschichte keiner europäischen Nation isoliert aus sich selbst zu verstehen ist,* wie das auf dem Höhepunkt der nationalstaatlichen Geschichtsschreibung überall versucht wurde – daß nationale Geschichte für sich allein nach dem treffenden Wort A. J. TOYNBEES kein *»intelligible field of historical study«* ist.[8] Erst wenn man sie im europäischen Zusammenhang studiert, wird erkennbar, wie sehr die verschiedenen Entscheidungen über die Etappen der nationalen Entwicklungswege als verschiedenen Bedingungen entsprechende Lösungsversuche gemeinsamer europäischer Entwicklungsprobleme zu verstehen sind und wie verschiedene Nationen in verschiedenen Perioden und auf verschiedenen Teilgebieten eine führende Rolle in der Entwicklung gespielt haben; es wird auch deutlich, wie oft die aus der Auseinandersetzung mit diesen Problemen entstandenen geistigen und institutionellen Schöpfungen *einer* Nation in einer *anderen* weiterentwickelt worden sind und dort manchmal tiefere und dauerhaftere Wirkungen gezeitigt haben als in ihrem Entstehungsland. So haben etwa der westeuropäische Calvinismus und seine Varianten die moderne bürgerliche Lebensform tiefer und wirksamer geprägt als das Luthertum, doch sie haben von der deutschen Reformation den entscheidenden Anstoß erhalten. Umgekehrt hat die Zähmung des unabhängigen Landadels durch Gewährung eines Stellenmonopols in Offizierskorps, höherer Verwaltung und Diplomatie den Staat der preußischen Könige weit nachhaltiger geformt als Schweden – aber sie ist in Schweden erfunden und von Preußen nachgeahmt worden.

Eine weitere, wesentliche Korrektur der nationalgeschichtlichen ideologischen Vorstellungen muß bei ihrer Tendenz ansetzen, die besonderen Leistungen, seltener auch die besonderen Schwächen, einer Nation einlinig aus ihrem Nationalcharakter »abzuleiten«. Die Korrektur kann freilich nicht darin bestehen, nun umgekehrt die Eigenart einer Nation *nur* als Produkt und nicht *auch* als Faktor ihrer Geschichte anzusehen. Diese Eigenart ist in der Tat historisch geworden und historisch veränderlich; sie ist in jedem Augenblick Resultat aller früheren Entscheidungen, Erfolge und Niederlagen, Leistungen und Fehlleistungen der nationalen Gemeinschaft – aber sie wirkt neben anderen Faktoren jeweils auch auf die neu zu treffenden Entscheidungen, auf die tatsächliche Wahl im Rahmen des Spielraums objektiv gegebener Möglichkeiten, mit ein. Eben darum kann es von großer praktischer Bedeutung sein, diese Eigenart und ihre geschichtlichen Determinanten bewußt – und damit auch bewußter Veränderung zugänglich – zu machen.

3. Im gemeinsamen Rahmen der europäischen Entwicklung hat die Geschichte der Deutschen vielseitige schöpferische Beiträge, aber auch eine ungewöhnliche Zerrissenheit und Diskontinuität aufzuweisen.[9] Unter den Leistungen ist besonders der große deutsche Anteil an der Entwicklung der mittelalterlichen Städte und der entscheidende Anstoß zur Reformation, aus späterer Zeit die Befruchtung des gesamten europäischen Denkens durch die deutsche klassische Philosophie, insbesondere auch durch die Entwicklung geschichtlicher Fragestellungen von HERDER und den Romantikern bis zu HEGEL und MARX, der hervorragende Beitrag Deutschlands zum wissenschaftlichen

und technischen Aufschwung des 19. und frühen zwanzigsten Jahrhunderts, und nicht zuletzt die bahnbrechende Rolle der deutschen politischen, nämlich demokratisch-sozialistischen Arbeiterbewegung in der gleichen Periode hervorzuheben.

Demgegenüber zeigt sich die ungewöhnliche Diskontinuität der deutschen Geschichte in den zentralen Fragen der politischen Formgebung, vor allem im Fehlen der für die großen westeuropäischen Nationen kennzeichnenden stetigen Herausbildung eines Nationalstaates und seinem schließlichen Scheitern, und in der im Vergleich zur wirtschaftlichen und kulturellen Entwicklung lange zurückgebliebenen und immer wieder von Rückschlägen unterbrochenen Durchsetzung demokratischer Institutionen. Zum ersten sei hier nur darauf verwiesen, daß das mittelalterliche Reich anstelle der allmählichen Zurückdrängung der territorialen Teilgewalten zugunsten der Zentralgewalt häufige Verschiebungen des Zentrums und zunehmende Verselbständigung auseinanderstrebender Teilgewalten zeigte; daß der Kampf zwischen Reformation und Gegenreformation hier mit einem Remis endete, das die Verselbständigungstendenzen verstärkte und in der faktischen Auflösung des Reiches im Dreißigjährigen Krieg gipfelte; und daß der in der langen, folgenden Periode des allgemeinen Entwicklungsrückstands entstandene preußisch-österreichische Dualismus auch für die politische Konstellation während des neuen Entwicklungsaufschwungs im 19. Jahrhundert so weit beherrschend blieb, daß der Nationalstaat spät, unvollständig und »von oben« geschaffen wurde und in seinen drei Gestalten als Wilhelminisches Reich, Weimarer Republik und HITLER-Diktatur zusammen nur drei Viertel eines Jahrhunderts bestanden hat. Dabei hat die BISMARCKsche »Lösung« der nationalen Frage durch »Blut und Eisen« nach dem Scheitern des 1848er Versuchs einer demokratischen Revolution zugleich die Modernisierung durch »Revolution von oben« entschieden, damit die Entwicklung zur Demokratie erneut verzögert, einen Gegensatz zwischen nationalen und demokratischen Tendenzen verfestigt und so den Grund für die nationalistische Abenteuerpolitik nach außen und die Polarisierung im Inneren gelegt, die in den kriegerischen Katastrophen, der politischen Instabilität und dem schließlichen Zusammenbruch des neuen Reiches ihre Früchte trugen.

Sowohl die geistige Produktivität wie die politische Diskontinuität der deutschen Geschichte hängen offenbar mit der Stellung der Deutschen als einer der östlichen Grenznationen des Abendlandes zusammen, die immer wieder zur Auseinandersetzung mit nichtwestlichen Impulsen und Einflüssen genötigt war. Der lang dauernde Konflikt zwischen der Orientierung primär auf die Sicherung der römischen Legitimität oder primär auf die Besiedlung und Christianisierung östlicher Randgebiete des Reiches war eine frühe Folge dieser Grundsituation. Die bahnbrechende Rolle LUTHERS für die Entwicklung des Westens ist nicht zufällig auf dem Hintergrund der von dessen römischem Zentrum relativ entfernten nordöstlichen Randgebiete möglich geworden, aber sie blieb durch diesen Hintergrund auch insofern gefärbt und begrenzt, als LUTHER die traditionellen Normen des mittelalterlichen Katholizismus, deren Gültigkeit er verwarf, nicht durch neue konkrete Verhaltensnormen zu ersetzen vermochte, wie nach ihm CALVIN, sondern die Lücke nur – in einer der östlichen Orthodoxie verwandten Weise – durch den Appell an die innere Stimme des Gewissens einerseits, die Verpflichtung zum Gehorsam gegenüber der weltlichen Obrigkeit andererseits zu füllen suchte. Die schöpferische Leistung des deutschen Historismus endlich beginnt mit HERDERS Bemühen, die kulturelle und geschichtliche Eigenart nicht nur des eigenen Volkes, sondern der östlichen Nachbarvölker mit ihrem damals noch sehr begrenzten Zugang zur europäischen Bildungswelt verständlich zu machen; doch sie mündet teilweise in dem zu einer – der Hauptströmung des Westens fremden – Staatsvergottung säkularisierten Luthertum der Rechtshegelianer und in dem tendenziell antiwestlichen »Kulturnationalismus« der Folgezeit.

Es ist eine Folge dieser problematischen Entwicklung der deutschen Nation am Rande der westlichen Kulturgemeinschaft – kulturell problematischer als im Falle des geographisch weiter östlichen Polen – im allgemeinen und des Scheiterns der Entwicklung zum Nationalstaat im besonderen, daß die Grenzen der Zugehörigkeit zu ihr, mehr als bei jeder anderen großen europäischen Nation, im Verlauf der Geschichte und bis in die Gegenwart hinein immer wieder in Frage gestellt und auch dauerhaft verändert worden sind. Von der Loslösung der Schweizer und der Niederländer aus dem Zusammenhang des mittelalterlichen Deutschtums durch selbständiges geschichtliches Handeln, das sie unwiderruflich als eigene Nationen konstituierte, ist schon gesprochen worden. In neuerer Zeit haben sich die vom Bismarckreich ausgeschlossenen Deutschen der Habsburgischen Monarchie zwar vor wie nach deren Zusammenbruch weiterhin als Deutsche gefühlt; doch als den Österreichern der Wunsch ihrer Mehrheit nach Anschluß an Deutschland durch HITLERS Einmarsch erfüllt wurde, empfanden sie unter der Herrschaft des Nationalsozialismus die geschichtlich gewordene Verschiedenheit der Lebensformen bald als unüberbrückbar – mit dem Resultat, daß die Lostrennung von 1945, im Gegensatz zum Anschlußverbot von 1918, von ihrer überwältigenden Mehrheit als Ausdruck des eigenen Willens akzeptiert worden ist. So sind auch die Österreicher, trotz gleicher Sprache, mehr und mehr zu einer von den Deutschen verschiedenen Nation geworden.

Der Fall der DDR liegt freilich wesentlich anders. Die Zusammengehörigkeit der Deutschen östlich und westlich der heutigen Staatsgrenze war vor HITLER, unter HITLER und zunächst auch nach HITLER selbstverständlich. Auch die konfliktreiche Überlagerung einer westlichen kulturellen Substanz der deutschen Tradition mit wiederkehrenden östlichen Einflüssen, von der wir gesprochen haben, bewirkte niemals eine scharfe Scheidung in westliche und östliche Kultur*zonen* im geographischen Sinne und tut dies seit den Massenwanderungen der Kriegs- und Nachkriegszeit weniger als je: Die Auseinandersetzung mit östlichen Kulturelementen bleibt ein vitaler Bestandteil des Geisteslebens und auch des politischen Lebens der Bundesrepublik, und die Sehnsucht nach westlichen Freiheiten bleibt in der Bevölkerung der DDR gewiß nicht weniger mächtig als in der Polens und der Tschechoslowakei. Die Trennung erst in Besatzungszonen und dann in zwei Staaten, die dem Zusammenbruch von 1945 folgte, ist nicht die freie Tat der Teilvölker gewesen und von ihnen nur widerstrebend als dauerhaft akzeptiert worden; und das Bewußtsein einer geschichtlich gewordenen und wertvollen Zusammengehörigkeit, unabhängig von den Chancen und sogar von der Wünschbarkeit einer späteren staatlichen Wiedervereinigung, ist nach allen Zeugnissen, einschließlich des Zeugnisses der Abwehrpropaganda des dortigen Regimes, in der DDR nach wie vor höchst lebendig und wesentlich stärker als auf dem relativen Tiefpunkt der letzten Jahre in der Bundesrepublik. So gewiß also der Umfang der deutschen Nation sich wiederholt durch echte Sezession verändert hat, so gewiß liegt im Fall der DDR eine derartige Sezession bisher jedenfalls nicht vor: Die Formel von den zwei Staaten einer Nation entspricht insoweit einer fortdauernden gemeinsamen Identität.

Für die Deutschen der Bundesrepublik aber bedeutet die heutige Situation der Zweistaatlichkeit eine neue Chance, ihre geschichtliche Rolle als eine der Grenznationen der westlichen Kulturgemeinschaft klarer als jemals in der deutschen Vergangenheit zu begreifen. Sie haben heute die Möglichkeit und zwingende Gründe, eine eindeutige Option für ihre Zugehörigkeit als Deutsche zum freien Europa zu vollziehen – und zugleich ihre Beziehungen zu dem deutschen Nachbarstaat, in dem ihre Landsleute unter einem unfreien, in seinem Ursprung nichtwestlichen Regime leben, als besondere Gelegenheit und Verpflichtung zur Aufrechterhaltung der Gemeinsamkeit im westlichen Geiste und zur stetigen, friedlichen Auseinandersetzung mit antiwestlichen Einflüssen zu erkennen.

Schlußbemerkung

Im früheren Teil dieser Arbeit haben wir eine Reihe von Gründen angeführt, warum ein geschichtlich fundiertes, zugleich europäisches und nationales Gemeinschaftsbewußtsein sowohl für die Aktivierung der Demokratie in der Bundesrepublik und ihre Rolle im Prozeß der europäischen Integration wie für die laufende Auseinandersetzung mit der DDR nach unserer Meinung unentbehrlich ist. Im späteren Teil ist die doppelte Schwierigkeit der Herausbildung eines solchen Gemeinschaftsbewußtseins deutlich geworden – einmal wegen der singulären Neigung in der Öffentlichkeit der Bundesrepublik, europäische und nationale Gesinnung als Gegensätze zu sehen oder sich von jeder Betrachtung der eigenen Geschichte abzuwenden, zum anderen wegen der Kompliziertheit der geschichtlichen Probleme selbst.

Ein fertiges Geschichtsbild im Sinne unserer Fragestellung, das die deutsche Geschichte in den Rahmen der Gesamtentwicklung des Westens hineinstellen und ihre Leistungen und Fehlleistungen, ihre schöpferischen Höhepunkte, Irrwege und Verbrechen gleich frei von Chauvinismus und Nihilismus kritisch und mit dem Willen, der eigenen Vergangenheit ins Auge zu sehen und aus ihr zu lernen, verständlich machen würde, existiert auch in der wissenschaftlichen Literatur nicht; allenfalls sind Ansätze dazu vorhanden. Doch nur aus einer wissenschaft-

lichen Aufarbeitung der Probleme unter dieser Art von Fragestellung kann ein Bild entstehen, dessen Grundzüge ins allgemeine Bewußtsein dringen und so bei der Konsolidierung und Aktivierung unserer Demokratie helfen können.
Vor uns liegt die große Aufgabe, den Graben zu überbrücken, der sich im Bewußtsein der Deutschen der Bundesrepublik zwischen ihrer entwurzelten Gegenwart und ihrer Geschichte als Gemeinschaft aufgrund der Verbrechen und der Katastrophe des Dritten Reiches aufgetan hat. Die Wiedereingliederung des größeren Teils Deutschlands in jene westliche Gemeinschaft, gegen die das deutsche Volk von Hitler zur nihilistischen Revolte geführt wurde, ist im wirtschaftlichen und zunehmend auch im politischen Alltag im vergangenen Vierteljahrhundert in erstaunlichem Maße gelungen. Doch dies Gelingen wird sich nach unserer Überzeugung nur als stabil erweisen, wenn die Wiedereingliederung nicht nur auf der Ebene der Sicherheit, des Wohlstands und des Zusammenlebens in krisenfreien Zeiten, sondern auch der bewußten Wiedergewinnung der grundlegenden gemeinsamen Werte in Auseinandersetzung auch mit der Vergangenheit und mit der östlichen Alternative erfolgt. Ob diese Aufgabe lösbar ist, kann nur die Zukunft zeigen – hier ging es darum, die Notwendigkeit des Versuchs zu begründen.

Geschichtszerrissenheit und Geschichtsbewußtsein in Deutschland

Vortrag zur Eröffnung des Instituts für Deutsche Geschichte an der Universität in Tel Aviv am 20. Oktober 1971

Mein Thema heute abend ist ebenso schwierig, wie das Unternehmen der Errichtung eines Instituts für Deutsche Geschichte in Tel Aviv kühn ist, und das nicht nur aus besonderen Gründen, die in dem Verhältnis des israelischen Volkes zur deutschen Geschichte wurzeln, sondern auch auf Grund der zunehmenden Fragwürdigkeit *aller* nationalen Geschichtsschreibung und auf Grund der besonderen Schwierigkeit der Abgrenzung des Gegenstands der deutschen Geschichte.
Zum einen sind mindestens seit ARNOLD TOYNBEES *Study of History* die Argumente bekannt, die grundsätzlich gegen den Versuch sprechen, die Geschichte einer einzelnen Nation als *an intelligible field of historical study*, als einen sinnvollen Gegenstand historischer Studien aufzufassen. Wir alle sind mit der Tatsache vertraut, daß mindestens die Geschichte Europas ein Ganzes ist, in dem sich die Fäden der einzelnen nationalen Beiträge unentwirrbar verschlingen. Zum andern aber weist die deutsche Geschichte über diese allgemeine methodische Schwierigkeit hinaus noch einen ganz besonderen Mangel an zeitlicher Kontinuität, geographischer Einheit und geistiger Form und Geschlossenheit auf.

Diskontinuität und Dualismus in der deutschen Geschichte

In der Tat, von wessen Geschichte ist hier eigentlich die Rede? Wir haben es in Deutschland nicht, wie bei anderen großen Nationen, mit der Geschichte *eines* Staates zu tun, der von erkennbaren Anfängen her durch die Jahrhunderte stetig zu seiner heutigen Gestalt herangewachsen ist: Keine kontinuierliche, »organische« Entwicklung verbindet das Reich KARLS DES GROSSEN oder das Heilige Römische Reich Deutscher Nation über die Entwicklung der territorialen Souveränitäten hinweg mit dem kleindeutschen Nationalstaat BISMARCKS und mit den heutigen deutschen Teilstaaten. Und wenn wir uns angesichts der mangelnden *staatlichen* Kontinuität auf die Geschichte der deutschen *Nation* zurückziehen, so finden wir zwar, daß diese Nation sich durch viele Jahrhunderte entwickelt hat und auch heute weiterlebt, daß aber die Grenzen der Zugehörigkeit zu dieser Nation in ihrer Geschichte immer wieder umstritten waren und sich wieder und wieder verändert haben.

Was heute der deutschsprechende Teil der Schweiz ist, galt bis zum Schwabenkrieg als Teil der deutschen Nation. Auch die holländisch und flämisch sprechenden Teile Burgunds wurden bis zu jener Nationsschöpfung, die als der »Abfall der Niederlande von Spanien« in die Geschichte eingegangen ist, als Teile der deutschen Nation angesehen. Die deutschsprachigen Einwohner Österreichs und Böhmens sahen sich noch bis in unsere Zeit entschieden als Angehörige der deutschen Nation an, bis sie unter HITLER in ein Deutsches Reich inkorporiert wurden, aus dem jedenfalls die Österreicher bald so schnell wie möglich wieder heraus wollten. Und heute besteht im eigentlichen Deutschland östlich der Elbe ein Staat, der den Anspruch erhebt, eine eigene Nation zu repräsentieren – wenn er auch dafür kaum die Zustimmung seiner Untertanen geltend machen kann. Kurz, auch die Abgrenzung der deutschen Nation bietet uns kein eindeutig definiertes Geschichtssubjekt.

Wer unser Problem aus dem besonderen Blickwinkel Israels betrachtet, eines Landes, in dem einem die trauernden Überlebenden der größten europäischen Katastrophe unserer Epoche auf Schritt und Tritt begegnen, der mag versucht sein, die deutsche Geschichte lediglich als die Geschichte von HITLERS Reich, seiner Vorläufer und seiner Konkursmasse zu sehen. Doch so verständlich diese Versuchung ist, so wenig sollte ihr nachgegeben werden. Auch diejenigen unter uns, die keinen Augenblick daran denken würden, die einzigartigen Schrekkenstaten dieser Zeit aus ihrem zentralen Platz in unserem Bewußtsein verdrängen zu wollen, können nicht der Auffassung zustimmen, dies sei das natürliche und unvermeidliche Resultat der deutschen Geschichte oder gar ihr allein wesentlicher Inhalt gewesen. Neben diesem furchtbaren, zerstörerischen Ausbruch hat die Geschichte der Deutschen eine vielfältige schöpferische Kraft gezeigt, neben verhängnisvollem politischem Versagen großartige Leistungen in Philosophie und Religion, in Literatur und Musik, in Wissenschaft und Wirtschaft. Mit andern Worten, sie zeichnet sich durch eine außerordentlich vielseitige Produktivität voller Kontraste aus. Nur eines fehlt dieser Produktivität – der klare, geschlossene Umriß, die bändigende Einheit der Form.

Dieser Mangel an Einheit in Zeit, Raum und Geist ist in der Tat das zentrale Problem – wenn man so will, das zentrale Geheimnis – der deutschen Geschichte. Es zeigt sich zunächst in dem schon erwähnten Fehlen der staatlichen Kontinuität. Wo wir in Frankreich spätestens seit der Teilung des Karolingerreiches, in England seit der Eroberung durch die Normannen, in Rußland seit dem Moskauer Reich von einer kontinuierlichen staatlichen Entwicklung sprechen können, da war das Heilige Römische Reich Deutscher Nation durch seine fiktive Anknüpfung an die Antike – seiner Rolle als »*Ghost of the Roman Empire, sitting crowned on the grave thereof*« – von Anfang an gehindert, aus seiner Substanz einen modernen Nationalstaat zu schaffen: Was in seinem geographischen Bereich und aus seinem Niedergang schließlich entstand, das waren territoriale Teilstaaten, aber kein deutscher Nationalstaat. Faktisch endete die Einheit des Reiches als Folge der Reformation mit dem Dreißigjährigen Krieg, und die Napoleonischen Feldzüge beendeten auch seinen formalen Bestand. Als dann nach dem Sturz Napoleons alle Einrichtungen des alten Europa wenigstens äußerlich restauriert wurden, da blieb das Römisch-Deutsche Reich die eine Ausnahme, deren Restauration niemand auch nur versuchte. Dann folgten einige Jahrzehnte, in denen es wohl viele deutsche Staaten, aber keinen Staat der Deutschen gab, und darauf die verspätete Begründung eines Nationalstaates in der Form des preußisch-deutschen Kaiserreichs – eines Staates, der mitsamt seinen beiden Nachfolgern, der Weimarer Republik und dem »Dritten Reich« HITLERS, kaum 75 Jahre gedauert hat und mit der Katastrophe und der erneuten Teilung endete.

Neben diesem Mangel an politischer Kontinuität stehen nicht minder dramatische räumliche Verschiebungen und zentrifugale Tendenzen. Die deutsche Geschichte geht aus von dem westeuropäischen Frankenreich und beginnt mit einer Verschiebung des Schwerpunkts nach Osten über den Rhein, die sich durch den Prozeß der Kolonisierung des Ostens zunächst weiter fortsetzt. In den folgenden Jahrhunderten des Mittelalters ist sie gekennzeichnet durch geographisch auseinanderstrebende Tendenzen – auf der einen Seite der Zug nach Süden, nach Rom, zur Wiederherstellung des Römischen Reiches

durch Gewinnung von Macht über das Papsttum; auf der andern der Drang nach Osten zum Aufbau einer neuen, unabhängigen Macht in Osteuropa. Dem entspricht auch das Fehlen eines bleibenden Mittelpunkts, die Verschiebung des Zentrums von Aachen nach Schwaben und Niedersachsen, zu vorübergehenden Hauptstädten außerhalb der eigentlichen Wohnsitze der Deutschen in Prag oder Brüssel, zu einer dauerhaften Hauptstadt in Wien und schließlich zu einem östlichen Zentrum – oder sollten wir es ein Epizentrum nennen? – in Berlin. Und schließlich wirkt sich diese immer neue Verschiebung des Mittelpunkts auch in dem Fehlen des formgebenden Einflusses eines zentralen Hofes und einer einheitlichen »Modellklasse« für das Leben der Deutschen aus: Es gibt wenig Gemeinsamkeit etwa zwischen dem internationalen Adel des Habsburgerreichs und den preußischen Junkern.
Hinter der mangelnden Kontinuität in Zeit und Raum aber erkennen wir eine tiefere Gespaltenheit der kulturellen Substanz und Tradition. Das beginnt noch vor jeder eigentlich deutschen Staatsgründung mit der Tatsache des Limes – der Tatsache, daß ein Teil deutschen Landes und der deutschen Stämme zu einem frühen Zeitpunkt romanisiert wurde, während anderswo die Stammessitten nie der staatlichen Disziplin Roms unterworfen wurden. Das setzt sich fort durch die Jahrhunderte im Konflik zweier Rechtstraditionen – der römischen, in der die staatliche Organisation dem gesetzten Recht, und der germanischen, in der das Stammesrecht der Staatsgründung vorausging.
In der Geschichte der Reformation und des Dreißigjährigen Krieges, in dem der Zusammenhalt dieses römisch-deutschen Reiches effektiv zerbrach, finden wir abermals den Gegensatz einer westlich-südlichen und einer östlich-nördlichen kulturellen Grundlage. Im deutschen Nordosten allein wurde die frühe, lutherische Form der Reformation dauernd vorherrschend – eine Form, die zwar den Moralkodex des mittelalterlichen Katholizismus als überlebt verwarf, aber im Gegensatz zum entwickelten westlichen Calvinismus unfähig blieb, ihn durch einen neuen, modernen Moralkodex zu ersetzen: Statt dessen lehrte sie ihre Gläubigen, im persönlichen Leben der inneren Stimme des Gewissens, im äußeren Verhalten aber den Befehlen der Obrigkeit zu folgen. Doch diese Art protestantische Haltung ist in wichtigen Zügen dem orthodoxen Christentum des Ostens näher als der Gläubigkeit des calvinisch-reformier-

ten oder katholisch-gegenreformierten Westens mit ihren inhaltlichen Regeln der Lebensgestaltung.
So scheint es, daß die gesamte deutsche Geschichte von einem unversöhnlichen Dualismus der kulturellen Impulse durchzogen ist und daß es eben dieser Dualismus ist, der sich in der staatlichen Diskontinuität und in den Verschiebungen des geographischen Schwerpunktes immer wieder manifestiert. Die erstaunliche geistige Produktivität dieses Volkes im Herzen Europas, seine bestürzende Fähigkeit zu Überraschungen schöpferischer, aber auch zerstörerischer Art, läßt sich so als Folge einer Geschichte deuten, in der die Bändigung der widersprechenden Impulse durch eine verbindliche Synthese niemals voll gelungen, die endgültige Form des nationalen Lebens in Jahrhunderten immer neuer Konflikte nicht gefunden worden ist. Es ist gerade dieser Mangel einer endgültigen Form und diese Fähigkeit zu überraschenden Wandlungen, die Deutschland schon vor HITLERS Zeit vielen seiner Nachbarn haben als unheimlich erscheinen lassen.

Die »kompensatorische« Rolle der Geschichtsphilosophie in Deutschland

Das gleiche Problem liegt nun, wie ich meine, auch der Eigenart des deutschen Geschichtsbewußtseins, nämlich der Rolle der geschichtsphilosophischen Spekulation für das nationale Identitätsbewußtsein der Deutschen, zugrunde. Erlauben Sie mir, diesen zweiten Teil meiner Bemerkungen mit einem Zitat aus der Antrittsvorlesung zu beginnen, die mein verstorbener Freund und Lehrer FRANZ BORKENAU vor 25 Jahren am Anfang einer kurzen Lehrtätigkeit an der Universität Marburg hielt, gerade ein Jahr nach dem Zusammenbruch des »Dritten Reichs«.
»Dem französischen (wie dem englischen) Denken«, so sagte BORKENAU damals, »ist der organische Charakter des gesellschaftlichen Lebens vorgegeben. Bei uns hingegen ist das Vorgegebene die mangelnde Kontinuität unserer Geschichte. Gerade darum – *nur* darum – wurden wir die Schöpfer der organischen Geschichtsphilosophie.«[1]
Dieser Satz formuliert die Kernthese meines heutigen Vortrags, und ich bin mir bewußt, daß auch einige der von mir angeführten Einzelheiten Gedanken aus BORKENAUS damaliger

Vorlesung wiederholen. Das scheint mir nicht überflüssig, weil sie zu Unrecht aus der öffentlichen Diskussion verschwunden sind, weil der heutige Stand der deutschen Entwicklung ihnen eine neue Aktualität gibt und weil ich sie in diesen gegenwärtigen Zusammenhang hineinstellen möchte.

Wenn ich hier vom deutschen Geschichtsbewußtsein spreche, so meine ich nicht die Ergebnisse der deutschen historischen Forschung: Sie interessieren in unserem Zusammenhang nur, insoweit sie das allgemeine Geschichtsbewußtsein der Deutschen beeinflußt haben. Nicht der wissenschaftliche Rang eines Historikers, sondern seine Breitenwirkung entscheidet über seine Relevanz in unserem Zusammenhang. So ist ein Mann wie RANKE, der nach seiner Forschungsleistung wohl bis heute als der größte deutsche Historiker gelten muß, für uns nicht relevant, weil er praktisch ohne Wirkung auf das Selbstbewußtsein der Deutschen geblieben ist. Von um so größerer Bedeutung ist in unserem Zusammenhang dagegen ein anderer großer historischer und philosophischer Denker, HEGEL, der eine entscheidende, prägende Wirkung auf das Denken der Deutschen ausgeübt hat. Bedeutsam sind auch viele Geister geringeren Ranges, weil sie die Geschichtslegende des kaiserlichen Deutschland geformt haben, beginnend mit TREITSCHKE. Bedeutsam sind schließlich alle jene, die über die geschichtliche Bestimmung der Deutschen jenseits des Kaiserreichs spekulierten und damit das allgemeine Denken beeinflußten, bis hin zu MOELLER VAN DEN BRUCK, der mit dem Wort vom »Dritten Reich« dieser Spekulation das Schlagwort gab.

Um die Entstehung eines nationalen Geschichtsbewußtseins in Deutschland zu verstehen, müssen wir von der Zeit ausgehen, als Nationalbewußtsein und Geschichtsbewußtsein in allen großen europäischen Nationen ihre politische Bedeutung gewannen. Man kann es wohl als gesichert ansehen, daß dies die Zeit der Französischen Revolution – und in gewissem Grade auch der industriellen Revolution – gewesen ist und daß beide Ereignisse dazu beigetragen haben. Es war die Französische Revolution, die zum erstenmal das Nationalbewußtsein der Volksmassen zum Faktor politischen Handelns machte; und durch ihre internationalen Wirkungen, durch die Revolutionskriege und die Mobilisierung der Abwehr gegen Napoleon, hat sie auch in den Ländern ihrer Feinde ein aktives Nationalbewußtsein geschaffen – nicht zuletzt in Deutschland. Um die gleiche Zeit brachte der Umsturz der traditionellen politischen Ordnung durch die Französische Revolution und die Zerstörung der traditionellen Sozialstruktur durch die industrielle Revolution bei den Völkern Westeuropas ein allgemeines Gefühl dafür hervor, daß sie in einer dem Wandel unterworfenen Welt lebten, und zwang sie damit, die Frage nach dem Sinn des Lebens vom Standpunkt dieses neuen Lebensgefühls neu zu stellen. Die traditionelle Auffassung vom Sinn des Lebens war erschüttert – durch die Erschütterung des überlieferten religiösen Glaubens wie durch den Zerfall der überlieferten weltlichen Ordnung, durch die Beschleunigung des sozialen Wandels im allgemeinen wie durch die zunehmende Säkularisierung des Lebens und Denkens im besonderen. Die natürliche Folge war, daß die Menschen den Sinn des Lebens im Prozeß des Wandels selbst, also in der Geschichte, zu erschließen suchten. Im 19. Jahrhundert geschah es zum ersten Mal, daß Menschen das Studium der Geschichte als Schlüssel zum Verständnis der Weltordnung anzusehen begannen und die Geschichte zum Zentralthema der Philosophie erhoben, wie HEGEL es tat.

Wenn man jedoch im einzelnen untersucht, wie die großen europäischen Nationen auf diese Umwälzungen reagierten, so findet man, daß sie ganz verschiedene Typen von Geschichtsbewußtsein entwickelten. Die Französische Revolution war geistig das Kind der Aufklärung, und die Aufklärung war ursprünglich eine sehr unhistorische und in der Tat antihistorische Art des Herangehens an die politischen und sozialen Probleme gewesen – ein Versuch, die Welt von Grund auf nach den Postulaten der Ratio zu rekonstruieren, sie gleichsam aus dem Kopfe neu zu begründen und alles geschichtlich Gewordene als bloß zufällig und vernunftwidrig einer radikalen Kritik zu unterwerfen. Der Gedanke, daß die Erhaltung der »organischen« Kontinuität des geschichtlich Gewordenen ein positiver Wert sei, wurde in der Abwehr der Französischen Revolution zuerst von ihren englischen Kritikern formuliert: So entstand in den Schriften EDMUND BURKES und seiner Nachfolger die organische Geschichtsauffassung als Lehre von der Notwendigkeit, auch im geschichtlichen Wandel die Kontinuität zu bewahren.

Als sich demgegenüber geschichtsphilosophische Spekulation in Frankreich selbst – teils noch während der Revolution, teils in der folgenden Generation – entwickelte, geschah dies noch immer in Anknüpfung an die Ideen der Aufklärung, doch zugleich unter dem Eindruck der Enttäuschung an den Früchten der Revolution und der Abkehr von den maßlosen Hoffnungen einer unmittelbaren Verwirklichung des Millenniums, die in ihr durchgebrochen waren. So finden wir bei all den bedeutenden französischen Geschichtsphilosophen jener Frühzeit – und französische Geschichtsphilosophen hat es *nur* in der Frühzeit gegeben – von CONDORCET über SAINT-SIMON bis zu COMTE das gleiche Bemühen um eine Synthese der Prinzipien der Aufklärung mit einer Verwerfung der revolutionären Utopie: Sie alle suchen die Hoffnung auf eine einmalige, gleichsam magische Erneuerung der Menschheit durch eine geschichtliche Vision ihrer stufenweisen Evolution zu ersetzen, zugleich aber zu zeigen, daß jene Evolution den als vernünftig erkannten Zielen der Aufklärung zustreben müsse und werde.

Die deutsche Verarbeitung der gleichen Ereignisse war nun wiederum von völlig anderer Art. Um sie zu verstehen, müssen wir uns vergegenwärtigen, daß Deutschland im Zeitalter der Französischen Revolution das große »Entwicklungsland« des Westens war: Die großen Neuerungen, ob wir nun an die neuen Vorstellungen von politischer Freiheit oder die neuen Erfindungen der industriellen Technik denken, kamen damals nach Deutschland von außen, und zum Teil mit den Armeen des französischen Eroberers. Die deutsche Reaktion auf sie war damals genauso ambivalent, wie die Reaktion von Entwicklungsländern auf exogene Modernisierungsprozesse noch heute ist: Auf der einen Seite die Begeisterung für die neuen Ideen und der Wunsch, es den Vorbildern in der Entwicklung freiheitlicher Verfassung und moderner Lebensformen gleichzutun, ja sie wenn möglich zu überholen – auf der andern die Furcht vor Überfremdung, vor dem Verlust der eigenen Seele, der nationalen Identität im Eifer der Nachahmung der beneideten Vorbilder. Nirgends läßt sich diese Ambivalenz so deutlich verfolgen wie im Leben und Werk FICHTES, der in den Anfangsjahren der Französischen Revolution ihr leidenschaftlicher Anhänger war und später den gleichen revolutionären Impuls in seinen *Reden an die deutsche Nation* in einen Aufruf zum bewaffneten Widerstand gegen die Armeen dieser Revolution ummünzte.

Die spezifisch deutsche geschichtsphilosophische Synthese – und hier kehre ich zu der prägenden Leistung Hegels zurück – ist nun vor dem Hintergrund dieser ambivalenten Reaktion auf das Eindringen neuer Ideen und Institutionen aus dem Westen geschaffen worden und muß in diesem Zusammenhang verstanden werden. Diese Synthese suchte den Vernunftbegriff der französischen Aufklärung und die englisch-konservative

Betonung der geschichtlichen Gegebenheiten zu versöhnen und die Wirksamkeit der Vernunft in der konkreten Geschichte selbst nachzuweisen, die Geschichte als vernünftig, als Selbstentwicklung des Geistes, zu deuten. Doch in der Anwendung auf Deutschland, auf dieses Land unerhörter geschichtlicher Zerrissenheit, unerhörter Rückschläge und Katastrophen mußte sich der Versuch, die Geschichte als vernünftig darzustellen, als ungleich schwieriger erweisen, als er für die französischen Evolutionsphilosophen gewesen war. HEGEL konnte sich nicht wie sie auf eine kontinuierliche Entwicklung berufen, die sich leicht als harmonisch und auf ein vernünftiges Ziel gerichtet darstellen ließ. Sein Problem war gerade, die dramatischen Widersprüche der Geschichte, die Kontingenz, die Niederlagen der guten Sache, kurz die Wirklichkeit des Bösen zu erklären – oder, wie er selbst es ausdrückte, zu beweisen, daß die Weltgeschichte eine Theodizee, daß sie die Rechtfertigung Gottes sei[22]: *Deus sive Ratio*, Gott als Synonym der Vernunft, sollte als sich in der Geschichte verwirklichend nachgewiesen werden – der Tatsache zum Trotz, daß so zahllose furchtbare und allem Anschein nach vernunftwidrige Dinge sich in der Geschichte, und zumal in der Geschichte des Landes, für das Hegel schrieb, ereignet hatten.
So kam es, daß die Kontingenz, der anscheinend sinnlose Zufall, zum Zentralproblem der HEGELschen Geschichtsphilosophie wurde – zu dem Stein des Anstoßes, den seine rationale Geschichtsdeutung aus dem Wege zu räumen hatte. Er tat es durch seine Konstruktion der »List der Vernunft«, durch den Gedanken, daß der Weltgeist die Aktionen und die Passionen der menschlichen Akteure hinter dem Rücken ihres Bewußtseins für seine höheren Zwecke nutze. Die Geschichte, so schrieb er ausdrücklich, sei in der Tat »die Schlachtbank, auf welcher das Glück der Völker, die Weisheit der Staaten und die Tugend der Individuen zum Opfer gebracht worden«[23] – doch diese immer neue Opferung von Völkern, Staaten und Individuen sei nur ein untergeordnetes Mittel für das übergeordnete Ziel.
In ihrem bemerkenswerten Essay über *»Geschichte und Politik in der Neuzeit»* hat HANNAH ARENDT diesen eigenartigen Begriff von Geschichte als einen Prozeß hervorgehoben, der alle konkreten Ereignisse transzendiert und in der Tat diese Ereignisse ebenso wie die lebendigen Subjekte, ihre Ziele und ihre Leiden als bloße Mittel seiner immanenten Gesetzmäßigkeit benutzt.

Sie hat dabei versucht, diesen Geschichtsbegriff aus der Enttäuschung über den Ausgang der Französischen Revolution herzuleiten[4] – doch ich glaube, daß diese Erklärung nicht ausreicht. Denn einerseits finden wir bei den nachrevolutionären Geschichtsphilosophen in Frankreich selbst zwar die Vorstellung von Geschichte als einem »gesetzmäßigen« Prozeß, aber nicht die spezifische Unterordnung der Ereignisse und der Motive menschlichen Handelns unter diesen Prozeß als bloße Mittel durch die Konstruktion der »List der Vernunft«. Und andrerseits finden wir, wie HANNAH ARENDT selbst gezeigt hat, gerade diese Konstruktion, wenn auch in anderen Worten ausgedrückt, schon vor HEGEL nicht nur bei KANT[5], sondern schon eine Generation vor der Französischen Revolution bei GIAMBATTISTA VICO.[6] Was VICO mit KANT und HEGEL verbindet, kann aber offenbar nicht die Enttäuschung über die Französische Revolution sein, die er nicht mehr erlebt hat: Es ist vielmehr der Zwang zur Auseinandersetzung mit einer nationalen Geschichte, die im Falle Italiens kaum weniger diskontinuierlich und in der Tat kaum weniger tragisch war als im Falle Deutschlands.
Aus dieser Situation der Geschichtszerrissenheit heraus hat nun die Geschichtsphilosophie für die Deutschen in höherem Grade als für andere Völker einen besonderen, quasi-religiösen Sinn gewonnen – ich möchte sagen, einen Erlösungssinn. Sie alle sind mit dem Phänomen des »politischen Messianismus« vertraut – mit der Tatsache also, daß von bestimmten Bewegungen ihr politischer Kampf als ein Weg aufgefaßt wird, das Heil, die Erlösung hier auf dieser Erde zu gewinnen. Diese Vorstellung ist, wie wir wissen, in der europäischen Tradition endemisch: Sie ist ein Teil unseres gemeinsamen jüdisch-christlichen Erbes und geht letzten Endes auf die Idee eines »auserwählten Volkes« zurück. So finden wir in allen großen europäischen Nationen in bestimmten Epochen ihrer Geschichte einen quasi-religiösen Glauben an ihre zugleich nationale und universelle Mission. Wir finden etwa die Identifizierung der englischen Puritaner mit den verlorenen zehn Stämmen Israels, die ihre Spuren nicht nur in der Geschichte des britischen Kolonialreichs, sondern bis zum heutigen Tage in Überresten bei den protestantischen »Fundamentalisten« der Südstaaten der USA und auch in Südafrika hinterlassen hat. Wir finden eine andere Form dieses nationalen Messianismus in dem Glauben des revolutionären und nachrevolutionären Frankreich an seine zivilisatorische Weltmission. Wir finden

wieder eine andere Form im Bereich des östlichen Christentums in der Lehre von der Mission Moskaus, des Zentrums der Orthodoxie nach dem Fall Konstantinopels, als des »Dritten Rom«, und ihre Wiederbelebung durch die slawophilen Romantiker des 19. Jahrhunderts. Insoweit ist es zunächst nichts Besonderes, daß auch die Deutschen sich zeitweise eine nationale Mission in der Geschichte der Menschheit zugeschrieben haben.

Doch es gibt hier, wie mir scheint, einen wesentlichen Unterschied. Bei den anderen großen europäischen Nationen hat sich dieses Missionsbewußtsein im Zuge ihres machtpolitischen Aufstiegs – und als Faktor dieses Aufstiegs – entwickelt und hat sich im Maße ihres Erfolges abgeschwächt und seinen aggressiven Fanatismus verloren. In Deutschland dagegen enthielt dieser nationale Missions- und Heilsglaube in Andeutungen schon bei HEGEL und später ganz ausgeprägt die Verheißung einer Kompensation für das Scheitern in der Vergangenheit: Gerade weil wir hinter den andern großen europäischen Völkern zurückgeblieben sind, so schwingt es hier mit, gerade weil wir bisher diese elende, zerrissene Geschichte gehabt haben, sind wir für eine ganz besondere, einzigartige Aufgabe ausersehen – gerade weil wir die Letzten waren, werden wir am Ende der Geschichte die Ersten sein.

Zugleich unterscheidet sich dieser nationale Messianismus in Deutschland auch von jenem revolutionären politischen Messianismus, den Ihr Landsmann J. L. TALMON zum Gegenstand seiner Forschungen gemacht hat.[7] TALMONS Untersuchungen beschäftigen sich mit dem politischen Messianismus einer ganz bestimmten Geschichtsperiode – der Periode zwischen der Großen Französischen Revolution und der gescheiterten Revolution von 1848. Es geht darin um das messianische Element in den revolutionären Ideen einer Übergangsphase, als die politische und wirtschaftliche Modernisierung einer Reihe europäischer Völker noch nicht durchgesetzt war; und bei den meisten Nationen verloren diese Ideen eines revolutionären Messianismus mit dem Gelingen der Modernisierung an Einfluß bis zum nahezu völligen Verschwinden. Auch in Deutschland hatten solche Ideen während der kurzen Glanzzeit des preußisch-deutschen Kaiserreiches nur wenig Gewicht: Seine geschichtliche Selbstauslegung, so unerfreulich sie in ihrem platten Machtkult war, war nicht revolutionär genug, um wahrhaft explosiv zu sein. Doch als das Wilhelminische Reich zusammenbrach, da zeigte sich, wie abhängig vom äußeren Erfolg des Augenblicks die oberflächliche Selbstzufriedenheit jener Zeit, wie verwundbar für jeden machtpolitischen und wirtschaftlichen Rückschlag das Selbstbewußtsein eines Volkes mit so zerrissener Geschichte geblieben war: Erneut breitete sich alsbald der Glaube aus, die Deutschen seien gerade wegen ihrer Niederlage, ihres Zusammenbruchs, ihres wiederholten Scheiterns zu einer welterlösenden Mission in der Zukunft auserwählt. So wurde der deutsche Geschichtsmessianismus in neuer Gestalt wiedergeboren – und diesmal mit verheerendem Effekt.

Auch hier beobachten wir eine wenn auch abgeschwächte Parallele in Italien, wo der Ausgang des Ersten Weltkrieges ebenfalls als neuer Rückschlag in einer ohnehin diskontinuierlichen und verspäteten nationalen Entwicklung empfunden wurde: Italien ist das einzige europäische Land außer Deutschland, das im 20. Jahrhundert eine neo-hegelianische Renaissance erlebt hat. Doch während der italienischen Ausprägung eines politisch aktiven Geschichtsmessianismus – der Vision der Bestimmung der »großen Proletarierin« Italien zur Wiederherstellung einstiger römischer Größe – immer die Blässe einer gedanklichen Konstruktion anhaftete, gewann die deutsche Ausprägung die zerstörende Kraft einer massenwirksamen Diesseitsreligion.

HEGELS Geschichtsphilosophie war selbst noch keine derartige Diesseitsreligion gewesen: HEGEL war lutherischer Christ, und seine Vorstellung von der geschichtlichen Mission der Deutschen war denen anderer europäischer Nationen insofern parallel, als er von der »christlich-germanischen Welt« sprach. Doch er hatte als Lutheraner den Staat als Verkörperung der sittlichen Idee angesehen und damit einer Entwicklung in der auf ihn folgenden Periode der Säkularisierung den Weg bereitet, die machtpolitischen Erfolg vulgär mit moralischem Verdienst gleichsetzte. Um so tiefer war die Krise des nationalen Identitäts- und Geschichtsbewußtseins, die der machtpolitischen Niederlage des Kaiserreichs folgte, und um so stärker die Bereitschaft für geschichtsphilosophische Diesseitsreligionen, die sich zur Füllung des Vakuums anboten, in der Generation nach dem Ersten Weltkrieg.

Geschichtsbewußtsein und Identitätskrise in der deutschen Gegenwart

Ich habe versucht, wenigstens skizzenhaft den Zusammenhang zwischen der besonderen Zerrissenheit der deutschen Geschichte und der Eigenart des deutschen Geschichtsbewußtseins zu umreißen, das sich im 19. und 20. Jahrhundert entwikkelte – eines Geschichtsbewußtseins, das zugleich ein nationales Identitätsbewußtsein zu festigen suchte, das nicht so natürlich und organisch gewachsen war wie bei den großen westeuropäischen Nationen.

Nach dem ersten politischen Zusammenbruch des modernen Deutschland hat THEODOR LESSING (1919) mit seinem Wort von »Geschichte als Sinngebung des Sinnlosen« auf diesen Zusammenhang hingewiesen. Nach der Katastrophe des Zweiten Weltkrieges hat FRANZ BORKENAU die Formulierung geprägt, die ich zum Thema meines heutigen Vortrags gemacht habe. Er zog damals, Jahre vor der Begründung zweier deutscher Teilstaaten, den Schluß, ein deutscher Nationalstaat habe keine Zukunft mehr – nicht nur weil der Konflikt der Großmächte und die Furcht der Nachbarn Deutschlands seine Wiedererstehung verhindern würden, sondern weil in der veränderten Nachkriegswelt mit ihrer neuen Rolle von Supermächten, übernationalen Blöcken und sehr viel kleineren Einheiten eine solche Nachahmung der organisch gewachsenen Nationalstaaten des Westens nicht mehr notwendig oder sinnvoll sein werde. Tatsächlich ist der einheitliche Nationalstaat der Deutschen nach der Katastrophe des Dritten Reiches nicht wieder erstanden. Doch die Teilung in zwei Staaten ist diesmal im wesentlichen von außen aufgezwungen worden, und ihre Konsequenzen für das Nationalbewußtsein der Deutschen sind auch heute noch im Fluß: Ein Vierteljahrhundert nach der Katastrophe hat die Frage nach dem Verhältnis von Nation und Staat noch nicht aufgehört, das Bewußtsein der Deutschen im Westen wie im Osten zu beunruhigen.

Wohl haben einige Historiker und Publizisten darauf hingewiesen, daß die Zerreißung Deutschlands in einen Ost- und einen Weststaat jener alten kulturellen Spaltung und der durch sie begründeten wiederkehrenden Tendenz zu divergenten politischen Entwicklungen in Ost und West entspreche, von der im ersten Teil dieses Vortrags die Rede war. Darin liegt gewiß ein Stück Wahrheit, aber eben doch nur ein Stück: So einfach ist die

Entsprechung nicht. Die verschiedenen kulturellen Elemente in Deutschland haben einander seit langem gegenseitig überlagert und beeinflußt, und gar nach den massiven Bevölkerungsverschiebungen der Kriegs- und Nachkriegszeit sind die westlichen Elemente keineswegs auf Westdeutschland und die östlichen erst recht nicht auf Ostdeutschland beschränkt. So ist die deutsche Teilung in ihrer heutigen Form in noch viel höherem Grade etwas Künstliches, durch politische Gewalt Erzwungenes, als es die Einheit des deutschen Nationalstaates von 1871 war, und sie hat auf beiden Seiten der Grenze ein ungelöstes Problem des nationalen Selbstverständnisses hinterlassen.

Im Westen hat nach 1945 die ältere Generation, die für die Schaffung der Bundesrepublik maßgebend war, am Ziel der Wiedervereinigung in einem Nationalstaat festgehalten, während die Nachkriegsjugend sich zunächst großenteils von der nationalen Idee abkehrte, die mit den Verbrechen des Nationalsozialismus und dem Elend und der Schande, die er über sein Ursprungsland gebracht hatte, belastet erschien: Viele dieser jungen Leute wollten damals »Europäer« sein oder einfach unpolitische, anständige Menschen – alles, nur keine Deutschen. Gerade darum fiel es ihnen verhältnismäßig leicht, loyale, wenn auch meist nicht sehr aktive Bürger der Bundesrepublik und der westlichen Gemeinschaft zu werden. Später waren es dann die Jüngeren, die – ohne Nationalisten zu werden – das Unnatürliche der feindseligen Erstarrung im Verhältnis der beiden deutschen Staaten am stärksten empfanden und die Bemühungen des Außenministers und späteren Bundeskanzlers WILLY BRANDT um eine Normalisierung der innerdeutschen Beziehungen unterstützten, auch wenn sie als Preis die Anerkennung des Bestehens von zwei Staaten einer Nation erforderten. Doch für einen großen Teil der alten Generation bedeutete diese faktische Abkehr von der Nationalstaatsidee einen schweren, traumatischen Schock; und auf der andern Seite ist inzwischen ein erheblicher Teil der zweiten Nachkriegsgeneration in einem Protest gegen die frühere Politik der »nationalen« Fiktionen herangewachsen, der mit dazu geführt hat, daß sie weder ein Nationalbewußtsein noch ein Staatsbewußtsein hat, sondern den Sinn politischen Handelns in einer geschichtsphilosophischen Konzeption »linker« Art, in einer neo-marxistischen Diesseitsreligion sucht.[8]

Im Osten, wo diese Fragen nicht offen diskutiert werden können, sind die Schwierigkeiten des nationalen Selbstverständnis-

ses deswegen keineswegs geringer. Dort hat das kommunistische Regime schon vor einer Reihe von Jahren die These von den »zwei Staaten einer Nation« verkündet und hat sich zielbewußt bemüht, dem eigenen, sogenannten »sozialistischen Staat der deutschen Nation« eine eigene geschichtliche Ahnengalerie aus den fortschrittlichen Bestrebungen und den großen kulturellen Leistungen der deutschen Geschichte zu geben, die Bundesrepublik aber als den alleinigen Erben des deutschen Imperialismus und des Nationalsozialismus hinzustellen – bis hin zur Weigerung, sich an der Wiedergutmachung für die Verbrechen der Hitlerzeit zu beteiligen. Aber auch dort hat der überwiegende Teil der Bevölkerung die Teilung Deutschlands zunächst nicht akzeptiert, und gerade dort hat die Mehrheit sich lange Zeit geweigert, sich mit dem neuen Staat zu identifizieren. Und gerade als mit dem Generationswechsel und der wirtschaftlichen Konsolidierung das Staatsbewußtsein allmählich stärker wurde, hat das Regime der DDR sich eine neue Schwierigkeit geschaffen: Seit die Bundesrepublik die These von den zwei Staaten einer Nation übernommen hat und auf dieser Grundlage die Beziehungen zu normalisieren sucht, um ein weiteres Auseinanderleben der Deutschen in Ost und West zu verhindern, versucht die Führung der DDR krampfhaft, von dieser These herunterzukommen und sich als Staat einer neuen, eigenen Nation darzustellen. Aber das ist ein künstliches Beginnen, das wenig Aussicht hat, von der Masse der DDR-Bürger akzeptiert zu werden: Auf die Dauer wird sich, so glaube ich, in der DDR dasselbe zeigen, was die erste Nachkriegsgeneration in Westdeutschland hat lernen müssen – daß die Deutschen aus dem Deutschtum, aus ihrer gemeinsamen Geschichte und nationalen Identität, so wenig herauskönnen, wie einst jene Juden, die es versuchten, aus dem Judentum herauskommen konnten.
So stehen heute beide deutsche Teilstaaten vor dem Problem, ein Staatsbewußtsein zu entwickeln, das mit dem Nationalbewußtsein einer Nation mit zerrissener, widerspruchsvoller Geschichte und schwer definierbaren begrifflichen Grenzen nicht identisch ist, ohne doch dieses Nationalbewußtsein zu leugnen. Das ist auf die Dauer die Voraussetzung für ein erträgliches Zusammenleben zwischen ihnen; es ist auch die Voraussetzung für die innere Stabilität beider, für die Legitimität der politischen und die Kontinuität und Produktivität der gesellschaftlichen Entwicklung auf beiden Seiten der Grenze. Die staat-

liche Teilung mit ihrem Gegensatz der politischen Systeme und die gemeinsame Geschichte und nationale Identität sind *beides* grundlegende Realitäten – und wo eine von beiden offiziell geleugnet wird, wo es nicht gelingt, beide in einen glaubwürdigen Einklang zu bringen, da muß die politische, soziale und moralische Kohäsion der Gemeinschaft brüchig bleiben. Aber damit ist das Problem nur neu gestellt: Es ist bei weitem nicht gelöst, und wir wissen noch nicht, ob einem der beiden Staaten seine Lösung gelingen wird.

Ein Anzeichen für die Schwierigkeit der Lösung im Osten ist der offizielle Versuch, gerade im Zeitpunkt der Normalisierung die nationale Gemeinsamkeit zu leugnen. Anzeichen für die Schwierigkeit der Lösung im Westen ist einmal die Bitterkeit der Opposition gegen die Normalisierung als »Anerkennung« der Teilung, zum andern die besondere Anfälligkeit der studentischen Jugend der Bundesrepublik für eine neue Ersatzidentifizierung mit der philosophisch postulierten Rolle des – nicht vorhandenen – revolutionären Proletariats, um die durch das Fehlen eines selbstverständlichen, kontinuierlich gewachsenen Nationalbewußtseins gerissene Lücke zu füllen. Es ist ja die Besonderheit der westdeutschen ideologischen Situation von heute – und wir wissen nicht, ob sie dauern wird –, daß gegenwärtig die nationalistische Geschichtsphilosophie bei uns nur noch in Überresten auftritt, als sei sie bestimmt, mit der alten Generation auszusterben, und daß die in der Jugend wirksame Diesseitsreligion, der Glaube, der dogmatischen Halt gewährt und alle Menschenopfer rechtfertigt, die pseudorationale Geschichtsphilosophie des Neomarxismus ist. Doch so polar entgegengesetzt dies neue Geschichtsbewußtsein der politischen Richtung nach jenem älteren ist, dessen Ursprung wir heute abend verfolgt haben, so nah verwandt scheint mir das Bedürfnis, dem das eine und das andere entspringen – das aus dem Mangel an geschichtlicher Kontinuität geborene Gefühl der Sinnlosigkeit und die spekulative Anstrengung zu künstlicher Sinngebung.

Wird die zunehmende Integration der westdeutschen Demokratie in die wirtschaftliche und politische Gemeinschaft des demokratischen Westeuropa, wird die zunehmende Angleichung der Gesellschaft der Bundesrepublik an die anderen freien Gesellschaften des Westens die Überwindung dieser Identitätskrise erleichtern? Wird sie den freien Deutschen eine Identifizierung mit dieser größeren Gemeinschaft und ihrer durch die Jahrhunderte gewachsenen Einheit ermöglichen und dabei doch eine Bewahrung der geistigen und menschlichen Bindungen zu jener Grenzzone der abendländischen Kultur erlauben, deren politische Form heute der ostdeutsche Staat ist? Wir dürfen es im vollen Bewußtsein der grundlegenden Schwierigkeiten hoffen, wir mögen daran arbeiten – aber wir können den Ausgang nicht wissen, und wir haben keine Rezepte, um ihn zu sichern. Doch die Aufgabe unserer heutigen Überlegungen konnte es nicht sein, einen gesicherten Weg in die Zukunft zu zeigen: Sie wollten nur durch die Betrachtung der Vergangenheit ein wenig Licht auf die Probleme der Gegenwart werfen.

Zum Abschluß

Bonn und Weimar – Zwei deutsche Demokratien

Zum 30. Jahrestag der Bundesrepublik Deutschland

Der Satz »Bonn ist nicht Weimar«, bei seiner Einführung als Buchtitel durch F. R. ALLEMANN[1] Mitte der 50er Jahre noch eine kühne und weitsichtige These, ist seither längst zur Binsenwahrheit geworden. In der Tat ist der Gegensatz zwischen der krisengeschüttelten ersten deutschen Republik, deren demokratisches Funktionieren schon erheblich vor dem Ende ihrer »14 Jahre« aufgehört hatte, und der aus einer noch weit tieferen Katastrophe geborenen, aber anerkannt stabilen, wenn nicht »überstabilen« Bundesrepublik mit ihren nunmehr 30 Jahren schlagend. Dennoch muß es zwischen den Republiken von Weimar und Bonn schon auf Grund ihres gemeinsamen geschichtlichen Erbes auch Gemeinsamkeiten geben – Gemeinsamkeiten mindestens in den Aufgaben und Schwierigkeiten, an denen die erste gescheitert ist und deren Bewältigung der zweiten bisher gelang. So will es mir scheinen, daß der Unterschied in Erfolg und Leistung seine Lehren dann am besten enthüllt, wenn man ihn an diesen gemeinsamen Aufgaben mißt.

Hier soll nur von zweien dieser ererbten Probleme jeder deutschen Demokratie die Rede sein: Zum einen dem Problem der Konsolidierung einer demokratischen Ordnung in einer Industriegesellschaft ohne vitale demokratisch-revolutionäre Traditionen und in der Tat mit der Belastung starker autoritärer, obrigkeitsstaatlicher Traditionen, zum andern dem Problem der Gestaltung einer zivilen Lebensform in einem Volk mit überkommenen Werthaltungen, die aus westlich-abendländischen, zugleich überwiegend katholischen, und nicht westeuropäischen, zugleich weitgehend protestantischen Elementen gemischt sind. In der Weimarer Republik hat das erste Problem Formen angenommen, die das Entstehen einer gewachsenen Legitimität der Demokratie verhinderten, und das zweite hat zur Aufladung des Potentials einer anti-westlichen Explosion beigetragen. In der Bundesrepublik haben der Schock der Entstehungskatastrophe, der Schrecken der Erinnerung an das Dritte Reich und das allgemeine Gefühl des Neubeginns auf einer scheinbaren *tabula rasa* die Legitimierung einer demokratischen Ordnung erleichtert, und die Teilung Europas und Deutschlands durch die Großmächte haben die Grundlagen einer in der deutschen Geschichte beispiellos eindeutigen, auch kulturellen Option für den Westen geschaffen.

Demokratie ohne Revolution

Es ist ein Grundfaktum der neueren deutschen Geschichte, daß Deutschland die entscheidende Phase seiner Entwicklung zum modernen Industrieland durchgemacht hat, ohne vorher durch eine erfolgreiche demokratische Revolution gegangen zu sein. Es steht darin unter den Industriemächten der Gegenwart nicht allein. Die Modernisierung Japans hat sich ausschließlich, die Deutschlands entscheidend, die Italiens letzten Endes überwiegend durch »Revolution von oben« vollzogen; auch in Spanien erfolgte der Hauptschub der Industrialisierung nach dem Scheitern der demokratischen Republik im Bürgerkrieg der 30er Jahre unter der autoritären Diktatur FRANCOS. Auch wenn man der agrargeschichtlichen Erklärung der *›Sozialen Ursprünge von Demokratie und Diktatur‹* durch BARRINGTON MOORE jr.[2] mit einer gewissen Skepsis gegenübersteht, wird man seinem allgemeineren Ansatz zustimmen müssen, daß die »Revolution von oben« historisch einen klar ausgeprägten Verlaufstypus der Modernisierung bildet, der sich sowohl von deren westlich-demokratischem Typus wie vom Typus der nachgeholten Entwicklung durch kommunistisch-totalitäre Revolutionen deutlich unterscheidet.
Die Erfahrung scheint nun zu zeigen, daß in Ländern, die ohne erfolgreiche demokratische Revolution die industrielle Entwicklungsstufe erreicht haben, ein verspäteter Übergang zur Demokratie wohl möglich ist – aber nicht mehr auf dem »klassischen«, demokratisch-revolutionären Wege. In drei der genannten Länder der »Revolution von oben« – in Italien, Deutschland und Japan – ist ein solcher nachträglicher Übergang zur Demokratie schließlich als Ergebnis der Niederlage im Zweiten Weltkrieg und unter beträchtlichem Einfluß der westlichen Sieger-

mächte erfolgt – davon nur in Italien mit wichtigen revolutionären Teilelementen des Prozesses; doch auch dort hat die revolutionäre Partisanenbewegung, die im Norden nach der militärischen Niederlage und dem Umschwenken von Monarchie und Armee auf die alliierte Seite gegen die deutschen Okkupanten und die »Faschistische Republik« kämpfte, bei der Grundlegung der neuen Demokratie mit der legitimen und zunächst noch monarchischen Regierung in Rom zusammengearbeitet. In Spanien hat sich der Übergang zur Demokratie in den Jahren nach FRANCOS Tod ohne äußere Niederlage und autonom, aber auch auf nichtrevolutionäre Weise unter dem Dach der Monarchie vollzogen. Nur in Deutschland ist nach der Niederlage im Ersten Weltkrieg der Versuch einer verspäteten demokratischen Revolution in einem Industrieland gemacht worden, aber auf halbem Wege steckengeblieben; und im Lichte des hier Gesagten erscheint dieses Steckenbleiben nicht mehr als eine deutsche Singularität, sondern eher als Ausdruck einer typischen Schwierigkeit.

Die Schwierigkeit hat ihren Grund in der enormen Zunahme der Bedeutung des Funktionierens der staatlichen Verwaltungsapparate, damit aber der formalen Kontinuität der staatlichen Ordnung, für das Alltagsleben der Bürger einer Industriegesellschaft – und zwar ganz besonders in Krisenzeiten oder im Augenblick einer Niederlage im Krieg. Die Ernährung der Städte, der Heimtransport von demobilisierten Soldaten, ihre Wiedereingliederung in das Wirtschaftsleben, die Brennstoff- und Rohstoffversorgung der Industrie, die Seuchenbekämpfung – das alles hängt vom Funktionieren des öffentlichen Transportwesens und anderer Verwaltungen ab. Der Zusammenbruch der Versorgung und das administrative Chaos erscheinen als die dringendsten Gefahren, um derentwillen auch der Fortbestand vorhandener Machtapparate »einstweilen« in Kauf zu nehmen sei. Der Wunsch nach gesichertem Überleben wird zur Stütze der bestehenden Ordnungsorgane auch bei vielen von denen, die dem Regime, um dessen Organe es sich handelt, kritisch gegenüberstehen.

Dieser »Anti-Chaos-Reflex« von industriellen Bevölkerungen in Krisenzeiten mag da leichter von aktivistischen Gruppen überwunden werden, wo ohnehin das relative Chaos eines fortdauernden, verhaßten Krieges herrscht – daher der revolutionäre Einsatz der norditalienischen Partisanen nach dem Herbst 1943. Dagegen war er in Spanien in der Endkrise des FRANCO-

Regimes durch die Erinnerung an die Schrecken des Bürgerkrieges sowohl unter den potentiellen Revolutionären der Linken wie unter den potentiellen Konterrevolutionären in Armee und Polizei als ein Faktor wirksam, der dem König den schrittweisen friedlichen Übergang zur Demokratie ermöglichte. In Deutschland war er nach meiner Überzeugung 1918 und in den folgenden Jahren die entscheidende Ursache, warum nicht nur EBERT und die Führung der Mehrheitssozialdemokratie den Bruch mit der Obersten Heeresleitung nicht wagten und sich für die Aufrechterhaltung der Ordnung schließlich auf weitgehend aus antidemokratischen Elementen rekrutierte Freikorps stützten, sondern warum auch die Masse ihrer Anhänger, die ihrer Entscheidung gegen die Räterepublik und für eine freigewählte Nationalversammlung zustimmten, aber ihre Zusammenarbeit mit den »Militaristen« mißbilligten und eine Zerschlagung der Macht der alten Offizierskaste wünschten, in der Praxis nicht bereit waren, diesem Wunsch mit revolutionären Mitteln Geltung zu verschaffen.[3]
Wenn diese Überlegungen richtig sind, so weisen sie übrigens auf ein wesentliches Hindernis nicht nur für demokratische Revolutionen, sondern für alle an ihrem Vorbild orientierten Volkserhebungen in Industrieländern hin, im Unterschied zu »Revolutionen«, die mit Hilfe des Staatsapparates durchgeführt werden. In der Tat hat es bekanntlich in keinem Industrieland kommunistische Revolutionen vom Typus der russischen Oktoberrevolution gegeben – auch nicht auf dem Höhepunkt der Weltwirtschaftskrise – und die Kommunisten selbst erwarten sie nicht mehr: Lange vor dem Bekenntnis der »eurokommunistischen« Parteien zu den Freiheitsrechten und Spielregeln der westlichen Demokratie hat N. S. CHRUSCHTSCHEW schon 1956 die Strategie eines »friedlichen Weges« zur Macht offiziell autorisiert und den Prager »legalen« Staatsstreich von 1948 als Beispiel dafür angeführt. Doch ein solcher Staatsstreich, der mit Hilfe einer im voraus gewonnenen Kontrolle des Staatsapparates erfolgt, ist »revolutionär« nur im gleichen Sinne, in dem HITLERS Machtergreifung revolutionär war.

Republik ohne Legitimität

Für unseren Zusammenhang kommt es nun auf das heute kaum noch bestrittene Faktum an, daß 1918–20 in Deutschland nicht nur keine kommunistische Revolution stattgefunden hat, sondern auch die durch den Zusammenbruch des Kaiserreichs historisch aktuell gewordenen Aufgaben einer demokratischen Revolution weitgehend verfehlt worden sind. Eine wirksame demokratische Revolution hätte über die Einführung einer demokratisch-parlamentarischen Verfassung hinaus die entscheidenden Träger vordemokratischer staatlicher und gesellschaftlicher Macht – die auf den ostelbischen Großgrundbesitz und die Vorzugsstellung im Offizierskorps und Teilen des höheren Beamtenapparates gestützte Junkerkaste und die Sonderstellung der Armee als Staat im Staate – entmachten und das Bündnis zwischen ihnen und der Schwerindustrie zerschlagen müssen. Für diese Forderungen war, wie ARTHUR ROSENBERG zuerst gezeigt und die neuere Forschung bestätigt hat, eine breite Mehrheit in der demokratischen Arbeiterbewegung vorhanden, der im Zuge des Zusammenbruchs zunächst die Regierungsmacht zugefallen war; und sie wurden im Frühjahr 1920 noch einmal von der Führung der gleichen Freien Gewerkschaften als Programm einer Konsolidierung der Demokratie proklamiert, die soeben den Versuch von KAPP und LÜTTWITZ zum Sturz dieser Demokratie durch ihren Generalstreik vereitelt hatten. Dennoch hat sich sowohl um die Wende 1918/19 wie im Frühjahr 1920 die Führung der Mehrheitssozialdemokratie unter EBERT mit ihrem Glauben an die Unentbehrlichkeit zuerst der alten Armeeführung und dann eines weitgehend aus den im Kern antidemokratischen Freikorps rekrutierten neuen Berufsheeres für die Aufrechterhaltung der Ordnung und die Verhinderung von Reichszerfall, Chaos und »Bolschewismus« und mit ihrer Weigerung durchgesetzt, der neuen demokratischen Verfassung im voraus oder im nachhinein eine solide Grundlage durch Säuberung des Staatsapparates von Gegnern der Demokratie und durch revolutionäre Änderung der gesellschaftlichen Machtverhältnisse zu geben; und diese Durchsetzung, und mit ihr das Steckenbleiben der demokratischen Revolution auf halbem Wege, ist letzten Endes durch jene Revolutionsscheu der demokratisch gesinnten Massen ermöglicht worden, die wir als ein Merkmal entwickelter Industriegesellschaften erkannt haben.

Auf dieser Grundlage ist die Weimarer Republik mit einem zweifachen Legitimitätsdefizit zur Welt gekommen. Auf der einen Seite waren die autoritären Gegner der neuen Demokratie weder durch Entfernung aus ihren Machtpositionen in Staatsapparat und Gesellschaft unschädlich gemacht noch durch Gewinnung für die neue Ordnung integriert worden. So blieb nicht nur die konservative Mehrheit des Bürgertums unter der Führung der einflußreichsten Wirtschaftsgruppen im Herzen republikfeindlich und allenfalls zur äußeren Anpassung an die neue politische Ordnung bereit, sondern eine maßgebende Oberschicht der professionellen »Staatsdiener« in Armee, Verwaltung und Justiz entwickelte eine gespaltene Loyalität: Sie unterschieden zwischen dem kontinuierlich fortdauernden »Staat«, dem sie dienten und den sie in der Tat zu verkörpern meinten, und der demokratischen Republik mit ihrer parlamentarischen Ordnung und ihren Parteien, die sie verachteten und nach Möglichkeit ignorierten.

Auf der anderen Seite fanden erhebliche Teile der organisierten Arbeiterbewegung es schwer, sich in dem durch solche Machterverhältnisse charakterisierten neuen Staat zu Hause zu fühlen. Eine starke und aktive Minderheit der Arbeiterschaft blieb *diesem* demokratischen Staat feindlich und bildete die Basis einer kommunistischen Massenpartei, und auch in der stärksten demokratischen Partei, der Sozialdemokratie, blieb ein erheblicher linker Flügel höchst reserviert gegenüber einer derart unvollkommenen Demokratie. Ein Ausdruck und ein Faktor der Beharrung dieses Legitimitätsdefizits auf der Linken waren die mitteldeutschen Vorgänge im Herbst 1923, als linke Sozialdemokraten in Sachsen und Thüringen Koalitionsregierungen mit Kommunisten bildeten, die diese Positionen zur Vorbereitung des bewaffneten Aufstandes nutzen wollten – und als diese Regierungen unter dem vom Reichspräsidenten EBERT verhängten Ausnahmezustand von der Reichswehr aus dem Amte gejagt wurden. Der kommunistische Aufstand kam freilich nicht zustande, weil auch die linken Sozialdemokraten nicht bereit waren, diese Maßnahme mit dem Generalstreik zu beantworten.

Die Weimarer Republik war so zwar nicht eine »Demokratie ohne Demokraten«, aber eine Demokratie ohne solide Mehrheit von Demokraten. Die »Weimarer Koalition« aus Sozialdemokratie, Zentrum und der rasch schwächer werdenden Demokratischen Partei umfaßte die verläßlich demokratischen

Kräfte; sie hat in Preußen, wo sie länger als im Reich eine Mehrheit behielt und auch nach Verlust dieser Mehrheit aus Mangel an Alternativen noch lange an der Macht blieb, auch eine verläßliche Polizeimacht aufgebaut und sogar noch 1927 durch die Auflösung der ostelbischen »Gutsbezirke« ein wichtiges Stück Demokratisierung nachgeholt. In den Jahren der Beruhigung, die der Stabilisierung der Währung und der Annahme des DAWES-Plans folgten und durch den Locarno-Vertrag und den Beitritt zum Völkerbund auch eine erste Normalisierung der internationalen Position Deutschlands brachten, schien sich durch die Mitarbeit der »Vernunftrepublikaner« der Deutschen Volkspartei in den Regierungen der Großen Koalition auch eine allmähliche Verbreiterung der Basis des Regimes nach der konservativen Seite hin anzukündigen. (Über die Regierungsbeteiligung der antirepublikanischen Deutschnationalen kann man ein solches Urteil nicht fällen.)
Doch der Einbruch der Weltwirtschaftskrise mit seiner Verschärfung der Verteilungskämpfe führte nach dem Austritt der Sozialdemokraten aus der Reichsregierung rasch eine Situation herbei, in der nur noch Minderheitsregierungen möglich waren. Während die Wähler sich in wachsendem Tempo teils in der Mitte zersplitterten, teils zu den antidemokratischen Extremen, vor allem der rasch wachsenden NSDAP hinbewegten, waren die Regierungen nun zunehmend auf den Gebrauch der Ausnahmevollmachten der Verfassung durch den Reichspräsidenten HINDENBURG angewiesen, mit dem Ergebnis, daß anstelle der Abhängigkeit der Regierung vom Parlament schließlich ihre Abhängigkeit vom Präsidenten und dessen jeweiligen Günstlingen trat. Am Ende stand, nach Jahren der Gewöhnung an die Lähmung des demokratischen Mechanismus, erst die Absetzung der preußischen Minderheitsregierung der Weimarer Koalition durch die unvergleichlich schwächer basierte, aber mit dem präsidentiellen Ausnahmezustand regierende Reichsregierung der traditionellen Rechten unter V. PAPEN, und schließlich die Entscheidung der gesamten »staatstragenden« Rechten – Reichspräsident, Reichswehr und rechtsbürgerliche Machtgruppen bis in den rechten Flügel des Zentrums hinein – HITLER die Herrschaft unter Koalitionsbedingungen anzubieten, die sich alsbald als Zwirnsfäden erwiesen. Die Machtergreifung einer von der Wirtschaftskrise aufgeblähten und von den antidemokratischen Kräften der Rechten geförderten totalitären Massenbewegung wurde durch die Unwilligkeit der

Kommunisten und die Unfähigkeit der demokratischen Kräfte erleichtert, die seit langem schrittweise abgebaute Demokratie noch wirksam zu verteidigen.

Neue Bedingungen – neue Lehren

Die zweite deutsche Demokratie ist im Gegensatz zur ersten nicht einmal aus einer unvollkommenen demokratischen Revolution hervorgegangen. Sie ist aber auch nicht einfach ein Produkt von Vorentscheidungen der siegreichen westlichen Besatzungsmächte, wie es dem oberflächlichen Blick erscheinen könnte. Wohl haben diese Mächte nach der Katastrophe von HITLERS Reich die Ausgangsbedingungen für den Wiederaufbau wesentlich gestaltet; doch nicht weniger wichtig für dessen Form und Inhalt waren die Lehren, die von den sich politisch neugruppierenden gesellschaftlichen Kräften aus der Katastrophe und der neuen weltpolitischen Lage gezogen wurden, die der Schaffung der Bundesrepublik vorausgingen.
Die entscheidenden neuen Ausgangsbedingungen, die von den Siegermächten geschaffen wurden, bestanden in einer weitgehenden Entmachtung oder Schwächung der traditionellen antidemokratischen Kräfte der deutschen Gesellschaft ebenso wie der Liquidierung der Überreste des nationalsozialistischen Machtapparates. Die zahllosen Unvollkommenheiten und Fehlurteile der »Entnazifizierung« dürfen die grundlegende Tatsache nicht verdunkeln, daß dieser Machtapparat mit dem Einmarsch der Besatzungsmächte automatisch zerschlagen wurde und daß die Tatsache des Zusammenbruchs der überwältigenden Mehrzahl seiner einstigen Träger ihren ideologischen Glauben und ihr politisches Selbstvertrauen raubte. Die totale Entwaffnung Deutschlands bewirkte, daß sich der Neuaufbau der politischen Ordnung ohne den Einfluß eines Offizierskorps mit politischem Eigenwillen vollzog – ein Eigenwille, der freilich schon von HITLERS Terror weitgehend gebrochen worden war – und daß der spätere Wiederaufbau einer Bundeswehr unter dem eindeutigen Primat der vorher geschaffenen demokratischen Zivilregierung erfolgte, so daß jeder Ansatz zum Wiedererstehen einer Wehrmacht als Staat im Staate von vornherein ausgeschlossen war. Die Enteignung des Großgrundbesitzes in der sowjetischen Besatzungszone brach die Machtgrundlage der früheren Junkerkaste und machte ihre

im Westen überlebenden Angehörigen zu Bürgern, deren Startchancen von denen vieler anderer Überlebender der Katastrophe nicht grundsätzlich verschieden waren. Die »Dekartellisierung« der westdeutschen Kohlen- und Stahlindustrie und ihre zeitweise Unterstellung unter von den Besatzungsmächten eingesetzte Treuhänder hat die *wirtschaftliche* Macht der Schwerindustriellen nicht dauernd gebrochen, da die Versuche einer Nationalisierung ihres Eigentums vor der Schaffung der Bundesrepublik von den gleichen Alliierten verhindert wurden und nachher keine Mehrheit fanden; doch sie hat, zusammen mit den Lehren der Hitlerzeit und der zeitweisen *Drohung* der Nationalisierung, wesentlich dazu beigetragen, das politische Selbstvertrauen und den politischen Ehrgeiz der Schwerindustrie so stark zu dämpfen, daß diese im *politischen* Leben der Bundesrepublik niemals eine annähernd ähnliche Rolle zu spielen versucht hat wie in dem der Weimarer Republik.
Schließlich sind zwar die ursprünglichen alliierten, besonders amerikanischen Bemühungen um einen radikalen Kontinuitätsbruch im Verwaltungs- und Justizpersonal von der Mehrheit der deutschen Gesetzgeber weitgehend vereitelt worden, so daß neben einzelnen durch ihre Tätigkeit im NS-Regime schwer kompromittierten Figuren die Hauptmasse jener professionellen »Staatsdiener«, die seit Jahrzehnten unter allen Herren die gleiche autoritäre Ordnungsidee praktiziert hatten, im Amte blieben. Doch diese haben unter dem Eindruck der Ereignisse allgemein einen ähnlichen Gesinnungswandel durchgemacht, wie die Masse des konservativen Bürgertums überhaupt, und haben sich im Gegensatz zur Weimarer Zeit ganz überwiegend loyal auf den Boden der neuen demokratischen Ordnung gestellt und nicht versucht, die spitzfindige Unterscheidung zwischen dem Respekt vor dem »Staat« und der Mißachtung der Demokratie neu zu beleben.

Damit sind wir schon bei dem Beitrag der politischen Neuorientierung der deutschen gesellschaftlichen Kräfte zur Schaffung der neuen Demokratie. Für die traditionell autoritär-konservative Rechte wurde diese Neuorientierung erst durch den zunehmenden Terror des HITLER-Regimes, dann durch den Zusammenbruch, in den es Deutschland geführt hatte, schließlich auch durch die Drohung eines kommunistischen Diktaturregimes im Osten Deutschlands und durch den Widerstand der Demokraten gegen dieses Regime bewirkt. Auch unabhängig von allen alliierten Anstrengungen zur »Umerziehung« erschien die Demokratie diesen Schichten zunehmend als die einzig reale Alternative zu einer neuen, diesmal kommunistischen Diktatur: *Durch Schaden klug geworden, zogen die traditionellen Anhänger eines autoritären Rechtsstaates nun einen demokratischen Rechtsstaat einem autoritären Willkürstaat vor.* Die Vereinigung vieler traditionell autoritärer Konservativer mit echten gemäßigten Demokraten, besonders aus dem katholischen Lager, in der CDU als neuer großer bürgerlicher Sammlungspartei war nicht die Ursache, wohl aber der sichtbarste Ausdruck dieses Wandels.

Kaum weniger bedeutsam war der Wandel auf der politischen Linken. Nicht die bloße Nachwirkung von HITLERS antibolschewistischer Propaganda, wohl aber das abschreckende Beispiel der neu entstehenden kommunistischen Diktatur im Osten Deutschlands zerstörte schnell die traditionelle Massenbasis der Kommunisten im Westen. Im Gegensatz zur Weimarer Zeit wurde der harte Widerstand der Sozialdemokratie gegen die diesmal ungleich realere »bolschewistische Gefahr« jetzt zur Grundlage nicht einer tiefen Spaltung der sozialistischen Arbeiterbewegung, sondern der Einigung ihrer überwältigenden Mehrheit in der SPD. Unter KURT SCHUMACHERS Führung ließ die wiedererstandene Sozialdemokratie bei aller anfänglichen, um der Hoffnung auf deutsche Wiedervereinigung durch Verhandlungen willen jahrelang fortgeführten Opposition gegen die Westintegration der Bundesrepublik nie einen Zweifel daran, daß die Verwirklichung ihrer Ziele nur in einer Demokratie vom westlichen Typus möglich war; so sehr sie lange Zeit mehr als die Regierungsparteien den provisorischen Charakter der Bundesrepublik betonte, so gewiß bekannte sie sich von Anfang an zur demokratischen Ordnung des neuen Staates und zu deren Verteidigung.

So hat es in den formativen Jahren der zweiten deutschen Demokratie weder auf der Rechten noch auf der Linken ein substantielles Legitimitätsdefizit, sondern einen breiten Grundkonsens in der Anerkennung und Verteidigung ihrer Ordnung gegeben. Bei aller Bewunderung für die konstruktive Leistung der Väter des Bonner Grundgesetzes scheint mir dieser Grundkonsens noch wichtiger als die erheblichen Vorzüge jenes Grundgesetzes gegenüber der Weimarer Verfassung, aus deren Schwächen seine Väter bewußt gelernt haben. Insbesondere hat sich dieser Konsens auch in den beiden Phasen bitterer innenpolitischer Polarisierung um außenpolitische Grundentscheidungen – der Einbindung der Bundesrepublik in Westintegration und atlantisches Bündnis gegen den Widerstand der Sozialdemokratie in den Anfangsjahren und der Entschärfung der deutschen Sonderkonflikte mit dem Sowjetblock auf der sicheren Basis dieser Einbindung durch die Regierung BRANDT gegen den Widerstand der CDU/CSU – bewährt: In beiden Fällen hat es jahrelange, bittere Debatten bis hin zum Verfassungsprozeß, aber in keinem Fall eine Verfassungs- und Staatskrise gegeben, weil in beiden Fällen die unterlegene Partei den bindenden Charakter der einmal legitim gefallenen Entscheidung nicht bestritt. So ist auf den Kampf um die Westintegration das eindeutige Bekenntnis der Sozialdemokratie zu den eingegangenen Bindungen und zu den Verteidigungsaufgaben des westlichen Bündnisses gefolgt; so bekennt sich heute auch die CDU/CSU zur Einhaltung der Ostverträge.

Der autoritäre Rest

Die von außen gesetzten neuen Bedingungen und die Lehren einer durchlebten und einer benachbarten Diktatur haben also für die zweite deutsche Demokratie offenbar solidere Grundlagen geschaffen, als die unvollendete demokratische Revolution für die erste zu schaffen vermochte. Nur in einem wichtigen Punkt hat das Fehlen einer vollendeten demokratischen Revolution ein dauerndes Problem hinterlassen: In dem langen Fortleben starker autoritärer Tendenzen in vielen Bereichen des staatlichen und gesellschaftlichen Lebens – in Bürokratie, Justiz und Erziehungswesen, aber auch in der Industrie und bis in die Familie hinein. Diese Traditionen gingen zwar auch zur Zeit ihrer stärksten Wirksamkeit nicht wie in Weimarer Zeiten mit Feindseligkeit gegen die demokratische politische Ordnung einher, doch sie suchten deren einzelnen Aspekten immer wieder den Stil des Obrigkeitsstaates aufzudrängen.
Es sind diese Züge, die Kritiker schon früh veranlaßt haben, vom »restaurativen« Charakter der Bundesrepublik zu sprechen[4] – eine Kennzeichnung, die ich für das Gesamtbild der Bundesrepublik aus vielen Gründen immer für falsch gehalten habe[5], deren Relevanz für eine Reihe von Teilaspekten aber lange auffällig war und sich zum Teil auch heute noch bemerkbar macht. Es sind die gleichen Züge, auf denen das Bedürfnis

der linken Intelligenz nach »nachgeholter Aufklärung« beruhte, das dann im Zuge des Wechsels der Nachkriegsgenerationen Ende der 60er Jahre der deutschen Form der internationalen Studentenrevolte ihren besonderen Charakter und einen Teil ihrer explosiven Kraft gab. Seither haben diese Bewegungen teils konstruktiv-demokratische, teils zerstörerische und demokratiefeindliche Konsequenzen gezeitigt. Auf der einen Seite sind sie in die Forderung gemündet, »mehr Demokratie zu wagen«, und haben dazu beigetragen, die Überreste eines obrigkeitsstaatlichen Klimas in wichtigen Bereichen zurückzudrängen; auf der anderen Seite ist aus ihnen der rechts- und freiheitsfeindliche, »antiautoritäre« Extremismus einer Minderheit hervorgegangen, der in der Leugnung der Legitimität der demokratischen Ordnung und zum Teil in einem irrationalen Gewaltkult seinen Höhepunkt erreichte. Schließlich hat dieser anti-autoritäre Extremismus eine Reaktion hervorgerufen, die zum Teil ihrerseits vergißt, daß die gegen ihn zu verteidigende Ordnung eine freiheitliche Ordnung ist, und zum Rückfall in obrigkeitsstaatliche Methoden tendiert. Die demokratischen Institutionen der Bundesrepublik sind nicht bedroht – doch ihr freiheitliches und tolerantes Klima ist nach dreißig Jahren noch nicht selbstverständlich geworden, sondern muß immer noch und immer wieder verteidigt werden.

Deutschlands kulturelle Sonderstellung

Damit sind wir bei der Frage angelangt, wie weit die kulturelle Eigenart Deutschlands das Schicksal der ersten und der zweiten Demokratie auf deutschem Boden beeinflußt hat. Vom Ursprung her ist die deutsche Geschichte fraglos ein Teil der Geschichte des Abendlandes – der westlichen Zivilisation, die ursprünglich auf dem Boden des zerfallenen weströmischen Reiches, in der Hut der römischen Kirche und auf der Grundlage des unabhängigen Nebeneinanders von geistlicher und weltlicher Gewalt erwachsen ist. Doch in der nachreformatorischen Neuzeit hat sich eine kulturelle Sonderstellung Deutschlands in diesem Rahmen herausgebildet. Nachdem die mittelalterliche Lebensform, und mit ihr die Alltagsmoral des mittelalterlichen Katholizismus, den veränderten Lebensverhältnissen Westeuropas nach der Renaissance nicht mehr entsprach, haben sich dort vor allem unter dem Einfluß der calvi-

nischen Form der Reformation einerseits, der Gegenreformation andererseits neue, »bürgerliche« Normen der Alltagsmoral herausgebildet. In Deutschland aber ist die lutherische Reformation auf einer Stufe stehengeblieben, auf der die katholische »Werkheiligkeit« zwar verworfen, aber nicht durch konkrete Alltagsnormen des innerweltlichen Verhaltens, sondern durch den Gehorsam gegenüber der politischen Obrigkeit einerseits, die Ausrichtung an der inneren Stimme des individuellen Gewissens andererseits ersetzt wurde.
Ein zweiter folgenreicher Unterschied zwischen der kulturellen Entwicklung Deutschlands und der übrigen westlichen Länder beruht auf der relativen ökonomischen und sozialen Rückständigkeit Deutschlands im Zeitalter der Französischen Revolution und NAPOLEONS. Nicht nur die politischen Ideen der Revolution, sondern die neuen Formen des bürgerlichen Rechts und Wirtschaftslebens kamen damals und in den folgenden Jahrzehnten aus den entwickelteren westlichen Ländern, und zum Teil von den französischen Eroberern. Nationaler Widerstand gegen die Überfremdung und sozialer Widerstand gegen die bürgerliche Modernisierung verquickten sich so in der deutschen Romantik – ähnlich wie anschließend bei den russischen Slawophilen und später so oft in Entwicklungsländern – zu einer Verstärkung des deutschen Sonderbewußtseins gegenüber dem Westen und zur ideologischen Verklärung der eignen Vergangenheit. Zusammen haben die Eigenart erst des Luthertums und dann des deutschen romantischen Widerstandes gegen die westliche Form der Modernisierung in Deutschland eine teilweise kulturelle Verschiedenheit vom Westen geschaffen, die mehr als geographisch bedingt war: Deutschland war und fühlte sich weniger »westlich« als das – katholische und pro-napoleonische – Polen.
Wir finden die Spuren dieser Sonderentwicklung des deutschen Bewußtseins in der ideologischen Entgegenstellung zwischen deutscher (innerlicher) »Kultur« und »welscher« (äußerlicher) »Zivilisation«, die aus dem Ressentiment der deutschen pastoralen Frühintelligenz gegen die Manieren der französierten Fürstenhöfe im späten 18. Jahrhundert stammte (»Im Deutschen lügt man, wenn man höflich ist«) und in der deutschen »Kulturpropaganda« des Ersten Weltkriegs wieder auflebte. Wir finden sie in der romantischen Idealisierung der vorbürgerlichen »Gemeinschaft« im Gegensatz zur bürgerlichen Gesellschaft, aber auch in der Verherrlichung der souveränen Persön-

lichkeit im Gegensatz zu jener Konformität, die man im 19. Jahrhundert den Engländern und im 20. den Amerikanern vorwarf; der typisch romantische Widerspruch des Strebens nach totaler Persönlichkeit und totaler Gemeinschaft ist noch in die MARXsche Utopie einer kommunistischen Ordnung ohne berufliche Arbeitsteilung eingegangen. Wir finden sie in jenem hartnäckigen Glauben an einen besonderen »Idealismus« der Deutschen – nicht nur ihrer Philosophen –, der selbst das hochgradig am materiellen Erfolg orientierte Wilhelminische Zeitalter überlebte und noch MAX WEBER von der historischen Mission der deutschen Kultur zwischen russischer Barbarei und angelsächsischem Materialismus sprechen ließ. Wir finden sie in der Rebellion der deutschen Jugendbewegung gegen die »verlogenen« Konventionen des angeblich bürgerlichen deutschen Lebensstils ihrer Zeit, der in Wirklichkeit weitgehend der Lebensstil des »Untertans« war, und in der Echtheitsidee der Existenzphilosophie bis hin zu dem späten HEIDEGGER-Schüler HERBERT MARCUSE, der die antikonformistische Revolte gegen die bürgerliche Lebensform des Westens bis zu ihren letzten, neobakunistischen Konsequenzen entwickelte.[6]

Die grundsätzliche Gefahr dieser Tradition hat wohl als erster Deutscher nach dem Siege HITLERS der Sozialwissenschaftler ADOLF LOEWE gesehen, der im englischen Exil in einer Broschüre unter dem Titel *The Price of Liberty* die These entwikkelte, daß jener extreme, kulturelle Individualismus, der nur der inneren Stimme folgt und alle Konventionen verwirft, zur demokratischen Zivilität unfähig macht und der autoritären Obrigkeit als seiner Ergänzung bedarf, während die Konformität der Sitten auf der Grundlage einer gemeinsamen Alltagsethik die solide Grundlage der angelsächsischen Demokratien bildet.[7] Am Ende des Zweiten Weltkrieges hat dann ein anderer Emigrant, FRANZ BORKENAU, in einem englischen Essay über Lutheranismus, der 1947 auch in Deutschland erschien, auf die Verwandtschaft jener lutheranischen Haltung mit der gleichzeitigen Betonung der Gehorsamspflicht gegen die cäsaropapistische Autorität und der Innerlichkeit des Seelenlebens in der orthodoxen Tradition der Ostkirche hingewiesen.[8]

Weimar zwischen West und Ost

Daß das preußisch-deutsche Kaiserreich die kulturelle Sonderart Deutschlands weit stärker als die Elemente der Zusammengehörigkeit mit dem Westen empfand und herausstellte, lag nicht nur an der Zusammensetzung seiner tragenden Schicht, sondern auch an der außenpolitischen Konstellation, in die es seit den 90er Jahren zunehmend hineingeriet. Sein Zusammenbruch hätte möglicherweise eine Wendung bringen können – die beiden tragenden Parteien der Weimarer Koalition, Sozialdemokratie und Zentrum, waren auch die Parteien der ausgeprägtesten Westorientierung –, doch der Versailler Frieden und vor allem die französische Politik der folgenden Jahre gaben ihnen keine Chance und trugen wesentlich zur Wiedergeburt eines primär antiwestlichen Nationalismus bei. In der Tat braucht man keine kulturellen Faktoren heranzuziehen, um die frühe Herausbildung einer Sonderbeziehung mit Sowjetrußland und die spätere Gleichgewichtspolitik der Weimarer Republik zwischen West und Ost zu erklären: Unter den gegebenen Umständen war die Staatsräson Erklärung genug – die Deutschen waren ja nicht die einzigen, denen die Frage der Revision oder Nichtrevision von Versailles als wichtiger erschien denn die Zukunft einer erstarkenden Sowjetmacht. Als BRIAND die Wendung zu einer europäischen Konzeption unternahm, waren die formativen Jahre der ersten deutschen Demokratie schon vorüber.

In diesen Jahren aber hatte sich besonders in der meinungsbildenden Intelligenz auch eine verstärkte kulturelle Abkehr vom Westen vollzogen. Die Demokratie wurde von den geistigen Wortführern ihrer Gegner auf der Rechten und der extremen Linken und jenen, die eine »nationalbolschewistische« Synthese zwischen beiden suchten, nicht etwa nur als schwach und entscheidungsunfähig, als glanzlos und vulgär verdammt, sondern als dem deutschen Wesen fremder »westlich-imperialistischer« Import. Die Idee der demokratischen Selbstbestimmung hatte sich nach dieser Auffassung in Versailles als Lüge der Feinde Deutschlands erwiesen; die Idee der Liberalität erwies sich in den gleichen Augen im Zeichen der Inflation als bloße Maske der Raffgier des internationalen Kapitals. Der Traum von der »nationalen Revolution« nicht nur gegen außenpolitische Fesseln, sondern gegen eine fremde Lebensform war unter den Intellektuellen weit verbreitet, lange bevor der Nationalsozialismus eine politische Massenbewegung wurde. Kein Wunder, daß die bürgerliche Lebensform sich unter diesen Umständen in der Weimarer Republik nicht verwurzeln konnte! Die Umgangsformen zwischen politischen Gegnern, auch wenn sie nicht die Gestalt politischer Morde an prominenten »Erfüllungspolitikern« und ihrer Verteidigung durch einen Teil der Rechtspresse annahmen, waren oft von bitterem Haß geladen; der Vorwurf des »nationalen Verrats« wurde von der Rechten, der des »Klassenverrats« von den Kommunisten täglich gegen die tragenden Kräfte der Demokratie erhoben und vergiftete das politische Klima. In den letzten Jahren der Republik ersetzten drohende Aufmärsche uniformierter Parteigänger und ihre Straßen- und Saalschlachten zunehmend die Diskussion. Aber auch im Alltag des gesellschaftlichen Lebens fehlte es in diesem Land der rastlosen Unruhe und des Selbstzweifels an als selbstverständlich akzeptierten Formen und zumal an der auf Respekt vor dem Mitmenschen gegründeten Distanz. Es war nicht zuletzt dies Fehlen eines selbstverständlichen Lebensstils, das auch in den Jahren relativer Stabilität bei westlichen Beobachtern ein Bewußtsein der »Incertitudes Allemandes« wachhielt.

Die Rückwendung zum Westen

Die Menschheitsfeindschaft des HITLER-Reiches war zugleich West- und Ostfeindschaft und zerstörender Kampf gegen die eigne Kultursubstanz der Deutschen. Seine Katastrophe brachte eine radikale Wendung: Die verzweifelten Deutschen suchten vor der Zerstörungswut des Nationalsozialismus und vor der gefürchteten Rache der STALINschen Diktatur Zuflucht und neue Hoffnung im Glauben an die lange verhöhnte westliche Humanität. Schon vor dem endgültigen Zusammenbruch zeigte sich die neue Option in der schnellen Aufgabe des Widerstands im Westen und in seiner langen, zähen Fortsetzung im Osten wie in der eindeutigen Richtung des Millionentrecks der Flüchtlinge und all jener Soldaten, die noch eine Chance sahen, zu wählen, welchem Sieger sie sich ergeben wollten.
Doch nur ein Teil der Deutschen hatte die Möglichkeit, diese Option in den Jahren des Wiederaufbaus zu verwirklichen. Gewiß waren auch in der Vergangenheit die Elemente westlicher Lebensform stärker im Westen und Süden des römischen

limes, die bewußt nicht-westlichen Elemente stärker im Norden und Osten des Reiches gewesen – doch beide Haltungen waren sich im ganzen Deutschland in bald fruchtbarer, bald ungebändigt-explosiver Spannung gegenübergetreten. Nach 1945 bewirkte die Teilung Deutschlands und Europas zum ersten Male ein klares geographisches Auseinandertreten nicht nur der innen- und außenpolitischen, sondern auch der kulturellen Grundhaltungen. Der Ostzone wurde die Sowjetisierung des politischen und ökonomischen Systems, damit aber auch in hohem Grade des Lebensstils aufgezwungen. Die Westzonen und Berlin, die für die westliche Demokratie optierten – im Falle Berlins mit erheblichem Risiko –, akzeptierten auch die westliche »Umerziehung« und später die westliche Integration. Als Produkt dieser Option wurde die Bundesrepublik nicht nur politisch, sondern auch kulturell das westlichste Deutschland, das es seit Jahrhunderten gegeben hatte: Die überwiegende Mehrheit ihrer Menschen verstanden und verstehen sich als Bürger der westlichen Zivilisation und Anhänger ihrer humanitären Werte.

Zweifellos wurde diese auch kulturelle »Verwestlichung« der Bundesrepublik dadurch erleichtert, daß die eindeutige protestantische Mehrheit des alten Reichs verschwunden war und der neue Staat während seiner formativen Jahre von einer katholisch geführten Partei regiert wurde; es war gewiß kein Zufall, daß die anfänglichen politischen Widerstände gegen die Westintegration im protestantischen Volksteil am stärksten waren. Doch darf nicht vergessen werden, daß auch der aktive Teil der deutschen Protestanten im Widerstand gegen HITLERS antichristliches Regime eine tiefe Wandlung durchgemacht hatte: Die Stimme des Gewissens war mit dem Gehorsam gegen eine sich selbst vergottende »Obrigkeit« in Widerspruch geraten, und in der Bekennenden Kirche, die große Teile des Nachkriegsprotestantismus prägte, hatte die Überzeugung sich durchgesetzt, daß der Glaube auch zum aktiven Eintreten für konkrete Konsequenzen in politischen und sozialen Fragen verpflichte. Auch wenn dieser neue Bürgeraktivismus vieler deutschen Protestanten im einzelnen zunächst oft zu pazifistischen und neutralistischen Stellungnahmen besonders gegen die *militärische* Westintegration führte, so war er in seiner Grundhaltung doch dem angelsächsischen und skandinavischen Protestantismus verwandter als der bis dahin herrschenden Tradition des deutschen Luthertums: Auch er bedeutete eine Form der kulturellen »Verwestlichung«, mit der die Deutschen auf die Erfahrung des Dritten Reiches reagierten.

In den Formen des Alltagslebens wurde diese Verwestlichung von vielen Beobachtern vor allem als oberflächliche »Amerikanisierung«, als eifrige Nachahmung der stärksten und reichsten, für die deutsche Sicherheit und den deutschen wirtschaftlichen Wiederaufbau wichtigsten Siegermacht gedeutet. Doch hinter diesem äußeren Bild standen tiefere und dauerhaftere Prozesse. Die neue, »amerikanische« soziale Mobilität der deutschen Gesellschaft war nicht aus Nachahmung, sondern aus der Erschütterung der traditionellen sozialen Schichtung erst durch die Naziherrschaft und den Krieg, dann durch die Katastrophe und die Flüchtlingsströme entstanden. Der ideologiefeindliche Pragmatismus, mit dem die überwältigende Mehrheit sich auf den Wiederaufbau der materiellen Existenz für die eigene Familie konzentrierte, sobald sich eine Chance dafür bot, entsprang dem Umfang der Zerstörung und der Not. Der Wunsch nach Eingrenzung der Privatsphäre war zugleich ein Reflex des harten Existenzkampfes und eine Reaktion auf die allgegenwärtige Einmischung des NS-Regimes und den Muschkotenton der Wehrmacht und der Massenorganisationen. Doch soziale Mobilität, Pragmatismus und Arbeitswut, Privatsphäre und Distanz schufen zusammen in wenigen Jahren, was Deutschland nie vorher gekannt hatte: Eine bürgerliche Lebensform im westlichen Sinne.

Dann aber wurde dieses neu-westliche Land in den beispiellosen Wirtschaftsaufschwung mit hineingerissen, den die westliche Welt in dem Vierteljahrhundert nach dem Zweiten Weltkrieg erlebte – und mit ihm in die eigentliche »Amerikanisierung«: den Übergang zur Konsumgesellschaft. Die westliche Welt erlebte in dieser Zeit einen rapiden Prozeß technischen Wandels, der mehr noch als die Produktionstechnik die Freizeit und Privatsphäre des Menschen veränderte – von Auto und Fernseher zur Wasch- und Spülmaschine bis hin zur Pille. Überall im Westen wurden die Menschen nicht einfach konsumsüchtiger, sondern beweglicher, neugieriger, freizeitbewußter, genußfreudiger; überall hörte auch der größte Teil der in der produktiver gewordenen Landwirtschaft tätigen Menschen dank Auto und Fernseher auf, isoliert dem »Idiotismus des Landlebens« preisgegeben zu sein. Die Bundesrepublik nahm voll an dieser Entwicklung teil, die sie weit tiefer veränderte, als Verstaatlichung und Kollektivierung den anderen Teil Deutschlands verändern konn-

ten – und diese Teilnahme machte sie erst recht, im äußeren Bild wie in den Lebensformen und Verhaltensnormen, unverkennbar zu einem modernen, westlichen Land.
Damit aber wurde sie auch notwendig von jenem kulturkritischen Phänomen mitbetroffen, das sich Ende der 60er Jahre, noch vor der wirtschaftlichen Rezession, überall in der westlichen Welt manifestierte: der Abwendung eines wichtigen Teils der jungen Generation, zumal in der Intelligenz, von den Werten der Konsum- und Leistungsgesellschaft. Und es war wohl unvermeidlich, daß diese Jugendrevolte unter den besonderen geschichtlichen Bedingungen Deutschlands dadurch eine besondere Intensität und Dauer der Wirkung gewann, daß sie an jenes andere Element der deutschen Kulturtradition – die Betonung der Innerlichkeit und der Gemeinschaft im Gegensatz zum materiellen Erfolgsstreben – anknüpfen konnte.

Das Identitätsproblem der Bundesrepublik

Diese romantische Sehnsucht nach Innerlichkeit und Gemeinschaft war ein zu tiefsitzender Bestandteil der deutschen, geschichtlich gewordenen Eigenart, als daß sie auch in der »verwestlichten« Bundesrepublik hätte plötzlich aufhören können, ein potentieller Faktor ihrer weiteren Entwicklung zu sein. Sie war wohl in der Nachwirkung der deutschen Katastrophe und unter dem Eindruck der politisch und wirtschaftlich so erfolgreichen Westintegration zeitweise von der Oberfläche verschwunden; dabei waren diese »nicht-westlichen« Elemente der deutschen Identität jedoch nicht etwa radikal verworfen oder in bewußter Ablehnung überwunden, sondern eher im Zuge eines überwiegend unbewußten Geschichts- und Identitätsverlustes verdrängt worden. Jetzt brachte der Ausbruch der westweiten Kulturkrise für die Bundesrepublik die Wiederkehr des Verdrängten.
Tatsächlich war ja die Westorientierung der Bundesrepublik nicht etwa mit der Herausarbeitung eines neuen Bildes der deutschen Geschichte einhergegangen, das ihre Gemeinsamkeiten mit der abendländischen Gesamtentwicklung stärker betont hätte, sondern mit einer weitgehenden Abwendung der Nachkriegsdeutschen von ihrer nationalen Geschichte. Das einseitige Bild vom HITLER-Reich als der notwendigen Konsequenz dieser Geschichte war zwar nicht allgemein akzeptiert

worden, aber wirksam genug gewesen, um einen großen Teil der unmittelbaren Nachkriegsgeneration dahin zu bringen, daß sie von dieser Geschichte nichts mehr wissen wollten und sie ihren Kindern nicht mehr vermittelten. Der Wille vieler Deutscher dieser Generation, fortan gute Europäer zu sein, ging oft nicht mit einer Neuauslegung, sondern geradezu mit einer Verleugnung der Relevanz ihres Deutschtums einher – und das um so mehr, je stärker das hauptsächlich von der älteren Generation getragene Streben nach politischer Wiedervereinigung der beiden deutschen Staaten seine Aussicht auf Verwirklichung in absehbarer Zukunft verlor. Doch die Frage nach der nationalen Identität der »Bundesrepublik Deutschland« mußte sich auf die Dauer um so stärker stellen, je offensichtlicher dieser Staat aufhörte, in der politischen Realität das »Provisorium« zu sein, das er seiner verfassungsrechtlichen Konstruktion nach war.

Die Wiederkehr des Verdrängten in der deutschen Form der Jugendrevolte äußerte sich nun keineswegs in einer Wiedergeburt des deutschen Nationalismus und auch nur ausnahmsweise in einem offenen Verlangen nach einer autoritären, nichtdemokratischen Obrigkeit – dafür waren die Nachwirkung der Katastrophe und die abschreckende Wirkung des kommunistischen Regimes im Osten zu stark. Sie zeigte sich jedoch in der an Bewegungen der Weimarer Periode gemahnenden starken anti-westlichen Note, die in der Kritik der deutschen »Neuen Linken« am Materialismus der »spätkapitalistischen« Konsumgesellschaft mitschwang, und in dem antiautoritären Affekt des neudeutschen Antikonformismus, in dem der andere Pol des alten, romantischen Syndroms von äußerer Unterordnungsbereitschaft und konventionsfeindlichem extremem Individualismus wieder zum Vorschein kam.[9] Die kulturellen Wurzeln dieser Haltung kamen nicht zuletzt in der starken Beteiligung protestantischer Theologiestudenten und sektiererischer Schwärmer an der ideologischen Revolte, aber auch in der zum Teil führenden Rolle zum Ausdruck, die Flüchtlinge aus dem ostdeutschen Staat in ihr spielten: Diese jungen Menschen waren keineswegs Agenten der SED-Diktatur, die sie verabscheuten, aber sie waren nicht durch die lange »Verwestlichung« der Bundesrepublik gegangen und träumten unklar von einer Synthese zwischen politischer Freiheit und wichtigen Elementen der Lebensformen des Ostens.

Gewiß hat diese Rebellion gegen die westliche Lebensform sich in der Bundesrepublik so wenig durchsetzen können wie anderswo in der westlichen Welt. Doch ihre Kritik an dieser Lebensform in ihrer von der einseitigen Betonung des materiellen Erfolgsstrebens und Genusses gekennzeichneten Gestalt hat ein Problembewußtsein hinterlassen, das weit über die ursprünglichen Träger der Revolte hinausgeht; und in diesem Problembewußtsein schwingt auch die Frage mit, wieweit die geschichtliche Identität der Deutschen mit ihrer besonderen kulturellen Spannung in diesem Staat wieder bewußt werden und seine kulturelle Zukunft mit bestimmen wird. Nicht nur politisch und wirtschaftlich, sondern auch kulturell hat ein freies Deutschland nach meiner Überzeugung eine Zukunft nur als Teil der westlichen Welt. Doch diese Welt ist heute – im Zeichen der Grenzen des wirtschaftlichen Wachstums, der Umweltprobleme und der Auseinandersetzung um ihre Beziehungen zu der »unterentwickelten«, notleidenden Mehrheit der Menschheit – in einem Wandel begriffen, der nur mit einer Zurückdrängung der in ihrer kapitalistischen Epoche herausgebildeten Überbetonung des individuellen Strebens nach Besitz, Erfolg und Genuß zugunsten der auch in der westlichen Tradition vorhandenen Gemeinschaftswerte bewältigt werden kann.[10] Es ist nicht undenkbar, daß ein deutscher Staat, der an seiner Zugehörigkeit zum Westen festhält, doch sich der alten Sehnsucht nach Gemeinschaft in der eigenen Tradition erneut bewußt wird, hierzu einen eigenen Beitrag leisten kann.

Anhang

Bibliographische Angaben

Das Kapitel über »Die Intellektuellen zwischen Gesellschaftswandel und Kulturkrise«, das den ersten Teil eröffnet, beruht auf einem Vortrag, den ich im September 1976 während des Salzburger Humanismusgespräches über »Abschied von der Utopie. Anspruch und Auftrag der Intelligenz« gehalten habe. Gedruckt liegt er vor in dem von OSKAR SCHATZ herausgegebenen Sammelband *Abschied von Utopia?* im Styria-Verlag, Graz 1977, und in HORST BAIER (Hg.), *Freiheit und Sachzwang. Festschrift für Helmut Schelsky*, Westdeutscher Verlag, Opladen 1977, sowie in den *Schweizer Monatsheften*, Jahrgang 57, Heft 2 vom Mai 1977.

Das Kapitel über »Neues Mittelalter oder anomische Kulturkrise?« erschien zuerst im Jahrgang 29, Heft 9 des *Merkur* vom September 1975.

Das Kapitel über »Gesellschaftliche Transformation und demokratische Legitimität« erschien zuerst in Heft 4/1975 der *Neuen Rundschau* sowie in der von WOLFGANG SCHULENBURG herausgegebenen Festschrift für WILLY STRZELEWICZ *Reform in der Demokratie* bei Hoffmann und Campe in Hamburg 1976.

Das Kapitel »Kapitalistische Dynamik und westliche Werte« erschien zuerst in Heft 1/1977 der *Neuen Rundschau.*

Das Kapitel über »Politische Legitimität und kultureller Wandel in Ost und West« beruht auf einem Vortrag, den ich im August 1978 vor dem Europäischen Forum Alpbach gehalten habe, das sich mit dem Gesamtthema »Wissen und Macht: Legitimitätsprobleme in Kultur und Gesellschaft« beschäftigte. Es ist in seiner ursprünglichen Form in dem gleichnamigen Sammelband im Fritz Molden Verlag, Wien 1979, erschienen.

Die Kapitel des zweiten Teils erschienen 1974 im S. Fischer Verlag, Frankfurt, unter dem Titel *Sozialismus und aktive Demokratie. Essays zu ihren Voraussetzungen in Deutschland.* Dort finden sich die Angaben über die Erstdruckorte.

Das Schlußkapitel »Bonn und Weimar: Zwei deutsche Demokratien« wurde für das von HEINRICH AUGUST WINKLER herausgegebene Sonderheft 5 »Politische Weichenstellungen im Nachkriegsdeutschland 1945–1953« der Zeitschrift *Geschichte und Gesellschaft* geschrieben. Es ist auch erschienen in WALTER SCHEEL (Hg.), *Nach dreißig Jahren* im Klett-Cotta Verlag, Stuttgart 1979.

Anmerkungen

Die Intellektuellen zwischen Gesellschaftswandel und Kulturkrise

1 Für meine zeitgenössischen Stellungnahmen zu diesem Vorgang vgl. R. LÖWENTHAL, *Der Romantische Rückfall*, Stuttgart 1970.
2 HELMUT SCHELSKY, *Die Arbeit tun die anderen. Klassenkampf und Priesterherrschaft der Intellektuellen*, Opladen 1975 (dtv-Band 1276).
3 Der seitherige schwere Rückschlag im Funktionieren des »Social Contract« zwischen der Labour-Regierung und den britischen Gewerkschaften konnte das hier gezeichnete Gesamtbild nicht wesentlich beeinträchtigen.
4 Vgl. meinen Aufsatz »Neues Mittelalter oder anomische Kulturkrise?« in diesem Band S. 37 ff.

Neues Mittelalter oder anomische Kulturkrise?

1 HELMUT SCHELSKY, *Die Arbeit tun die anderen. Klassenkampf und Priesterherrschaft der Intellektuellen*, Opladen 1975. Zitiert wird nach dieser Ausgabe.
2 JÜRGEN HABERMAS, *Legitimationsprobleme im Spätkapitalismus*, Frankfurt 1975.
3 ELISABETH NOELLE-NEUMANN, »Werden wir alle Proletarier?«, in: *DIE ZEIT* v. 13.6.1975; dies., »Reformen in neuer Richtung?«, in: *DIE ZEIT* v. 20.6.1975.
4 SCHELSKY, *Die Arbeit*, a.a.O., S. 19.
5 Ebenda, S. 20; die Hervorhebungen stammen von R. L.
6 Ebenda, Teil I; Abschnitt 11–14.
7 Ebenda, Teil II, Abschnitt 6.
8 Vgl. HABERMAS, *Legitimationsprobleme*, a.a.O., Kapitel II, Abschnitt 7. Siehe hierzu auch den folgenden Aufsatz »Gesellschaftliche Transformation und demokratische Legitimität« in diesem Bande, S. 58 ff.
9 DANIEL BELL, *Die Zukunft der westlichen Welt*, Frankfurt (S. Fischer Verlag) 1976; als Taschenbuch: Fischer Taschenbuch Bd. 3411. Siehe auch meinen Aufsatz »Kapitalistische Dynamik und westliche Werte« in diesem Bande, S. 85 ff.

Gesellschaftliche Transformation und demokratische Legitimität

1 JÜRGEN HABERMAS, *Legitimationsprobleme im Spätkapitalismus*, Frankfurt, 1975.
2 Ebenda, S. 18f.
3 Ebenda, S. 35.
4 Ebenda, S. 36–42.
5 Ebenda, S. 49.
6 Ebenda, S. 50
7 Ebenda, S. 50f.
8 Ebenda, S. 54f.
9 Ebenda, S. 56–59, 82.
10 Der wohl bewußt unpräzise Ausdruck wird auf S. 60 und 79 verwendet.
11 Ebenda, S. 52, 54 et passim.
12 Ebenda, S. 49.
13 Vgl. etwa HABERMAS' langjährigen Mitarbeiter CLAUS OFFE, *Strukturprobleme des kapitalistischen Staates*, Frankfurt 1973.
14 HABERMAS, *Legitimationsprobleme*, a.a.O., S. 51.
15 SIGRID SKAROELIS-SPERK, JÜRGEN HABERMAS, PETER KALMBACH, CLAUS OFFE, *»Ein biedermeierlicher Weg zum Sozialismus?«, in: DER SPIEGEL* v. 24. 2. 1975.
16 HABERMAS, *Legitimationsprobleme*, a.a.O., S. 169f.
17 Ebenda, S. 169f.
18 Vgl. meinen Aufsatz »Demokratie und Freiheit heute« im zweiten Teil dieses Bandes, S. 154 ff.
19 HABERMAS, *Legitimationsprobleme*, a.a.O., S. 98f, vertritt diese Auffassung in Anlehnung an NIKLAS LUHMANN.
20 Ebenda, S. 58, 97f.
21 Ebenda, S. 103f.
22 Ebenda, S. 105.
23 Ebenda, S. 106–109 und weiter.
24 Ebenda, S. 117.
25 Ebenda, S. 118–120.
26 Ebenda, S. 121–125 und weiter.
27 Ebenda, insbesondere S. 140–152.
28 Ebenda, S. 30ff.
29 Ebenda, S. 31.
30 JÜRGEN HABERMAS, »Exkurs über Grundannahmen des Historischen Materialismus«, in: JÜRGEN HABERMAS/NIKLAS LUHMANN, *Theorie der Gesellschaft oder Sozialtechnologie*, Frankfurt 1971, S. 28f.
31 Ebenda, S. 290.
32 Ebenda, S. 287.
33 HABERMAS, *Legitimationsprobleme*, a.a.O., S. 35.
34 DERS., »Vorbereitende Bemerkungen zu einer Theorie der kommunikativen Kompetenz«, in: HABERMAS/LUHMANN, *Theorie*, a.a.O.,

S. 121, nennt wissenschaftliche Diskussion und Seminare als Beispiele der echten Diskurssituation.
35 HABERMAS, *Legitimationsprobleme*, a.a.O., S. 133–140.
36 Ebenda, S. 33–35.
37 In dieser Auffassung der Natur der anomischen Krise – nicht ihrer Wurzeln – stimme ich mit HABERMAS, ebenda, S. 12, überein.

Kapitalistische Dynamik und westliche Werte

1 DANIEL BELL, *Die Zukunft der westlichen Welt. Kultur und Technologie im Widerstreit*, Frankfurt (S. Fischer Verlag) 1976; als Taschenbuch: Fischer Taschenbuch Bd. 3411.
2 Ders., *Die nachindustrielle Gesellschaft*, Frankfurt 1975.
3 Ders., *Die Zukunft*, a.a.O., S. 21f.
4 Ebenda, S. 40.

Politische Legitimität und kultureller Wandel in Ost und West

1 MAX WEBER, *Wirtschaft und Gesellschaft. Grundriß der verstehenden Soziologie*, hg. v. JOHANNES WINCKELMANN, Tübingen 1956, Teil I, Kapitel I, §5.
2 SAMUEL P. HUNTINGTON, *Political Order in Changing Societies,* New Haven 1968, S. 78 ff, 192 ff.
3 WEBER, *Wirtschaft*, a.a.O., Teil I, Kapitel III, §§ 2–10.
4 Ebenda, §§ 2–5.
5 Für den Fall der charismatischen Legitimität hat WEBER dies ausdrücklich festgestellt: Ebenda, Teil I, Kapitel III, §10.
6 Vgl. DANIEL BELL, *Die Zukunft*, a.a.O., und den vorangegangenen Aufsatz »Kapitalistische Dynamik und westliche Werte« in diesem Bande, S. 85 ff.
7 Im Sinne von DAVID RIESMAN, *Die einsame Masse*, Hamburg 1958 (rde. 72).
8 Im Sinne von SIGMUND FREUD und ERIK ERIKSON.
9 Zu diesem Aspekt vgl. RICHARD LÖWENTHAL, »Kommunistische Einparteienherrschaft in der Industriegesellschaft«, in: B. MEISSNER/BRUNNER/R. LÖWENTHAL (Hgg.), *Einparteisystem und bürokratische Herrschaft in der Sowjetunion*.
10 Zum »Ochab-Memorandum« vgl. *DER SPIEGEL* v. 16.1.1978.
11 Eine Sammlung ist in russischer Sprache im Westen von der Herzen-Stiftung publiziert worden: *Polititscheskij Dnevnik 1964–1970*, Amsterdam (Fond Imeni Gercena), Bd. I, 1972; Bd. II, 1975.
12 ROY MEDWEDJEW, *Wahrheit ist unsere Stärke. Geschichte und Folgen des Stalinismus*, hg. v. D. JORAVSKY/G. HAUPT, Frankfurt 1973; ders.,

Sowjetbürger in Opposition. Plädoyer für eine sozialistische Demokratie, Hamburg 1973.

13 Für eine gründlich dokumentierte Analyse dieser Literatur vgl. ALEXANDER YANOV, *The Russian New Right. Right-Wing Ideologies in the Contemporary USSR*, Berkeley (Cal.) 1978.

14 Für einen ausführlichen Auszug vgl. *DER SPIEGEL* v. 18.12.1977.

Die Zukunft des Sozialismus in demokratischen Industrieländern

1 Die offiziellen Erklärungen einiger westeuropäischer kommunistischer Parteien, insbesondere im Zusammenhang mit Wahlbündnissen mit Nichtkommunisten, stimmen in den letzten Jahren mit der hier wiedergegebenen »klassischen« Konzeption der »Diktatur des Proletariats« als Einparteistaat nicht mehr überein. Soweit es sich hier nicht um bloße taktische Tarnungsmanöver handelt (wie insbesondere bei den französischen Kommunisten auf Grund ihrer unverändert »bolschewistischen« inneren Struktur angenommen werden muß), sondern um eine echte, auch intern diskutierte theoretische Revision des leninistischen Modells zugunsten eines grundsätzlichen Bekenntnisses zur pluralistischen Demokratie (wofür wenigstens im Fall der italienischen Kommunisten ernste Anzeichen sprechen), liegt ein Prozeß der Umwandlung einer kommunistischen Partei in eine bei aller Militanz im Grundsatz sozialdemokratische Partei vor.

2 Für eine frühere ausführlichere Behandlung dieser Kulturkrise als einer der wesentlichen Triebkräfte der »Neuen Linken« siehe RICHARD LÖWENTHAL, *Der romantische Rückfall*, Stuttgart 1970. Für die neuere Entwicklung meine Analyse im ersten Teil dieses Bandes.

3 Grundlegend für die Diskussion über die *Grenzen des Wachstums* bleibt die gleichnamige Studie von MEADOWS et al., Stuttgart 1972.

Demokratie und Freiheit heute

1 HELMUT SCHELSKY, *Systemüberwindung, Demokratisierung, Gewaltenteilung*, München 1973.

2 Die Hervorhebung der Doppelbedeutung von Freiheit als »Freiheit von« und »Freiheit zu« geht auf MAX WEBER zurück.

3 Für diese Frühphase des Gegensatzes zwischen »Demokraten« und »Liberalen« vgl. insbesondere ARTHUR ROSENBERG, *Demokratie und Sozialismus. Zur politischen Geschichte der letzten 150 Jahre*, Frankfurt 1962, und J. L. TALMON, *Die Ursprünge der totalitären*

Demokratie, *Köln 1961.*

4 CARL SCHMITT, *Die geistesgeschichtliche Lage des heutigen Parlamentarismus*, 3. Aufl. Berlin 1961, zuerst 1923.

5 Z.B. JOHANNES AGNOLI (und PETER BRÜCKNER), *Die Transformation der Demokratie*, Frankfurt 1968; und REINHARD KÜHNL, *Deutschland zwischen Demokratie und Faschismus*, München 1969.

6 Für die Auffassung des Verfassers zur internationalen Kultur- und Autoritätskrise und zu einigen ihrer Besonderheiten in Deutschland siehe R. LÖWENTHAL, *Der romantische Rückfall*, Stuttgart 1970. Siehe jetzt auch die Aufsätze im ersten Teil dieses Bandes.

7 Der Verfasser teilt *nicht* die Auffassung, daß Staat und Gesellschaft der Bundesrepublik *im Ganzen* als Produkte einer »Restauration« zu begreifen sind; das Wort wird hier begrenzt auf den *spezifischen Sinn* einer Restauration traditioneller Autorität verwandt. Vgl. hierzu meinen Prolog: »Dauer und Verwandlung«, in: RICHARD LÖWENTHAL/HANS PETER SCHWARZ (Hg.), *Die Zweite Republik. 25 Jahre Bundesrepublik – Eine Bilanz*, Stuttgart 1974.

8 Für die Unterscheidung zwischen »demokratisierbaren« Wert- und Interessenentscheidungen und nicht demokratisierbaren Zweckmäßigkeitsentscheidungen siehe den Aufsatz über »Demokratie und Leistung« in diesem Bande S. 172 ff.

9 Vgl. WILLY BRANDT, *Das Grundgesetz verwirklichen! Deutsche Politik und sozialdemokratische Grundsätze*, hg. vom Vorstand der SPD, 1973.

10 Für diese Auffassung von der Dynamik kommunistischer Einparteisysteme siehe ausführlich RICHARD LÖWENTHAL, »Utopia vs. Development«, in Chalmers Johnson (Hg.), *Change in Communist Systems*, Stanford (Cal.) 1970.

11 Vgl. hierzu den Aufsatz über »Die Zukunft des Sozialismus« in diesem Bande S. 133 ff.

12 Für Vorstellungen zur Aktivierung der Demokratie vgl. etwa WALDEMAR V. KNOERINGEN u. a., *Mobilisierung der Demokratie*, München 1966, und neuerdings FRITZ W. SCHARPF, *Planung als politischer Prozeß. Zur Theorie der planenden Demokratie*, Frankfurt 1973.

Demokratie und Leistung

1 WILLY BRANDT, »Die Alternative«, in: *Die neue Gesellschaft.* Sonderheft Mai 1969.

2 BRUNO HECK, »Demokraten oder Demokratisierte«, in: *Die Politische Meinung*, April 1969.

3 Der vorliegende Beitrag versteht sich als Teil dieser Bemühungen.

4 So ihr Vorsitzender JÜRGEN ECHTERNACH auf der 1969er Jahresversammlung in Hamm lt. Bericht in: *Die Welt*, 13. XI. 1969.

5 WILHELM HENNIS, *Demokratisierung: Zur Problematik eines Be-*

griffs (= Heft 161 der Arbeitsgemeinschaft für Forschung des Landes Nordrhein-Westfalen), Köln 1970. – Die im April 1971 beschlossenen »Neun Thesen gegen die Verfälschung des Begriffs Demokratie und den Mißbrauch der demokratischen Ordnung« des Politischen Beirats des »Zentralkomitees der Deutschen Katholiken« vertreten zwar ebenfalls die grundsätzliche Unanwendbarkeit des *Begriffs* der Demokratie auf gesellschaftliche Bereiche, begründen dies aber rein definitorisch und erklären die »Forderung nach Demokratisierung der Gesellschaft« zwar für »in der Formulierung mißverständlich«, aber »der Sache nach berechtigt« (These 6). Sie erklären sich für verschiedene Formen der »Partizipation« in verschiedenen gesellschaftlichen Bereichen und machen nicht den Versuch, in der Sache eine eindeutige Grenze zu ziehen.

6 HENNIS, *Demokratisierung*, a.a.O., S. 25, 32.

7 Ebenda, S. 33.

8 Ebenda, S. 33.

9 ERNST FRÄNKEL, der führende deutsche Theoretiker der pluralistischen Demokratie, hat schon vor 1933 in einem bahnbrechenden Aufsatz die Institutionalisierung gleichberechtigter Interessengruppen im Arbeitsrecht als eine Form der »kollektiven Demokratie« bezeichnet.

10 Vgl. zu diesem Begriff J. L. TALMON, *Die Ursprünge der totalitären Demokratie*, Köln 1961.

11 In seiner am Vorabend der Machtergreifung verfaßten Schrift *Staat und Revolution.*

12 Vgl. dazu die Briefe und Notizen aus LENINS letztem Lebensjahr und besonders seinen letzten Artikel – »Lieber weniger, aber besser« – vom 2. März 1923.

13 Für eine eingehendere Diskussion der »Demokratisierung« der Hochschulen vgl. RICHARD LÖWENTHAL, *Hochschule für die Demokratie*, Köln 1971.

14 Als ein Beispiel der umfangreichen organisationssoziologischen Literatur, das auch die vergleichende Diskussion politischer Systeme beeinflußt hat, nenne ich RENSIS LIKERT, *New Patterns of Management*, New York 1961. Siehe besonders die ausführlichen Tabellen in Kapitel 14, »A Comparative View of Organisations«, S. 223–233.

15 Der *locus classicus* für die Anwendung dieser Begriffe in der politischen Analyse ist KARL W. DEUTSCH, *The Nerves of Government*, New York 1966.

16 So bei LIKERT, New Patterns, a.a.O.

17 JOHN KENNETH GALBRAITH, *Die moderne Industriegesellschaft,* München 1968.

18 Siehe den Text in der *Neuen Zürcher Zeitung* v. 22. und 24. April 1970.

19 Schon auf dem 9. Parteitag der Bolschewiki im März 1920. Vgl. für die Einzelheiten LEONARD SHAPIRO, *The Origin of the Communist Autocracy*, London 1955, S. 230–233.

20 Für den ersten Versuch siehe FRANK SCHURMANN, *Ideology and Organization in Communist China*, Berkeley (Calif.) 1966, S. 195–197, 284–298. Für den zweiten siehe jetzt JÜRGEN DOMES, *Die Ära Mao Tsetung*, Stuttgart 1971, sowie JÜRGEN DOMES, *China nach der Kulturrevolution*, München 1975.

Die deutsche Sozialdemokratie in Weimar und heute

1 Die neuere Forschung hat damit den Scharfblick des führenden zeitgenössischen Historiker – ARTHUR ROSENBERGS in seinem Doppelwerk *Die Entstehung der deutschen Republik* und *Die Geschichte der deutschen Republik* – bestätigt. Der Verfasser hat ROSENBERGS Auffassung in den Hauptpunkten seit langem geteilt. Vgl. WILLY BRANDT/RICHARD LÖWENTHAL, *Ernst Reuter, eine politische Bibliographie*, München 1957, S. 116–119, 131–135 und *passim*.

2 Für einen Vergleich der deutschen und der österreichischen Entwicklung von 1918/19 unter dieser Fragestellung siehe jetzt FRANCIS L. CARSTEN, *Revolution in Central Europe 1918/19*, London 1972. Dort freilich auch der Nachweis, daß trotz der anderen Militärpolitik der österreichischen Sozialisten eine wirkliche demokratische Revolution auch in Österreich nicht gelungen ist.

Nationalbewußtsein, Staat und Demokratie in der Bundesrepublik

1 Vgl. hierzu auch die Schlußbemerkungen des Verfassers am Ende des 3. Bandes des vom Forschungsinstitut der Deutschen Gesellschaft für Auswärtige Politik herausgegebenen Sammelwerks *Außenpolitische Perspektiven des Westdeutschen Staates*. Die rechtliche Interpretation der Normen des Grundgesetzes durch das Bundesverfassungsgericht vermag an diesen politischen Realitäten nichts zu ändern.

2 Daß HELMUT SCHELSKY diesen qualitativen Wandel in den Aufgaben und Existenzbedingungen der freiheitlichen Demokratie in der entwickelten Industriegesellschaft nicht zur Kenntnis genommen hat, ist die Grundlage seiner unrealistischen Entgegenstellung von »*Mehr Demokratie oder mehr Freiheit?*«. Nach unserer Auffassung ist Freiheit unter den heutigen Bedingungen nur durch »mehr Demokratie« im hier dargestellten Sinne zu bewahren.

3 Ein großer Teil der Verwirrung in der öffentlichen Debatte über »Demokratisierung« beruht darauf, daß unter diesem Schlagwort häufig die notwendige Aktivierung der Bürger für demokratische Entscheidungen über die staatliche Steuerung der gesellschaftlichen Gesamtentwicklung einerseits, die gefährliche Abschließung

binnendemokratisch organisierter Teilbereiche von gesamtgesellschaftlicher öffentlicher Kontrolle andererseits zusammengefaßt werden, als handele es sich um eine einheitliche Tendenz. Das gilt nicht nur für SCHELSKY, der beide als Formen bedrohlicher Politisierung des gesellschaftlichen Lebens bekämpft, sondern z. B. auch für HABERMAS, der beide als Formen wünschenswerter Politisierung befürwortet hat.

4 Vgl. zu dieser »Kontaktgruppe« und zu dem ganzen Abschnitt die sorgfältige und differenzierte Analyse einschlägiger Meinungsumfragen in der Bundesrepublik bei LUTZ NIETHAMMER, *Traditionen und Perspektiven der Nationalstaatlichkeit* in Bd. 2 des in Anm. 1 zitierten Sammelwerks. Der Wert dieser Analyse ist unabhängig von NIETHAMMERS Einschätzung der Perspektiven, die der Verfasser nicht teilt.

5 Vgl. zum Beispiel die Regierungserklärung des damaligen Bundeskanzlers WILLY BRANDT v. 18.1.1973.

6 Für ein abschreckendes Beispiel siehe die vom Hessischen Kultusministerium seinerzeit veröffentlichten »Rahmenrichtlinien« für den Unterricht in Gesellschaftskunde.

7 Die Frage nach diesen Voraussetzungen der Einzigartigkeit des Westens, die auch seiner »universalgeschichtlichen« Wirkung zugrunde liegt, bildet eines der zentralen Themen der historisch-soziologischen Forschungen MAX WEBERS. Für einen Versuch der Zusammenfassung der in WEBERS Werken verstreuten Antworten vgl. die Einführung zu diesem Bande.

8 Im Einleitungskapitel seines Hauptwerkes *A Study of History*.

9 Vgl. zum Folgenden den Aufsatz »Geschichtszerrissenheit und Geschichtsbewußtsein in Deutschland« in diesem Bande S. 240 ff; sowie FRANZ BORKENAU, *Drei Abhandlungen zur deutschen Geschichte*, Frankfurt 1947.

Geschichtszerrissenheit und Geschichtsbewußtsein in Deutschland

1 »Die Krise des Historismus – Ein Deutsches Problem«, in: FRANZ BORKENAU, *Drei Abhandlungen zur deutschen Geschichte*, Frankfurt 1947, S. 85.

2 G. W. F. HEGEL, *Vorlesungen über die Philosophie der Geschichte*, Band XI der GLOCKNERschen Gesamtausgabe, Stuttgart 1949, S. 38–42.

3 Ebenda, S. 49.

4 HANNAH ARENDT, *Fragwürdige Traditionsbestände im Politischen Denken der Gegenwart*, Frankfurt 1957, S. 106.

5 Ebenda, S. 107–108.

6 Ebenda, S. 103.

7 J. L. TALMON, *Politischer Messianismus*, Köln 1963.

8 Vgl. hierzu den Aufsatz »Nationalbewußtsein, Staat und Demokratie in der Bundesrepublik«, in diesem Bande S. 212 ff.

Bonn und Weimar – Zwei deutsche Demokratien

1 FRITZ RENÉ ALLEMANN, *Bonn ist nicht Weimar*, Köln/Berlin 1956.
2 BARRINGTON MOORE jr., *Soziale Ursprünge der Diktatur und Demokratie*, Frankfurt 1969.
3 Vgl. den Aufsatz »Die Sozialdemokratie in Weimar und heute« in diesem Bande S. 197 ff.
4 Für die Restaurationsthese siehe EUGEN KOGON, *Die unvollendete Erneuerung. Deutschland im Kräftefeld 1945–1963*, Frankfurt 1964. Für die umfassende Begründung der Gegenthese vom ersten bürgerlichen Deutschland siehe RALF DAHRENDORF, *Gesellschaft und Demokratie in Deutschland*, München 1968.
5 Vgl. hierzu auch meinen Prolog: »Dauer und Verwandlung«, in: RICHARD LÖWENTHAL/HANS PETER SCHWARZ (Hg.). *Die Zweite Republik. 25 Jahre Bundesrepublik Deutschland – Eine Bilanz*, Stuttgart 1974.
6 Vgl. RICHARD LÖWENTHAL, *Der romantische Rückfall*, Stuttgart 1970.
7 ADOLF LOEWE, *The Price of Liberty. A German in Great Britain*, London 1937.
8 Die deutsche Fassung ist in FRANZ BORKENAU, *Drei Abhandlungen zur deutschen Geschichte*, Frankfurt 1947, enthalten.
9 Vgl. Anm. 6.
10 Vgl. meinen Aufsatz »Kapitalistische Dynamik und westliche Werte« in diesem Bande S. 85 ff.

Namenregister

Sachregister

Geschichte/Zeitgeschichte

Helmut Böhme
Europäische Wirtschafts- und Sozialgeschichte
in 6 Bänden. Band 1:
Morgenland und Abendland
Staatsbürokratie, Völkerwanderung und römisch-christliches Reich (300 – 750)
Originalausgabe
Band 6356

Dieter Boßmann (Hg.)
„Was ich über Adolf Hitler gehört habe"
Folgen eines Tabus: Auszüge aus Schüleraufsätzen von heute
Originalausgabe
Band 1935

Schüler zur Einheit der Nation
Ergebnisse einer Umfrage.
Vorwort von Dirk Sager
Originalausgabe
Band 1936

Bernt Engelmann
Wir Untertanen
Ein Deutsches Anti-Geschichtsbuch. Band 1680

Einig gegen Recht und Freiheit
Deutsches Anti-Geschichtsbuch
2. Teil
Band 1838

Gustave M. Gilbert
Nürnberger Tagebuch
Gespräche der Angeklagten mit den amerikanischen Gerichtspsychologen
Band 1885

Walter Görlitz
Geldgeber der Macht
Wie Hitler, Lenin, Mao Tse-tung, Mussolini, Stalin und Tito finanziert wurden
Band 2028

Johannes Hartmann
Das Geschichtsbuch
Von den Anfängen bis zur Gegenwart. Neuausgabe
Band 6314

Peter Kuntze
China – Revolution in der Seele
Originalausgabe
Band 1825

Reinhard Lebe
War Karl der Kahle wirklich kahl?
Band 1736

Golo Mann
Deutsche Geschichte 1919 – 1945
Überarbeitete Ausgabe
Band 6196

Alexander Mitscherlich/
Fred Mielke (Hg.)
Medizin ohne Menschlichkeit
Dokumente des Nürnberger Ärzteprozesses
Neu eingeleitet von Alexander Mitscherlich
Neuausgabe
Band 2003

Der Nationalsozialismus
Dokumente 1933 – 1945
Hg.: Walter Hofer
Originalausgabe
Band 6084

Hans Rothfels
Deutsche Opposition gegen Hitler
Einltg.: Hermann Graml.
Neuausgabe
Band 1989

Inge Scholl
Die weiße Rose
Band 88

Weltgeschichte in Zahlen
Band 6330

Fischer Taschenbücher

FISCHER WELTGESCHICHTE

1 **Vorgeschichte**
2 **Die Altorientalischen Reiche I**
Vom Paläolithikum bis zur Mitte des 2. Jahrtausends
3 **Die Altorientalischen Reiche II**
Das Ende des 2. Jahrtausends
4 **Die Altorientalischen Reiche III**
Die erste Hälfte des 1. Jahrtausends
5 **Griechen und Perser**
Die Mittelmeerwelt im Altertum I
6 **Der Hellenismus und der Aufstieg Roms**
Die Mittelmeerwelt im Altertum II
7 **Der Aufbau des Römischen Reiches**
Die Mittelmeerwelt im Altertum III
8 **Das Römische Reich und seine Nachbarn**
Die Mittelmeerwelt im Altertum IV
9 **Die Verwandlung der Mittelmeerwelt**
10 **Das frühe Mittelalter**
11 **Das Hochmittelalter**
12 **Die Grundlegung der modernen Welt**
Spätmittelalter, Renaissance, Reformation
13 **Byzanz**
14 **Der Islam I**
Vom Ursprung bis zu den Anfängen des Osmanenreiches
15 **Der Islam II**
Die islamischen Reiche nach dem Fall von Konstantinopel
16 **Zentralasien**

Fischer Taschenbuch Verlag

FISCHER WELTGESCHICHTE

17 Indien
Geschichte des Subkontinents von der Induskultur bis zum Beginn der englischen Herrschaft
18 Südostasien vor der Kolonialzeit
19 Das Chinesische Kaiserreich
20 Das Japanische Kaiserreich
21 Altamerikanische Kulturen
22 Süd- und Mittelamerika I
Die Indianerkulturen Altamerikas und die spanisch-portugiesische Kolonialherrschaft
23 Süd- und Mittelamerika II
Von der Unabhängigkeit bis zur Krise der Gegenwart
***24 Das Zeitalter der Glaubenskämpfe**
1550–1648
***25 Das Zeitalter der Aufklärung und des Absolutismus**
1648–1770
26 Das Zeitalter der europäischen Revolution 1780–1848
27 Das bürgerliche Zeitalter
28 Das Zeitalter des Imperialismus
29 Die Kolonialreiche seit dem 18. Jahrhundert
30 Die Vereinigten Staaten von Amerika
31 Rußland
32 Afrika
Von der Vorgeschichte bis zu den Staaten der Gegenwart
33 Das moderne Asien
34 Das Zwanzigste Jahrhundert I
1918–1945

* in Vorbereitung

Fischer Taschenbuch Verlag

Gesellschaft und Politik in der Bundesrepublik

Karl Heinz Balon/
Joseph Dehler/
Bernhard Schön (Hg.)
Arbeitslose: Abgeschoben, diffamiert, verwaltet
Arbeitsbuch für eine alternative Praxis. Originalausgabe
Band 4204 (Dezember '78)

Brauns/Jaeggi/Kisker/
Zerdick/Zimmermann
Die SPD in der Krise
Die deutsche Sozialdemokratie seit 1945
Originalausgabe Band 6518

Hendrik Bussiek
Bericht zur Lage der Jugend
Originalausgabe Band 2019

Bernt Engelmann
Wir Untertanen
Ein deutsches Anti-Geschichtsbuch Band 1680
Einig gegen Recht und Freiheit
Deutsches Anti-Geschichtsbuch 2. Teil
Band 1838

O wie oben
Wie man es schafft, ganz O zu sein. Band 1454

Jürgen Roth
Armut in der Bundesrepublik
Über psychische und materielle Verelendung
Band 1427

Wolf Wagner
Verelendungstheorie – die hilflose Kapitalismuskritik
Band 6531

Ernst Klee
Gefahrenzone Betrieb
Verschleiß und Erkrankung am Arbeitsplatz
Originalausgabe Band 1933

Psychiatrie-Report
Originalausgabe Band 2026

Tilmann Moser
Jugendkriminalität und Gesellschaftsstruktur
Zum Verhältnis von soziologischen, psychologischen und psychoanalytischen Theorien des Verbrechens
Band 6158

Hermann Giesecke/
Arno Klönne/Dieter Otten (Hg.)
Gesellschaft und Politik in der Bundesrepublik
Eine Sozialkunde
Originalausgabe
Band 6271

Urs Jaeggi
Kapital und Arbeit in der Bundesrepublik
Elemente einer gesamtgesellschaftlichen Analyse
Band 6510

Fischer Taschenbücher